北大版普通高等教育"十四五"规划教材

21世纪教师教育系列教材
语文课程与教学论系列

语文文本解读实用教程

荣维东 主编

图书在版编目(CIP)数据

语文文本解读实用教程/荣维东主编. —北京：北京大学出版社，2016.10
（21 世纪教师教育系列教材·语文课程与教学论系列）
ISBN 978-7-301-27663-1

Ⅰ.①语… Ⅱ.①荣… Ⅲ.①大学语文课—师范大学—教材 Ⅳ.①H193.9

中国版本图书馆 CIP 数据核字（2016）第 246116 号

书　　名	语文文本解读实用教程 YUWEN WENBEN JIEDU SHIYONG JIAOCHENG
著作责任者	荣维东　主　编
责 任 编 辑	陈　静　贾晗琳
标 准 书 号	ISBN 978-7-301-27663-1
出 版 发 行	北京大学出版社
地　　址	北京市海淀区成府路 205 号　100871
网　　址	http://www.pup.cn　新浪微博:@北京大学出版社
微信公众号	通识书苑（微信号：sartspku）　科学元典（微信号：kexueyuandian）
电 子 邮 箱	编辑部 jyzx@pup.cn　总编室 zpup@pup.cn
电　　话	邮购部 010-62752015　发行部 010-62750672　编辑部 010-62707542
印 刷 者	北京宏伟双华印刷有限公司
经 销 者	新华书店
	787 毫米×1092 毫米　16 开本　21.25 印张　350 千字 2016 年 10 月第 1 版　2025 年 1 月第 7 次印刷
定　　价	49.00 元

未经许可，不得以任何方式复制或抄袭本书之部分或全部内容。
版权所有，侵权必究
举报电话：010-62752024　电子邮箱：fd@pup.cn
图书如有印装质量问题，请与出版部联系，电话：010-62756370

主　编　荣维东
副主编　陈家尧　姜恒权
参　编　（按工作量多少排序）
　　　　　　荣维东　朱建军　陈家尧　曹明海
　　　　　　姜恒权　敖长喜　段潇潇　杜　娟
　　　　　　陈其凤　王海芳　谢俏静　李宗元
　　　　　　龙　禅　王　敏　李珊珊

主 编 简 介

荣维东,男,1967年9月,山东济宁人。华东师范大学教育学博士。西南大学文学院副教授(特聘教授),硕士生导师,语文教育研究所所长。中国高等教育学会语文教育专业委员会理事,语文教师教育研究中心常务理事。曾从事中学语文教学18年,语文高级教师,获"教学能手""学科技术拔尖人才"等称号。2011年4月,赴香港大学教育学院研修;2011年7月赴英国伦敦大学教育学院培训;2014年8月至2015年9月,赴美国堪萨斯大学访学。

目前执教本科生课程《语文教育学》《语文课堂教学技能训练》《语文案例研究》等;硕士生课程《语文教学原理与策略》《语文教育研究前沿和热点问题》《语文教学心理》等。出版专著《交际语境写作》,主编《语文教学原理与策略》《语文课堂教学微技能训练》《语文教学解读实用教程》等多部教材,副主编参编国家级规划教材等二十多部,在《中国教育学刊》《课程教材教法》《全球教育展望》《教育发展研究》等刊物上公开发表论文近百篇(包括人大复印25篇)。主持和主研课题15项。受聘担任"中国教师研修网""奥鹏教育中心(中央电大)"等教师培训项目专家,受邀在山东、河南、陕西、四川、贵州、云南、重庆、北京、上海等"国培"和教师培训讲座一百多场。

研究方向:语文课程与教学论、写作教学、阅读教学、教师教育、媒介素养教育、技术环境下的语言学习心理等。

内 容 简 介

本书主要是写给语文教育的一线教师、语文本科师范生、研究生以及从事语文教育教研工作的人士。

本书包括语文文本教学解读的基本状况、基本理念、基本原理、基本原则、实用策略以及不同类别文本的解读路径等几个部分。旨在让读者既要懂得语文文本解读的目的和理据，又要掌握具体解读文本的实用方法和策略，基本依循"是什么""为什么""如何做"的思路编写。

目前同类书籍，一般多集中在文类操作层面，多深入不下去，提炼不上来。既缺乏一定的理论的深度、厚度、广度，又对文本解读理论的基本策略语焉不详，同时知识理念比较陈旧简单，不那么实用。针对这些不足，本教材拟凸显如下几点：

1. 更新语文教师的文本解读理论知识。主要通过三种文本解读的范式，线索明晰地梳理阐释文本解读理论的发展脉络、基本路径和文本解读策略；

2. 实现文艺理论向语文解读策略的转化。目前文艺理论界多采文化、哲学、社会等宏观视野解读文本，缺乏为中小学教学需要的简洁实用的理论视角，本书要实现"学术理论"向"应用理论"的转化；

3. 本书将凸显实用性和操作性，让教师弄懂会用基本的解读方法。具体包括整体感知、基于体式、把握结构、细读品味、情境还原、分层解读、猜测推论、多向提问、互文参照、读写结合、切己体察等一些崭新的文本解读策略。

4. 从不同文类出发，结合教学实际讨论不同文本的特定文本解读策略，以助力教师们的文本解读能力的提升。

本书针对一线教师，要求理论简明、策略好用、案例实用。既要顶天（传播新的解读理论），又要立地（服务语文教育实践），从中介层面（解读策略）寻突破，避免目前相关著作要么"云山雾罩""不接地气"，要么"陈旧老套""缺乏学理"的毛病。

目　　录

原 理 篇

第一章　语文文本解读导论 ……………………………………………（3）
　　第一节　"文本解读"的兴起背景与观念转型 ………………………（3）
　　第二节　我国语文文本解读的现状和问题 …………………………（11）
　　第三节　文本解读与阅读教学知识的更新 …………………………（16）

第二章　文本教学解读的理论基础 ……………………………………（29）
　　第一节　中外文本解读理论发展概述 ………………………………（29）
　　第二节　文本解读理论的三种范式 …………………………………（32）
　　第三节　当代文本解读观的变革 ……………………………………（37）
　　第四节　语文文本解读的要素与模型 ………………………………（49）

第三章　文本教学解读的基本依据 ……………………………………（58）
　　第一节　文本教学解读要遵循的原则 ………………………………（58）
　　第二节　文本教学解读要关注学生的学情 …………………………（63）
　　第三节　文本教学解读要回到文本自身 ……………………………（68）
　　第四节　文本教学解读要关注阅读策略 ……………………………（79）

方 法 篇

第四章　语文文本解读方法（上） ……………………………………（93）
　　第一节　整体感知：文本直觉与经验激活 …………………………（93）
　　第二节　基于体式：文本类型与教学切入路径 ……………………（100）
　　第三节　把握结构：文脉、线索与框架 ……………………………（103）
　　第四节　分层解读：文本层次与教学路径 …………………………（108）

第五章　语文文本解读方法（中） ……………………………………（121）
　　第五节　情境还原：文本内外的复杂意蕴 …………………………（121）
　　第六节　文本细读：概念、着力点与教学工具 ……………………（131）
　　第七节　关联推论：文本解读中的猜测与印证 ……………………（150）

  第八节　多方提问：构建解读质疑共同体……………………（160）

第六章　语文文本解读方法（下）……………………………（170）
  第九节　善用批注：不动笔墨不读书……………………………（170）
  第十节　互文参照：于群文中寻找意义坐标……………………（179）
  第十一节　读写结合：原理阐释和实施样式……………………（185）
  第十二节　切己体察：建立文本与读者经验的链接……………（195）

应　用　篇

第七章　文学类文本的解读与教学……………………………（203）
  第一节　诗歌的解读与教学………………………………………（203）
  第二节　散文的解读与教学………………………………………（215）
  第三节　小说的解读与教学………………………………………（229）
  第四节　戏剧的解读与教学………………………………………（241）

第八章　实用类文本的解读与教学……………………………（260）
  第一节　媒体类文本的解读与教学………………………………（261）
  第二节　叙述类文本的解读与教学………………………………（270）
  第三节　阐释类文本的解读与教学………………………………（275）
  第四节　劝说类文本的解读与教学………………………………（284）
  第五节　非连续性文本的阅读……………………………………（292）

第九章　古诗文的解读与教学…………………………………（299）
  第一节　认识文言文及其教学……………………………………（299）
  第二节　古代诗词的解读与教学…………………………………（308）
  第三节　古代散文的解读与教学…………………………………（317）

后记………………………………………………………………（328）

原理篇

說明書

第一章 语文文本解读导论

◆ 内容导引

本章从当今语文教育中"文本解读"热说起,阐述其观念转型、发展状况与价值意义。本章还对本书整体结构和内容做些说明。

◆ 学习目标

- 了解"文本解读"热的产生背景、理念和价值功能
- 分析我国语文文本解读的现状和存在的问题
- 简要阐述语文文本解读最新研究成果

第一节 "文本解读"的兴起背景与观念转型

一、"文本解读"何以成为语文教育的热点话题

千年来我国的语文教育是一种注重义理内容的实质教育,而独立设科后的百年来,语文变为注重语文能力的形式主义教育。21世纪后语文课程改革确立了全面提高学生的语文素养,弘扬人文精神,追求"工具性和人文性统一"的课程理念。可这些理念进入课程实施层面时,一个迫切问题愈加凸显出来——语文到底"教—学什么"。

当今语文教育出现了"语文本体的自我放逐""泛语文""去语文"等一系列问题,导致语文教育回归文本、强化技能训练的呼声再起。而作为阅读教学和文学鉴赏能力核心的"文本解读",无疑是当今语文教学关注的核心问题之一。

当我们用中国知网(CNKI)以"文本解读"为题目统计文献时,会发现1979—

2001年间只有几十篇文章(其中1979—1989年十年间只有1篇文章,1990—2000年共31篇文章),然而进入2001年后尤其是2007年后每年开始有100多篇文章,到现在每年急剧增长到350多篇文章。这些关于"文本解读"的文章除了少数属于"文艺评论"领域外,绝大多数是关于语文教学领域的。

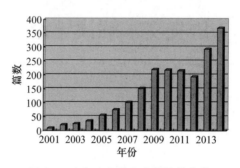

图1-1 十年来有关文本解读的文献

为什么近些年"文本解读"成为语文教育的一个热点呢?其原因大概有如下几点:

1. 当代社会崇尚自由、个性、创新的时代精神与价值诉求

当代教育尊重学生的自由个性和独特价值,将个性、主体性与创造性作为教育的核心目标。教学内容和方式更加自由、开放、灵活。过去教学大纲年代,"课文"作为法定的教学内容(篇目),是不可以随意解读的。教材分析或课文解读常常囿于"标准答案"而丧失对学生个性、创造性的关注和尊重,存在着明显的"政治化""功利化""模式化"的现象。课文的解读因为注重"标准答案"而导致呆板僵化,甚至取消了学生自己解读和理解的权利。这种对学生个性、创造性及自由解读权利的无视与我们当今强调的多元价值、个性自由及具有创新型人才的培养是相违背的,也是与阅读教育的本质规律相违背的。当今教育尊重学生的个性、创造性,尊重学生的主体地位,这也使得文本解读中学生的权利和声音得到重视,这本身表现出一种教育赋权的趋势。文本解读意识的觉醒与盛行,一方面是当代教育观、人才观在阅读教学中的反映;另一方面也是既有的语文教学理论已经失去它存在的合理性和适用性,而在新课程改革理念和实施过程中急需一些新鲜有效并适合我们这个时代多元个性化解读、探究性阅读、批判性阅读等内在需求的反映。

2. 新课改以来"泛人文""轻文本"语文教学的一种反拨

新课程改革语文课程标准颁布导致了语文"泛人文化"甚至"去语文""非语

文""重人本,轻文本"的不良倾向,尤其是一些教师因为错误地理解语文的"人文性""自主合作探究"的教学方式以及不正确地保护学生的"主体性",好像语文课文文本"怎么读都行",这使得语文课文文本的解读过分自由随意起来。一千个老师有一千种解读,一万个学生又有一万个说法,过分张扬读者的主动性,从而消解了文本应有的客观性,甚至扭曲了作者的本意。于是在语文教育界关于"多元有界""界中多元"的讨论多起来。正是在2005年左右,随着语文新课改暴露出的这些问题,讨论文本解读的文章就相应多起来。这是对语文阅读教学科学化、有效性和多元化以及教学内容确定性和教学方法有效性的要求,也是对语文教学阅读自身功能和价值的追寻。

课文,或者叫文本、作品,向来是语文教育的重要凭借,是培养学生阅读能力、写作能力以及提升语文素养的重要负载物或者对象物。离开课文文本教语文,将语文当做是基于文本的对话交流课或者所谓探究课,有时是对语文教育的最大伤害和对语文本体的最大忽视。在语文教育中,什么时候都不可能离开语言文本去学语文,离开一篇篇文章去培养阅读能力,离开对于语言作品的浏览、欣赏、品味去提高鉴赏能力和写作能力等语文素养的。

知识链接

> 接受美学:20世纪60年代末70年代初在联邦德国出现的美学思潮,以H.R.姚斯和W.伊泽尔为代表人物,认为美学研究应集中在读者对作品的接受、反应、阅读过程和读者的审美经验以及接受效果,研究作者、作品、读者之间的动态交往过程。
>
> 阐释学:又称诠释学(hermeneutics),是一个了解和解释文本的哲学技术。它强调根据文本本身来了解文本,忠实客观地把握文本和作者的原意。主要代表人物有德国哲学家F.E.D.施莱尔马赫、20世纪的德国哲学家M.海德格尔和伽德默尔等。

3. 接受美学、阐释学等相关学科理论的发展为文本的深入解读提供了理论支持

过去我们进行课文的教学解读习惯从阶级斗争、文章学以及文学的既有知识和原理着手。可是现在不同了,语文教学相关学科理论有了突飞猛进的发展,改革开放使得国外大量新鲜的理论传播到中国并不断普及,于是一些新的解读方法

和理论被引进到语文教学领域中来,从而引起了语文教学解读方法的全面创新与观念变革。"文本解读"原本属于文艺学、文学批评、哲学诠释学、接受美学等领域,随着一批文艺理论专家、教授、学者参与语文课程改革行动,一些新的解读方法和理论引进到语文教学领域中来。较著名者,如钱理群、孙绍振、曹明海、王先霈、方智范等,他们要么直接参与了课标研制,要么著书立说,致力于文艺理论的实用化与教学化普及以及语文教学解读理论与方法的革新工作,均取得了显著成果。

二、名称变化所预示的观念变革

"文本解读"本来并不是专属于教育学领域的概念,而是源发于哲学领域的诠释学、解构主义、接受美学等,后被借鉴移植到语文阅读教学领域来。关于语文的文本解读有几个概念的变化需要搞清楚。

1. 从"作品"到"文本"

"文本"又称"本文",是个"舶来词",源于拉丁文的 texere,本意是"连接、交织、编织",并因此衍生了构建、构成、建造或制造等意义。广义上说,"文本"可以指由人创造并体现人本质的一切物质存在形式,文字、绘画、雕塑、音乐、影视、戏剧、行为等所有需要人们来解释的事物均可称之为"文本";狭义上说,文本指未经阅读的言语成品,即"作品"。按照法国哲学家利科尔的观点,文本是"任何由书写所固定下来的话语",这样看来,教材本质上就是一种文本。

从"教材""课文"到"文本"的提法,并不仅仅是简单词汇的替换,而是包含一个理念的质的转变:由传递作者、编者意图的教材、课文变为一个独立自主的存在——文本。[①]"文本"在普通语境里等同于"文章""成文作品";从诠释学的角度来理解"文本",强调的是它作为人的一种"意义结构"的性质——李海林认为这是"文本"的正解,"文本是什么"的问题暗含着对文本的态度:文本是一个等待人们去认识的事物;文本独立于人;文本是可以被"认识"的。而"文本意味着什么"的问题同样表明了一种期待,它期待我们可以"获得"文本。文本是可使之以某种方式"复归"的对象。总之,文本是人的一种对象化存在,是人的一种生活方式,或更直接地说,文本即生活。[②] 当"文本"的概念进入语文教学,成为"教学文本"后,狭

[①] 辛丽春,李如密.诠释学视角下教材文本的解读[J].上海教育科研,2005(5):53.
[②] 李海林.文本:一个需要重新理解的概念[J].中学语文,2005(5):7—8.

义上指一篇一篇的课文,广义上则包括师生在教学过程中所接触到的所有口头的或书面的言语材料。

"文本解读"概念里的"文本"通常指前者。一般来说用"文本"取代"作品",意在强调作家创造物的自足性和读者阐释的开放性。作品蕴含着"作家的创造物""个人创造结果",作品的意义是客观的唯一正确的意味;"文本"一词至少在日常的使用上蕴含着这样的含义:作家的创造物是一种"自主开放系统",文本的意义有待读者去理解分析挖掘。而用"解读"取代"分析",强调的是作品阅读活动的开放、多元、注重作品的历史性、现实性、个性等。从诠释学的角度,"文本解读"具有"视域融合"、读者与文本"对话"、开放生成等本质。对于语文教学领域的"文本解读"概念,不存在什么争议,都指的是对教材文本的理解与分析。对于文本解读在语文教学中的重要地位和作用也达成了共识,罗祖兵甚至把文本解读的过程等同于语文的学习过程。[1] 钱正权指出,文本解读的实质是指向教学内容的认定。[2] 但一线教师在运用"文本解读"这一概念时,往往更多滑向课堂教学的组织,这种混淆是应该避免的。另外,在近年对"文本解读"的研究中,还出现了"文本细读"的概念。它虽然以一种方法的姿态出现,但还是有其内涵规定性的:在语义学视界中,"文本细读"强调的是文本内部语言的丰富性、复杂多义性及文本结构中语言各部分之间复杂关系。[3]

2. 从"课文分析"到"文本解读"

当代文艺理论认为,文本解读不单是对文本内容和艺术价值的客观寻绎,而是同作者、编者、学生进行对话的过程。目前语文界用"文本解读"代替"作品(课文、教材)分析""阅读教学"等,不仅仅是词汇的简单替换,也蕴含着当代阅读观、阅读取向、阅读方法上的转变。这种转变有着时代的、知识的和语文课程改革的现实背景。

在过去教学大纲年代,我们强调"教教材",要吃透大纲,研读透彻教材,这是一种典型的"忠实取向"的课程观念。"以(大)纲为纲""以(课)本为本",吃透教材编辑的意旨,甚至将"教学参考"作为官方钦定的合法合理的阐释,不能越雷池一步。这种"忠实主义"的课程观,是当时"大一统"的社会运行方式所决定的。

在今天,教材中的选文已经大大恢复了它自身的价值和存在意义。它既是一

---

[1] 罗祖兵.从释义学的角度看文本解读[J].当代教育论坛,2004(1):50—51.
[2] 钱正权.文本解读,指向哪里[J].小学语文教学,2009(5)4—6.
[3] 黄孟轲.感受美不胜收的文本世界[J].语文教学通讯,2007(4).

篇用来教学的课文,承担着编辑依照课程标准的教学要求所设定的功能,同时,它又是一个教学材料,是用来达成教学目标的一个凭借,这个凭借的功能是多方面的。在这样的观念之下,文本(课文)就具有了一种可以解读的多元视角和多样化的意义空间。我们完全可以像过去那样尽量还原作品的本意,也可以从教学的目的和要求出发,挖掘一个文本的技能训练价值,以及作为认识人生世界的丰富广阔的意义载体。我们可以从文本出发去解读,也可以从读者(学生)角度去解读;既可以忠实于原意,将文本看做是精神训练和技能训练的"经典范本",又可以超越文本自身,进行批判性解读,去发现作品的现实生活意义或者在思想、艺术等方面的局限。

这种从"教材研读"到"文本解读"的视角转换,其实是一种文本解读观和教学观的转变,其根本是语文教育育人观的转变所引起的。

目前文本解读正面临着从"一元解读"到"多元解读",从"普适阅读"到"个性化解读",从"他者解读"到"自我解读",从"认知性解读"到"体验性解读"的范式转变。语文阅读教学则面临着从教师独白到师生对话,从教师肢解到学生体验,从教师预设到互动生成,从注重倾听到自由言说,从结构性教学到后结构教学的转变。正是这些变化使得在用语上大家不约而同地将"作品(课文)分析"变成了"文本解读",这不仅仅是简单的名称的更换,更标示着一种观念的变革。

3. 从"文本解读"到"文本教学解读":一种必要的区分

为了更准确地讨论文本解读,我们有必要区分"文本的常态解读(阅读)"和"文本的教学解读"两大类型。

第一类文本的常态解读是现实生活中真实存在的阅读形态,比如为了获得信息的"信息性解读";为了消遣娱乐的"消遣性解读";为了日常工作需要的"工作性解读",像阅读文件、公函、阅读文献资料等就属于这种类型;为了日常生活需要的"生活性解读",比如阅读说明书、水电记录、租赁合同、广告、招贴画、通知、公告等;为了提高自身的文学素养的"文艺性解读",我们读诗歌、小说、散文等就是。第二类就是语文教学领域的"文本教学解读",这应该是针对语文教师、语文教育工作者的一种工作性或者职业性的阅读形态。这种阅读和文学作品的阅读是不同的。

文艺理论界所指的文本解读和语文教育领域的文本解读是不同的。前者从文本解读的要素来看大致遵循着文本创造生产和消费传播的机制,它的主要机制正是一般文学解读的那些要素、机制和原理。比如作品居于解读行为的中心,我们可以理解为：作品是作家对于客观世界和主观精神世界的一种反映，"作品"和"世界"之间构成一种互动建构的关系，作品来自于外部或者内部的精神世界，作品对于现实生活世界也有一种影响。作品是作者的精神创造物，作品一旦创作出来就成为一个客观物，它对于作者也是一个客观存在，对作者产生影响。读者的阅读过程是与作者对话的过程，也是与世界达成理解和对话的过程。总而言之，上述要素之间是一种多项互动、交互影响的关系，这也就是说，文本解读是作家、作品、读者与世界的互动的过程，是上述一系列要素构成的一个信息场域。

文本解读不仅仅存在于文学评论领域，我们的语文教学中，文学作品也只是一个重要的组成部分而已。阅读教学目标更多指向于一些实用的普通的阅读能力，这些阅读所针对的文本不仅仅是文学文本，还有非文学文本。后者包含"日常文本"，如日常生活中的各种口头的、印刷的、非印刷的文本，包括各种分类广告、个人信函、电话交谈、留言、说明书、标签、电子邮件、网页，还包括消息、通知以及与特殊的学习相关的标志、时刻表等等。总的来说，语文课程逐渐从强调在家庭和学校属于个人的非正式目的的简单的日常文本，转向在家庭和更广泛的社区运用的更加正式和复杂的文本。"工作文本"如经常在企事业工作场合遇到的口头的、印刷的和电子信息，包括商务信函、个人简历、备忘录、简短的报告、正式和非正式的会议纪要。练习理解和创作这些文本对学生为未来工作和继续教育作准备很有价值。"媒体文本"，包括面向公众的口头的、印刷的、图表和电子信息，它们的建构涉及许多人，并受其制作过程所运用的技术的影响，语文课所学的媒体和多媒体文本可以来自报纸、杂志、电视、录像、电影、广播、电脑软件、互联网上的信息等。这些非文学文本的解读和文学文本的解读策略是大不一样的。它们需要一种实用的、基于信息准确和高效理解的阅读策略，比如"筛选重要和非重要信息""分析和归纳""鉴别真假信息的能力"等。当然有些阅读策略是共同的，比如"猜想""提问""基于文章体式的阅读""联系"等。

语文教育中的"文本解读"，我们可以称为"文本的教学解读"。文本的教学解读因为是在教育教学场域中发生的，这种阅读形态和日常阅读、文学阅读是有些不一样的，这主要是因为这种阅读的目的、对象和情境不同，文本的教学解读比日常解读和文学阅读受到更多因素的制约。

三、文本教学解读的价值与功能

文本解读毫无疑问属于阅读的范畴。我们之所以称之为"文本解读"而不是

"阅读教学"，是因为它有特别的内涵和价值功能。文本解读的独特价值在于它将以往泛泛的阅读行为具体化、精细化与深化。它在不同层面拓宽并深化着语文阅读教学的内容，同时在不同侧面实现着阅读在语文教学工作中的功能。这些不同的功能主要体现在如下方面。

1. 文本解读作为人文素养教育的基本手段

文本解读一般指"运用一些文艺理论方法进行的精细化阅读"。它与一般的阅读教学在目的、内容、手段、结果等各方面都有所不同。它以获取信息和意义为主要目的，注重作品思想内容和意蕴带给对方的精神愉悦和感受，以潜移默化和熏陶感染的方式，实现读者精神、气质和文化的提升。

文学作品是文本解读的主体，也是语文教学的主要文本类型。这些作品在过去往往过多强调其思想教育价值，在文本解读时更多强调文本对社会、人生、人性的描述，并透过这些作品提升学生的文学素养。文化和人文精神积淀是文本解读最后的也是最隐秘的结果。

2. 文本解读作为阅读技能训练的方式

文本解读能力是比较高级的阅读能力，这种能力不仅仅包括信息提取，还包括想象、联想、比较、鉴赏、评价等高级阅读技能。在语文文本解读过程中，教师和学生不仅要透彻深入地领悟文本的内容，还要掌握深入理解文本的方法和策略。

3. 文本解读是语文教师专业能力的重要组成部分

文本解读是语文教师教学能力的重要组成部分。一个老师对文本解读的深度、广度、高度就是一堂课的效度与开展教学的自由度。文本的教学解读过程也是教师和学生双方语文技能、文学素养共同提高的过程。这个过程绝不仅仅是备课的一个环节，它更是一个思想激荡、情感共生和智慧成长的过程。这是优质的课堂教学生活最重要的因素，是语文课堂自由、丰富、温馨的最基本保障。作为一个语文教师，在语文课上和学生就课文文本进行对话、切磋、交流、分享，如果你拥有了足够深广的解读，你无疑就拥有了给学生一杯水的那一桶水，你才可以自信从容、灵活、高效地担当教学对话活动中"平等中的首席"。你就可以以你的解读和发现，启发学生的智慧。

准确、深刻、合宜的课文文本解读是教学工作的基本前提。语文教师文本解读能力不过关，肯定不能算是一名合格的语文教师。文本解读不仅是语文教师的基本功、硬功，甚至可以说是语文教师的"铁门槛"。文本解读不到位的语文课文教学很可能是苍白无力的。文本解读作为一种更高层面、更为细致、更专业的阅读技能,是语文教师专业能力的重要组成部分。

4. 文本解读让师生在体验、反思中反观自我、认识自我

文本,尤其是精选出来的教育文本,作为人类精神生命的客观化物,是由人类伟大心灵和智慧所建造的精神宝库。理解文本就是以自己的体验去理解文本中所表现的他人的体验,这样才能进入他人内在的生命和精神世界,进而引发对自我的反思。如果说体验是从自我走向文本,反思则是由文本转向自我,促使自我对自身语境(包括读者个人的学习、生活状况和价值需求以及他所置身于其中的社会时代背景等)进行反观,从而自觉建立文本与自身语境的价值性联系,以此发现自己的本质。

文本解读不仅仅是获取信息,而是通过阅读丰富自己的心灵,塑造自己的人格与精神气质的过程,是人的精神生活重要的组成部分。在一个浮躁喧嚣的时代,能够静下心来,进行"慢阅读""精细阅读""深度解读"是一种优雅生活方式和自我人格精神塑造的最好途径。在这个信息爆炸的时代,我们要做的不是"知道分子",而是具有精神品格和文明素养的"知识分子"。阅读,并以解读的方式阅读,从而汲取人文经典的丰富内容,成为一个优雅、高尚的人,这才是语文教育的真正目的。

第二节 我国语文文本解读的现状和问题

一、我国语文学科知识的陈旧与匮乏

众所周知,现代教育是建立在系统科学的学科知识基础之上的。在现代学校教育体系中,任何一门科目或一个课程领域,背后都应该拥有一套明确有效的知识体系,作为课程开发和教学活动的工具和依据。倪文锦指出:任何一门成熟的课程都不可能没有知识,目前问题的实质不在于要不要知识,而是要建构什么样的语文知识,"去知识技能化"导致目前语文教学出现了一系列严重问题。[①] 李海林指出:本次课改一个重大的忽视就是语文知识问题的彻底放弃和回避。当务之要是语文知识的更新问题。陈钟樑也指出,语文教学"一方面是知识的匮乏,一方

---

① 倪文锦. 语文教学的去知识化和技能化倾向[J]. 语文建设,2009(7/8).

面是知识的老化,这就是当前语文教学在知识问题上遇到的两大困境。"①"构建新的语文教学知识体系,这是摆在我们面前的重大课题。"②

王荣生曾对我国语文课程的"知识状况"进行过深刻的审视,他尖锐地指出:① 由于相关学科的研究不尽如人意,没能给语文课程与教学提供足量、适用、富有前沿性的语文知识,造成了语文知识的干瘪、老套,模糊难辨、漏洞百出,失之严谨与科学;② 由于与相关学科有严实的隔膜,学校语文知识近乎凝固,相关学科中的研究成果,难以获准进入"语文学校知识";③ 语文教育界带有"原创"意味的语文知识缺乏严格的学术检验;④ 语文课程盛行着一套古怪的"学校知识"。③"教学内容僵化与随意性过大并存是我国语文课程与教学的痼疾"。④ 因而"重构确定性的语文课程内容"是十分紧迫的事。

从国际上看,也是如此。美国自 20 世纪 80 年代开始的"标准驱动的教育改革",一开始只关注课程设置的框架结构,缺乏对学生所应具备的知识、技能的关注。改革虽然取得了一定成绩,但效果并不显著。后来他们意识到这个问题,提出要"充实教学内容","我们不应只把注意力放在学习哪些学科上,而且还应关注学生所学课程的内容",⑤详细规定学生在每门学科中具体应该掌握的内容,以及应该达到什么程度,为各门课程制定了详细的学术标准。放眼世界,欧美一些国家相继制定了详细的写作课程内容标准,我们应该正确认识语文课程(教材)知识(技能)的作用和意义。

在当今我国语文教育领域,尤其是阅读教学知识,除了那几个来自文章学和文艺学里的术语如"开门见山""铺垫照应""线索""结构""五种表达方式""八种修辞手法""环境情节人物""论点论据论证"等,简直可以说是一片荒芜。尽管与之相近的文艺学、文学批评和阅读学等学科理论突飞猛进,但是语文文本解读的课程意识缺失、语文教学知识更新缓慢、文本的教学解读策略匮乏。

语文课程知识的选择与开发问题,实质上是语文学科本体建设的问题,是语文课程所凭借的实现其全面提高学生语文素养的知识工具建设的问题,是语文课程中的基础设施建设的问题。就像在社会经济领域,没有基础设施的更新换代很难实现经济的快速高效可持续发展一样,在语文教育领域,很难想象可以存在没

---

① 陈钟樑.反思之后的回归[J].中学语文教学,2007(10).
② 刘光成.语文知识教学的历程与反思[J].当代教育论坛,2007(5).
③ 王荣生.语文科课程论基础[M].上海:上海教育出版社,2003:259—269.
④ 王荣生.从四对关系谈语文教学内容的确定性[J].小学语文,2008(5).
⑤ 叶黎明.语文科写作教学内容研究[D].上海师范大学 2007 年博士论文.

有有效的知识的现代化语文教育。在这样一种思路下,我们的文本解读理论和实践,就是语文教育的基本建设,是语文教育发展进步的前提。再就是,新的时代语文教育需要新的阅读知识理论和知识作为支撑,我们不可能用百年前的旧的极端低幼化的知识话语来讨论、支持、形成新的语文能力。这些新的知识也是语文教育教育的前提。

二、我国语文文本教学解读的实践误区

我国语文教学过程中的文本解读存在着诸多问题。

1. 模式化解读

近代文艺心理学中有一个词叫做"套版效应",原指"一件事物发生立即使你联想到一些套语滥调,并毫不斟酌地使用它们"。这种情形体现在文本解读中就是"模式化""泛政治化""功利化"倾向。这就是习惯只用一种模式去观照文本(背景、创作意图、思想道德等等),用千篇一律的主题思想和艺术手法去概括文本,如"批判了封建制度的罪恶""反映了劳动人民的美好愿望"之类。如果受我们思维定势、职业惰性和政治话语的影响,让文本教学解读陷入固有的模式和套话中去,这无疑会助长死记硬背、不求甚解、不独立思考的不良阅读习惯。比如鲁迅先生的作品大都离不开反封建的主题,但每部作品又是各有侧重,各有风姿的。再就是经典作品,它们大都具有超越时代和政治制度具有永恒的丰富的人类情感和思想,比如《项链》绝不是一个"小资产阶级的虚荣心"能解释了的。从当代文学评论领域来看,对于文学作品的解读已经超越了纯粹的僵化的政治性一元解读的模式,走向多元视角的解读与阐释,如基于社会学、心理学、阐释学等角度,这也是名著重读在近三十年来风行的原因之一。

2. 泛政治化解读

泛政治化解读指的是用政治化的思维和观念解读文本,将所有文本都看做政治思想的传声筒,或者将文本的思想内容与当下的政治教育作牵强附会的联系。巴金在《灯》的结尾写到:"想着想着,我不觉朝着山的那一边笑了。"教参指出,"山的那一边"指的是解放区,是延安,理由是作者写于1942年的桂林。1942年是抗日战争时期,当时的桂林是国统区,因此"山的那一边"就是解放区,就是延安。巴金没有在任何一个场合、任何一篇文章中谈到用了这么一个隐喻,未必有此"深意存焉",可我们总习惯这样"微言大义"的解读方式。在我们的语文教育中无数中

外名篇佳作普遍有着这样"牵强附会"解释的现象。如莫泊桑的小说《项链》,教材的"思考与练习"以及教学参考书的主题提示都认为此书是在批判主人公玛蒂尔德"小资产阶级的虚荣心",这是资本主义社会把女人当做玩物的需要造成的,并直接导致了主人公的悲剧。清代龚自珍的《病梅馆记》,教学参考书上说:"作者托梅议政,形象地揭露和抨击了清朝封建统治阶级束缚人民思想,压制、摧残人才的罪行,表达了作者要求改革政治,打破严酷的思想统治,追求个性解放的强烈愿望。"这些牵强附会的做法,是不利于培养学生独立解读文本能力的,也是与多元理解、批判性阅读、创造性阅读能力培养相违背的。过分偏重于文本社会认知功能,离开来自文本自身的根据,解读的偏差和荒谬就不可避免。这是我国文本教学解读中功利化的毛病的主要根源。

马克思认为,文学活动受到社会、政治、经济等因素的制约。文艺创作要从客观现实生活出发,按现实的本来面貌再现现实,要"再现典型环境中的典型人物",反映当时的社会历史经济的状况。基于"社会决定论",解读作品时适当结合作品当时的社会历史状况是必要的。但是如果进行"泛政治化"解读,就会窄化、矮化或扭曲文本的本意,使我们成为接受和传播既定阐释的懒汉,使得学生忽视自己对文本的独特感受和理解,丧失了独立思考和判断的能力。

3. 过度阐释与深度解读

所谓的深度解读,是在理解文本表面意思的基础上进一步解读、延伸。而我们的语文教学中,有的教师为体现对文本的深度解读,一味追求文本潜在意义的挖掘,甚至不惜曲解文本本意。深度化阅读的另一个体现就是对文本的多元解读。文学作品的出现是作者对世界的看法、感悟的呈现,其价值的体现却需要通过读者的阅读、鉴赏来实现。中国古语有"仁者见仁,智者见智""诗无达诂"之说,也就是说人的思维习惯、理解能力、知识水平不同,对同样一部文学作品的解读就有可能持各种看法。"读者阅读文学作品,既是从作品中了解作者的思想,了解作品中描写的人情世态的活动,同时也是读者在自己的生活经验、文化修养的基础上,运用想象、联想而使作品内涵在头脑中具体化的活动,这就涉及读者再创造的问题。"[①]20 世纪 60 年代继英美新批评派提出的"文本中心论"之后,接受美学的崛起使得"读者中心论"成为当今主要的文学理论之一。接受美学创始人姚斯(H. R. Jauss)认为:"一部文学作品并不是一个自身独立、向每一时代的每一读者均提

---

① 童庆炳.文学理论教程[M].北京:高等教育出版社,2004:39.

供同样观点的客体。它不是一尊纪念碑,形而上地展示其超时代的本质。它更多地像一部管弦乐谱,在其演奏中不断获得读者新的反响,使文本从词的物质形态中解放出来,成为一种当代的存在。"① 因此,对于文本的解读,需要从多角度、多层次挖掘其深刻含义。例如,对《祝福》中祥林嫂的解读,"有人从她身上读出了封建礼教,有人从她身上读出了社会底层女子的不幸,有人从她身上读出了勤劳刚烈,也有人从她遭遇立春之日丈夫夭折、孟春之日被迫再嫁、暮春之日痛失爱子、迎春之日凄惨死去中读出祥林嫂是'一个生命里没有春天的苦命人儿'。"这是对祥林嫂这个人物形象的不同理解,也是对鲁迅先生《祝福》这一文本的多元解读。需要注意的是,在文本解读过程中,如果只注重对文本的多元解读,却脱离了对文本本意的理解,将难以体现文本价值所在。

在西方认识论中,"文本理解"被视作是人对文本意义的诠释,是指文本意图与作者意图的视域整合。② 在存在论意义上,"文本理解"则被视作对人的本质的基本规定,理解不仅是对文本的理解,更是对人的存在的自我理解。③ 从这个角度解读文本,我们会基于人生存的意义进行对人生命本质的感悟和认识。但对于中小学语文教育来说,适当的深度解读会有助于提高学生的阅读理解能力,但如果超出学生的认知水平,可能适得其反,造成学生对文本解读的畏惧心理,得不偿失。毕竟,中小学语文阅读教育的目标仅仅是培养学生初步阅读鉴赏文学作品的能力,而非一味深度解读的专家。

4. 多元解读的泛滥

目前语文文本解读基于自由主义教学观和对于学生主体的尊重,以及培养创造性人才的需要,倡导一种多元解读教学。常见的关于文本教学内容的讨论往往是:一个人说这篇课文应该教 A,另一个说应该教 B,又有人说教 C,他们都可以在文本中找到依据。于是"公说公理,婆说婆理",各有各的理,谁也说服不了谁。这种"一千个人眼中有一千个哈姆莱特"的现象,其实很正常,尤其是当代阐释学、接受反应文论、后现代等理论倡导"阅读是一种多元对话过程"和"意义的建构生成"之后,这种现象更屡见不鲜了。近年来,依托经典文本如《愚公移山》《背影》《鹬蚌相争》等,"诞生"了一批著名的课堂教学案例,引发大家对于文本"多元解读"的争议和讨论。

---

① (德)姚斯..走向接受美学[M].周宁,译.沈阳:辽宁人民出版社,1987:26.
② 申玉青.西方认识论和存在论对"文本理解"的不同界定[J].青海师专学报,2009(2).
③ 钟晓红.从认识论走向存在论的文本解读[J].文学界:理论版,2011(8).

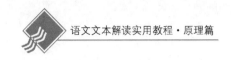

文本解读中的多元视角尽管是有教育学和阐释学的依据,但是这个多元是有界的,是界中的多元。如果多元解读超出了文本本意,就属于"误读",丧失掉解读基本的依据,有违文本的客观,成为主观臆断和胡乱阐释。

一个"作品",一旦作为教学材料或资源,编入教材,进入课堂,成为老师和学生一起教与学的一个特殊的"文本"——即"课文",其实质已经发生了变化:它不再是原来的"文本"自身,它被置于课堂、教师、学生、目标、环境的等具体的教学情境之中,拥有了不同的功能和价值。如《纪念白求恩》这样一个著名文本,它可以有很多种"身份":既可以作为教学议论文、悼词、演说的例文,学习现代汉语艺术的范本,还是研究毛泽东战略决策、政治外交、与各界交往以及人的修养等思想的重要文献。这无疑是一个多姿多彩、意蕴丰富,甚至可供我们无限解读的东西。可是,一篇作品一旦被课程编制者选编到教材中来,它的"身份"被"固化""窄化""功能化"了,它不再是可以供我们无限解读的文本了。语文文本解读如果回到文本自身,回到语文的任务目标,回到课程标准的要求——一句话,回到具体的教学情境中来,就会发现:一篇文本尽管可能有各种解读,但对于语文教学,有很多是片面、荒谬、不适当的。

第三节　文本解读与阅读教学知识的更新

我国古代传统的语文教育主要是一种"义理"教育。语文独立设科百年来的语文教育注重"知识和能力"的内容(当然时有反复)。本世纪初这次语文课程改革主要是以"人文理念"和"教学方式转变"为特征,加之以"话题组元"的教材体系,导致课改进入课程实施层面时,面临一个迫切的问题——语文到底"教—学什么",即语文教学内容问题。

近年来针对"泛语文""去语文"现象的泛滥,语文教育界重申"语文性",倡导"回归文本"的呼声再起。这并不奇怪,"文本解读和分析"本来就应当是阅读教学和文学鉴赏能力培养的核心内容。

然而,文本解读究竟"解读什么""如何解读",历来都是难点。尽管与之相近的文艺学、文学批评和阅读学等学科领域新理论、新技术、新方法突飞猛进,但由于学术界和基础教育界存在"隔膜",缺少相应的专家学者进行"知识转换、创造和教学实验"(钱理群语),语文学科课程和教学知识建设相对滞后,文本解读与分析的有效策略知识一直十分匮乏。钱理群先生说,语文学科新的"知识体系的建设需要一块一块的基石逐渐积累起来""需要打破大学与中学,教育界与思想界互相隔绝的状态,提倡多学科合作",做课程知识的"转换、创造与教育实验"。孙绍振曾尖锐地指出,当前语文学科需要"知识更新"的问题。他说:"有些教参编者,至今仍然只懂得一点反映论,而且是机械的反映论的粗浅知识,连辩证法的起码知识都很欠缺,更谈不上活学活用。他们对于这二十多年来,我国当代文学研究和文艺理论研究所取得的突破和进展,没有多少感觉。"

好在近年来情况开始有所改观。一些文学理论界的专家、教授纷纷"放下架子",关注起文艺理论的实用化,即文本解读策略的研究和开发。比较典型者,如钱理群、孙绍振、曹明海、王先霈、方智范等。重要的著作如蒋成瑀的《读解学引论》(1998)、《语文读解学》(2006)、曹明海的《语文教学解释学》(2006)、钱理群的《名作重读》(2006)、孙绍振的《名作细读》(2006)、王先霈的《文学文本细读》(2006)等。在中小学语文教研领域,"文本解读"也成为热点。这方面的论文,如方智范的《语文教师要成为文本作者的"知音"——谈当前语文阅读教学的若干问题》(《人民教育》2004年第21期)、沈大安的《文本解读的观念和方法》(讲座)、李安全的《文本解读及教学策略》(《中小学教材教学》2006年第12期)、王磊的《接受美学与文本解读》(《中学语文教学》2007年第5期)、王崧舟《文本细读,徜徉在语言之途》(《小学语文教师》2008年第7~8期)、林忠港《文本解读的五个角度》(《语文教学通讯》2008年第11期B)等。下面我们介绍几篇这方面的新作,它们可以让我们一窥文本解读知识开发的状况。

一、阅读能力和解读能力的内涵

1. 通用阅读能力

几乎所有语文教师都知道阅读教学要培养学生的阅读能力,但很多教师并不清楚阅读能力包括哪些细项,这给语文课程内容建设、教材编制、阅读能力的培养以及教学评估都带来难题。章熊先生曾把阅读能力分为:① 复述性理解(着眼于表层信息,侧重记忆);② 解释性理解(通过信息加工,由表及里、由此及彼,转化为自己的认识);③ 评价性理解(对文章价值作用评价);④ 创造性理解(超越本文,探索新问题,提出新见解)四个层次。

我国内地通用的高考《考纲》对考试能力的要求分识记、理解、分析综合、表达应用和鉴赏评价五个能力层级。A. 识记:指识别和记忆,是最基本的能力层级。B. 理解:指领会并能作简单的解释,是在识记基础上高一级的能力层级。C. 分析综合：指分解剖析和归纳整理，是在识记和理解的基础上进一步提高了的能力层级。D. 表达应用：指对语文知识和能力的运用，是以识记、理解和分析综合为基础，在表达方面发展了的能力层级。E. 鉴赏评价：指对阅读材料的鉴别、赏析和评说，是以识记、理解和分析综合为基础，在阅读方面发展了的能力层级。

香港理工大学祝新华的《六层次阅读能力系统及其在评估与教学领域中的运用》一文①对此提出了新的框架。这六层次阅读能力元素如下：

（1）复述。认读原文，抄录词句，指出显性的事实。通过找出恰当的事实，了解学生对篇章最基本的、直接的意思的理解。这是最低层次的阅读要求。

（2）解释。用自己的话语解释词语、表面句意。句子的表面意义（命题意义），是由一个个词语意义连接而成，不顾语境也大致能把意思写出来。这种问题可了解学生对词句的理解程度以及对篇章局部的理解水平。

（3）重整。分析篇章内容关系，抽取篇章重要信息，概括段篇主要意义，辨识表达技巧等。它主要评价分析与综合能力。包括：① 理清篇章段落间或层次间的内容关系：如总分、时序、并列（地序）、比较（异同）、因果等关系。② 根据篇章内容分段分层：从分析篇章结构（形式）角度提问。③ 从篇章某处摄取特定信息：概括一个或多个句群、语段所负载的信息。④ 从篇章多处摄取信息：通过篇章全局的理解，从不同地方概括得出某结论的多个依据、原因，或概括不同的表现等。⑤ 概括段意或层意：有时要求先划出层次（分段），然后再概括各层（各段）的意思。⑥ 概括全篇内容：这是对阅读篇章最大语言单位的概括，答题时需对原文内容进行高度的概括。⑦ 辨识篇章的表达技巧。

（4）伸展。在理解篇章表层意义的基础上，找出隐含信息（引申含义，拓展内容）。① 推断句子的深层意义：深层意义也称功能意义、交际义值，是在语境中理解隐含意义。深层意义与表层意义的关系至少有三种情况，即相同、相近、相反。② 推断篇外信息，想象篇章未阐述而又有理据可推得的内容。③ 推断作者、文内人物某言行隐含的情绪、观点、态度等。④ 推出篇章隐含的作者心态、中心、主题、主旨或全文写作意图。⑤ 推出读了篇章后所得的感悟、懂得的道理，结合个人的经验，阐述自己获得的启发、懂得的道理。

（5）评鉴。在理解意义的基础上，评说人物与思想内容，鉴赏语言表达。学生回答只要持之有故，言之成理即可。包括：① 评说人物：评说篇内人物、作者本人，要

---

① 祝新华.六层次阅读能力系统及其在评估与教学领域中的运用[J].小学语文，2008(4).

求学生给出自己的观点,并说明理由。② 评说思想内容:做法、建议、思想、观点等。③ 鉴赏语言:鉴赏精妙的字词、精彩的句子。④ 鉴赏表达技巧:修辞格、表达方式、表现手法、篇章结构等。第三条和第四条在语境中评述文章的表达作用、表达效果,促使学生领会文章的表达形式,从阅读中有意识地学习写作方法。

(6) 创意。在理解篇章意思后,找出解决问题的新想法,提出文章的新写法,或运用所读的信息解决实际问题。如:① 为篇章提出富有新意的解决问题的方法、见解。② 为篇章选用新的题材。③ 为篇章提出新的表达技巧以改写文句。④ 灵活运用所读信息解决相关的问题。

祝新华新的六层次能力系统的学术价值在于更加简捷、指标明确、便于操作。它指出了各层级细致的评价内容,为"基于能力层级指标"的课程内容编制、阅读教学和评价提供了理论支持。

该系统中的能力元素与全球学生阅读能力研究(PIRLS)、学生能力国际评估计划(PISA)等国际阅读评估是吻合的。这种研究也是世界上阅读教学研究的主流趋向。目前该系统已在新加坡、香港和大陆的课程、评估、教学领域得以运用。

无论是章熊先生的"四层级阅读能力"框架,还是高考的"五层级阅读能力"框架,或是祝新华的"六层次阅读能力系统",依据的都是认知心理学的能力层级理论和知识分类理论,其认知能力要求是从低到高逐级增强的、向上发展的,它们之间有共通之处。这种能力训练层级的研究思路,可以克服目前语文阅读教学的经验主义和简单随意现象,是语文学科内容科学化建设的重要途径和内容。

2. 学生的文本解读能力

文本解读是一种更为细致、专业的阅读,文本解读能力的内涵有以下几个方面:

(1) 生活表象积累

文学作品的构成是"立象尽意",要理解"象",需要读者具备对相关的生活表象的经验,才能更深入更透彻地"据象明意"。正如朱光潜所说:"生来没有恋爱经验的人读恋爱小说,总不免隔雾看花,有些模糊隐约。反过来说,我们愈能拿自己的经验来印证作品,也就愈能理解它、欣赏它。"[①]前文对"关注学生生活表象的积累"部分已有详细阐述,此处不再赘述。

---

① 朱光潜.文艺心理学[M].合肥:安徽教育出版社,1993:220—221.

(2) 思想与文化积淀

文本解读就是"会意",用孟子的话说,就是"以意逆志",就是与作者对话。"我的用心,在怎样努力接近对方——一个陌生人——的灵魂和它的结晶。我也许误入歧途(犹如现在),然而我避免隔靴搔痒。我要看的是:一个灵魂的深处,和聚在这深处的蚌珠——杰作。"① 要看到"一个灵魂的深处",首先自己灵魂得有一定的深度。一条小溪是无法揣测大海的气度的,因为在它的视野里是没有这个概念的。从这点说,要提升自己的文本解读力,首先得让自己的思想深刻起来。于国祥老师在《斑羚飞渡》一课中,站在"人类面对灾难时个体生命的尊严与意义"的角度上,引导学生认识"生命,恰恰就是我们最珍贵的、最不想抛弃的东西。也唯有这样,那些献出自己生命的人,才显得如此高尚、高贵,而值得我们敬仰,并进而认识'生命,值得敬畏'"这一人类永恒的命题。他还以泰坦尼克沉船等经典例子揭示出精神力量对世人的巨大支配作用,引导学生感受舍生取义的现实价值和审美意义。这是教师从哲学思想的高度来审视文本。

除此外,还有文化积淀。文字,是一种语言的符号,更是文化的符号。在千百年的传承中,人们不断赋予其意义,有些意义就固定下来,成为文化的承载。比如当我们看到《论语》中"人不知而不愠,不亦君子乎"时中的"君子"时,有的人就只能理解为好人,还有的人理解为有道德修养的人,但如果有相当的文化修养,则可以由此引申开去,君子是古人对人境界的一种判断:小人、君子、圣人;同时还可以联想开去,《论语》中对君子的阐述:"君子不器。""君子周而不比,小人比而不周。""君子喻于义,小人喻于利。"同时还可以联想到冯友兰在《人生的境界》中所谈到的人生的四种境界——自然境界、功利境界、道德境界、天地境界,真正将"君子"一词解读出丰厚的意蕴来。这种文化积淀使得我们在文本解读中具有一种敏感性、延伸性。除此之外,文化积淀对文本的解读还体现为一种支撑功能,如看到"望帝春心托杜鹃",如果没有望帝杜宇死后化为杜鹃这一典故的知晓,我们就不可能读懂这句诗了。

(3) 语言能力水平

文本解读需要具备一定的语言能力。文本呈现为三个层面:言、象、意。阅读文本首先是阅读语言,要能理解语言的基本含义,更要理解语言背后的隐藏含义。这还不够,"明其义"只是第一个阶段,更重要的是"悟其味",要能体味语言背后的

---

① 转引自孙玉石.中国现代解诗学的理论与实践[M].北京:北京大学出版社,2007:37.

"味道"。比如解读杨绛的《老王》中的"这是一个幸运者对不幸者的愧怍"一句,要读懂需结合全文理解"幸运者""不幸者",能够理解"愧怍"一词的意义是"惭愧",但仅这些还不够,还要能理解"愧怍"与"惭愧"的不同"味道",作者是在用一个文言雅词来表达自己作为一个知识分子深沉的愧疚,在情感上较之口语词的"惭愧"来得更为深刻,在语言风格上更显庄重与严肃。语言能力说到底,就是对语言的感觉,有无这种感觉,是文本解读能力的一个重要的"分水岭"。

(4) 阅读策略的运用

文本解读能力是一个人生活阅历、文化思想的综合体现,是一个人"道"行修为的外在显现。那么,这里面有没有技术的成分呢?答案是有的。有无科学合理的阅读策略,也是影响解读结果的极其重要的因素。有效阅读策略的运用,能够拓展解读的广度,能够增加解读的深度。

二、阅读方法和阅读策略

众所周知,我国语文课程由于没有一个"内容标准",课程内容的不确定成为一个"老大难"问题。韩雪屏的《让学生掌握多种阅读方法》一文,尝试从解读2011年版《义务教育语文课程标准》(以下简称为"新版语文课标")中有关阅读的"课程目标与内容"入手,剥离和铺排出既有利于学生学,又方便教师教的阅读课程内容。这在目前,是我国阅读课程内容建构的一个稳妥可行的办法。

作者指出,新版语文课标在解决"三维目标"这个"老问题"时有一个"课程目标与内容"的新提法。这种新提法告诉我们:语文课标不单列课程内容,不是因为语文课程目标不需要课程内容的支撑,而是因为目标与内容胶着在一起,目标蕴涵着内容,内容落实着目标。这种胶着状态要求教科书编者、执教教师具有从课程目标中剥离出课程内容的意识和能力。

基于上述想法,她又找到了一个框架——"从阅读客体、阅读主体和阅读本体三个维度"。然后她把新版语文课标中有关阅读的"课程目标与内容"进行归纳整理,以阅读本体过程为纲,将学生主体与读物客体贯串起来,进而形成了一个阅读方法体系。这个体系主要有两个侧面:一是侧重于学生读者主体的阅读素养,逐层分解"独立阅读能力"的内涵,从心理和生理、基础和应用,多方位地建立起实用阅读方法系统;二是侧重于读物客体的文体特征,兼顾各类文体之间的分界与渗透,把握各类文体的阅读规律,多侧面地建立起科学的阅读技术网络。

目前她得出的阅读方法体系。主要包括基础阅读法、特定目的阅读法和文体阅读法三大类。

（1）基础阅读法。朗读、诵读、默读与速读、精读、略读与浏览，是适用于各类读物，适合于各个学段读者的最基础的阅读方法，因此称为"基础阅读法"。其在新版课标中有所描述，如在第三部分"教学建议"中指出"各个学段的阅读教学都要重视朗读和默读"，"应加强对阅读方法的指导，让学生逐步学会精读、略读和浏览。有些诗文应要求学生诵读"。

（2）特定阅读法。韩雪屏认为，根据阅读目的不同，可以将阅读分为理解性阅读、信息性阅读、审美性阅读、形成阅读期待、学会阅读反思、学习阅读批判六大类。

（3）文体阅读法。文体阅读法涉及文本类型和文本元素。阅读教学应该根据文本类型来设计教学。

鉴于文中所列阅读方法比较丰富而细密，我们列表1-1如下：

表1-1 阅读方法体系

一级分类	二级分类	方法、步骤或适用范围
基础阅读法	朗读、诵读、默读与速读、精读、略读与浏览等	适用于各类读物，适合于各个学段读者的最基础的阅读方法。
特定阅读法	（一）理解性阅读	有效理解：信息的简化、深化、系统化、固化与活化、语言化；精深的理解：1. 认同与辨异；2. 比较与联系；3. 提纯与抽象；4. 评价与选择。
	（二）信息性阅读	1. 运用信息工具；2. 检索和获取信息；3. 鉴别和处理信息；4. 生成和创造信息；5. 共享信息效益。
	（三）审美性阅读	1. 感受和想象；2. 联想与汇兑；3. 深识与领悟；4. 反思与回味。
	（四）形成阅读期待	1. 体裁期待 2. 形象期待；3. 意蕴期待。
	（五）学会阅读反思	1. 判断文本；2. 观照社会；3. 反观自我；4. 审视阅读过程。
	（六）学习阅读批判	1. 意义阐释批评；2. 伦理道德批评；3. 社会历史批评；4. 审美批评；5. 语言批评。
文体阅读法	实用文章的阅读 文学作品的阅读	适合基于文章体式的阅读教学和中高年级的学生。

从上面可以看出，韩先生的这项研究比较科学实用，其研究并不仅限于课标已有成果，而是吸收借鉴了当前阅读教学理论中很多有价值的新成果。这些成果既有国外的，也有中国传统文论中的，还有相关学科的。总的来看，是系统科学的，但也有一些交叠，尤其是"特定阅读法"中，（一）至（三）与（四）至（六）的某些方

式存在交叉。这也许是课程标准内在的不足,尤其是我国的语文课标还没有阅读方法体系建构的自觉意识,缺乏相关科学严谨的研究造成的。

韩先生指出,新版课标最深层的意义在于:"它已经把语文教师自身知识与技能的更新、专业化持续发展这一有关语文课程与教学全局的大事,明确地提上了日程。"我们认为"阅读方法体系的建构",除了从学生主体的角度要研究学生的阅读知识,从教师的角度研究老师的教学知识,更迫切需要的是要从课程的角度系统研究阅读的学科知识。考虑到国外的课程标准已经有大量的"阅读策略"的内容(这些阅读策略甚至已经成为课程内容的主体),我们建议的是,是否可以从"阅读策略"的角度,从学科、学生、教师三维梳理"阅读学习和阅读教学"的有关知识系统,并把它们作为将来语文课程内容标准研制的重要工作和任务来做。这是很值得国家有关部门思考并筹划的、可能真正有益于中国语文阅读课程教学发展的大事。

三、从多层面探寻阅读教学的新路径

1. 基于课文与学生经验的链接,确定阅读教学的基本路径

如果说,韩教授的"阅读方法体系"是从课程内容层面,尝试解决"教什么"的问题。那么,王荣生教授的《阅读教学的基本任务与路径》则是从课程教学统一的视角回答"怎么教"的路径问题。从教材(课文)和学生(经验)这两个主体间"链接生成"的层面,去探讨阅读教学的方法路径。这是很有创意的一个做法。

王荣生教授指出,阅读教学的课文文本有两个特性:既是学习材料又是学习对象;课文中有高于学生语文经验的元素。阅读教学有两个基本任务:克服语文经验的落差;建立学生与这一篇课文的链接。学生对课文某些地方无法理解,是因为缺乏某些认知,也就是离理解课文所需的语文经验还有一定的差距,经验落差便由此形成。语文经验落差的提出暗合了维果茨基的"最近发展区域"理论,只要"跳一跳就能摘到苹果",只要弥补这些落差就能理解课文。具体思路就是"阅读教学,要建立起学生与'这一篇'课文的链接,以帮助学生克服现有的语文经验与课文理解、感受所需要的语文经验之间的落差"。其基本路径有三条:一是唤起、补充学生的生活经验;二是指导学生学习新的阅读方法;三是组织学生交流和分享语文经验。

"唤起、补充学生的生活经验"是首要的一条。王荣生教授用聂作平的《童年

的馒头》与丰子恺的《竹影》教学为例,说明学生越陌生的事物越需要教师的帮助,必要时还要借助实物、图片等辅助理解、感受以补充学生所缺乏的那部分生活经验。这与目前的阅读心理的研究不谋而合。相关背景知识是达成准确有效的理解的前提。

如果有了必要的生活经验,学生仍然理解不了,那就要借助"阅读方法"了。王荣生教授提出的第二条途径就是"指导学生学习新的阅读方法",这一点与韩雪屏的"阅读方法体系"里的那些内容相同。

当学生的阅读经验落差较小,能够唤起生活经验,也能运用阅读方法时,"组织学生交流和分享语文经验"便成了阅读教学的又一重要路径。在班级授课制中,学生是学习的共同体。学生既是学习者,也是重要的教学资源。在交流和分享中,同学们相互启发,教师相机点拨,学生往往能获得新的语文经验,加深、丰富对课文的理解和感受。

三条路径,看似泾渭分明,其实应根据学生具体的情况选择适合的路径。阅读教学是一个生成的过程,教学对象、教学材料、教学环境等情况不同,所选择的路径也就不同。

阅读教学当然还有一些具体方法、路径:如王荣生教授在另一篇文章《阅读教学的其他路径》中提到文学鉴赏教学路径,不同类型选文的具体路径,以及读写结合的路径等等。但是无论什么具体方法都逃不过这三种路径的支撑,虽不能说放之四海而皆准,但确实极具普适性。

2. 审视当下阅读教学模式,呼唤阅读教学理论创新

魏小娜《语文阅读教学"流行语"的解读与启示》一文,从教师阅读课堂教学的视角,运用"话语分析"的方法,对长期以来存在的五种"教学流行语"的模式特点、背景学理及优劣进行纵向与横向的比较分析。

在这篇文章中,作者别具巧思概括的五种"课堂流行语",其实也是五种阅读教学模式(方式)——串讲评点式、文学分析式、文章解析式、个性体验式、言语形式解读式等。

(1) 串讲评点式

其流行语"这个字(词语、句子)写得好不好?好在哪里?有什么深刻含义?"主要体现为阅读教学中的"抠字眼"和"深挖掘"。这一阅读教学方法有助于教师引领学生全方位精读文本,课堂容量大,能充分施展教师的解读功力。但这种阅读教学也有缺陷,比如使得学生主体性得不到充分发挥,不能够满足现代生活所

必需的多元阅读目的和阅读能力，违背了语文课程的实践性特点，也不符合能力培养的客观规律。

（2）文学分析式

其流行语"这句话体现了主人公什么样的性格特点？这篇文章的写作特点是什么？"集中体现着语文阅读教学的"八股"形态：题解——作者介绍——时代背景——人物形象——主题思想——写作特点，是分析文学作品的典型教学模式。这一阅读教学方法为教师指出了清晰可辨的教学内容，可不少教师全然不顾这种教学法的适用范围，不管是教古典戏剧还是教现代诗歌，无论是教应用文还是教议论文，都一股脑儿讲"时代背景""中心思想""写作特点"。

（3）文章解析式

其流行语"本文一共几个自然段？分几个部分（几个层次）？先写什么？再写什么？又写什么？"重在解剖文章的行文思路和写作结构，目的是让学生通过解析行文思路和结构来理解文本，并学会写作，往往以系统的板书呈现文章的写作思路、写作顺序、写作方法等，很有特点，然而它也是造成"条分缕析""肢解课文""阅读教学烦琐主义"的重要原因之一。教学者为了梳理文章写作的框架和行文技巧，往往抓住典型段落精雕细刻、极尽肢解分析的手段，硬是把感性的"血肉"剔除，留下理性的"筋脉"，严重忽视整体阅读的情感体验和审美观照。

（4）个性体验式

其流行语"找出你最喜欢的句子（或段落），用你喜欢的方式读一读"极大地激发了学生的个性化阅读体验，高度尊重学生的阅读体验和感悟；促进了课堂教学内容的生成，出现了很多不可预见的精彩。但是，随着该流行语的大量搬用和无节制地使用，语文阅读教学日渐暴露出很多问题。比如，造成阅读教学的肤浅：教师引领缺位，阅读能力训练淡化，阅读体验随意；致使阅读教学失衡：倾向于断章取义地选择零星句子欣赏，回避文章思路的教学，颠倒了阅读教学的重心，导致学生篇章阅读和写作能力的降低等。

（5）言语形式解读式

其流行语是"从'怎么写'的角度，你发现了什么秘密？"这一流行语是考察一定语境下什么样的内容用什么样的语言形式表达最为恰切，但言语形式解读式的阅读教学过分强调"语言教学"任务，甚至认为这是唯一的高品位阅读教学形态，是不妥当的。此外，阅读教学内容的对错与是否开展"文本内容解读"没有直接关系，关键是阅读教学是否拥有清晰的阅读教学目标（阅读能力、阅读策略、阅读方法等)。对于有些经典作品,掌握文本内容本身可能就是阅读的主要目的。

为了直观,我们将魏小娜老师关于"教学流行语"的分析研究列成表1-2。

表1-2 关于"教学流行语"的分析研究

教学方法	内涵	产生背景	优点	缺点
串讲点评式	围绕文本的重点字词句,充分品味其炼字之妙、造句之美、结构之周密、含义之深刻。	汉代"讲经解经"的"串讲"之法;传统小说点评风气	精读文本,课容量大	限制学生主体性发挥,不能满足多元阅读和阅读能力的培养;说教的形式违背了语文实践性特点
文学分析式	固定形态:题解—作者介绍—时代背景—人物形象—主题思想—写作特点	1953年"红领巾"教学法	使教学内容清晰可辨	太过刻板,不具普适性
文章解析式	重在通过解剖文章的行文思路和写作结构来理解文本,并学会写作,是读写结合的典型教学套路。多借助板书。	1935年,《国文百八课》,开现代文基于文章写法而展开的阅读教学先河。	建构完整的阅读图式;培养严密系统的逻辑思维能力;体现阅读能力	容易肢解课文
个性体验式	强调学生个性化的阅读体验,鼓励学生积极参与阅读活动、积极主动表达阅读体验	在新课改力倡尊重学生主体、实施阅读对话的背景下,最大限度地归还了学生的阅读自主权。	激发学生个性体验,促成教学内容的生成	教师引领缺位,阅读能力训练淡化,阅读体验随意;断章取义,回避文章思路,颠倒阅读教学重心;个性化的理解充斥课堂,阅读的公共知识传递不足。
言语形式解读式	试图从言语形式的角度开展阅读教学,发现语言使用规律	缘起于对"文本内容解读"的质疑	避免语文教学盲目跟着选文内容走;开辟阅读教学新天地	过分强调语言教学,容易忽略教学目标(阅读能力、阅读策略、阅读方法)

通过表1-2我们可以看出,五类"教学流行语"所代表的五种阅读教学模式,各有其优点,也有不适当之处,也都潜藏着很多难以"两全"的矛盾。如语言教学与

文学教学的矛盾、阅读教学与写作教学的矛盾、文本内容解读与语言形式解读的矛盾。

基于此,魏老师认为:

(1) 要实施语文能力专项培养,实行教材分编、课型分类。教材是阅读学习的载体,反观世界上很多国家的母语教学,大都对阅读、写作、听说、文学、语言有着清晰的界定,然后实施教材分编,展开能力分项训练。她指出应在教材上有重大改革,今后的语文阅读教学的发展应该尝试基于阅读、写作、文学、语言等语文能力的分项,实施教材的分编、课型的分类。

(2) 深入研究"阅读能力"的基本理论。由于我们对"阅读能力"的基本理论认识不够到位,没有拥有自足、稳定的阅读教学内容,缺乏一种明确清晰的、具有独立品质的、"纯粹"的阅读教学,因而需要借鉴国际阅读能力(阅读素养)的基本理论研究,立足我国实情,创造出适合我国阅读的基本理论。这也包括像韩老师那样的"阅读方法体系"研究。

其实,阅读教学理论研究也是有不同范型的。在每一种阅读教学方法背后,都是有与之相呼应的理论范型。下面我们就以魏老师的五种阅读教学范式为例,梳理并比较其背后阅读模式、阅读原理、阅读策略和相关理论等(见表1-3)。

表1-3 不同阅读教学方法、模式、阅读策略与原理比较分析

教学方法	阅读原理	阅读策略	相关理论
串讲点评式 文学分析式	自下而上阅读模式 (文本加工模式)	裸眼读书 期待阅读	信息加工 接受美学
言语形式解读式	自上而下阅读模式	还原法	期待视野;试误理论;去弊理论
文章解析式	图式模式	比较中鉴别、联系中欣赏、经典文本共组	格式塔心理学 概略理论
个性体验式	元认知调控模式 交互模式	个性化阅读,主体性哲学,人本主义心理学

思考与讨论

1. "文本解读"热的兴起与当今语文教育有何关系?

2. "文本解读"与"作品分析"有何不同含义?
3. 举例说明我国阅读教学知识存在哪些问题?
4. 联系自己的教学经验说说阅读能力的构成和文本解读能力的内涵?

扩展阅读推荐

1. 蒋成瑀.读解学引论[M].上海:上海文艺出版社,1998.
2. 钱理群.名作重读[M].上海:上海教育出版社,2006.
3. 王先霈.文学文本细读讲演录[M].桂林:广西师范大学出版社,2006.
4. 曹明海.语文教学解释学[M].济南:山东人民出版社,2007.
5. 傅丽霞,张西玖.多维视角中的语文解读学[M].济南:山东教育出版社,2007.
6. 孙绍振.名作细读:微观分析个案研究[M].上海:上海教育出版社,2009.

文本教学解读的理论基础

◆ 内容导引

本章先概述中外文本解读理论的发展,然后介绍三种解读理论范式,接着探讨当代文本解读观的变革,最后用一个模型呈现文本解读的基本要素和原理。

◆ 学习目标

- 了解中外文本解读理论发展的线索和三种范式
- 基于自己的理解,指导当代文本解读观的变革
- 掌握文本教学解读的基本要素、理论框架并能分析文本

第一节 中外文本解读理论发展概述

一、中国文本解读理论的发展

中国没有独立解读学,却有着自己的解读传统。它的理论阐述比较零散,方法的运用还隐含在浩瀚的注疏中,它还联系着哲学史、经学史、诗学史、训诂学和中华文化史,富有自己的民族特色。按照周光庆教授的研究,中国古典解释学,萌发于春秋战国时代,成长、成熟于两汉期间,实现向现代转型于新文化运动时期。[①]

1. 萌芽初生时期

春秋战国时代,为了实现由天命神学向天道人道关系探究的"哲学突破",整

---

① 周光庆.中国古典解释学导论[M].北京:中华书局,2002:11.

理编纂典籍、尊崇和解释文化传统及其经典著作,成为当时各个学术流派共同的实践选择,由此培育了中国古典解释学的幼芽。孔子"述而不作""代圣人立言"的编写思想,可以看做古代的作者理论。

2. 成长成熟时期

两汉时代,"罢黜百家、独尊儒术",经学日渐成为显学,读经、解经之风盛行。伴随着今文经学、古文经学的竞争与斗争,中国古典解释学终于在两汉时期形成,并开始发挥无比深远的历史影响,两千多年来先后启导了魏晋玄学、宋代理学、清代朴学等众多读解流派,发展成熟。

3. 向现代转型期

中国古代解读传统,历来重视探求和重建经典作家的创作"本意",总是力图使自己的解释基本符合或不断趋近作家的创作;解读目的在于阐发圣道,"经世""修身"以"致其用"。新文化运动时期,以胡适为代表的新文化主将,革除独尊儒家经典的迷信传统,本着"再造文明"的目的,以科学的解释方法,研究整理阐释古代文化经典,推进了古典解释学向现代转型。当代中西文化交汇,解读已经具有多元性并且时有重叠、互相印证,自不必提,但是这次思想变革具有推动解读转型的启蒙意义。

总体而言,尊崇儒家经典,凭借读经解经,阐发圣人的微言大义,恢复作者原意,服务政治教化需要,一直是中国古代解读传统不变的主旋律。此外,"以老庄为代表的道家,虽然没有提出读诗、解诗理论,但他们主张放驰个体,适性自然的思想,对后来的影响是深远的。"总而言之,"载道"和"言志"是中国古代解读传统的主要理论表征,两者交织,互为补济,成为中华文化衍生发展的不息动力。

二、西方文本解读理论的发展

西方解读(解释)传统,起源于古希腊。依据现代视角,以解释的文本内容的科学真伪为标准,划分为前科学解释学和科学解释学两个时期。

1. 前科学解释学时期

先有文献学解释,后来又有法律条文和圣经经文的解释,后者称为神学解释学。神学解释学的目的是要发现或揭示隐藏在圣典中的上帝意图,目标是重现或恢复上帝的意图,且上帝的意旨是唯一的,解释就是圣经解读的技术,具有明显的传谕和要求服从的双重意义。

2. 科学解释学时期

分为传统解释学和现代解释学两个阶段。

(1) 传统解释学阶段

以开创者施莱尔马赫和后继者狄尔泰为主要代表,认为文本意义是确定的、客观的、唯一的,是由作者赋予。因此,主张文本解读的任务在于尽可能恢复作者的原意。例如狄尔泰就曾宣称:"解释学方法的最终目标是:要比作者本人理解自己还要更好地理解这个作者。"① 这种恢复作者原意为解读的原则和目的的阅读主张,称作"作者理论"。

(2) 现代解释学阶段

以海德格尔为开创者,伽达默尔继承其后,并形成众多的解读理论观点。现代解释学在本质上是对传统解读学的反动,它确认意义或真理是在解释的过程中不断生成的;解释的目的出于现代的需要,重视文本意义解读的读者参与和创造。例如"在伽达默尔看来,不仅要把艺术作品作为一个文本去理解,而且艺术作品的意义是不能脱离接受者,是依赖于理解者的理解传导的。""真正的艺术品是连续不断被理解接受的艺术品,作品只有在被理解和感知的过程中,其意义才会得到实现。"是谓"读者理论",强调读者的阅读参与和创造。读者理论在接受美学的理论体系中,更是被置于核心位置,代表一种全新的阅读理念。在接受美学看来,文本是一个"空筐"(或框架)性质的召唤结构,呼唤着每一个读者合作;任何一个"文本"只有读者介入,赋予文本以一定的解释,才能成为真正意义自足的、独立的"作品"。也就是说,只有被读者阅读并接受的文本,才能成为"作品"。作者理论和读者理论都是以文本的内容(主题)为解读宗旨,由作者理论发展到读者理论显示了解读观念的历史进步。"文本理论"则全力关注文本的形式,即文本的文学性研究。认为文本意义是自生的,与作者、读者无关,它蕴含在文本语言符号和结构中。起源于俄国的形式主义、随后的英美新批评以及后来的结构主义等文本理论,虽然各自存在理论缺陷,却为我们的深入解读提供了有力的理论支撑和方法借鉴,因此,纳入我们方法论选择的视角。

---

① 胡经之,王岳川.文艺学美学方法论[M].北京:北京大学出版社,1994:294.

第二节 文本解读理论的三种范式

英国文艺理论家伊格尔顿将文学理论的发展分为三个阶段,即"全神贯注于作者阶段(浪漫主义和19世纪),绝对关心作品阶段(新批评),以及近年来注意力显著转向读者阶段。"①我国学者龙协涛将其表述为:以作者的创作为理解作品的根本依据的"作者中心论";以文本自身的语言结构为理解文本意义的根本依据的"文本中心论";以读者的阅读、反应、创造性理解为意义生成的源泉的"读者中心论"②。据此,我们可以将文本解读理论分为"作者—社会"范式、"文本—形式"范式、"读者—交流"范式,并将它们各自的理解假设、解读方法等进行梳理。如表2-1所示:

表 2-1 文本解读理论的三种范式

时　　期	流派或代表人物	理论假设	解读方法	重　　心
19世纪—20世纪以前	孟子、马克思文论,浪漫主义文论	作者:文本的主宰。"文如其人""文以载道"。作品是作者思想的产物。从作品反映的社会背景、作品内容、写作表达中发现作者的思想情感。	历史—实证主义,以意逆志、知人论世、原意追索,语境还原	作者社会
20世纪初到中叶	英美俄法"新批评",结构主义文论	文本:文本是一个独立的意义系统。关注文本的结构形式、意象、声音、隐喻、象征世界、文学类型等"言语形式"。	回到文本,文本细读,关注语言形式、结构和表达功能	文本形式
20世纪六七十年代	接受反应文论、阐释学、后现代文论	读者:"见仁见智""诗无达诂""期待视野""召唤结构"。读者凭借"视域"(前见)与文本交流、碰撞和对话,从而产生意义。	对话交流,多元解读,批判性阅读,创造性阅读	读者交流

一、"作者—社会"范式

这种范式的解读理论以孟子和马克思主义文论为主要代表。其主要理论假

---

① (英)特雷·伊格尔顿.二十世纪西方文学[M].伍晓明,译.西安:陕西师范大学出版社,1987:68.
② 龙协涛.文学阅读学[M].北京:北京大学出版社,2004:3.

设是：作品是作者思想的产物，作者是作品意义的主宰。要达成作品的理解就应该尽可能还原作者的生平经历、社会生活遭遇、思想观点，还原作品所描绘的社会历史生活现实的真实环境、情境、场景或语境。

最典型的是孟子的"知人论世"说。孟子说"颂其诗，读其书，不知其人，可乎？"[《孟子·万章(下)》]。他认为作品是作者对生活体验的客观再现，也是其情感思想的主观表现。作品解读要从作者本人的生活经历和时代背景出发，要"知其人、论其世"，通过了解作者及其社会生活背景，才能客观正确地理解和把握作品的思想内容。他又提出"说诗者，不以文害辞，不以辞害志；以意逆志，是为得之。"就是说读者不要拘泥于文本言辞，不能只从字句的表面意思，要"迎合、揣摩"作者的真实意图，全面理解作者的本意。孟子还提出"知言养气"说。他在《孟子·公孙丑上》说："吾善养吾浩然之气。"认为作者只有具有内在的精神品格，加强自己的人格修养，养成浩然之气，才能写出有美而正的言辞。孟子的"知人论世""以意逆志""知言养气"说，具有典型的"作者中心论"色彩，对后世中国文论影响深远。魏晋南北朝如曹丕的"文气"说、刘勰"风骨"说、钟嵘的"性情"说、"滋味"说，明代李贽的"童心"说、公安派的"性灵"说，清朝叶燮的"才胆识力"说，都注重作者内在思想、气质对作品的影响与塑造，都基于"有什么样的人，就有什么样的文""文如其人""人—文一体"这样一种思想。

语文文本解读是否只需要还原作者的本意呢？我们认为，这是不够的。因为作者是社会中的人，作品是社会的产物，文乃应时为事而生，文应为社会应用服务。"文以载道""文为世用""文艺为工农兵服务""社会主义文艺大发展"这都是"作者—社会中心"取向文论观的体现。

我国古代文论就具有较强的社会历史政治功能。孔子论《诗》中的"兴观群怨"说开其先河。两汉时《毛诗序》的"讽谏"说，司马迁的"发愤著书"说，王充的"疾虚妄""为世用"等观点，隋唐如陈子昂讲"兴寄"、白居易讲"讽喻""为时""为事"、韩愈提"不平则鸣"等一脉相承，基本上都强调诗文的社会功能以及与社会生活的密切关系。这也是从社会历史角度解读作品思想内容的基本依据。

西方古代文论，如古希腊古罗马，柏拉图、亚里士多德以及文艺复兴时期的文论，启蒙运动的文艺思想和英法浪漫主义文艺理论都具有"作者中心论"的色彩。法国、俄国的现实主义文论，如司汤达、巴尔扎克以及杜、别、车(指杜勃罗留波夫、别林斯基、车尔尼雪夫斯基)的现实主义文论，孔德的实证主义以及丹纳的《艺术哲学》的"三要素"(种族、时代、环境)理论，则具有社会历史认识功能取向。其中，

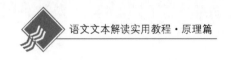

最典型的自然是马克思主义文论。

任何作品的产生都有其特定的背景和语境,其中包含政治背景、文化背景、时代环境等。比如,1966年—1976年的十年给中国的知识分子留下了不可磨灭的伤痕。巴金先生的《小狗包弟》就是在那个特殊的时代背景下的产物,文章通过对包弟来历、包弟与"我们"一家人愉快的相处、"我们"搬家后包弟无人照顾,最后惨死的叙述,表现出了作者内心深深的自责与歉意,以及那个特定时期连一条小狗的生命都无法保护的无奈。倘若不了解文本产生的文化背景或当时的时代环境,对文本的解读可能会有失偏颇。

二、"作品—形式"范式

如果说"社会历史分析"注重的是文本要素的"世界(社会生活)"一极,即文本内容;那么,"作品—形式"解读范式则走向文本要素的另外一级,即文本形式。这种解读范式认为:文本是一个独立的意义系统,文本的价值和意义是通过语言文字构成的。文本解读要以作品本身的内容和形式,而不是以作品所反映的社会历史经济状况作为解读依据。这是一种"面向文本""基于文本""文本之外,别无他物"的纯文本分析方式。

中国文论对文本形式关注一向较少。庄子"言不尽意""得意忘言"的观点涉及言语形式和内容的矛盾问题。孔子的"言之无文,行而不远"及"文质兼美"的衡文标准肯定作品形式的同等重要地位。曹丕提出的"四科八体说"(奏议宜雅,书论宜理,铭诔尚实,诗赋欲丽)可以看作我国形式主义文论的一个重要突破。李渔戏曲理论中"立主脑""剪碎凑成""结构"论,以及我国八股文讲究的"起承转合"等都可以看做我国形式主义文论的重要成果。我国文论实践中向来就有经典批注、评点、阐释传统,也为形式主义文论提供了丰富资源。

最典型的代表是苏联20世纪30年代的"形式主义文论",后来又演变成50—60年代的英美"新批评"。当时,一些批判家提倡"回到文本""细读文本",研究作品的文学形式、语言技巧和修辞技巧。这与索绪尔《普通语言学教程》中的语义学理论有关,主张不要去过分强调作者生平、时代背景、政治经济文化等因素对文本的影响,要用文本自身说话,用文本自身来发现自身的价值和意义。

波德莱尔、马拉美、瓦莱里、叶芝的象征主义应属于"文本中心"的。当今影响最大的西方现代主义文论,都表现出对作品形式的空前关注,如俄罗斯形式主义文论,美国新批评派、罗兰·巴特与结构主义文论、德里达与解构主义文论则把

"文本形式"的解读提到前所未有的高度,开辟出文本解读理论的新天地。不过,它们对语文教学的意义和价值还远远没有得到应有重视。

三、"读者—反应"范式

语文教学的文本解读,应以文本为基础,如果脱离了文本,也就失去了文本解读的意义、价值。但是,仅仅就文本而谈文本,停留于对文本表层意思的解读而不挖掘文本表达的深刻涵义,也是不行的。

作为文学作品的接受者、文本阅读的主体——读者是具有主观能动性的,其个人阅历、知识水平以及情感体验会影响对作品的理解。读者对文本的解读是一个再创造的过程。文本解读还要看读者的接受与反应。

"读者—反应"中心的解读范式,与"接受美学""阐释学"和后现代主义的理论发展密切相关。这类文论兴起于20世纪60年代后期,在70年代达到高潮,至今拥有着强大的生命力,可以说是当代文论的主流。其流派众多,理论复杂。下面以几个关键词概述其要。

1. "读者中心"

现代结构主义美学之父J.穆卡洛夫斯基(1891—1975)认为,作品只是一个物质成品,其潜在的审美价值,只有在读者的理解和解释中才表现出来。其后,姚斯指出:在作者、作品与读者的三角关系中,读者绝不是被动的部分,或仅仅作出一种反应,相反,它自身就是历史的一个能动的构成。一部文学作品的历史生命,如果没有接受者的积极参与是不可思议的。[①] 阐释学大师伽达默尔指出:"从解释学的立场亦即每位读者的立场出发,文本只能是一个半成品,是理解过程的一个阶段。""文本不仅仅是一个特定的客体,而是在交流活动执行中的一个阶段。"[②] 将读者拉入到解读过程中,重视读者的理解和反应,甚至让读者凌驾文本成为解读活动的重要一极,这是当代文艺解读最显著的特征。

2. "召唤结构"

文本接受理论的先驱R.英伽登早在20世纪30年代就指出,作品是一个充满了未定点和空白图式的结构,即"文本的召唤结构"。作品的未定点需要读者去确定,空白图式的结构,需要读者去填补,它具有召唤读者阅读的结构机制,是读者

---

① (德)姚斯.走向接受美学[M].沈阳:辽宁人民出版社,1987.
② (德)伽达默尔.伽达默尔集[M].上海:远东出版社,2003:67.

接受并产生效果的基本条件。伊瑟尔在此基础上进一步指出：文本是一个充满了空白点、不确定的意义空间。作品尽管有客观因素，但作品的内容不仅被读者"现实化"，还用于不同时空存在于读者的想象中。阅读的过程需要读者运用想象、联想调动自己的知识经验情感去填补这些空间，达成意义的建构和新的意义的生成。在接受反应文论家看来，文本不再是被动的意义载体，而是具有能动作用的一个东西，以自身的形式展示着自己的意义和价值。

3. "期待视野"

姚斯指出："任何一个作者，在其阅读任何一部作品之前，都已处在一种先在理解或先在知识的状态。作品总是通过预告、信号、暗示等激发读者开放某种特定的阅读趋向，唤醒读者以往的阅读记忆，将读者带入一种特定的情感态度之中，开始唤起一种阅读期待。文学的接受过程就是一个不断建立、改变、修正、再建立期待视野的过程。只有通过读者的传递过程，作品才进入一种连续性变化的经验视野之中。"[①]这就是姚斯所说的文学接受的"期待视野"理论。

4. "视域融合"

伽达默尔提出"前见"这一概念，指任何理解接受行为都以一定的先识、先有、先见等前理解为前提。"前见"是阐释者的一种认知结构，潜藏于具体理解文本的时候。它与"期待视野"概念有相同之处。在此基础上，他又提出了"视野融合"的概念。"视野融合"系指文本世界（或称之为作者的文本意义世界）与阅读和阐释者的世界在沟通、对话、交流过程中展开的各自视野（视域）间的融合。文本解读的过程就是视野融合的过程。视野融合是解读的本质。

从上述梳理可见，从姚斯的接受反应文论、到伽达默尔的阐释学都具有明显的"读者—交流"取向的特征。它们共同努力将"文本中心的解读"推向"文本—读者的解读"，用"功能（作用、效应）分析"取代了文本"结构分析"，阅读由对作者和文本客观意义的挖掘，走向作者、文本、读者等多方参与的对话交流和意义建构。这是当代文论发展上新的重大范式转型。在这个转型过程中，读者的主体性得到空前尊重。这对于阅读教学改革的意义不可低估，它直接导致了阅读教学理论的重大转型。这在当今世界各国课程标准和教材教法中都可得到印证。

新课程改革以来，我国当代语文教学解读理论受到西方文论的影响，正面临着从"社会中心""作者中心"向"文本中心""读者中心"的转向。语文阅读教学也

---

① （德）姚斯.走向接受美学[M].沈阳：辽宁人民出版社，1987：24.

从过去的时代背景分析,向文本分析和多元对话交流转变。这不仅与文本解读理论的发展相契合,也与现代社会对人的主体性、个性自由、创造性的要求以及人类社会主体间性哲学观相关。

读解理论有作者理论、文本理论、读者理论,它们从不同的侧面揭示读解的内涵,各有其积极意义。从读解的整个过程和基本情况看,文本是读解的基础,是联系作者原意和读者感悟的中心环节,是作者原意的检验标准,是读者感悟的基本依据;作者是读解的参考背景,读者是读解中有限定的不定因素。

"作者中心""文本中心""读者中心"三大理论范式各有不同的阅读视角、阅读策略。其中作者中心论强调读者能够从对文本的解读中揣摩出作者的思想和原旨,并通过语言层面的意味来阐释作者本人的志趣;文本中心论是从静态的文本出发,关注其结构、语言、主题、写作技巧等方面,以求得其文本意义;读者中心论则强调的是解读活动中的解读主体,即读者,它认为文本在没有进行解读前是无任何意义的,作品的意义是通过读者的解读才得以实现。

当然,任何一个范式的解读都只是为我们提供一种思维支架和路径,不是唯一的、排他的,在教学中应该发挥它们的互补协调作用,即语文阅读教学是受这三种理论的共同影响,在三种理论的共同作用下开展阅读教学活动。我们要防止偏于一隅的解读而导致的"文本歪读",防止脱离具体语境的"文本误读",防止脱离学生认知水平的所谓"深度解读",防止偏离教学目标的"无边界""无方向"解读等。语文阅读教学应该将文本置于多元主体的复杂对话场域中,基于文本的原生价值,基于学生、教师、编者等特殊读者的要求,进行多视角全方位的品读、还原、比较、鉴别、发现甚至创造,以确定文本科学合宜的教学方式和内容。

第三节 当代文本解读观的变革

随着本体论阐释学、接受美学、文本学和读者反应理论的兴起与发展,当代文本解读观正在发生变革,即摒弃过去只注重"作家—作品"的解读模式,把文本解读的重心转向"文本—读者",视读者的解读为文本的本体的存在,把解读活动作为文本构成不可或缺的本体层次。这种变革建立在本体论阐释学和读者反应理论的基础上,主要从三个方面切入:第一,文本解读不是单方面的对象性阐释,而是文本与读者的反应交流过程;第二,文本解读不是复制文本,而是对文本的建构,意义的创生,它造成文本的开放性,不断产生新的意义,是将文本从静态的物质符号中解放出来而还原为鲜活生命的唯一可能的途径;第三,文本解读是通过读者的体验、理解和建构显现文本意义,在文本意义和情感的领悟中人与世界融为一体。它既是文本的存在方式,也是解读主体的存在方式。这种文本解读观的变革,主要体现为对解读本质观、解读对话观、解读建构和解读体验观的重建。

一、解读本质观:寻求理解与自我理解

当代文本解读理论的发展,最为明显的趋势是改变过去认识论解读观的视点,普遍由主题学分析而转向对文本的极度关注。这种关注的显在目标,就是注重作品本体和读者本体的探究,将目光投注于文本的肌体,通过自己的解读体验语言深入到作家所构筑的文本世界中去,像作家一样"全面地融入事物"[1],以理解和建构文本意义。这种文本解读不是居高临下的裁断,也不是摄取对象式的凝视,而是一种参与,即"力图亲身再次地体验和思考别人已经体验过的经验和思考过的观念"[2]。人通过对"文本"的解读和体验而理解世界,同时也理解自己,在建构文本意义的同时自己也得到同样的建构。所以,文本解读是一种寻求理解和自我理解的活动,是建构文本和自我建构的过程。

具体来说,所谓"寻求理解",就是读者感知、体验文本构筑的世界(包括文本的形象世界,情感世界和意义世界),探寻文本世界的意义。换句话说,就是解读主体对文本的具体化、情境化意义建构,即理解文本的形象、体验文本的情感、领悟文本的意义——把自身体验投注于文本的世界,使自我情感与文本意义交融,这是一种"自我的文本化",即读者的文本化;所谓"自我的理解",就是在寻求理解的基础上,使自身体验与文本的意义同化,参与文本意义的建构,从而化文本的意义为自我的意义,化文本的世界为自我的世界,从"他人的世界"(文本)中发现"自己的世界",在"你"之中发现"我",这是一种"文本的自我化",即文本的读者化。这个解读过程,就是古人所说的"我与我化"的境界。如果说"寻求理解"是感悟、体验"他人的世界",即作家在文本中构筑的世界,那么,"自我理解"就是在感悟、体验的"他人的世界"的基础上,建构"自己的世界"。这就是说,"寻求理解"重在对文本意义的感悟和体验;而"自我理解"则重在对文本意义的建构和自我建构。例如,孔孚的山水诗《崂山的云》,把一朵"海天白云"化成一个"美人的发髻",但没

---

[1] 乔治·布莱.批评意识[M].南昌:百花洲文艺出版社,1993.
[2] 同上

有画出美人的面目,只画了一个发髻。读者通过自身体验和想象绘出了美人眉清目秀的神韵、纯净多姿的容貌,感悟到她富有一种清纯的美、天然的美、圣洁的美。应该说,这即是"寻求理解"之境,即对文本形象世界、情感世界和意义世界的具体化。在这个"美的世界"的体验中,读者神思高飞远眺,恍然发现,自然界的美是人世间的美,也是天然清纯的美——天然清纯的生活,天然清纯的品格,天然清纯的人生,才是真正意义上的生活之美、生命之美、人生之美。这种自我的体验、心灵的感悟、生命的觉悟、人生的觉醒,无疑是读者对情感、心灵、人格、精神的一种自我建构,即在体验同化"他人的世界"的基础上建构了"自己的世界",显然,这即是"自我理解"之境。所以说,"寻求理解"是对文本世界的具体化,自我理解是对文本世界的自我化。文本解读的过程,就是寻求理解和自我理解的活动,就是在建构文本的同时也建构自我的过程。

著名文艺理论家乔治·布莱曾明确指出,文本解读是读者向文本的敞开,读者把自身体验融注到文本的生活表达中——即表达意向、感情、心绪、感悟和欲望的"他人的世界"(解读的文本)。解读者希望在对这种"他人的世界"感悟和体验过程中,扩展自己的世界,获得对自己有益的异己世界的意义。按照乔治·布莱的说法,文本解读其实就是理解和探寻文本的"我思",解读的全过程"应是一个主体经由客体(作品)达至另一个主体。"[①]始则泯灭自我,澄怀静滤,终则主客相融,浑然一体,而贯穿始终的则是解读主体和文本主体的"意识的遇合"。乔治·布莱还指出,文本解读作为一种理解行为——即追寻作家的"我思",就是从文本中重新发现作家的感觉和思维的方式,看一看这种方式如何产生,如何形成,碰到何种障碍,就是重新探寻一个人从自我意识开始组织起来的生命所具有的意义。[②] 这就是说,解读不是对文本呈现出的世界的评论,也不是对文本创造的审美现实的裁判,而是作为一种媒介,借此寻求作者先于文本的原始经验模式,即他对于基本存在方式(如空间、时间等)的感知方式。所谓寻求"我思",其实就是体验、感悟和理解作家在文本中流露出来的意识,即文本的思想和感情。作家的创作是以他形成的"我思"为开端,而以其作为对象的解读亦应始于此,即要在文本的"我思"中,找到作家的"出发点",并将其作为解读作家内心生活的"参照点""指示标"。这样,"文本的一致性就变成了在转移中重新抓住它的解读文本的一致性"[③]。

---

① 乔治·布莱.批评意识[M].南昌:百花洲文艺出版社,1993.
② 同上
③ 同上

在文本解读中,这种寻求理解(即"我思")和自我理解的过程,显然就是读者理解文本意义、发现世界、也认识自我和建构自我的过程。这是一个从主体经由客体到主体的过程。在这个过程中解读者的任务,就是"使自己从一个与客体有关系的主体转移到在其自身上被把握、摆脱了任何客观现实的同一个主体。"① 可见,文本解读的本质,是读者与文本之间情感和理智的交融与同构,使文本的"我思"带动着我的意识和我的原始活力中的全部无意识去追逐新的生命意义。实际上,一切文本解读的目的都是要克服文本所属的过去的文化以及历史与解读者本人之间的陌生和距离,使自己和文本交融,从而同化文本意义,即使它成为自己的意义。所谓同化,也就是使最初异己的东西成为自己的东西。因此,西方哲学解释学理论有句名言,"一切理解实质都是自我理解",即理解事物现象的条件是同人的主观性结构联系在一起的。这就是说,同化即自我的生成,即自我的回归和认同。同化只有通过解读文本方能实现,文本解读的目的在于同化,同化是文本解读的完成。因此,在文本解读中问题不在于要把有限的理解力凌驾在文本之上,而是向文本敞开自己,从中接受和创造一个扩大了的自我,在建构文本的同时也建构自己。从这个意义上说,"同化"其实就是对文本和自我的建构,这种建构才是当代文本解读观的本质内涵。

二、解读对话观:主体能动的参与行为

我们知道,胡塞尔现象学后期所大力倡导的"主体间性"理论,认为人是主体,而人所构成的文本,即人的语言在历史传统中形成的种种文化也是主体。人与文本是一种互为主体、互相解释、互相沟通的关系。文本解读是以理解、解释和建构文本的意义为指归,在解读过程中读者总是通过文本与潜在地存在于文本中的作者见面,这就必然沟通了解读主体和创造主体这两个主体世界,使读者与作者以文本为媒介发生心灵碰撞和灵魂的问答。因而,从其本质属性上说,文本解读是主体间性的对话,是主体间性的一种寻求心灵交流的活动,是读者与文本双向运动的一种解读反应过程。这种文本解读对话观,确定了读者在解读活动中的主体地位,说明读者对文本的解读并非是单方面的对象性解释,而是读者与文本的沟通与遇合,是读者经验与文本结构互为揭示、相互生成的探究与创生,它标明解读是一种主体能动的参与行为。

---

① 乔治·布莱.批评意识[M].北京:百花洲文艺出版社,1993.

所谓"能动的参与行为",就是说解读作为一种"对话"交流活动,它必然要求读者充分调动主体能动机制,积极地参与(对话本身就是一种参与)对文本的解释和建构——激活自己的想象力、直观力和感悟力,通过对文本符号的解码,不仅要把创造主体所创造的文本形象中所包含的丰富内容复现出来,加以充分地理解和体悟,而且还要渗入自己的人格、气质、生命意识,重新创造出各具特色的艺术形象,甚至开拓、再构出作者在创造这个文本形象或艺术意境时所不曾想到的东西,从而使文本的意义更为丰富而具厚度、深度和力度。从本质上说,文本解读只有主体能动地参与,文本才会有意义。但这种能动性参与行为,不是对文本"原意"的追索或还原,而是主体的理解、解释和建构过程,是解读主体以自己的感性血肉之躯的各种感官去触摸、去品味、去探究,是调动全部生命力和融注全部人格的"整体震颤"。在这里,主体与客体、感性与理性、具体与抽象、形象与思想、有限与无限达到一种"整合"状态,消解了其间的对峙和鸿沟,是一种所有心理因素都完全激活、都参与其中的总体生命投入活动。因而解读的能动性参与行为,实质上是解读者作为主体对解读对象的一种全面的精神把握和特殊占有,解读者的各种特殊心理活动、独特的情感意志、感受理解都将在解读对象上打上鲜明个性的印痕。解读者在文本中感悟到的是他自己才能感悟到的东西。他通过文本与作者的"对话"是富于个性化的,以其独特的感性和经验模式参与着对文本的把握和建构;他对文本的理解和解释是自我灵魂的写照,是对世界、对人生存在方式的一种观照和透视,是主体生命意义的一种投射和昭示。凡是真正优秀的解读者,在解读过程中都无不具有这种能动性参与行为,都无不能够通过表层的文本结构,以自己的心灵世界去和作者对话,以自身固有的心理因式及情感需求去参与对象世界的建构,以至在文本构出的宇宙世界里忘却自我趋于同构交感,相互同化,从而对文本的意义世界作深层性的开拓、补充和创构,见人之所不能见,感人之所不能感。

从其生成的条件来看,文本解读活动中的这种主体能动性参与行为,实际上是读者的解读经验对文本的"空白"结构加以想象性充实、补充和建构的过程,是一种融注了解读者感知、想象、理解、感悟等多种心理因素的发现性活动。这是因为任何文本都存在"未定点",是一种多层面的未完成的图式框架,其本身具有一种"召唤结构",具有许多"空白点"。当读者将自己的生活体验置于文本,对文本进行"具体化",把文本中的空白补充起来,这时,文本就不是独立的,而是相对的,为我的。文本中的艺术世界成为我的世界,成为我的生命意义的投射与揭示。在文本解读"对话"活动中,正由于解读主体具有这样的能动性参与行为,将自己的生活感情、人生体验、生命意识投入文本,文本中的未定性得以确定,空白处得以填充,文本的意义和价值才获得真正的实现。所以,文本解读作为一种"对话"交流活动,其本质是一种解读主体的能动性参与行为,如果没有这种能动性参与行为,"主体间性"的对话交流也就不存在可能性。

从其构成的本质来看,文本解读活动中的这种主体能动性参与行为,实际上是对文本的具体化和自身情思的对象化,是在理解文本的基点上对自我本性的深化和升华。所以,这种参与行为要求读者在文本意义的解读和探寻中,要有具体化的生命情感的投注。高层次的文本解读,绝非是仅仅探寻和领悟作品的思想主题,表层性地解释文本的结构,或是解析文本的技巧,而是要切入文本的深层感情领域和内层境界里,与作者的灵魂在生生不息的生命律动中对话,在能动性参与的"忘我"与"同化"之境界中达到心灵的默契。也就是说,解读主体真正深入的参与行为,并非只是对文本形式的表层把握,而是抵达文本深层世界的心灵投注,在生命体验的深渊中,饮尝生成意义的甘泉。

我们可以这样说,在文本解读"对话"活动中,解读者的能动性参与行为本身的价值,取决于两种解读深度的相互作用:一是解读对象即文本所显示的形式和内容的客观的深度,一是解读主体所具有的感悟、理解和情感体验等主观的深度。这两种解读深度不同程度的化合决定着读者参与行为价值的高低层次。我国古典美学理论中的"诗有三境"之说,即"物境""情境"和"意境",不仅表明了艺术作品客观审美属性的高低层次,其实也表现了解读者主观解读心理和参与行为的高低层次。"物境"如镜中之像,仅得形似;"情境"指解读主体的参与进入情感体验阶段,比"物境"高出一层;"意境"则是解读主体参与超越形象的外在形式和一般性的情感体验,"张之于意而思之于心",达到解读的高层境界。所以,这"诗有三境"之说,实际上也是对文本解读主体参与行为在深层性方面提出的标准要求——说明文本解读过程中的主体参与行为不能被"物象"的外表所限制,而必须跨越审美形式而深入生命节奏的核心领域,体味万物的神韵,带着深刻的生命体验而探入文本构筑的内在情感世界,将自我融入文本的艺术形象之中,将心灵升华到对人生和宇宙的整体体验的真、善、美相统一的境界。

综上所述,文本解读作为读者与文本"对话"的一种交流活动,其本质表现是解读主体的能动性参与行为。这种参与行为,需要读者调动深度情感体验,对文本进行生命情感和心灵的投注。当我们以强有力的参与行为进入文本的艺术世界和感情领域,便会蓦然发现作家正在向我们走来,和我们直面对话,倾心相谈,与他一起走在生命高度亢奋的意识刀锋上,从而目睹生命的本相,听见真理的告诫,捉得文本的真义,感到一种心智为之洞开、灵魂得以抚慰的惬意,这便是触摸到了文本解读的本质境界。

三、解读建构观:开放的理解创造活动

文本解读活动就其本质而言是一种对文本意义的建构和敞开活动,建构性是它的一个重要特征。读者反应理论认为,文本的意义只有通过读者的解读才能得以建构,它的生成与存在离不开读者的解读创造,"必须由读者来实现"①。只有重视读者解读的过程对文本意义的建构与创造作用,才能赋予文本以生命和活力,揭示文本全新的潜在意义。对这种文本建构观,我们可从以下两个方面来分析:

1. 文本解读的建构性,首先是由文本的开放性所构成的

文本具有共时性结构,但它只在解读活动中存在,因此它不过是解读活动的产物,是解读活动的结构(沟通主体与客体)。这样,就打破了文本的封闭状态,使文本具有了开放性。对读者来说,每个文本都是一种开放性的召唤式结构,都是一种呼求,对文本的理解也是一个不断开放和不断生成的过程。伽达默尔就曾经这样说过:"对一个文本或艺术品真正意义的发现是没有止境的,这实际上是一个无限的过程,不仅新的误解被不断克服,而使真义得以从遮蔽它的那些事件中敞亮,而且新的理解也不断涌现,并揭示出全新的意义。"②正由于文本意义的可能性是无限的,文本的真正意义是和读者一起处于不断生成之中,所以,有些论者强调读者的创造性理解,认为文本意义是依赖于读者的创造性理解赋予的,即把读者的创造性理解视为对文本真正意义的揭示。还有些论者认为,文本是一种"图式化的外观"③,有待于读者通过解读活动将其意义现实化和具体化。因此,"作品的意义生成,既不是文本对象的客观反映,亦非接受主体的主观引申,而是分布在两极之间相互作用形成的张力场,应以开放的动态建构去把握它。"④文本的开放性使其有可能承受解读的主体性(历史性和个体性),真正的艺术是不断发展和被理解接受的艺术。任何一个文本只有在解读中被理解和接受,其意义和价值才能得

---

① 伊塞尔.阅读活动:审美反应理论[M].北京:中国人民大学出版社,1988:236.
② 伽达默尔.真理与方法[M].沈阳:辽宁人民出版社,1987:265—266.
③ 罗曼·英加登.对文学的艺术作品的认识[M].北京:中国文联出版公司,1988:55.
④ 龙协涛.中西读解理论的历史嬗变与特点[J].文学评论,1993(2).

到实现,如果离开了解读主体的理解,或者不被读者接受,那么文本的意义和价值也就无从说起。当然,这并不是说读者可以完全游离于文本作随意的解释,或者无视文本的规范以主观臆测代替艺术分析,而是说在文本的规范制约和作品的感性形象的诱导下进行创造性理解,以开放的动态建构去把握它,使文本的意义和价值通过解读得到实现,并在解读的嬗变过程中使之得到确证。总之,在解读主体那里,文本是不断开放的,文本解读需要有一种切实能够把握文本意义不断生成的创造性理解和阐释态度。可以说,文本解读的过程是文本意义的不断创造的过程,正是在这一生生不息的解读创造过程中,不同的读者总是以自己富于个性、时代性的创造性理解,赋予文本以全新的意义和阐释,从而使文本的意义得到不断的开拓和建构,具有永恒的艺术生命力。

2. 文本解读的建构性,也是由解读的主体性所决定的

由于对文本的理解涉及读者、时代、心境、情绪等多种因素,所以,作者的原意、文本的意义、读者的理解这三者之间的差距因不同个体的解读而加大。如何创造性地把握文本的意义,就成了文本解读中的一个重要问题。对此,有的人强调读者与作者心理上的同质性,认为应该通过文本的整体感知,跨越时代的鸿沟和隔阂去作理解和解释;有的人则强调要批判压制自由理解的社会传统,认为应当通过反思进行独立不倚的意义寻求;也有人认为,文本展现的是一个不同于现实世界的想象世界,这个想象世界随时代的变化而变化,其意义既是自律的,又是开放的,能让读者在解读中拓展理解域,并使自我的处境和无声的文本世界内在地连接于一起,有助于挖掘和生发出文本的新的意义。这就是说,文本解读作为一种意义再创和开放性的动态活动,永远不会静止和终结,总要因历史、时代和主观局限性而需要不断开拓和深化,对文本的意义的理解和解释会随时空的推移、时代情境的变化而发展,永远不可能停滞在某一点上。特别是因其具有历史性、时代性和主观性的特点,使它更处于不断变化和更新、不断拓展和突破的动态建构之中。因此,解读的本质不在于只去复制历史和文本的原意,任何读者的理解和解释都要站在自己所处的特定立场,以特定的观点和视界去理解并解释历史事件与文本意义。对同一个文本,每一个时代的理解和解释都有所不同,都会蕴含着读者特定的局限和偏见。因而,文本的原意只是相对的,随着时代和历史的发展人们对它会不断地作出创造性解释。语文教学中文本解读的这种动态化特征表明,对文本意义的生成与构成没有超时代的、永恒的解释,而创造性理解就是解读过程中对文本意义不断进行新的探索和新的发现的重要途径。这种不断地探

索和发现,就是文本解读的开放性动态建构。

另外,需要强调指出,在文本解读过程中解读主体在充分调动自己的创造性对文本进行再创和建构的同时,也应当受解读对象即文学文本的制约。解读的创造性和文本的规定性是辩证统一的,读者的解读创造的翅膀不可任意飞越文本所不能及的界域,否则将导致解读的谬误,使其解读误入歧途。这就是说,解读的创造性无疑是重要的,但正如著名接受美学家伊塞尔所说:"文本的规定性也严格制约着接受活动,以使其不至于脱离文本的意向和文本的结构,而对文本的意义作随意的理解和解释。"①

四、解读体验观:意义在体验中生成

西方体验美学理论认为,一个文本是作家的一种体验,解读一个文本就是体验作家的体验,体验作家体验过的世界,是一种体验的体验。而且,读者的解读体验对文本意义有着建构作用,文本的意义只有在读书的解读体验中才能生成。所以,解读即体验,体验即意义,体验是读者与文本产生情感交流、心灵沟通而进行对话的基本方式,是将文本从静态的物质符号中解放出来而还原为鲜活生命的唯一可能的途径。

那么,何为"体验"?狄尔泰认为体验不同于一般认识论意义上的"经验",或者普通心理学可以证明的"意识",而是具有本体论意义的、源于人的个体生命深层的对人生重大事件的深切感悟。在狄尔泰看来,"体验"特指"生命体验",相对一般经验、认识而言,它必然是更为深刻的、热烈的、神秘的、活跃的。用我们的汉语言释义,"体验"也带有"以身体之,以心验之"的亲身体验含义,它与通常所谓"经验"概念是不同的:"经验"指一切心理形成物,如认识、感觉、印象等;"体验"则专指与艺术和审美相关的更为深层的、更具活力的生命感悟和存在状态。②

我们这里所说的"体验",是指文本解读中读者对文本世界超越于一般经验、认识之上的那种独特的深层领悟和活生生的感应境界,那种沉醉痴迷、心神震撼的同构状态。只有切入这种解读体验才可能有解读的创造性,因为解读的创造性是建立在"特有的解读体验基础之上的,解读的深度体验是解读创造的基本前提。"在文本解读过程中,深层的体验意味着消解,消解"此在"与"彼在"的鸿沟,把

---

① 伊塞尔.阅读活动:审美反应理论[M].北京:中国社会科学出版社,1991:195.
② 马克莱尔.狄尔泰——人文研究的哲学家[M].普林斯大学出版社,1975:141.

两个彼此隔绝的世界豁然贯通起来,使读者从现实世界飘然跨入超然的艺术世界,体验更意味着生成,它将"此在"与"彼在"两个世界融合,构成一个新世界的诞生,使读者在沉迷的瞬间感悟到文本世界的真义,发现生命世界的奥秘。对这种文本解读体验观,我们可从两个方面来进行考察和分析。

从现象学美学的角度来看,文本的意义只有依赖作者的体验和读者的体验才能生成,没有读者的体验就不存在真正的艺术。法国现象学美学家杜弗莱纳就曾指出,艺术作品只有当它被读者体验时才能变成审美对象,艺术的审美性质只存在于读者对艺术作品的体验之中,任何一个审美对象只有加上审美知觉(即体验)时才能真正成为艺术,只有读者的体验才能赋予艺术作品以生命力。

杜弗莱纳说:"审美对象和艺术作品的区别表现在这里:必须在艺术作品上面增加审美知觉,才能出现审美对象。但并不意味着艺术作品是实在的,审美对象是观念的,并不意味着艺术作品作为物存在于世界。……任何对象都是意识的对象,物亦然。作为文化领域的特定物的艺术作品也不例外。任何东西要想被承认为物,它的存在必得呈现在意识中,哪怕是潜意识中。……艺术作品与审美对象的区别在于:艺术作品可被视为一般物,也就是使它有别于其他物而不给以特殊对待的那个知觉和思考的对象。"[①]在这里,"艺术作品"这个概念实际上同俄国形式主义、新批评、结构主义理论不一样,它不是独立的"作品",而是一种低于作品的东西,仿佛是素材、潜能,它只有加上"审美知觉"(即解读体验)时,才能真正成为艺术品。可见,杜弗莱纳的"审美对象"概念相当于所谓"陌生化""文学性"等。很显然,杜弗莱纳使用这个概念的用意在于强调艺术的审美性质只存在于读者对艺术作品的体验之中,没有读者的解读体验,艺术作品就构不成审美对象。真正的审美对象是作为被感知物的艺术作品,即审美对象=艺术作品+审美知觉。这足以说明读者的解读体验是艺术作品的生命,艺术作品只有在读者的解读体验中才能够生成,也许杜弗莱纳的这种理论存有偏颇,但它揭示了解读体验的意义所在。

在现象学美学理论看来,体验构成艺术作品的过程,也就是艺术意义的生成过程。因为艺术作品最重要的问题就是意义问题。"作品来到世界上就是为了对我们谈论世界",就是"为说出某些东西而说话!"[②]那么,作品的艺术意义是如何生成的呢?按现象学美学的说法,文学作品意义的生成有三个条件:一是"作品多少

---

① 杜弗莱纳.美学文艺学方法论(上)[M].北京:文化艺术出版社,1985:618.
② 杜弗莱纳.美学与哲学[M].北京:中国社会科学出版社,1985:148.

要参照世界",作品不可与世界隔绝,它必须"依靠世界","在世界中找得意义的源泉";①二是作品整体的各要素自身具有意义,各个词语本身及其组合之间有着某种亲密关系,这就是意义;三是既需要作者用语言说出意义又需要读者去解读意义。这一点就是说,意义依赖于作者体验和读者体验才能生成,"意义产生在人与世界相遇的时刻,因为世界只有在人的目光或人的实践的自然之光中才得到阐明。"②何为"人与世界相遇的时刻"?显然,它就是读者体验的瞬间,是体验中"此在"与"彼在"两个世界消解融合的境界,是体验中沉迷的读者蓦然窥见的生命和人生的本相,即解读体验的创造意义。因此说,艺术并非纯客观的艺术,而是被读者体验的艺术,艺术的意义在读者体验中生成,读者体验是艺术的生命。如果没有读者体验,解读的可能性就无从谈起。

从接受美学的角度来看,读者在文本解读中的作用更是第一位的,尤其是伊塞尔等人的"接受"理论探讨,其焦点就是"读者体验",突出强调文本解读和接受中读者体验对文本意义的"创造"作用。在伊塞尔看来,读者作为作品解读的能动力量,包含着两个方面的内容:一是"现实的读者",即从事解读活动的具体的读者;二是"观念的读者",这是从现实的读者中抽取出来的抽象的读者。观念的读者又分为不同的两类,即"作为意向对象的读者"和"隐含的读者"。前者指"作家在创作构思时观念里存在的,为了作品的理解和创作意向的现实化所必需的读者",而后者则指"作者在作品的本文中预先被规定的解读的行动性,而不是指可能存在的读者的类型。"③按伊塞尔"隐含的读者"这个概念来说,不仅读者可以在解读过程中发挥体验的创造作用,而且作品本身在其结构中就暗含着读者可能实现的种种体验和理解的契机,隐藏着读者的可能性。这就是说,对于文本来说,读者已不是外加的,而是本来就隐含着的,是文本的形式、结构中原来就有的。这种读者虽然不是"真实的读者",但却是它的潜能。这样,伊塞尔就把读者文本化了,在文本中为读者找到了存在的位置。

在这种理论基础上推出的"读者反应理论"(所谓"读者反应",其实就是读者体验),又进一步强调应该从读者的角度重新看待文本、意义、文学,认为文本并非独立存在的客观结构,而是为读者而存在的;意义仅仅是读者对文本的体验,并且随着读者体验的差异而变化;而文学也是读者在解读过程中体验的文学,是读者

---

① 杜弗莱纳.美学与哲学[M].北京:中国社会科学出版社,1985:149.
② 杜弗莱纳.美学与哲学[M].北京:中国社会科学出版社,1985:150.
③ 伊塞尔.隐含的读者[M].慕尼黑:威廉·芬克出版社,1979:9.

心中的文学。读者体验不仅包括感情活动,而且更主要的是指全部交流行为。也就是说,读者体验不是那种可以由心理学、认识论把握的体验,而是属于读者的全部存在方式,因而它需要由本体论来解析。读者体验一部作品,就是在构成一个"世界",一种"存在"。总之,读者反应理论强调读者体验的本体地位,重视读者体验的本体作用,把艺术视为一种体验,而读者的解读更是一种体验,是体验的体验。这种理论或许过分夸大了读者体验的作用,但是应当看到,任何艺术形式都并非如结构主义理论所说是纯客观的、冰冷的东西,而是人所创造的绝对与人的体验内在地关联,为着激活人的体验而存在的东西。对文学作品的解读不仅是"意味着体验",其实就是一种体验。文本解读的过程,就是体验的过程,在这个过程中,那种滚动奔涌的富有冲击力的体验流是不可抵挡的。

深度的解读体验,不但是情感的宣泄,而且是灵魂的唤醒,是生命的超越。因为当读者在解读中体验到作家的生命意识和情感激流而心醉神迷之时,就会顿然形成一个生命进入另一个生命的主体情感传导活动,使作品成为一种感性的创生和传达,造成解读主体的灵魂的内在震荡和剧烈的感情冲击,或给读者带来生命价值信念的苏醒,使震颤的心灵连带着整个生命获得更新和再生;或造就读者的新的思维秩序和感知方式,从而以一种新的方式去观照世界,获得一种新的认识与评价世界人生意义的标准。毋庸置疑,这就是一种通过体验而达到心灵和人格启迪效应的解读过程。这种解读体验过程的本体性质在于:"艺术能在微缩世界的反思之中,赐予我们在现实生活中不可能得到的东西,即对形而上学性质的沉思默想。"①不错,文本解读作为一种二度体验形式,充满着反省和反思,因而它能够透过作品的感性形式而抵达"家园"哲学之门。正如卡勒所说:"对某一哲学作品的最真实的哲学解读,就是把该作品当做文学,当做一种虚构的修辞学构造物,其成分和秩序是由种种文本的强烈要求所决定的。反之,对文学作品的最有力的适宜的解读,或许是把作品看成是多种哲学姿态,从作品对待支持着它们的各种哲学对立的方式抽取出涵义来。"②凡是优秀的文学作品,无不充盈着一种人生的诗化哲学意蕴,使读者在沉迷的深度体验中反思自省而恍然获得灵魂的唤醒——意义生成的瞬间。

---

① 罗兰·英加登.对文学的艺术作品的认识[M].北京:中国文联出版公司,1988:49.
② 卡勒.论解构主义以后的文学理论和批评[M].伊萨卡出版社,1982:149—150.

第四节　语文文本解读的要素与模型

一、文本解读的要素

美国文艺理论家艾布拉姆斯在《镜与灯》中提出"文学四要素",即作家、作品、读者、世界。他认为:文本是由作家、作品、读者、世界构成的交互影响的信息场域。它的主要要素如下图 2-1 所示。

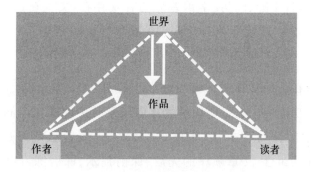

图 2-1　艾布拉姆斯文本解读四要素

作品居于要素的中心,我们可以理解为:作品是作家对于客观世界和主观精神世界的一种反映,它和"世界"之间构成一种互动建构关系。作品是作者的精神创造物,作品一旦创作出来就成为一个客观物,它对作者、读者、世界发挥作用。读者的阅读过程是与作者对话的过程,也是与世界达成理解和对话的过程。上述要素之间构成一种多项互动、交互影响的信息场域。

二、语文文本解读的六个视域

1. 作者的文本

一篇文章或作品产生时,作者总是将他自己的想法、情感、思想等以自己明确或自己也不那么明确的意念灌注到自己创制的文本中去。这就是文章的"本义"。对于文章的本义,我们古人讲究"以文逆志""据文识义""文如其人""知人论事"等,常通过对作者创作该文本的时代背景、个人遭际、情感历程,做出我们的探究和阐释。我们不可能完全洞悉作者隐秘的精神世界,但是我们可以大致确定文本的某些含义。这些含义构成的"作者的视域",我们标记为"视域1"。

2. 读者的文本

文本一旦产生、发表,到了读者那里,这个文本就拥有了它的另一种意义,这就是读者根据自己的"前见"——即自己的阅读经验以及对于社会、人生、事物的理解,对文本作出的理解、联想、感悟等。因为作者和读者的经历、身份、地域甚至对于语言的感悟,不可能完全达成一致,这个"读者眼中的文本"和"作者的文本"有一定的落差。

在教学中这个"读者"又一分为二,即"作为读者的教师"和"作为读者的学生",由于师生之间,年龄、阅历、学识差异的客观存在,文本在这里又有了两个镜像:教师眼中的文本"视域2"和学生眼中的文本"视域3"。

3. 编者的文本

教材编撰者在选用某篇文章充当教学材料时,无疑是有自己的考虑的,赋予作品作为课文的功能的。它可能让学生熏陶濡染其中的文化内涵(定篇),也可能是用来作为教学阅读写作方法、策略的"例文"。编者总是通过教材的助读系统——文章单元的组合、文章顺序的先后、课前提示、课后练习以及各种注释等,传达自己对于文本的理解、指示或文本的使用价值、方法等教学信息,或者通过配套的教学参考书,提供丰富的资料,呈现更加详尽的建议。这些东西其实构成了编者的视野,即"视域4"。

4. 目标的文本

文本进入教学情境中后,教师首先要根据自己的理解,进行文本解读;然后,研读教材的助读系统,揣摩课本在教材中的价值和功能;之后,再根据课程标准、学期目标和单元教学目标,确定本文的教学价值和功能,即俗称的"备课文"。这是"视域5"。它的主体一般由教师(教者)来充当。

5. 情境的文本

指的是一篇课文进行教学时面临很多环境、设施、条件的限制,根据这些条件我们也可以灵活地调整教学内容。比如:你一开始设计的是用多媒体教学,可是不料教学时停电了,原来的课件、图片、视频等用来营造情境、激发兴趣以及补充的材料,甚至教学活动无从实施了,这时的文本教学内容可能又得面临着新的调整。这是"视域6"。

也许还有其他一些因素需要考虑,但上述六个视域,是文本教学内容开发过程中比较常见的6个视角或要素,它们之间构成了一个相对固定的教学内容领域,我们用图 2-2 表示。

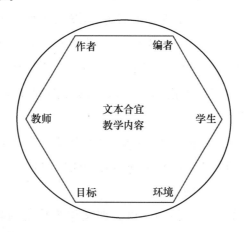

图 2-2　文本可能解读场域(六边形外)与课文合宜教学内容(六边形内)

说明:图中有 6 个解读主体——作者、编者、教师、学生、目标、环境。它们六者各具有一个夹角(视点),这便是"他"的视域。虚线箭头所指的方向可无限延伸,预示着各个主体拥有对于文本解读的无限空间和可能性,这样就保证了各解读主体文本解读时的自由、自主的精神空间——这些空间和可能性构成了文本解读的丰富"背景"。而文本一旦成为"课文"——成为多元主体之间进行对话的共同的"话题",相互之间就形成了一个文本对话的封闭的场域,而这个场域的形成,很大程度上是由于各个对话主体观点、立场、解读内涵的"不一致"(拥有的不同的边线)造成的。这样,既允许他们从各自的立场和角度出发无限自由地解读文本,又能确保多个主体间具有相互调适性的对话交流。但无论如何,这个"对话场域"是有边际的。这个有边际的六边形区域就是文本教学内容领域,它是一个边际封闭、空间延展无限的精神空间。

如图 2-2 所示:四周是"文本可能的解读领域",它预示着解读空间的无限自由。其实在思考"这一篇课文有什么内容"时,采用的是一种"或然逻辑"。在这种逻辑支配下,可教的内容极其庞杂,一篇课文可以有一千种教法;而确定具体情境中的课文文本教学内容时采取的是一种"实然逻辑"——思考这个文本"具体的、应该教什么"。这样一来,教学内容就是确定的了。

总之,"课文"教学内容不是无限延展,漫无边际的"怎么都行""想教什么就教什么",而是由上述 6 个"角",构成的一个六边形的相对固定的对话领域——即教学内容领域。这样一来,我们面对一篇具体课文进行解读、进行教学内容的开发和教学设计时,就不能简单地从某一两个角度出发,自以为是地对教学内容进行"指导""建议"。我们的语文教学内容不固定、教学效率低以及"泛语文""非语文"等毛病,从某种程度上讲是课程开发的多元要素意识的缺失所致。

因而,在教学解读是有必要进一步区分如下情形和层面——

- 作者笔下的文本。着重挖掘作者行文的意图和作者的生平遭际、思想观点等。
- 读者眼中的文本。包括编者、教师、读者都属于这个层面,三者因为角色不同,知识经验不同,解读的视角和内容功能取向是不一样的。但编者、读者的解读是为学生服务的。
- 目标与环境下的文本。指的是语文课文作为特定的教学材料具有了特定的教学价值和功能,才成为解读的对象。语文课文的解读不能不考虑它的教学价值和教学目标与情境的要求。

这样,在考虑上述诸多因素后,语文的文本教学解读,很可能是一种多边形的多元对话场域。而教学目标的预设、教学内容的确定、教学方法的选择要立足于多元解读主体的对话协商基础上。

- 我读。即阅读主体个体自由的阅读。
- 学生读。这是一个特殊读者的阅读,或者是一个不成熟的读者的阅读。
- 我帮助学生读。这是语文教师应有的意识和责任。
- 学生不需要我的帮助能够高效地阅读。这是语文教学的理想目标。
- 在课堂教学情境中,师生之间形成一个学习共同体的阅读。这是理想的语文阅读教学情形。

我们之所以这样区分,就是要强调语文课堂教学解读的独特性或者情境性和功能性。因而,语文的课堂教学解读,可以叫做"文本的教学解读",与一般的阅读和文学阅读是不一样的,语文的教学解读要指向语文教学的目标,要考虑到教学场域中的多种因素,尤其是学生的作用、功能,他们的已有知识、技能和学习策略,他们的学习愿望、情感、态度、动机,他们的不足以及需要我们教学提供帮助的地方。

三、课文文本解读的多元主体对话模型

在语文文本解读中有四个主要影响因素或者阅读行为主体——作者、编者、

教师、学生。教师需要考虑如下四个问题：

（1）作者在文本中隐含了什么？

（2）编者在课文中导引了什么？

（3）学生从文章中能够学到什么？

（4）教师依据自身对文本的理解、对编者意图和学生情况的了解，预设的内容目标是什么？

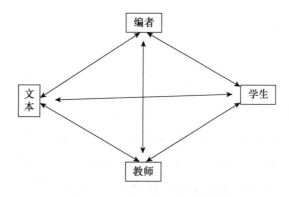

图 2-3　文本对话域及内容生成模型

图 2-3 中的四个主体——文本、编者、教师、学生之间有这样六组对话关系。

需要说明的是：

这六组关系每组都是可逆的、双向、多向交流的。这中间是对话交流的边界。当然，文本教学时，也不一定总是上述四个主体间的交互对话。假如教师直接选择文本进行教学，"编者—教师"是同一个角色，这就可能变成"文本——教师——学生"的三角形对话域。教学实践中，也许还要包括课标、环境以及其他主体的文本解读意见，这样对话因素会相应增加或减少。不过无论如何，只有在教学情境多方参与的交流对话基础上形成的教学内容，才是合宜的。

所有这些要素的一个最终目的是为了学生，应落实到学校教育的对象——学生身上，这也就是说要让学生学会解读分析文本。首先，应该让学生学习一些必要的新文本解读理论知识，如形式和内容，情节与情节分布，变形、反常、自动化、陌生化、语境、张力、悖论、反讽、叙述视角等。当然，要根据学生的认知水平、心理特征、先前学习状况等，确定哪些内容可以进入语文中的文学课程。虽然不可以将文艺理论名词术语大量引进到中学语文教育中来，但必要的核心知识和概念是必需的。当我们以学生为主要取向确定教学内容时，我们可以建构一个基于学生的文本解读模型（图 2-4）：

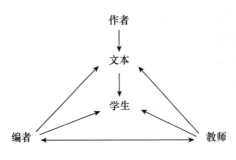

图 2-4 面向学生主体的文本解读模型

这也就是说:作者是一个文本的生产者,文本一旦产生就脱离了作者的本意成为一个可以进行多元解读的客观物。这个客观物是作为一种教学材料出现的,它存在的目的是为了学生凭借文本阅读生成阅读能力和语文素养。教材编者和教师等文本解读的相关方,是为了提高学生的文本解读能力、水平、素养服务的。文本是教学解读的核心、凭借和本体,语文教学解读不能离开文本做无边界的过度衍生和拓展,否则文本就失去了存在的价值。教师不能代替学生成为解读的主角,教材编者通过教材助读系统提供文本解读和教学的相关背景知识和教学活动的建议,但这些的目的都必须指向学生的学生。一句话:文本解读的最终目的必须是为了学生解读能力的提升。教材编者、教师以及所有教学活动都必须围绕学生进行。

四、课文文本教学内容开发策略

那么,进行课文文本教学内容开发一般需要经过哪几个步骤呢?

1. 备目标:"目标定位"策略

即研究、了解课程标准、阶段目标或教学计划等。课程标准总的要求是什么,本学段标准的要求是什么,本年级的教学目标是什么,再将这些标准或目标分解到本文中来,本课时中来,具体的教学内容是什么。这是一个由一般到具体,由整体到局部,由模糊到清晰的定向搜索和思维发散过程。

2. 备教材:"任务分解"策略

教师拿到整本教材后,需要对教材的结构、体例、单元、篇目、序列等有一个大致的了解。每一单元每一课具体承担什么功能,都大体考虑清楚并进行初步的统筹规划。这需要教师通读教学篇目,揣摩编辑意旨,分析选文功能,把握重点难点,甚至考虑篇目的更换或次序的调整等。单元提示、课前提示、课后练习等,都可以成为开发课文教学内容的依据。这是学期开始时撰写"课程实施计划"(或教学计划)要做的工作。

需要指出,教材不同,体系不同,即使同一篇目,教学内容也可能不同。比如《为人民服务》一文出现在小学,教学内容可能要设定在学习语言文字方面;初中就可能设定在章法意旨方面;高中则可能着眼于文化内涵等。另外,还要考虑教学任务的前后呼应、上下关联与有效整合。仍以《为人民服务》为例,它出现在语文版八年级(下)第四单元,这是学生第一次接触"演讲",教学内容就不能不考虑"了解演讲的特点"这一任务。然后根据四篇课文的内容特点,依次确定四课的教学内容着力点为:感知演讲特征,提高论说技能,欣赏演说魅力,演练口语交际本领。

3. 备文本:"文本发现"策略

上面确定的教学目标任务,这篇"选本"能否完成呢?这就要研究选文的文体特征、文章内容、写作特点和语言风格等,此即"文本发现"策略。

(1)要进行文本解读或细读。"备课文"最好是"裸眼阅读"——即不看教参,不听讲解,凭依本心,独立理解。这是一位语文教师必备的素养,也恰恰是目前语文教师较薄弱、需要加强的地方。

(2)确定选文的类型。按照王荣生的分类方法,选文分定篇、例文、样本、用件四个类型,每一个类型的选文都承担着不同的教学功能。比如《口技》,可以当文言经典来学,了解古人高超的技艺;可以作为文言例文来学,将内容就定位于文言字词积累和语感习得;可以作为描摹声音的生动说明文来学;还也可以作为学习正面描写和侧面描写巧妙结合的写法的例文来学。文本类型不同,内容取向不同。

(3)要确立重点。我国文选式教材体系决定了教学内容具有较大的随意性。一篇课文可供学习的内容太多了。这时,务必要找准课文的侧重点,选好教学的切入口。这需要教师一定的教学技能和教学经验。

4. 备学生:"学生需要"策略

除了课标和文本,确定教学内容的一个最重要因素是:学生。学生的需要与课标的"差距"所构成的"最近发展区"是设定教学内容的重要依据之一。学生已有的知识经验、兴趣爱好、认知风格千差万别,学习需要也就各不相同。教师要面向全体,使不同层次的学生都有所提高,就必须尊重个体,制定出具有较大包容性、层次性和弹性的教学内容目标。比如,"找出你认为最精彩的地方""谈谈你的感受和启发""用你喜欢的方式……"等话语就可以较大程度上包容不同学生的需要。学生的需要可以通过平时接触、作业批改、经验猜想,更多的也许要通过课堂即时的对话探测。在教之前,摸清"学情",包括学生先前的背景知识、方法知识、学习兴趣、学习优势、学习的重点、难点、盲点等,是唯有科任教师来完成,别人不可替代的本职工作。

5. 备教法:"灵活变通"策略

教法的选择要与教学目标、教学内容、教学环境设施以及学生的特点和教师的自身优势结合起来考虑。像上海的一些学校,教室配备的多媒体教学设备比较先进齐全,使用课件比较方便,教法选择较多。一些设施简陋的学校,可以充分发挥教师的聪明才智,如充分的预习、小组合作、表演、黑板演练等。有的教师语言风趣幽默,讲的效果好;有的教师不善言辞,设计很巧妙,这些都得因实际,因人而异,灵活处理。

6. 备情境:"预设生成"策略

"备情境"指的是了解教学的环境条件。它既包括客观的教育教学设施,也包括教师主观的教学情景营造,以及教学方法和环节的设计等。"预设生成"策略,指的是预先设想的教学内容,还需要根据课堂的现场情景做出调整、完善,甚至变成与预设迥异的新内容。这一点过去认识不够,却是新课程教学内容开发的重要策略之一。

"建构生成"是当代教育哲学的一个关键词。"生成"在杜威[①]、皮亚杰[②]、维果茨基[③]、维特罗克[④](Witrock,1986)、梅耶(Mayer,1987)等人那里都有比较重要的阐释。杜威认为课程内容不是预先规定的,而应该是教育经验的结果。这种思想在罗杰斯等人本主义教育学者那里,发展出"非预设""不指导"的教学原则。语文新课程的对话理论认为"教学是学生、课文、教师之间交互对话"。这种对话所呈现出的由丰富性、复杂性和多样性所构成的"不可预约的精彩",绝不是预设所能涵盖的。苏霍姆林斯基曾经说过:"教育的技巧并不在于能预见到课的所有细节,在于根据当时的具体情况,巧妙地在学生不知不觉之中做出相应的变动。"钟启泉

---

① 约翰·杜威(John Dewey,1859—1952),美国著名哲学家、教育家,实用主义哲学的创始人之一,功能心理学的先驱,美国进步主义教育运动的代表。

② 让·皮亚杰(Jean Piaget,1896—1980),瑞士人,著名心理学家。他提出的发生认识论不仅是日内瓦学派的理论基础,也是欧洲机能主义的重大发展。它开辟了心理学研究的一个新途径,对当代西方心理学的发展和教育改革具有重要影响。

③ 维果斯基(Lev Vygotsky,1896—1934)亦有翻译为维果茨基,前苏联心理学家,"文化-历史"理论的创始人。

④ M.C.维特罗克,美国教育心理学家,生成学习理论创始人。他认为学习是学习者原有认知结构与众环境中所接受的感觉信息互动作用、主动构建信息意义的生成过程。

先生指出:"教师教学是应不拘泥于预先设定的固定不变的程式,教师不应该用过于固定的知识,用预先设定的目标僵硬地规定学生、限定学生,只能引导学生自由、主动地生成和发展。"这样的课堂才能焕发出生命活力。

大量的课堂教学的成功案例和优秀教师的经验也证明这一点。如宁鸿彬、魏书生、于漪等人的语文教学内容往往是粗线条的、大框架和弹性强的,这就为课堂现场的生成提供了较大空间。当然这种生成绝不是不要目标的"大呼隆"教学,不负责任的不再备课,而是在学生高度自主、自由、自为和教学开放前提下,教学多方合作交流与对话协商。由过去的"固定"内容,到现在的"生成"内容,无疑需要教师更高的专业素养作支撑。

同时,要想获得确定性的课程内容,还应该进行科学严谨的课程研究。在这方面,香港的刘彩祥、谢锡金等关于"感知课程的内容与影响因素"的研究别有价值。该研究通过对政策文件、教材编写资料、教材培训者的工作记录等文本资料的分析,发现小学语文感知课程的三种形式:① 通过编写实验教材体现的小学语文课程;② 实验教材的培训过程中传达的小学语文课程;③ 教材个人认识和理解的小学语文课程。不同感知者的身份、已有的课程经验、对课程改革的态度以及所处的外部环境等差异,直接影响对课程形式所包含的内容的感知。[①]

思考与讨论

1. 中外文本解读理论发展有哪三种范式?
2. 当代文本解读有什么重要变革?
3. 文本教学解读的基本要素有哪些?基本策略有哪些?

扩展阅读推荐

1. 蒋成瑀.读解学引论[M].上海:上海文艺出版社,1998.
2. 曹明海.语文教学解释学[M].济南:山东人民出版社,2007.

[①] 刘彩祥,谢锡金,吴凤平.感知课程的内容与影响因素的初步研究——以小学语文课程为例[J].教育学报,2007(5).

文本教学解读的基本依据

▶ **内容引导**

本章将论述文本解读的一些基本关注点：课程、学生、文本、策略。

▶ **学习目标**

- 掌握文本教学解读的四个基本依据
- 理解文本和语境之间互动生成的原理
- 举例说明文本解读的有效策略

文本的教学解读，相比自由读者姿态的解读，要受到更多教学情境要素的制约。教学情境中的解读，需要考虑课标要求、教材体系、学生情况、文本体式、教师个体的诸多因素的制约。这些要素也直接联系着文本教学解读需要遵循的原则。

第一节 文本教学解读要遵循的原则

一、基于课标理念

"课标"是教学的纲领性文件，课标对学科教学的本质、学科教学思想进行了深入的阐述，具体提出了教学各年段的目标要求与教学建议，是最具权威性的学科教学文件。教师的教学行为需要依据课标要求来进行，准确深入地把握课标的要求，不任意拔高和降低。从文本解读的角度来看，可以从以下几个角度来把握课标要求：

1. 要了解学科思想与方法要求

"课标"对学科的性质、基本理念进行了明确的界定,这些界定为文本解读规定了边界和方式。如义务教育阶段语文"课标"指出:"语文课程是一门学习语言文字运用的综合性、实践性课程",是"工具性与人文性的统一"。这一表述为我们揭示了文本解读时必须关注文本的语言文字的工具性一面,还需要关注文化、审美的人文精神的一面。"课标"指出:"积极倡导自主、合作、探究的学习",就为文本教学解读的方式提出了要求,凸显自主、合作、探究的方式。

2. 要明确学科年段阅读目标的要求

文本教学解读需要达成什么样的目标,"课标"提出了明确的要求。细读课标中的目标要求,我们可以发现,是从通识的解读要求和文体的解读要求两个角度来进行界定的。通识性的解读要求,如七至九年级学段,"课标"要求"在通读课文的基础上,理清思路,理解、分析主要内容,体味和推敲重要词句在语言环境中的意义和作用""对课文的内容和表达有自己的心得,能提出自己的看法,并能运用合作的方式,共同探讨、分析、解决疑难问题"。这两条就对文本解读中的思路梳理、内容理解、词句品析、内容评价提出了要求。文体的解读要求,如"阅读简单的议论文,区分观点与材料(道理、事实、数据、图表等),发现观点与材料之间的联系,并通过自己的思考,作出判断。阅读新闻和说明性文章,能把握文章的基本观点,获取主要信息。阅读由多种材料组合、较为复杂的非连续性文本,能领会文本的意思,得出有意义的结论。"

把握这样的要求,我们的教学就能做到难度适中。比如文言文的学习,课标是要求"阅读浅易文言文,能借助注释和工具书理解基本内容。注重积累、感悟和运用,提高自己的欣赏品位"。因此,那种字字落实的解读要求就显然超出了课标要求。

3. 要掌握先进阅读理念

"课标"还对阅读的作用、阅读认知的特点和规律进行了阐述,如在"教学建议"中指出,"阅读是运用语言文字获取信息、认识世界、发展思维、获得审美体验的重要途径。阅读教学是学生、教师、教科书编者、文本之间对话的过程。""要珍视学生独特的感受、体验和理解。教师应加强对学生阅读的指导、引领和点拨,但不应以教师的分析来代替学生的阅读实践,不应以模式化的解读来代替学生的体验和思考。""在理解课文的基础上,提倡多角度、有创意的阅读,利用阅读期待、阅读反思和批判等环节,拓展思维空间,提高阅读质量。但要防止逐字逐句的过深分析和远离文本的过度发挥。"这些要求告诉文本解读是一种多种主体间的对话行为,是一种个性化的行为,倡导积极主动多元的批判性阅读和创意阅读。

> 巴赫金(1895—1975),苏联著名文艺学家、文艺理论家、批评家、世界知名的符号学家、苏联结构主义符号学的代表人物之一。他的对话理论强调意义的复调性,认为没有谁独自占有意义,意义体现为对话的过程。这对于语文教学对话有一定启示意义。

二、采用新的视角

现当代文本解读理论发展迅速,有许多重要学说,可为语文文本解读提供多元视角。

1. 主体对话理论

苏联教育家巴赫金指出:人类情感的表达、理性的思考乃至任何一种形式的存在都必须以语言或话语地不断沟通为基础,两个声音才是生命的最低条件,生存的最低条件。英国的物理学家、思想家戴维·伯姆则认为,"对话仿佛是一种流淌于人们之间的意义溪流,它使所有对话者都能够参与和分享这一意义之溪,并因此能够在群体中萌生新的理解和共识。"从这个意义上说,对话是人生命的一种最基本的形态。文本解读从本质讲是一种对话,是一种读者与作者凭借文本进行的一种对话。胡塞尔现象学后期所大力倡导的"主体间性"理论,认为人是主体,而人所构成的文本,即人的语言在历史传统中形成的种种文化也是主体。人与文本是一种互为主体、互相解释、互相沟通的关系。文本解读是以理解、解释和建构文本的意义为指归,在解读过程中读者总是通过文本与潜在地存在于文本中的作者见面,这就必然沟通了解读主体和创造主体这两个主体世界,使读者与作者以文本为媒介发生心灵碰撞和灵魂的问答。因而,从其本质属性上说,文本解读是主体间性的对话,是主体间性的一种寻求心灵交流的活动,是读者与文本双向运动的一种解读反应过程。①

作为一种"对话"交流活动，它必然要求读者充分调动主体能动机制，积极地参与对文本的解释和建构——激活自己的想象力、直观力和感悟力，通过对文本符号的解码，不仅要把创造主体所创造的文本形象中所包含的丰富内容复现出来，加以充分地理解和体悟，而且还要渗入自己的人格、气质、生命意识，重新创造出各具特色的文本形象，甚至开拓、再构出作者在创造这个文本形象或艺术意境时所不曾想到的东西，从而使文本的意义更为丰富而具厚度、深度和力度。② 也就是说，作为对话的主体，在文本解读中"我"这一读者是不能缺席的，必须要彰显自己的地位与作用，必须要调动自己的全部生活经验与阅读经验来参与意义的建构。从这一立场来说，正印证了读者这一主体在意义中的作用与地位。

作为对话，自然就应该有对话的姿态，这种姿态一是"倾听"，二是"回应"。"倾听"就是立足于文本的内容与形式，倾听作者想传达的情与意，就是"寻求理解"；而"回应"就是联系、引申、生发，就是"自我理解"。"倾听"不够，可能导致的结果不能真正理解作者与文本；"回应"不够，导致的结果就是文本还是文本，自己还是自己，二者不能"相融、契合"，没有生长。

王君老师曾经谈到自己解读梁衡的《夏》，从中读出了夏是一个生命旺季，并写了一首诗《青春——献给同学们的"夏"》，诗中有这样的句子：那少年的灵秀之气/经过多年的积蓄/这时/已酿成一种/磅礴之势/在校园里滚动/在天地间升腾/青春到了/青春正当春华秋实之间/收获之已有而希望还未尽/青春是一个/承前启后/生命交替的/旺季。梁衡老师听了课后，对王君这样说："你上得很精彩，是升级版的《夏》。""升级"就是一种师生与文本对话生成的结果。

2. 个性化阅读理念

阅读作为一种"对话"，由于每个人的生活经验与阅读经验的差异，必然产生个性化阅读。语文"课标"（义务教育阶段，2011版）指出："阅读是学生的个性化行为。"

特别是文学性作品，由于其意义的模糊性，个性化解读的空间更大。如人教版八年级李森祥的小说《台阶》，《教师教学用书》作了如下的解读：小说中父亲创业之艰难，根源在于农村经济的落后，小说展示时代的呼唤，亿万农民的希望在于

---

① 曹明海.当代文本解读观的变革[J].文学评论，2003(6).
② 同上

提高生产力,以此迅速改变农村落后面貌,结束老牛拉破车的日子。对于父亲在台阶造成后反倒"有些不自在",则解释为"父亲身上有着中国传统农民所特有的谦卑的品质"。陈家尧在《人性的反思:个人价值的迷失》一文则认为:本文一方面展示了人为了目标而坚持不懈努力的可贵,另一方面又揭示了"个人价值的迷失"。文中深刻地展现出父亲在新屋落成后的"不适"与"所失",父亲的尴尬正是将个人的价值寄托于"高台阶"的新屋这一外物和他人"你家台阶真高"评价之上,结果却落了空,从而陷于一种失落与茫然之中。① 这就很好地解释了文本中费解之处,这种个性化解读就是值得肯定的。教师自身也要形成个性化的解读,不唯资料,不唯教参,提倡独立的阅读。而起始点就是裸眼素读,在素读的基础上查阅相关文献资料,并形成自己独特的见解。名家执教的课堂都是个性化解读的结果。

3. 批判性阅读理念

巴西教育家保罗·弗莱雷认为,传统的教育是"储存式的教育",在对话教育的理念下,教育要"成为一种颠覆性的力量"——即"在学习读和写的过程中,那些获得了新的自我意识并开始批判性地看待自己的社会处境的人,常常会主动采取行动,去改造那个剥夺了他们参与机会的社会",通过这种教育,"每个人又重新赢得了说出自己的话,也即命名世界的权利"。教育就是要促使人觉醒,让每一个人看到自己的价值,承担起自己的责任,"无论一个人有多么无知,也不论一个人被'沉默文化'淹没得有多深,他都可以通过与别人的对话接触来批判性地看待这个世界",最终改造世界,追求更完善的人性,创造一个更容易使人爱的世界。文本解读是一种主体间的对话,这种对话也要用一种批判性的理念来审视。

什么是真正意义上的批判性阅读呢?要弄清这一概念,首先要清楚什么是批判性思维。批判性思维指的是能对信息进行分析、综合的高层次的认知能力,并能对各类陈述或建议的价值、准确性或权威性做出评价,从而做出合理的判断和推理。② 在此基础上形成的批判性阅读是指对文本的高层次理解,它包括释义和评价的技能。同时要通过推理推导出符合逻辑的结论。批判性阅读不是记忆所读的内容,而是在阅读的过程中提出问题,寻找各种假设,进行分析综合,明确作者要传达的要点。③ 根据这一界定,批判性阅读并不是对作品进行批判的阅读,而

---

① 陈家尧. 人性的反思:个人价值的迷失——关于《台阶》的解读[J]. 教育与教学,2012(6).
② 李梅兰. 关于批判性阅读和批判性思维的实验研究[J]. 乐山师范学院学报,2008(8).
③ 李梅兰. 论批判性阅读和批判性思维能力的培养[J]. 莆田学院学报,2007(5).

是师生站着读书（而非"跪着读书"），与作品平等对话，发现其精妙之处，同时也评价其不足之处，是一种既欣赏又质疑的阅读方法。

从当前的教学解读现状来看，师生在很多时候缺乏这种批判性意识，更多的是迷信与盲从。如果用批判性阅读的理念，在解读作家严春友《敬畏自然》一文时，除了理解文中的"敬畏自然"的观点外，还可以引述周国平的"顺应自然"，何祚庥的"改造自然"，让学生在不同的观点的呈现中自主思考，并构建起人与自然关系的观点。这才是真正意义上的批判性阅读，也只有这样的阅读，才能让学生真正"站立"起来。

三、把握教材要求

课文是教学材料，与一般的作品不同，它不仅仅是作品，承担着信息和审美功能，还要承担教育教学功能。任何一套教材，都有自己的编辑宗旨和教学目标、意图，都有自己独特的编排体系，这是由课程教学本身的特点决定的。虽然语文相较于其他一些学科而言，其能力层级相对模糊，但教材编者仍有自身的体系考虑。同一篇文章，放在不同的单元中，所承担的任务是不一样的，在文本教学解读中必须关注这一因素，才能更好地发挥文本的价值功用。

比如人教版（2001版）把《风筝》一文编入七年级上册亲情单元的，与《羚羊木雕》《散步》《金色花》编入一个单元，其目的是让学生体悟本文蕴含的兄弟之情；而语文版是将之编入七年级上册的"叙事"单元，与《忆读书》《山中避雨》《我的第一次文学尝试》编在一起，其目的是让学生学习叙事的技巧。把握教材体系与编者意图，能够明确教学解读的方向。如何来把握这种体系？一是看编排体系，与哪些文本放在一起的；二是看单元提示，对本单元的文本有哪些解读要求；三是看课后的研讨与练习，它也能透露编者的意图。

第二节　文本教学解读要关注学生的学情

所谓"学情"，是指学习者在某一特定时间内或某一项学习活动中学习的起始状态和现有情况，包括学生们已有的知识和技能、学习方法、情感态度等。美国著名教育心理学家奥苏伯尔在他1978年出版的《教育心理学：认知观》一书的扉页写道："假如让我把全部教育心理学仅仅归纳为一条原理的话，那么，我将一言以蔽之，影响学生唯一最重要的因素就是学生已经知道什么，要探明这一点，并应据此进行教学。"古人讲"以其所知,喻其不知,使其知之"。陶行知说过,"教的法子要根据学的法子。学的法子要依据做的法子。"由此可见学情对于教学的重要性。

文本教学解读作为一种教学行为,既指教师对文本的解读,也指学生对文本的解读。先有教师自身的解读,然后才有对学生解读的引导。这二者实际虽有区分,但也有关联。教师在文本的解读时,特别是对解读结果进行分析,并据此确立文本的教学内容时,就必须考虑学生对文本的接受度。著名语文教育家钱梦龙说过:"我在备课的时候,首先考虑的不是自己怎样讲文章,而是在自己阅读遇到难点时,思考估计学生会在这些地方遇到怎样的困难,就设计几个问题,让学生多想想。"

而对于那些学生感兴趣且认为有价值的阅读点,教师也需要给予关注,否则会造成师生对话的"错位"。下面的这个案例能说明这个问题:

邹老师在上《猫》一课时,设计了一份问卷,在两个班进行了学情调查……收回的113份学生问卷,表明绝大部分学生对文章描写的内容、文章的主题以及社会意义,都有相当的了解。学生们共提出30多个问题,其中较为集中的是前5个问题,例如有38名学生提出:为什么写三只猫,都是详写呢?学生对文章的写法有疑惑,表明学生尚不能理解《猫》这篇文章的内涵。同时,邹老师搜集了语文教师的12份教学设计,发现这些教学设计(教案),无一例外,都把教学目标、教学难点,放在课文的内容、主题、社会意义,即学生本已理解的内容,而学生提出的问题,在12份教案中,只有零星回应。也就是说,学生在预习时已经掌握的东西,课堂里反复讲,而学生的疑惑处,几乎没有老师关注到。①

这个案例表明,在文本教学解读中,学生需要教师帮助解读的没有解读,而不需要解读的却在花大力气解读,这种错位正是由于教师学情意识的缺乏造成的。

对于那些过于深涩的解读,凭借学生的生活阅历和认知经验难以理解体悟的解读,就必须给学生搭建支架,或者舍弃,不能因为个人的爱好而随意引入,否则必然会造成解读中"悬空",师生无法对接。只有重视学情,才能更好地引导学生解读。如清华附中的王君老师在执教《老王》时,依据学情——"老王"所处的时代、"老王"的生活境遇、"老王"的内心世界,与当下的这一代孩子存在着极大距离。那种隔膜,使得学生难以进入文本,难以进入"老王"的世界。为了"激活"学生的认知和情感需求,她抓住老王的生命状态——"他靠着活命的只是一辆破旧

---

① 邹兆文.我们的教学离学生的期待有多远[J].语文学习,2008(10).

的三轮车"——这种"活命"展开了生命的对话,让学生理解老王被社会遗弃的痛苦、理解老王没有家人的孤苦无依、理解社会对老王的凉薄、理解老王有"房"无家的痛苦、感受老王的走投无路。从而引导学生深入地走进了文本,这样的解读立足于学情,很接地气。

要把握学情,可以开展一些调查。这种调查可以借助于学案,也可以通过调查来实现。比如一位老师在执教《听听那冷雨》时,收集了学生反馈的信息:

(1) 读不懂的地方。如化用诗词的语句;文章跳跃性大,理不清思路;文题是听雨,为什么还要写嗅雨、观雨;文章最后三个短句"前尘隔海""古屋不再""听听那冷雨"的理解。

(2) 读不好的地方。如化用诗词的语句;文中的长句;把握不准情感变化。

(3) 认为好的地方。如使用修辞的语句;含有叠音词的语句;短句和长句;能找到好的语句(段),却说不出好处。①

通过这样的了解,教师为教学解读找到了方向与重点,那就是学生读不懂、读不好的地方,通过教师的引导,让学生读懂、读透、读好,从而避免老师的自言自语。

语文文本解读的主要目的是提高学生的解读能力和文学素养。学生是解读行为最终的主体,教师、教材编者的文本解读都是为了提高学生的解读能力。学生的知识和经验、认知水平甚至是解读误区,是文本解读的出发点,文本解读教学要关注学生的经验,要围绕学生的阅读体验进行。

语文文本解读要从学情出发,从更深层面讲,还应注重以下几条路径。

一、关注学生生活积累

阅读是通过语篇符号线索,激活学生的想象和联想,建立最大关联和最佳关联的过程,是进入作者写作的特定情境,是对语篇情境进行"还原"的过程。理解的发生在于作者所传达的认知语境与作为读者的学生的认知语境的重合。学生的认知语境只有无限接近于作者的作品的认知语境,才能达成最佳的理解。从某种程度上说,理解就是认知语境的生成和调适。认知语境主要表现为一个人的生活经验和语文经验。而学生的生活积累——他们对于世界、事物、物象、生活的感知、记忆,是理解发生的重要前提。生活积累,重点有两个方面:一是生活中直接

---

① 赵瑞华.基于文本教学的学情分情[J].中学语文,2011(7).

积累的表象和生活阅历而积淀下来的思想;二是通过阅读所建构的各种生活,包括关于社会、家庭、学校、情感、想象的各种生活图景。

1. 生活中直接积累的表象

读者要进入作者所描绘的场景之中,需要有必要的表象作支撑。比如《关雎》中的"参差荇菜,左右流之",对于一个没见过荇菜的人来说,很难想象那种美景来,只有亲眼见过荇菜,或看见过荇菜的图片,才能在头脑中构建出这个画面来。同样,对于舒婷的《致橡树》,如果对橡树、木棉、凌霄花都不了解的人来说,也不能很好地解读。当然,此处所谈的积累的表象并不是实时实地的物,比如《荷塘月色》,读者根据文字,可以凭借原有的有关荷叶、荷塘的场景,重新构建出朱自清笔下的"荷塘月色"的景象,当然这个景象与朱自清看到的荷塘是不一样的。

2. 生活阅历

不同的年龄阶段,不同的生活阅历,会铸就不同的思想,这种思想的积淀对文本的解读也有影响。著名作家毕淑敏在《常读常新的人鱼公主》中,谈到自己在不同的人生阶段对《海的女儿》的不同解读。8岁时,她"觉得那么可爱和美丽的公主,居然变成了大海上的水泡,真是倒霉极了",以至于只要看到水泡被吹破,心里就会无端的感伤;在情窦初开的18岁,她读出了爱情,读出了真正的爱情是"宁可自己痛楚,也要把幸福留给自己所爱的人";28岁时,当了母亲的毕淑敏读出了人鱼公主祖母的"慈悲心肠和对人鱼公主的精神哺育";38岁时,作为作家的毕淑敏开始解读安徒生的写作技巧;48岁时,她读出了"这是一篇写灵魂的故事"。对同一篇作品,随着不同的年龄读出不同的感受,这就是与阅读主体自身的思想积淀有关,从这个角度看,不同是"六经注我",也是"我注六经"。

二、关注学生阅读经验

学生的阅读经验也影响着对文本的解读。这里所指的阅读经验,一是文化知识的积累,二是解读经验的积累。要解读文本,首先应有一定的文化知识的积累,要能识记汉字符号,要能理解词义句义。这是一个方面。从知识积累的角度来看,知识积累得越多,也越容易引发联想。比如在阅读莫怀戚的《散步》的"那里有金色的菜花,两行整齐的桑树,尽头一口水波粼粼的鱼塘。"这一段文字时,我们会自然生长联想,想到有关的诗句:"儿童疾走追黄蝶,飞入菜花无处寻""黄梅时节家家雨,青草池塘处处蛙""留恋戏蝶时时舞,自在娇莺恰恰啼"等。有了这样的积累,解读的意蕴就丰富得多。还更有胜者,将文本置于文学发展的大背景中去审视,从而在解读中获得更为丰富的信息。比如闻一多先生把《春江花月夜》放在文学发展中审视,发现:"这是一番神秘而亲切的,如梦境的晤谈,有的是强烈的宇宙意识,被宇宙意识升华过的纯洁的爱情,又由爱情辐射出来的同情心,这是诗中的诗,顶峰上的顶峰。从这边回头一望,连刘希夷都是过程了,不用说卢照邻和他的配角骆宾王,更是过程的过程。至于那一百年间梁、陈、隋、唐四代宫廷所遗下的那份最黑暗的罪孽,有了《春江花月夜》这样一首宫体诗,不也就洗净了吗?向前替宫体诗赎清了百年的罪,因此,向后也就和另一个顶峰陈子昂分工合作,清除了盛唐的路——张若虚的功绩是无从估计的。"①当然,这需要卓越的才华。

另外,解读经验的积累也十分重要。比如对文本解读,知道有三个层次"走近文本——走进文本——走出文本",阅读《小石潭记》一文时,就能从走近文本,感受小石潭之美;走进文本,体会作者之凄神寒骨;走出文本,从柳宗元与刘禹锡的故事中体悟如何面对苦难。就让原本混沌的解读变得清晰有路。又如,一个对文本体式特征有自觉认知的人,面对文本,也能从体式的角度进行分析。比如对史铁生的《合欢树》,他就能从散文的"有我"(即"我之情")如何使景、事、理淳化、美化,始终抓住作者的情感来阐释文本,并将之与《秋天的怀念》作对比,体悟两篇文章在"我"上所呈现的差异。

三、关注学生阅读中的情感体验

文本阅读,是"得作者之用心",进入作者的内心世界,感悟到作者的情感脉搏和思想跳动,在"理解他人的同时实现自我的理解"。这就特别要关注读者与作者的情感共鸣,只有真正达成了这种情感共鸣,阅读才能进入一种"如入我心"的境界,才能进入一种愉悦状态、亢奋状态。在黄蓓佳的小说《心声》中,读者李京京为什么那么喜爱读《万卡》,读得声情并茂,打动了所有的听课老师与同学,原因就在于李京京与主人公万卡有着相似的生活境遇,就因为《万卡》的故事勾起了李京京对往事深深的怀念",文中这样写道:

他也有一个乡下的爷爷。小时候,他是在爷爷那儿长大的。爷爷有一根光亮光亮的水烟袋,一抽烟,就喊:"火!"京京赶紧拿来纸捻子,点着火,递到爷爷

---

① 转引自:王丽.中学语文名篇多元解读[M].广州:广东教育出版社,2006:389—391.

手上。爷爷"噗"一声把火吹燃，然后"咕噜噜，咕噜噜"抽上几口，深深吸进一口气，又长长地吐出来，好像美得不行。抽过了瘾，爷爷放下水烟袋，一把将京京搂在怀里，开始说："从前有个财主，雇了两个兄弟在家当长工……"到了夏天，晚上，爷爷搬一把竹椅到打谷场上乘凉，京京像个小狗似的蜷在他旁边。爷爷指着天空说："看见了吗？发亮的带子是银河。王母娘娘不让牛郎织女会面，拔下头上的簪子，嗤地一划，就成了这条宽不见边的大河……"后来京京长大了，妈妈说要让他到城里来上学，他就再没见过爷爷。可是爸爸妈妈总吵架，总吵架。一吵起来，妈妈总是打他，一边骂一边打，他害怕极了。他不喜欢这个家，总是想念乡下的爷爷。就像可怜的小万卡盼望爷爷接他回家一样，京京也盼着爷爷哪一天来看看他。这个万卡写的信多好啊！京京还没有给爷爷写过信，他不知道自己能写成什么样子。

　　文本中的人物故事强烈地拨动了读者李京京的心弦，在读《万卡》的过程中，李京京读出的是自己。这种强烈的情感共鸣使得文本解读变得深入、深情。

第三节　文本教学解读要回到文本自身

　　作品的"意义"，实际上包含了三个层面：一是作者意义，即作者欲在作品中表达的主观意图；二是文本意义，即作者在实际作品中通过语言词句呈现出来的意义；三是读者意义，即读者通过阅读所领悟到的意义。这三个层面的意义既互相依存，又有差异。在这三个层面的意义中，文本是意义发生的唯一客观依据，是看得见的摸得着的"信息实体"。一切的意义，无论是作者的"原意"还是读者的"解读"，都必须以"文本"为依据。

　　文本解读最核心的任务就是关注文本自身。这就是我们抛开一切与文本没有直接关系的外围的东西，直接回到"这一篇文章"上面来，分析解读它自身的特点，它与其他文本不同的地方、独具的特色，尤其是它独特的教学价值。

　　当前的语文教育附着了太多关于人文的、精神的、道德的、思想的、思维的教学内容，却唯独将文本解读的文本给弄丢了。这有点买椟还珠的味道，甚至到了轻重不分的地步。那么，文本解读如何关注文本呢？

一、关注文本形式

1. 文章体式

文本是一种基于一定"体制或样式"的语篇制作。写作者要遵守一定的文体规范写作,阅读者也需要依循一定的文体规律来阅读。

文体是文本最重要的特征之一。明代学者徐师曾在《文体明辨》中说,"夫文章之有体裁,犹宫室之有制度,器皿之有法式也。"吴纳说,"文章以体制为先,精工次之。"[①]古代文体知识是作为篇章"制度"或"法式"存在的。在文章学视域下,文体就被视为这种需要遵循的"体制或样式",它是"外在的形式(文面、文辞)、内在的形式(如结构形式)、性质、规范、做法风貌及作用的集合体。"[②]从语言学、文学的角度看,文体是"语言模式、语言秩序、语言体式"[③]等。童庆炳先生从文艺学角度认为,"文体是指基于一定的话语秩序所形成的文本体式。……从表层看,文体是作品的语言秩序、语言体式,从里层看,文体负载着社会的文化精神和作家、批评家的个体的人格内涵。"[④]文体的构成包括表层的文本因素,如表达手法、题材性质、结构类型、语言体式、形态格式,以及深层的社会因素,如时代精神、民族传统、阶级印记、作家风格、交际境域、读者经验等。文体的特征及其划分,往往取决于其层面结构中某些因素的强化、突出或变异。

在皮亚杰图式理论和认知心理学视域下,文体可以解释为一种"文章图式"。图式是指围绕某一个主题组织起来的知识的表征和贮存方式。文章图式即人们的读解和创作文章的信息模式和认知图式。某一类文体的诞生,可能是某篇(类)知名文章经广泛传播成为大家认可并遵循的认知模型,后得以固定下来。文体发展的最初是大家对这种客观存在于典籍或大家头脑中的"公共知识"的一种同化或顺应。作者们要么将外界的信息纳入已有的图式(名家名篇),使图式不断完善扩大,即文体的"同化"过程;要么是原有的文章图式不能再同化新信息而需要调整改造为新的文章图式。

这种"文章图式"观,在功能文体学家那里有如下论述[⑤]:在一定情境下,我们

[①] (明)吴纳.文章辨体序说[M].北京:人民文学出版社,1998:17.
[②] 曾祥芹.文章本体学[M].郑州:文心出版社,2007:213.
[③] 童庆炳.文体与文体的创造[M].昆明:云南人民出版社,1994.
[④] 童庆炳.文体与文体的创造[M].昆明:云南人民出版社,1994:1.
[⑤] 李美霞.话语类型研究[M].北京:科学出版社,2007:41.

把具有共同交际目的的语篇归类,这类类型成为"模式"或"框架"嵌入我们的脑海。此后,我们对任何语篇的归类在很大程度上都受到了这些"模式"和"框架"的制约。语言,包括文体,都是社会外作用于大脑后人类学习并内化的结果。从社会认知的角度看,文体是一种言语社团的图式认同与社会协商。这正是功能语言学的文体观,即"功能文体学"的观点。

这样看来,文体就是独立成篇的文本的规格和模式,是人们对文章、文学或其他事物类型的认知和归纳,它反映了文本从内容到形式的整体特点,属于形式范畴。从认知语言学角度看,文体其实是思维方式、言语图式、文章图式的积淀。人类言语实践的一个结果,是大家认可并乐于遵循一种言语"模式"或"框架",这种"模式"或"框架"是人类言语实践和社会协商、选择、定型的结果。

关于文体的阅读教学,是让学生感悟相关文体的体式特征和规律,形成一定的文体感和文体知识。这种文体感和文体知识会成为阅读行为重要的支架。比如新闻体裁,大致包括标题、导语、主体、背景、结语。学生了解到这一种结构规律,就可以有针对性地去发现重要信息,合理分配自己的注意力,调控自己的认知活动,提高阅读效率。

在常规文体中,要引导学生积累一些重要文体如散文、小说、诗歌、戏剧、科学说明文、议论文、学术论文的基本特征和基本知识。这是进行解读活动必须具有的准备性知识。这些知识其实是以图式的方式储存在大脑中的。一个人具有这种文体图式积淀,就等于拥有了一种有效的思维框架和工具,促进读写效能,而没有会造成读写的不便。

叶圣陶先生说过,"作者思有路,遵路识斯真。"文体意识、文体知识、"文体感"应该成为语文能力的重要构成内容。文体对于学生来说,是一种"必要的限定和规范",这个"必要的限定和规范"作为一种阅读和写作的有效工具性知识,可以是阅读文本的钥匙和意义解读的框架或"思维地图"。

目前我国的语文教育中,文体知识比较混乱而且极不科学。在三大教学文体(记叙文、说明文、议论文)主导下,试图一劳永逸地统合所有文章体式的做法是行不通的。阅读教学要立足于通用文体、一般文体,关注生活、工作、文化中存在的各种真实文体和实用文体,比如报章杂志、计划、报告、企划书、申请书、方案、学术论文、电子邮件、演讲、简报等。还有各种文学作品以及新出现的网络文体,如短信、网文、跟帖、超文本等。

2. 文本结构

文本结构是指作为言语交际文本的语篇各个部分之间的相互关系。这些关系分为微观结构(micro-structural properties)和宏观结构(macro-structural organization)。语法结构、词汇以及句子之间的衔接手段都属于微观结构。而句子与句子之间以及更大语篇成分之间的逻辑—语义关系则属于宏观结构。我们所说的文本结构一般指的是文本的整体结构,即宏观结构。

结构,就是要把一堆杂乱无章的材料组成一篇井然有序的文章,这首先需要围绕主题,形成文章的层次,并加以有机地排列、组合与连贯。层次,就是指文章中思想内容的表现次序,是作者在表述主题的过程中形成的相对完整、相对独立的思想单位,又叫"意义段""逻辑段"或"部分"。

层次,或者是事物发展的一个阶段,或者是事物矛盾的一个侧面,或者是中心论点的一个分论点。安排层次是作者思想脉络的直接体现,因此,在结构诸要素中,层次居于核心地位。

文章中划分层次的形式,常见的有以下几种:

(1) 纵式

即按照纵向进程的顺序划分层次,各层次之间是延续和承接的关系。纵式层次,又有以下三种形式:

① 时序式:按时间的顺序安排层次。

② 递进式:按事件的发展演变过程安排层次。

③ 逻辑式:按事理的内在联系安排层次,如从属关系、因果关系、总分关系、分总关系、总分总关系等。

(2) 横式

即按照横向展开的顺序划分层次。各层次之间是依次展开的并列关系。横式层次,又有以下两种形式:

① 条款式:按问题的性质分为条款安排层次。

② 部分式:把一个完整的主旨划分成若干部分来安排层次,每一部分分别从不同的角度来反映整体思想的某一侧面,几个部分合起来反映主旨思想的全部。

(3) 纵横混合式

即将纵式和横式两种层次安排形式结合起来,先纵式后横式,或是大层次为纵式,纵式里面包含着横式,或是横式当中包含着纵式。这种形式往往以时间为"经",以空间为"纬",一"经"一"纬",相互关联,既在纵的方面注意了时间的连贯性,又从横的方面照顾了空间的平列性,纵横交错,使文章层次分明。

(4) 总分式(或叫分总式)

文章的几个部分是总说和分说的关系。总说是为了概括或总结全文,分说是为了展开内容,逐项、逐条论述有关问题。这种有总有分,总分结合的划分层次的方式形式也是多样的,有先分后总式,有先总后分式,有总分总式,还有分总分式等。

文本的结构,实质上是作者认识和反映客观事物并通过构思在语篇中有层次的反映,是文章材料的有秩序、有规律的呈现,它体现着人类认知的一般规律,是作者和读者双方共享的知识信息,是文本的形式抽象概括并定型化、规律性的呈现。它虽然有丰富多样的形态,但又不能超越人们一般的认知习惯,实际上是被大家共同认可的一些书面交际范型。

由于各种语篇的交际功能不同,语篇的主题和内容有异,读者的需求不同,造成文章的体裁有别,语篇的结构也各异。比如,故事虽然大致遵循开端、发展、高潮、结局的一般规律,但又不能过于呆板直接,有时就采取"悬念""渲染""倒叙""插叙"等手法打乱一般事物的发展进程,这是为了迎合读者"文似看山不喜平"的独特审美心理。说明文的结构形式是纲举目张,层次井然是读者接受科学知识、信息时的心态与简洁明快的阅读需求决定的。议论文一般遵循提出问题、分析问题、解决问题的格式,这是符合这类文章需要以理服人、说明别人认同自己的观点的写作目的的。书信的开头是称呼,中间是正文,结尾是结束语和落款,这种格式化写作是为了日常办事的要求。结构的不同,与写作目的的紧密联系,是基于共同的交际需求规范化、固定化形成的。

文章的结构具有普遍性和普适性,是人类共同认知规律的体现。比如记叙文的结构主要有三种:① 按照事件的时间先后顺序安排材料所构成的纵式结构;② 按照地点、人物、材料的不同性质安排的横式结构;③ 按照客观事物的感受、印象、观点、态度等思想感情的变化,把生活中的事件综合概括起来的综括式结构(张寿康等,1983)。

尽管文章结构有一般规律,但把文章的结构看成是凝固的、一成不变的"程式"是错误的。文章的结构总是和文章的目的、读者的心理、文章的内容相结合、相搭配的。内容一变,结构即变,从来都没有万古不变的结构模式。古人说的文章"定体则无、大体须有"就是这个道理。

案例分析

> 拉波夫(Labov)叙述文体的结构模式
>
> 拉波夫(Labov,1972)根据自然叙事顺序提出叙述文体的结构模式包括六个部分：
> - 点题(abstraction)
> - 指向(orientation)
> - 发展(complicating events)
> - 评价(evaluation)
> - 结局(resolution)
> - 尾声(coda)

点题是叙事之始所讲内容的简短概括。"我与父亲不相见已二年余了，我最不能忘记的是他的背影。"大多数（并非所有）自然叙事作品都会有这个部分。

指向是叙事者对时间、地点、人物所作的交代。"那年冬天，祖母死了，父亲的差使也交卸了，正是祸不单行的日子。……"指向的语言标记多是过去进行式和时间、方式、地点状语。

发展指接下来发生的事情，是对构成故事的主要事件的发展安排。如《背影》中"嘱托茶房""车站离别""望父买橘"等情节。如果是在英语中，语言标记为动词的一般过去式或一般现在式，事件按一定时间顺序排列，改变它们的顺序会引起本来语义结构的改变。在语体中往往采用追忆的口吻，有时还可能回到现实中进行议论。

评价指叙事者以直接或间接方式告诉读者或听者故事的可读性、可听性。评价包括外部评价和内部评价，外部评价是情节之外的叙事者的评论，内部评价是情节发展的特定时刻角色发出的评论。"我那时真是聪明过分，总觉他说话不大漂亮，非自己插嘴不可……""唉，我现在想想，那时真是太聪明了！"

结局或尾声指一系列事件的结束，这一部分所描述的是故事的结果、结局，其中包括人物的命运、目的的实现或失败等。"近几年来，父亲和我都是东奔西走，家中光景是一日不如一日。""但最近两年不见，他终于忘却我的不好，只是惦记着我，惦记着他的儿子。""我北来后，他写了一信给我，信中说……""唉！我不知何时再能与他相见！"

3. 写作手法和语言特点

阅读一个文本,关注文本自身,最重要的一步就是要从关注文本形式开始。文本形式除了文体类型、文本结构之外,就是写作手法和语言表达上的特点。

写作手法和语言表达首先是和语篇类型有紧密联系的。比如小说是很难运用总分总的结构的,而这种结构是议论文的常见结构方式。小说的语言比较复杂、丰富、零碎、自由,更接近生活语言,这与学术论文的语言风格迥异。

(1) 叙事结构文本的语言特征

① 用词最丰富,可能会涉及诸多领域的词汇。

② 语体类型最多,可能综合穿插运用正式和非正式、口语和书面语,甚至俚语、行话、方言等等。

③ 句式变化多,修辞手段多,特别是比喻、夸张、拟人等。这些语篇要素特征本身是文本语境的组成部分。这些要素特征来源于言语社团对于书面交际模式的协调与认同。

(2) 说明类文本的语言特点

① 简明。说明文的遣词造句,应简洁平实、通俗易懂,尽量避免夸张、渲染,因为容易造成不真实。

② 准确。说明类文章以传授科学知识和信息为目的,这就要求它必须用准确的语言,如实地反映事物的特征、本质、规律。语言的准确性是说明文语言的先决条件,表现在时间、空间、数量、范围、程度、特征、性质、程序等都要准确无误。为了让读者对较复杂的事物、较深奥的事理有明晰确切的理解,说明文必须恰当地使用修饰和限制词语,讲究语言的周到严密。

③ 科学。介绍科学知识的说明文,要特别注重准确使用科学术语。

④ 条理。说明事物道理要按它本身的条理来安排说明顺序,使之眉目清楚、有条不紊、逻辑严密。

⑤ 有趣味。叶圣陶先生说:"说明文不一定就是板起面孔来说话,说明文未尝不可带一点风趣。"为了把事物的特点说得更加生动形象,增强文章的启发性和感染力,说明文要适当地采用生动的说明,这是一些科学小品文向大众普及科学知识、"寓教于乐"的语篇功能的需要。

(3) 议论类文体的语言特点

议论类文本的语言也有自己的特点,比如概念准确、逻辑严密。但有的时候,议论文语言表达也具有迥然不同的风格,比如鲁迅的杂文、毛泽东的政论、余秋雨的文化散文。有时候我们还要分析一个具体文本的具体语言特点。比如《闻一多先生的说和做》运用了很多四字成语,形成一种典雅简洁、晓畅自然、朗朗上口的风格。

4. 基于文体的教学方法

目前在港台和国外有一种基于功能语言的文体教学法,主要关注点如下:

(1)准确把握文章的主题思想,抓住重点词语与段落。

(2)弄清文章层次,引导学生了解文章结构的特点与作用。

(3)在指导分段概括段意的基础上,引导学生用联系的观点。

(4)要进一步引导学生"由表及里",深入中心思想。教学生分析、比较筛选、判断。

(5)要训练学生会掌握文章思维方法。

(6)需引导学生会正确处理文章内容和材料之间的逻辑关系。

(7)划分段落层次,弄清文章的结构形式,抓住写作文章的构思线索。

(8)分析结构因素,即开头、结尾、过渡、伏笔、照应等。

二、关注文本语境

1. 语篇语境

语篇语境又称为"上下文语境"或"文内语境",指构成言语作品的词语、句子、段落的上下文、前言后语。语篇语境是文章的内容和形式所涉及的意义和篇章表现形式,是文章所呈现的信息集合体。语篇语境可以分为"内容语境"和"形式语境"。

(1)语篇的形式语境

指文本的可见形态与表现形式。如字词的搭配、句子的连贯、段落之间的衔接等,也就是文章的前言后语和上下文,文章由哪几个部分组成,如何开头、结尾、过渡,它们之间是否协调和一致、呼应与连贯并形成一个有机的整体。文章由哪些材料构成,运用了什么表达方式和呈现形式(包括标题、小标题、字号、段落、甚至分栏、色彩等)。无论是纸质载体,还是电子屏幕篇章的形式语境都是可见的,甚至可以触摸的,是通过符号、空间、色彩来呈现的。

(2)语篇的内容语境

也可以叫做文本语义语境,指的是篇章在人的头脑中所建构形成的意义,包括文章主旨、材料、体裁、语体、风格等。从文本内容看,它包括了写作者或说话者的"题旨"、主观愿望等;从作品的语体风格看,它包括了写作者或说话者所选用的语体、所追求的表现风格等;它是作者通过文本中的事物、人物、事件、画面、场面、信息等所营造的文章的"物象世界""想象世界""意义世界",是已经写成的文字所呈现的意义和情景。

维索尔伦(Verschueren,1999)认为语篇语境主要包括以下三个方面:

① 篇内衔接(cohesion)。即利用连词、前指、自指、省略、数词、强调、对比、重复、替代、结构相似性等方式实现语篇语意相关。

② 篇际制约(intertextuality)。即语篇要受其谈论的主题、使用的文体类型等语用风格或是情景因素的影响和制约。

③ 线性序列(sequencing)。即选择语言时要注意语篇上下文的逻辑—语义关系,按次序对话语做出先后安排。[①]

这里值得关注的主要是语篇语境。上述"语篇语境"也可以简单地理解为"文章的形式和意义",即作者建构出来的语篇内容以及所采用的形式。

2. 交际语境

交际语境,又称为"情境语境",它指的是与语篇的内容和形式粘连在一起的交际的时空因素、人与人的关系、交流的目的等。它相当于韩礼德功能语言学中的"情境语境",即语域、语旨、语式,包括交际目的、交际对象、交际关系、话题、角色、时间、地点、场景、处境等。言语交际活动总是要涉及对谁(读者、对象),说(写)什么(内容、话题),要达到什么目的,要采用什么语言表达形式等等问题。如果语篇语境是一个语篇的内容和形式,那么,交际语境就是孕育这个内容与形式的母体。在《欧洲语言学习、教学、评价共同参考框架》中,语境"指一系列事件和情景要素(包括物质要素和其他要素),包括人的内部和外部事件以及要素,这些事件和要素中包括交际行为。"[②]这里指的主要是交际语境及其要素。

写作中的"交际语境"指的是文本所要面对的外部交往世界,即产生为文章的外部语境和符合这个语境的话题和交流知识。在交际语境写作中主要有五个要素,即主题、听众/读者/观众、目的、文体、语言表达。

---

① Verschueren,J. Understanding Pragmatics[M]. Beijing:Foreign Language Teaching and Research Press,2000.55—56.

② 洪宗礼,柳士镇,倪文锦.母语教材研究(第六卷)外国语文课程标准译介[M].南京:江苏教育出版社,2007:381.

3. 社会文化语境

又称宏观背景或大语境，它包括言语交际双方所生活的社会、文化、风俗、习惯以及交际双方心理、社会角色和交际双方的百科知识等语境。它涵盖了意识层面（理想、信念、价值观念、世界观等）的文化心理语境和文化操作语境（习俗化场境、对象化情景、特定的日常交际规范——方式、态度、程度等外部具体情景）。它表现为参与语境交流的社会文化知识、认知能力、期待、猜想、宗教信仰、文化习俗、思维偏好等。高登亮认为：语境是一个包含多层次语言文化集合的"场"。在这些特殊的语言文化集合体中，语言文化的特定蕴意表现为表象、习惯化、沉淀三个层次，它们之间紧密结合，互为一体。① 有人从写作学的角度认为，"语境指的是现实社会提供给写作者思想言论表达的条件，又称表达空间。"②这就是从大语境上说的。

文化是人类活动的背景和资源，是语言交流的宏观背景，包括人的因素（包括言语表达者和接受者，他们的思想、身份、文化程度、性格、修养、处境、心情等）；社会因素（包括社会特点、地域风貌、政治制度、经济情况等）；文化因素（包括文化心态、人文特征、文化活动、文化积淀等）；历史因素（包括时代特点、历史背景、历史沿革等）；民族因素（包括民族特征、民族风格、民族习惯、民族交往等）。

文化是社会的遗产，既包括信念、价值观念、习俗、知识等，也包括实物，是人们行动的指南。③ 它是包围着我们的语言的、物质的、精神的、制度的、习俗的、政治的、想象的、艺术的世界，它可以以各种文本形态呈现，也可以以世俗、习惯以及集体无意识的形态呈现。它以一种潜移默化的理解、感悟、观察、体验、经历的形式存在着，在写作中以一种隐在的方式影响着我们的思维、构思、情绪、价值判断、道德情感，它们像一只无形的手、眼睛，制约着我们写作中的语感、文感、构思、立意，影响着文章的风格追求的最终的文本形态。因此，语言是一个民族的文化载体，又是一个民族文化的家园，由于受该民族的生活习惯、思维方式、价值观念、传统习俗等的影响，语篇写作从内容到形式都有该民族文化的深深印痕。

---

① 洪宗礼,柳士镇,倪文锦.母语教材研究(第六卷)外国语文课程标准译介[M].南京:江苏教育出版社, 2007：381.
② 周淼龙.写作语境功能论[J].应用写作,2007(10)：8.
③ 巫萍.高职英语学生跨文化交际能力的培养[J].新课程研究,2008(6).

4. 认知语境

认知语境指言语交际双方在生成和理解话语时所具有的心理感知、记忆、推理、想象、假设等心理建构。它包括参与交际的言语主体大脑中和正在感受到的一切记忆、信息、知识等;言语表达者和接受者已有的知识、经历、思想、身份、文化程度、性格、修养等;言语交际双方记忆中的内容,经过逻辑推理而获得的结论或假设,具有综合目的或用途的短期记忆内容,有关世界的百科知识,可以从场景中直接获取的信息。

依据 Sperber 和 Wilson(1986)的观点,语境并不指话语交际双方外部环境的某一个部分,如某话语前后的语段、环境情况、文化因素等等,而是指交际双方关于世界的假设的部分即"认知语境"。认知语境是一个人所能感知或推断的一组事实,即所有对他来说是明显的事实。它不但由个人已知的事实组成,还包括他能够意识到的所有事实。"某一个体的认知环境就是他所拥有的一系列假设(assumptions)。"(Sperber & Wilson,1999:46)。这是说人们在使用语言进行交际时,会从一些事实或假设中选择某些他们认为比较相关的内容。如果双方所做的选择相同或相似,便会产生意义的重叠或交叉,而正是这些重叠和交叉形成了交际双方共有的认知语境。从这个意义上说,语境不是无边的外在信息,而是人们头脑中所形成的对现实世界的认知与假设。

范·戴克(van Dijk)说:"语境就在你头脑里。"(context is right in your mind) 有人研究发现:在具体现场情景因素缺席(如人被关在自己不知为何处的暗室里)的情况下或者所谓脱离语境的情况下,已经内化了的认知语境仍然会发挥作用,成为人们使用与理解语言的依靠。而且,理解话语虽需要语境,但往往只需激活语境中的某些方面就行了,并不一定要调动全部语境知识。正像范·戴克所说:"语境是语篇参与者对同语篇相关联的制约因素的主观构建(subjective construction),是参与者对语篇活动来源发生的社会情境所作的主观定义。"①当然,交际的最理想状态应该包括语言语境、交际语境和文化语境的总和。虽然,一个人的认知语境可以趋向于无限接近于洞悉所有的文化知识、交际场景信息和语篇知识。可是事实上这是不可能的,正如没有全知全能的上帝一样。熊学亮通过实验证明认知语境即语用者系统化了的语用知识。语用者对信息超载部分的推导并不一

---

① T. A. van Dijk. 2008. Discourse and Context: A Socio-cognitive Approach. Cambridge: Cambridge University Press.

定依赖具体的语境。在具体场合不明确的情况下,语言使用者可以自觉或不自觉地运用已经内在化、知识化了的具体语境知识进行推导,而这种知识所依赖的主要是认知语境。

三、关注文本与语境的互动生成

任何文本都是一定语境下的语篇结构。文本和语境之间存在着相互的孕育生成关系。语文教育可以看做是文本和语境互动转换规律的学科。

语文听说读写等活动都可以看做是"语境—语篇"之间互动生成和双向塑造的过程。说写活动就应该从语境的分析出发,考虑到文章写给谁——要有读者意识;要有话语的主体角色意识,作者意识,因为从不同的角色出发,话语的方式、风格也是不一样的;要有目的意识,这直接影响着语篇类型的选择。听读活动则需要对发话人的意图、场合、目的做出理解。这个理解过程主要是一个语境还原的过程。语境还原包括上下文内意义的关联、语篇意义情境的还原和语篇外的社会文化语境的把握。这是准确深入理解的必要前提。

语文教育的目标就是培养学生在特定语境中理解和表达交流的能力。根据关联理论,言语交际是一个示意—推理的认知过程。语篇写作就是作者依据语境通过各种语言符号"示意"的过程。在这个过程中,作者通过对语境的分析,以文字的形式向作为交际对象的读者提供关联性最大的语言信息,示意其写作意图。而阅读理解则是基于语篇的形式,进行关联性想象,还原语境,并基于语境进行语义推理的过程。

而文本解读就是要研究文本及其语境之间的协调一致的转化生成规律。阅读就是要尽可能依照文本形式线索,还原语篇语境、情境语境、文化语境,最终达成对于作者所传达意义的准确理解。

第四节 文本教学解读要关注阅读策略

一、文本教学解读关注点的转移:意义、能力与策略

在我国语文教育中一直存在着两种不同取向的阅读教学:能力取向的阅读教学和意义取向的阅读教学。换句话说,就是存在教"读物的意义"还是"读的技能"

的纠结。

"意义（内容）取向"的阅读教学指的是注重阅读材料所蕴含的主要意思、思想主题、情感意蕴方面的感受、理解和体验甚至熏陶等。诸如一些篇章中的爱国主义、人性光辉、人生哲理、美好情感等都常常作为主要的阅读教学内容进行传授。这也就是所谓的语文阅读教学"人文性"的体现。

"能力（技能）取向"的阅读教学指的是从阅读行为所需要的各项能力指标或阅读能力作为教学目标。比如我们将阅读能力分为认读能力、理解能力、鉴赏能力等；也有的从文体角度划分为散文、小说、诗歌、戏剧或者是所谓的记叙文、说明文、议论文的各种文体的阅读能力；还有的从阅读方式方法上如精读、略读、浏览、泛读上提出一些方法、技巧、流程上的要求。这就是所谓的语文学科阅读教学"工具性"的体现。它的实质是"能"，我们已经总结出许许多多单项阅读能力的方法，比如"关键字词句的理解""概括段落的意义""分析理解鉴赏评价能力"等等。

以上两种阅读取向上的纠结，虽然可以从语文教育的所谓"工具性和人文性"的观点去寻求"统一"，即我们在阅读能力训练的同时还要注重人文精神的培育。然而，在实际教学过程中这种统一是很难把握和实现的。

策略与知识、技能、能力是一组近似的概念，它们之间有交叉重合，但又有不同。朱智贤的《心理学大辞典》曾经对"知识、技能、能力"做过如下区分："知识是在人脑中形成的经验系统，技能是在个体身上固定下来的复杂的动作系统，能力则是个体顺利完成活动任务的直接有效的心理特征。"而策略，我们则认为是一种高于知识、技能、能力的一种新的知识和能力形态。策略实质是人类反省思维能力的一种体现，是一种灵活性的方法运用和运用方法的经验和智慧，具有"元认知知识"（即"关于知识的知识"）的特征。

据倪文锦、张孔义、田良辰等人的研究，"策略"和"技能"有以下几点重要区别：一是目的不同。策略是主体有意识、有计划的认知活动。优秀的学习者知道自己在运用什么策略、什么时候运用和怎样调整策略以适应不同的学习任务。而技能往往被认为是自动化的习惯行为。二是复杂程度不同。策略往往着眼于整体，而技能则是一系列分技能的相加。三是灵活性不同。策略具有广泛的灵活性和适应性；而技能，从教学来说，即使不是刻板的，也具有机械训练的特征。四是有无意识的区别。策略包括元认知的成分。优秀的学习者能够意识到自己在做什么，效率如何，从而监控、调节并改进自己的学习行为。可见,策略与知识、方法、技能相比,居于更高层面,更具灵活性、条件性、迁移性以及主体自觉和反思调控的特征。

阅读技能的假设是这样的:阅读技能是由一系列单项的语言技能构成的,比如认读能力、分析能力、概括能力、鉴赏能力、评价能力等。这些能力的区分源于要素主义心理学对于人的心理机能的假设。然而当今的心理学研究发现这种假设是靠不住的,是不科学的,真正的阅读是读者基于自己先前的经验和知识,对读物信息进行认知、分析和处理并构建起新的意义的过程。文本、作者、读者处于这个信息制造和消费(阅读)的链条之中。在这个意义建构活动中,任何一方都对意义建构具有重要的作用和影响。

阅读的真实过程是这样的:读者灵活运用不同的策略达成意义的理解,即:

文本+策略→(读物的内容和意义)

阅读教学的内容应该是:教师、学生、编者面对特定的读物(包括课文),有目的有计划地运用各种阅读策略进行阅读教学活动,获得意义建构,形成阅读经验和能力的过程,即:

读物+策略+活动→(阅读教学内容)

近二三十年来,随着教育心理学、脑科学和学习科学研究的发展和深入,人们逐渐认识到语言的学习除了知识、技能之外,还有策略的运用,即"语言学习策略"的习得,这就是目前越来越多的西方国家将"学习策略"作为语言学科教学的核心内容的原因之一。

阅读策略和阅读技能的主要不同在于:阅读技能是一种高度定型的,几乎是自动化的行为,经过反复操练就可以掌握;而阅读策略则是一种着眼于读者有意识的自控、调节和主动建构的阅读方式和行为。与阅读技能训练相比,阅读策略教学更具有灵活性、条件性和迁移性。阅读教学的目标不应仅仅是教给学生阅读技能,还应该教给学生有效的阅读策略。目前国外阅读教学的主要内容已经从阅读技能训练向阅读策略教学转变,成为阅读教学改革的新方向。

二、阅读方法和策略的教学

我国语文阅读教学内容开发和选择时面临的第一个岔路口就是:朝向意义还是朝向能力?阅读当然是走向意义建构活动,但阅读教学的主要目的不是意义本身,而是意义建构的过程以及在这个过程中需要的或者习得的能力或者技能。这是我们应该明确的一个问题。

过去我们的"阅读教学内容"的构成要素大致包括：①"字词句段语修逻文"，所谓的语文"八字宪法"；② 阅读理解能力，包括认读、理解、分析概括、比较鉴赏等；③ 人文熏陶与思想感悟。这也就是说，我国的文本解读是"意义取向"的，对于学生的阅读方法和阅读策略的教学重视不够。

在欧美的母语教育中，极其重视学生多种读写策略与技能等知识的训练。例如"推理""分析""概括""列表""制图"等阅读策略与技能。这些读写策略很大一部分是关于程序性知识的教学，注重对于读写的操作步骤和过程规则的教授，将内隐的语言思维过程进行外化并且分化为细小的可操作的步骤进行教学，其中涉及大量的语言活动的元认知知识、语法知识以及语用知识。这种知识教学不仅有利于教师诊断学生的阅读困难，而且能帮助学生在学习的进程中加强使用语言的自我意识，反思自我的语言运用过程，保证学生语言思维能力的培养，缩短由技能转化为能力的距离。另外，还包括在问题研究的过程中，通过各种渠道（如图书馆、网络、人物访问等）收集信息的方法与技巧。在美国的母语教育中，具有强烈的"技能策略取向"，这与我国的语文教育是有着较大区别的。

目前国外关于语言学习策略的分类有很多不同的标准和方法。比如，Bialystok 将学习策略分为：形式操练、功能操练、推理和监察策略。O'Malley 和 Chamot 据 Anderson 的认知理论框架，将学习策略分为元认知策略、认知策略和社会/情感策略。"元认知策略"指的是学习者对自己学习过程实施管理时采取的种种方法，比如目标制定、进程规划、时间安排、方法选择、效度检查、状况评估等。"认知策略"直接作用于学习的具体任务，用于对语言材料的分析、归纳和转换，通常称为语言学习策略。"社会/情感策略"原本是人们用语言进行交往时采取的方法。这三类策略构成一个有层次的系统，相互作用、相互联系。

【案例分析1】

下面是国外关于熟练高效的读者特征和教学策略的研究，你觉得有何用途？

◆ 了解代词的含义
◆ 会根据上下文的线索推断不理解的词
◆ 会推断未知词的语法功能

- 了解推断人物话语的语气
- 会判断人物的信仰、人格和动机
- 会推断人物之间的关系
- 能提供环境的详细资料
- 能提供文本中事件或想法的解释
- 能提供事件的细节,或对文本中事件的解释
- 了解作者对世界的看法
- 承认作者的偏见

能基于自己的生活知识对文本中涉及的正在发生的事情,提供结论
相应地我们在阅读时可以从以下几点入手,进行推论——

- 寻找代词,并推断它指代什么。
- 领会对事件的解释。
- 思考环境的设置,看看可以添加什么细节。
- 想一想,关于本话题你还知道些什么,看看那些适合本文。
- 你阅读本节后,看看您是否可以解释主人翁会采取这种行动的。
- 分析人物的对话,通过具体的话语分析人物的性格。
- 寻找你不理解的词语,看看能否在上下文中找到它可能的含义。
- 当你阅读某一部分时,寻找事件发展的线索,并做出合理预测。

【案例分析2】 美国加州《读者的选择:文学》中的阅读策略,你觉得与我国小说阅读教学有何不同?

预测:利用你已经知道的故事中的线索猜测下一步会发生什么。预测策略会帮助你预测事件并对小说中不那么明显的细节保持高度注意。

对你自己说……
- 我想,题目意味着……
- 我想,这个人物将要……
- 现在我想,他或她将要……
- 我的第一个预测和故事不符。那么,现在我想……

联系:把故事中的人物、场景和事件与你自己的生活联系起来思考。
问你自己……

- 若在我的生活中这个主要人物会如何做？
- 若我处在这个人物的场景下,我会如何做？
- 我何时与这个人物发生了同感？
- 小说唤起了我生活中的哪些东西？
- 这个小说唤起了其他什么小说中的什么内容？

提问：当你阅读时向自己提问来澄清……

- 读过的内容,我懂了吗？
- 他或她为什么说那些？
- 现在情节如何发展？
- 这意味着什么？

想象：在头脑中形成将要发生的故事的画面。注意作者呈现给你的细节,同时将它们作为你阅读经验的一部分。

问自己……

- 这个场景、人物和物体看起来像什么？
- 谁在这个场景里？
- 联系在另外的场景中人物的情形？

评价：在阅读过程中而不是读完后试着形成自己的观点和判断。

问自己……

- 这一系列事件有意义吗？
- 这个人物可信吗？
- 作者的风格有何特别的效果？
- 我同意这个观点吗？

回顾：读上一两页后停下来思考一下读的内容。概括故事中的事件或者用另外的措辞帮助理解和记忆你所读的内容。

对你自己说……

- 到目前为止,……
- 换句话说,……

反应：在读的过程中做出反应。对故事的不同部分做出回应。

对自己说……

- 我喜欢这个人物,因为……
- 我想问问作者,为什么……
- 我希望我能看到这个地方因为……

【案例分析3】 下面的阅读策略及运用一览表引自于台湾地区相应领域,你觉得表中所列内容对阅读教学有何用途?

阅读策略及运用一览表

名称	要义	具体内容或程序	使用方法和时机
预测策略	预想文章的内容	阅读前先看题目或标题,自问对文题已知道些什么? 依题目或标题预测文章可能在讲什么? 若无题目,先看第一段后,预测本文可能讲什么? 自问我为何阅读?决定详读或略读即可	阅读前依文章题目预测内容;阅读前依段落标题预测内容;读到一个段落,预测接下去的内容或结局
画线策略	重点在哪里	在段落的第一句或最后一句 在因果句 找出列举项目 找出人、事、时、地、物 找出事件发生的顺序 和文章有关的内容 文中特别标示的字	画线方法:在重点的下方右方或左方画线;记号可使用直线"——"曲线"～～"双圈"◎"或用色笔在重点字画线;重点字词可用笔圈起来;依事件顺序标出1.2.3.4…
摘要策略	摘取文章大意	分析人、事、时、地、物等重点;删除不必要的细节或重复之处;用一概括的词语来代表 浓缩内容为一连贯的大意	阅读一段文章后,使用自己的话口述大意;把大意摘要写出方便参考
结构分析策略	文章的框架	故事背景:人物;地点;时间 主要事件:事件;目的 情节:开始….然后….所采取的行动 结果:目标的达成及内心的反应	阅读一篇故事(文章)之后,可图解其结构,以便了解 树枝图、火车图、太阳图、同心圆图、衣架图、行列图、交叠圆等

名称	要义	具体内容或程序	使用方法和时机
推论策略	当阅读小侦探	依文法或字义了解文章 依文句的讯息做推论 推论段落的意义 推论全文的意义（主旨）	在阅读时遇有看不懂的字句，可依上下文推论意思； 在阅读中，依段落的内容推论作者省略的部分 读完一段文章后，推想作者写作此文的用意何在？
自询策略	自问自答	六问法：(1)何人，(2)何处，(3)为何，(4)什么，(5)如何，(6)何时 问题的种类：(1)文中可寻答案的问题，(2)推论式的问题，(3)心得或感想	阅读一篇故事（文章）之前，可先借题目自问一些问题，以便提起阅读动机； 阅读一篇故事（文章）之后，亦可自问自答测试自己的理解能力，不懂可再回头阅读
补救策略	看不懂的办法	读慢一点 再读一、二遍 查字典或工具书 请教同学、父母或师长 在难字难句下做记号 对照上下文了解意思	在阅读理解失败时，必须采取补救措施。补救策略用在整个阅读过程中，随时监控自己是否理解，随时采取适应之道。

三、阅读策略对文本解读的作用

阅读策略对文本解读具有工具作用。文本解读主要通过语言符号以走进作品的艺术世界，与作品对话，与作者对话，用自己的心灵去感受。教师既要沉入文本，又要跳出文本，既要在细节处探查入微，同时又要对文本有一个整体宏观的把握。文本解读虽然强调沉入言语，但并非逐字逐句的解读，这种解读并非漫无目的、毫无重点的散读，而是有目的地对文本的关键处、关键方面进行重点细读，这就必须涉及阅读策略。阅读策略对于文本解读的作用，可以概括为以下几点：

1. 把握解读方向

文本解读的策略有很多，如文本还原、猜测推论、互文参照、切己体察、多元对话等,这些策略能够为我们的解读提供一些方向。如掌握了文本还原的策略,对于一些矛盾处、罅隙处,读者就会有意识地消解、还原;一个知道文本解读"走近文本——走进文本——走出文本"三种境界的读者,就可以沿着这个方向去对文本进行深入开掘,从文本的表层意蕴理解,到对作者的知人论世,到最后的关联自我,层层深入,这样的解读方向就很明确。其实不仅如此,我们拿到一篇文本,要快速发现文本的解读价值,是文化上的、思想上的,还是言语训练上的,解读策略有助于我们对文本的价值判断。

2. 明确解读重点

我们在教师的阅读教学中,发现有的教师对文本的关键处"视而不见",轻易放过,原因就是缺乏策略。如《爸爸的花儿落了》这一篇文本,对于其最后两段:"爸爸的花儿落了。/我也不再是小孩子了。"粗粗一看,这个意思都能理解,似乎谁都读,这样的句子还需要解读吗?大多数的老师就放过了。但一个有着丰富阅读策略的人,此时就会停下来想一想,两个句子这么短,还需要分做两段吗?这个有点反常啊!通过研究发现,这两个句子分别独立成段,更能体现我对爸爸的深切怀念和我长大了担负责任的勇气和决心。把真正有嚼头的地方拎出来,作为重点来解读,这是不一般的功夫。这样的解读,可以让文本变得更加深刻。

3. 拓展解读空间

文本解读要善于把厚的读薄,也要善于把薄的读厚。如何把薄的读厚呢?这就涉及关联、联想、想象、整合等。举个例子来看,如解读贾平凹的《风雨》,利用群文阅读的策略,我们就可以将老舍的《烈日和暴雨下》中有关"风雨"的描写将之比较,从中发现直接描写和间接描写的差别。还可以联读以下两首诗:一首是李峤的《风》:解落三秋叶,能开二月花。过江千尺浪,入竹万竿斜;另一首是芦荻的《风雨》:风中大地卷来/雨中大地卷来/郊原如海/房舍如舟/我有年轻的舵手的忧怀/在大地的海上。通过这两首诗的联读来品析"工笔"与"白描"、直接抒情与间接抒情的不同表达方式。这种方式的互文参读可以是同一个作家的、同一个主题、同一种手法的、同一个议题的等。其中同一个议题的互文参读最为广泛,如王君的"三个女人一台戏",将"菲利浦夫人、杨二嫂、一丈青大娘"三个女人放到一块来解读。这样的解读就大大拓展了文本的空间,让文本变得丰满起来。

四、阅读策略的研究和开发

目前学术界关于阅读策略的研究主要从以下三个路径进行。

1. 鉴别阅读能力要素

如章熊先生曾把阅读能力分为四个层次：① 复述性理解（着眼于表层信息，侧重记忆）；② 解释性理解（通过信息加工，由表及里、由此及彼，转化为自己的认识）；③ 评价性理解（对文章价值作用评价）；④ 创造性理解（超越本文，探索新问题，提出新见解）。香港的祝新华提出一个"六层次阅读能力系统"，鉴别出了"复述、解释、重整、伸展、评鉴、创意"六种阅读能力元素。大陆通用的高考《考纲》对考试能力的要求分识记、理解、分析综合、表达应用和鉴赏评价五个能力层次。这些对于阅读教学内容的开发起着直接的理论指导作用。

2. 引进国外有效的阅读策略

语文阅读教学需要一些实用的、高效的阅读策略。比如"筛选重要和非重要信息""分析和归纳""鉴别真假信息的能力"等，当然有些阅读策略是共同的，比如"猜想""提问""关联"等。倪文锦、张孔义在《语文教育展望》中提出过"确定重要内容（区分重要和非重要信息）的策略""概括信息策略""推理信息策略""质疑释疑策略""监控理解策略""激活原有知识策略"。韩雪屏在《阅读中发展思维》一文中提出过"认知语言策略、问题导向策略、还原语境策略、激活经验策略、监控理解策略。"这些阅读策略借鉴并应用了西方阅读策略研究成果和建构主义学习理论。

3. 吸收古代传统中的有效策略

语言学习策略具有个体性、情境性、文化性、民族性。我国传统文论和学习理论中诸如"批注评点""知人论世""以意逆志""披文入情""情景交融""诗无达诂""弦外之音""入乎其内出乎其外""才胆识力"等都含有阅读策略训练的内容。

4. 整理现当代的阅读知识体系

我国既有的三大文体知识存在着简单粗疏僵化的毛病，但我们不能因噎废食，故步自封。目前我们需要重建文体知识系统并进行基于不同文体的阅读策略开发。

5. 改造相关学科的理论

如曹明海根据文学文本的"层次结构"理论，把文本分为形式层、再现层、表现层三个层次，并依次鉴定出文本的"消解性教学内容""描述性教学内容"和"理解性教学内容"。孙绍振提出文本分析七种有效策略。它们是：① 艺术感觉的"还原"；② 多种形式的比较；③ 情感逻辑的"还原"；④ 作品价值的"还原"；⑤ 历史的"还原"和比较；⑥ 流派的"还原"和比较；⑦ 风格的"还原"和比较。这些研究对于重构阅读教学内容具有启示意义。

　　语文阅读策略开发应该融汇古今,沟通中外,面向具体的教学实践,扎扎实实地进行研制开发。这是一个复杂庞大的学术工程建设,需要方方面面的专家学者、一线教师和编者的通力合作才有望取得进展,不可能毕其功于一役。

思考与讨论

1. 文本解读与文本教学解读的着眼点有什么不同？为什么？
2. 说说文本教学解读有哪些基本依据？
3. 举例说明你是如何运用阅读策略进行文本解读的？

扩展阅读推荐

1. 倪文锦.语文教育展望[M].上海：华东师范大学出版社,2002.
2. 蒋成瑀.语文课读解学[M].杭州：浙江大学出版社,2000.
3. 孔凡成.语境教学研究[M].北京：人民出版社,2009.
4. 倪文锦.从技能训练到策略教学的发展趋势[J].中华活页文选(教师版),2009(6).
5. 韩雪屏.让学生掌握多种阅读方法[J].语文教学通讯.2012(4).

方法篇

第四章 语文文本解读方法（上）

内容导引

从本篇开始介绍文本解读的一些基本方法，共分上、中、下三部分。本章包括第一至四节，分别介绍整体感知、基于体式、把握结构、分层解读。这4种基本属于宏观解读方法。

学习目标

- 掌握4种文本解读方法的内涵和操作策略
- 能够灵活恰当地运用上述方法分析语篇
- 基于自己的教学实际，开发和总结一些实用的文本解读策略

第一节 整体感知：文本直觉与经验激活

一、"整体感知"的要义

据王荣生的研究，"整体感知"作为阅读策略正式进入语文教学领域是1992年的《九年义务教育全日制初级中学语文教学大纲试用)》。"整体感知课文的大概内容"，当时虽然列为阅读能力训练18条的第一条，但只是作为初级阅读技能来看待，大致相当于学生预习课文那样的粗读。2000年，国家颁布了《九年义务教育全日制初级中学语文教学大纲(试用修订版)》，"整体感知"的内涵和地位发生了实质性的变化。王荣生认为早先的"整体感知"或"整体把握"，是在"分析课文"的语境中提出的，其学理基础是语文教育界习惯了的"整——分——整（教学实践

中实际上还是弄成'分')"三遍读法（教法）程序。主要的意思是说阅读教学（阅读）要从"整体感知课文的大概内容"入手。而2000年的初高中大纲，则是在反对上述"肢解模式"、提倡"语感"培养、大量增加文学作品、注重"诵读"的语境中提出的。关注的重点已从阅读（阅读教学）的入手处，转到了后面的那个"整"，矛头则指向中间的"分"，试图对之加以彻底地改造。他的研究结论是：阅读的方式，牵涉到阅读目的和文本类型等。在这一层面，"整体感知（把握）"的完整表述应该是：用整体感知（把握）的方式阅读适宜于整体感知（把握）的文本以达到整体感知（把握）的目的。[①]

很显然，在王荣生那里，"整体感知"主要指中国传统的"整体直觉"的思维方式和阅读方式。这种阅读方式只适用于古代的韵文以及写景抒情的小品文，而现代的科技文、议论文，绝不适宜"整体感知（把握）"，必须用西方意义上的"理性分析"的解读方式。至于现代的文学作品、国外的文学作品，是否适用，应该取决于文本自身的特性（即文本对隐含读者的预设），不能一概而论。再就是由于字词的生疏，由于背景的隔膜，学生做不到通畅阅读的文本，或者在达不到通畅阅读的时段，无论是古与今、文学或文章，都不适宜（也不可能）"整体感知（把握）"。

"整体感知"作为一种阅读策略是否普适于各种文本呢？也就是说，我们是否能够将整体感知作为一种适用于绝大多数文本的阅读方法呢？这需要还原它的含义。

我们认为，阅读是一种非常复杂的心理活动，很难分清在阅读过程中，文本唤起我们的是感性直觉还是理性分析，很可能这两种思维方式或者更多其他的心理活动是参与其中的。如果从阅读方式看，"整体感知"固然不太适合于以理性分析思维为主的"文章"类文本，而更适合于"文学"类文本。但整体感知作为一种基本的阅读策略，应该是具有一定的文本普适性的。那么，什么是"整体感知"呢？

"整体感知"既可以指名词的含义，即阅读一篇文章之后产生的对于文章内容、结构以及表现形式的大体上的心理感受、领会与把握；同时也可以是动词的含义，指一种阅读文本的方法，就是要对文本从头至尾进行整体阅读与感悟，而不是肢解文本，或者先入为主地对文本下结论而代替自己的阅读行为。就后者而言，就是要从整体出发，具体地感受文本全部的内容信息和形式结构，以得到一个对文本的初步、笼统的印象，并基于这种感知决定下一步采取何种阅读策略。

[①] 王荣生.对"整体感知"整体把握的感知与把握[J].语文学习,2002(6).

当然,我们这样理解"整体感知",有点类似于阅读行为中的"初读""粗读"或者"观其大略""粗知梗概"。我们更希望整体感知是作为一种阅读行为的初始步骤中的一环,去强调阅读中的"文本的完整性""感性直觉""感知知觉"。

所谓"文本的完整性",就是要将一篇文章(无论长短),看做一个不可分割的有机整体,在它可呈现的全部形态上,所有的段落和文字在结构上是相互联系甚至互相影响的,阅读中的知觉、判断、分析、综合等心理活动要从文本所有信息的综合作用出发,最后做出客观的判断。这就是说在阅读的文本面前要"目有全牛",而不是"盲人摸象"。这就是北宋张载说的"观书必总其言而求作者之意"。① 哪怕是节选性的课文,也要将选段作为一个独立的整体进行关照。就像"断臂维纳斯"就是一个审美关照的对象。如果必要,我们需尽可能扩大阅读视野:从一篇文章的局部到一篇文章,到一组相关文章,再到可能的一群文章。甚至,在一个更广阔的层面"回望"这篇文章。这就像我们观察地球,可以在地球上直接看,也可以从月球上看,甚至可以跳出太阳系、银河系来看地球的形态。

所谓"感性直觉",是指阅读的开始状态,要以文本全部的信息给我们的第一印象为基本出发点。这包括文本语言及其风格,段落及其呈现方式,文本的表达方式和表现形式,甚至字体、间距或者书本、网络、多媒体等不同的呈现形式。这种"直觉性"是不带有任何成见的"感性直觉",是亲近文本语言并"回到事物本身"的一种态度。当然,我们不排除读者先前所具有的知识、经验和成见仍然会不知不觉地跳出来干预或者指导我们的阅读直觉,但尽可能地感受文本并重视阅读中的初感,应该成为一种原则。因为,这种感性直觉是深入阅读的起点,是下一步猜测、判断、分析的起点和一切感知、判断的源泉。

这种直面文本、直觉文本的能力是最基本的阅读原则之一。"感性直觉"之后,可能就是文本知觉的过程。所谓"感知知觉",是指对于文本的知识性感受和假设。"感知知觉"主要是在文本感觉基础上,对这个文本的风格、体裁、文章的组织结构、话题以及相应的阅读策略等阅读知识做一个迅速激活或者唤醒。这个过程可能是尝试性的,并不断假设、验证、调整并选择合宜的知识经验的过程。"感知知觉"过程中将伴随着阅读经验激活的过程,或者它会不断出现在阅读过程中。这时候,一个读者的知识、经验、阅历、见识等开始发挥作用。它与"感性直觉"尽量排除和悬置知识、成见不同,要尽可能激活并调取已有知识经验。它决定在阅

---

① 曾祥芹.古代阅读论[M].郑州:河南教育出版社,1992:244.

读中我们会以什么样的知识框架为阅读行为提供帮助,以减轻阅读中的"认知负荷",提高阅读效率,达成有效的理解。

二、"整体感知"原理

对于"整体感知"作为阅读策略的科学原理与机制,我们可借助一些哲学、心理学知识予以阐释。

1. 系统论中的整体论

在系统科学中整体是由部分组成的有机元素的集合。钱学森认为系统是"由相互作用和相互依赖的若干部分结合成的具有特定功能的有机整体"。贝塔朗菲的定义是:"处于相互作用中的诸元素的集合(set)。"苗东升在《系统科学大学讲稿》中给出的定义:"两个以上事物或对象相互关联而形成的统一体,叫做系统。"

对于阅读来说,一篇文章无疑就是一个系统,是一个字、词、句、段组合成的信息集合体。一篇文本,可以从不同层面分解它的系统,最主要的层面就是段落。语句和段落在一篇文章中不是独立存在的,而是相互联系、相互作用的。孤立地看一句话、一个词、一段话,也许会得到一个意义;但是从整体上看,可能还有另外的意义。比如,《背影》中有一句话"现在想起来,我那时真是太聪明了!",这句话孤立地看,可能误以为是得意,其实从上下文看明显是带有反语、自嘲、自责的意味。文章中常见的伏笔、照应、抑扬、铺垫、反复等都需要从上下文或者整体上才能发现这样表达的"妙处"。

在我国的语文教学中,尤其是20世纪80年代以来,分析主义盛行。一篇文章总是被很多教师以各种各样的目的(很多时候可能是应试的原因),进行关键字词句段的分析。一篇文章总是被"碎拆楼台",搞得七零八落。目前甚至还盛行一种诸如随意切入系统分析文章的方法,比如《变色龙》中奥楚蔑洛夫有几次"变",《背影》中写了父亲的几次"背影",这样的还算过得去的教学设计,而动不动就将文本中的语言描写、动作描写、心理描写找出来加以标签式的分析就值得怀疑了。正确科学合理的分析应该建立在前后联系的基础上。《水浒传》中的鲁提辖慷慨仗义、疾恶如仇、粗中有细的性格是需要从整个故事情节、细节和上下文的描写中"感知"出来的。《背影》中老父亲那些不起眼的话语,需要我们结合上下文和生活经验去体会,仅仅凭一两句话,比如"进去吧!里边没人""到了那里,给我们来信"之类,是很难确切判断的。可见,文本解读中的部分是"整体之中的部分",要从整体的角度看待整体。

2. "格式塔"心理学

格式塔心理学(Gestalt Psychology),又叫完形心理学,是西方现代心理学的主要学派之一。该学派主张研究直接经验(即意识)和行为,强调经验和行为的整体性,认为整体不等于并且大于部分之和,主张以整体的动力结构观来研究心理现象。格式塔心理学受到康德的哲学思想的影响。康德认为,人的经验是一种整体现象,不能分析为简单的元素,心理对材料的知觉是赋予材料一定形式的基础并以组织的方式来进行的。格式塔心理学的另一个哲学思想基础是胡塞尔的现象学。胡塞尔认为,现象学的方法就是观察者必须摆脱一切预先的假设,对观察到的内容作如实的描述,从而使观察对象的本质得以展现。现象学的这一认识过程必须借助于人的直觉,所以现象学坚持只有人的直觉才能掌握对象的本质。

对于阅读行为来说,一篇文章就是一个囫囵的有机整体。这篇文章中的每一个字词句段都只有在"这个整体"的背景中才能得以关照和阐释,割裂的、孤立的做法是危险的。而这种关照也应该预先排除各种知识、经验的"遮蔽"——我们要尽可能"忘记"或者"悬置"阅读知识、技巧和经验,如实地去触摸文本的每一个字词句,从而得到全面的关于文本的口吻、风格、文脉、思路、主题的感知。就像是面对一棵树,我们不预先假设它是"杨树""柏树""柳树",而是从它的皮干枝叶和整体的形象带给我们的感觉开始判断。如果从知识出发,就有可能遮蔽我们宝贵的阅读初感,把很多真实的、个性化的感受和创造性的认识扼杀于萌芽状态。当我们用全部的感官拥抱文本,感受它的气息、律动、神韵的时候,我们才拥有解读文本的一切可能。

3. 阅读中的文本加工理论[①]

从阅读心理看,"整体感知"可以看做是阅读心理学中"自上而下"和"自下而上"双重交互信息加工的具有中国特色的表述。

所谓"自下而上"阅读就是从语言的较小单位(字、词)开始,一直到更大的语言单位(句子、段落、篇章),逐一加以辨认解码,不断进行信息组合,理解并获得意义的过程。所谓"自上而下"阅读,就是古德曼(Goodman,1967)提出"阅读是一个选择过程。它基于读者的期待,部分地利用从视觉输入中选择出来的可得到的最小量的语言线索。当这部分信息得以处理,随着阅读的进展,暂时得出的决定需要经受证实、修正或淘汰。简而言之,阅读是一个心理语言方面的猜谜游戏。"阅

---

① 莫雷,王瑞明,冷英.文本阅读双加工理论与实验证据[J].心理学报 2012,44(5):569—584.

读过程始于对文章的预料和推测(Vaccaetal,1987)。他认为,阅读是一个自下而上和自上而下相互作用的认知加工过程。这种相互作用在阅读文本的字词句段篇各层次同时发生。人在阅读时,字词句等低一级的信息加工能影响阅读时的知觉,高一级的信息加工也影响着低一级的信息加工,而且任何一级的信息加工结果都可以立即地、同时地影响着所有水平的信息加工。① 当阅读的信息和读者的知识或读者所作的预测吻合时,自上而下阅读机制开始启动,这有利于读者跳过重复的信息,仍能达成意义的理解;当输入信息与预测不吻合时,自下而上的机制帮助读者对此做出敏锐的反应。当感觉信息匮乏时,人们必须借助大脑中储存的背景知识对刺激做出解释。自上而下过程还有助于读者利用已知的概念,消除歧义,从输入信息中选择合理的解释。

20 世纪 70 年代以来,心理语言学关于阅读的研究形成了"句子加工"(sentence processing)和"文本加工"(text processing)或"语篇加工"(discourse processing)这两个最大的分支领域(McKoon & Ratcliff, 1998)。特别是 80 年代以来,文本加工成为阅读研究的热点。Kintsch 和 van Dijk 提出了文本表征理论(Kintsch & van Dijk, 1978; van Dijk & Kintsch, 1983),该理论认为,在文本阅读理解过程中,读者会建立起三种层次的表征,分别是字词水平的表层表征、语义水平的文本基础表征与语篇水平的情境模型。所谓"表层表征"(surface code),是指对文章中字、词、句法进行的表征;所谓"文本基础表征"(textbase),则指对文章所提供的语义及等级层次结构关系所形成的表征,它表征句子和文章意义的一系列命题,而非准确字词和句法;"情境模型"(situational model),指读者根据自己的背景知识对文章的信息进行整合而形成的文章整体的、连贯的表征,它表征关于文章的内容或由课文明确陈述的信息与背景知识相互作用而建立的微观世界,是比表层表征和课文基础表征更深层次的表征。Kintsch 和 van Dijk 认为,文本阅读理解的过程实质就是文本表征的建立过程。莫雷等人②对文本加工理论的相关研究成果进行了全面的总结和分析,在此基础上提出了文本阅读的双加工理论。该理论的基本观点是,文本阅读过程是连贯性阅读与焦点阅读的双加工过程,在文本阅读过程中,读者所阅读的信息不同,产生的信息加工活动也不同,读者会根据阅读的文本信息的性质交替发生不同的加工活动。

(1)连贯阅读加工。如果进入的文本信息是没有引发焦点的信息,或者是与

---

① 张必隐.阅读心理学(修订版)[M].3 版.北京:北京师范大学出版社,2004:4.
② 莫雷,王瑞明,冷英.文本阅读双加工理论与实验证据[J].心理学报 2012, 44(5):569—584.

焦点无关的信息,读者进行的就是连贯阅读加工活动,其主要任务是维持文本语义的局部连贯或整体连贯。最低限度假设与记忆基础文本加工理论主要揭示的是连贯阅读加工的性质与特点。

（2）焦点阅读加工。为了理解文本,读者会对文本中的目标系列的信息、因果系列的信息形成焦点,当所进入的文本信息是属于有明确的因果关系的信息,如目标信息等,就可能会自动引发阅读焦点（目标焦点）,焦点一旦形成,就会使随后的阅读过程成为焦点加工的过程。焦点阅读主要使读者把握阅读文本的基本要旨,形成文本的局部或整体的逻辑连贯。

三、整体感知的方法与要领

1. 文势规模

指的是面对一个文本要看大致的长短、大致的话题、思路脉络、语言语调口吻,进而对阅读时间、策略做出大致规划,并对需要的相关知识予以激活。整体感知就像观赏一个房子、一棵树、一片风光,就是要有整体观念,要有焦点意识,还要有边界意识,要求在文本自然的边界内达成一种轮廓与聚焦。在你的阅读视野内,是这样一个房子,要对它的造型屋顶、四壁、主副结构以及内部的结构做到心中有数。整体感知一般采取"随便翻翻"的方式,或者尝试阅读前面几段,从而对文本的长短、内容有一个基本认识和阅读路径的假设。一句话,要着眼于整个文本,反对肢解文本。

2. 篇章结构

指的是对文本的章节、段落结构、标题、线索等有一个基本了解,做到心中有数,对行为思路和组织结构有一个大致认识。就像房屋的布局一样,大致的门窗客卧厨卫的分布要了然于心。

3. 看词句及表达

这是指从微观的字词句入手,通过朗读、默读、品读,感受语言风格。看懂它的意思和意图,对文中的风格技巧也要有一个直观感受。整体感知并不是不重视字词句的阅读。因为文章整体的建构来源于字词句所构成的结构框架。对于房屋的材质、色彩、细节要采取"选点"扫描的方式。

4. 看关键语句和主旨

主要是指对概括的、过渡的、总结的、升华的、议论的、抒情的等语句做出重点关注。有的文章可能有一些概括类的、警彻的句子，有的文本（如文学作品）可能无法直接找出这样的语句，这就需要凭借自己的思考试着做出归纳和猜想。

"整体感知"属于感性直觉阶段，主要是尽可能全面地获取文本呈现出的原始信息，以及这些原始文本信息带给读者的第一感觉。这些感觉包括多方面，比如话题、内容、文体、结构、语言以及文章行文的特点等等。整体感知其实包括两个阶段：一是信息的全面关照；二是要有知觉上的基本判断。它们两者是互相影响的，感知什么、如何感知，与读者激活并调取了什么样的知识经验有关。不过，这种阅读知识经验的激活是初步的、尝试性的、假设性的，是一个不断探索的、试误的过程，这也是阅读感知带给读者的挑战、刺激和快乐！

第二节　基于体式：文本类型与教学切入路径

一、文本体式

王荣生先生倡导依据文本体式，确立教学内容，认为文本体式是研究和解决教学内容的一种基本思路。那么，什么是文本体式呢？文本体式即文本文体的特定样式，既具有作为文体类的共性特征，又具有篇的个性特质。史玉辉、步进在《辨识文本体式　确立教学内容》一文中说，文本体式包括体变、体性、体貌三个基本要素。首先谈谈"体变"。每一文类都有其独一无二的标志，不过文章的体裁虽有常规，但同一类文章的写法却各有变化，这就是"体变"。其次再谈谈"体性"。它指的是作者的个性，文本体式是作者个性的一种外射，同一体裁不同的作者都在用，体裁同而体式绝不同。最后再说说"体貌"。文本是一个有机生命体，是"外显之形"与"内蕴之质"的有机统一，是"言""象""意"相统一所构成的文本特定的言语系统，我们称之为"体貌"。[①]　概言之，体式既具有类的特征，又具有篇的样式，是共性与个性的统一体。

二、文本体式对解读的意义与价值

文本解读更多依赖个人经验，依赖个人的文化底蕴与阅读经验，解读策略相对模糊，缺乏可供传递的策略与操作路径，这给广大教师文本解读的提升带来了

---

① 史玉辉,步进.辨识文本体式　确立教学内容[J].语文学习,2011(12).

较大的障碍。如何有效提升文本解读能力,有无切实可行的、易学易行的解读策略?应该是有的,这就是文本体式。从文本体式入手,提炼总结各类文本体式的特征,形成有效的解读方法,并以此来提升文本解读能力,是可行的。文本体式对于解读的意义和价值,主要有以下三个方面。

1. 有利于明晰解读路径

文本解读要由模糊走向清晰,必须要有一个路径,而体式特征可以为我们提供这样一个路径。散文有三个显著的特征:有"我"之情;撷取片断;结构自由自然。基于这样一个特质,对《背影》一文的解读,就可以去解读作者这个"我"的情感是一种怎样的情感,细读全文可以读出感恩、内疚、释然;撷取了哪些片断呢?有浦口送别的片断、有站台买橘的片断、有收到父亲来信的片断等,对这些片断的描绘渗透着作者丰富的情感;自由自然的结构是怎样的呢?倒叙入笔,以"背影"一线串之,将回家奔丧、站台送别、收到父信等内容贯穿一起,形成一个丰蕴的内容。体式特征,有如一个路标,为我们指明了方向。

2. 有利于发掘文本的价值点

诗歌的思维特征除了联想、想象之外,就是变异思维。原生态的生活常常不具典型性,文学艺术对生活的表现是一种审美观照,是对原生态的生活的艺术加工。作者从现实中摄取现象,进行选择、组合、变异,融入主观情思,从而生成与真实的现实有一定距离的新形象。在这一过程中,变异思维体现得十分突出。我们把握了这一特征之后,在解读诗歌时,就可以特别关注作者的变异思维。如《在山的那一边》:"在山的那边,依然是山/山那边的山啊,铁青着脸/给我的幻想打了一个零分!"山青是自然属性,但在作者的笔下,山"铁青着脸",这就是对事实的变异,这就是文本的一个价值点。当我们还原并消解掉这种变异,了解了作者正是通过"铁青着脸"来表达作者对"山那一边"的憧憬和现实带来的沮丧,我们也就实现了深入的解读,同时也就对诗歌的特质有了更深入的把握。如果仅仅停留于词句的理解,那么解读显然就差了一个层次。

3. 有利于通过解读形成合宜的教学内容

王荣生先生曾经讲过一个案例:有位教师在教学《竹影》一文时,请学生用最快的速度阅读课文 1～2 段,并思考两个问题:① 这两段写出了光的_____。② 表达了孩子对光的_____感情。教师引导得出的答案是:① 写了光的时间变化。写出了光的美。② 表达了喜欢和留恋的心情。文中相关的描写有:"一种幽暗的光弥漫在窗际,仿佛电影中的一幕。""天空好像一盏乏了油的灯,红光渐渐地减弱。""看见那光一跳一跳地沉下去,非常细微,但又非常迅速而不可挽救。""院子里的光景已由暖色变成寒色,由长音阶(大音阶)变成短音阶(小音阶)。"这位教师的提问方式是在用理性语言来概括感性的描写,混淆了科学观察(说明)和文学观察(描写)的区别;混淆了心身感受和理性概括的差异。对文学描写重在感悟体验,而不是用概念化的语言去篡改、替代。正是因为这位老师缺乏体式意识,因此教学内容指向错误。正确的教学内容应该指向学生对这些描写的阅读感受,应该这样提问:这段描写读了之后,你们有怎样的感觉?这才是文学体验的方式。

三、文本体式解读的切入路径

文本体式解读的路径可以从三个方面切入:体式内容、体式思维、体式形式。

1. 从体式内容切入

每一种体式都有其特定的内容。正如郑桂华老师所说:诗歌是以点状之象抒情,散文是以片段之景、事表意,小说是以完整故事观照社会。诗歌写的一个片刻的情绪,散文是生活片段的感受与感悟,小说是通过一段完整的生活来表达一个寄寓。诗歌是主观表现,散文是主客观融合,小说是客观再现。① 有了这样的体式把握,对文本的内容就不致出现大的偏差。比如陈家尧老师在解读苏轼的《记承天寺夜游》时,就从"记"的体式特征记事、记景、记人入手来展开,通过对联来把握苏轼与张怀民游承天寺之事,赏析文本中的庭下月色之景,知人论世来分析作者的"闲人"心态,较好地把握文本的核心内容。

2. 从体式思维入手

每一种体式,都有不同的思维特征。小说的虚构、寄寓,散文的虚实,诗歌的联想、想象、变异。正如李卫东先生所说:"诗歌不会把笔墨花费在时间、地点、事件的简单写实上,而是在想象的空间驰骋。"②通过想象,生成意象,来表达情思。这样一种思维特征可概括为意象思维。因此我们在解读时就凭借"意象",牵手"物象"。首先是据"象"还"物",析"象"明"意"。如杜运燮的《井》一诗中有这样的句子:是你们在饥渴的时候,/离开了温暖,前来淘汲,/才瞥见你们满面的烦忧。诗句写的实际上就是人们渴了到井边饮水,井水照出人的面容的情景。这里,我

---

① 郑桂华.散文教学内容开发的路径与原则[J].语文学习,2008(5).
② 李卫东.把现代诗当现代诗来教[J].中学语文教学,2012(7).

们就要比较,在作者笔下,"渴"变成了"饥渴","来到井边"变成了"离开了温暖","取水"变成了"淘汲",这种"变形"与"移情"的目的,正是为了将井与人进行对比观照,凸显井沉默、寂寞、坚韧、自信的个性与人格,贬斥人的贪欲、浮躁与肤浅。①

3. 从体式形式入手

每一种体裁呈现的形式都是有差异的,在语言、结构、手法上都有较大的差异,显现出不同的风格。"诗庄词媚"正是体现了这一特点。如诗歌强烈的情感,语言的空白与跳跃,特别注重于词的经营;散文的意境呈现,特别注重于句的经营;小说对事件的叙述等。如散文与小说常用的描写手法,可以概括为三个特点:描绘的是短暂的存在,描绘时力求具化呈现,注重作者主观感觉的传递。南开大学徐江老师曾经列举过茨威格《伟大的悲剧》中的一个例子:

但他随后又悲伤地、坚决地划去了"我的妻子"这几个字,在它们上面补写了可怕的"我的遗孀"。

徐江老师认为,这个句子没有能够通过具化的描写来传递作者的感觉,认为改为以下句子会更好:"一道直且有力的黑色划痕残酷地横穿过'我的妻子'这一溜儿字母,看得出写字人是鼓足了最后一点儿气力删去这句话,在日记本上清晰地留下了一段深深浅浅的沟印,上边补写着一个令人心颤的短语——'我的遗孀'。"

改后的句子将字迹呈现出来,能够让读者还原当时的情境,因此能够唤醒作者的感觉。这是很有道理的。

第三节　把握结构:文脉、线索与框架

刘勰在《文心雕龙·附会》篇中指出:结构是"总文理,统首尾。定与夺,合涯际,弥纶一篇,使杂而不越者也。若筑室之须基构,裁衣之待缝缉矣"。刘勰的这段话全面地阐明了写文章要重视谋篇布局,组织结构的重要作用。经过各个方面的梳理与整合,最终把文章组织为一个严密的整体,使各部分的组合井然有序,有条不紊。归纳和整理文本的结构层次,是充分理解文本作者思想的重要方式。

同时文本的结构层次犹如人的骨架和脉络,它展现着作者行文的思路。叶圣陶先生也指出:"思想是有一条路的,一句一句、一段一段都是有路的,好文章的作者是绝不乱走的。"在阅读文本的过程中,只有准确地把握文本的思路,理清文本

---

① 荣维东.语文教学原理与策略[M].重庆:西南师范大学出版社,2014,:162.

的结构层次,包括全篇和各个段落内部的层次,才能真正理解文本的思想内容和各个段落的意思。

一、结构的含义

什么是文本的结构?茅盾说:"结构指全篇的架子。既是架子,总得前后都是匀称的、平衡的,而且是有机性的。"他还认为:"匀称指架子的局部和整体美。"而"平衡指架子的各部分各有其独立性而不相妨碍。""有机性指整个架子的任何部分,不论大小,都是不可缺少的。"所以,我们一般把文本的结构从大体上认为就是文本的框架,即所谓的"框架结构"。

更具体的说来,一般从"结构"一词的字面去解释,可以把它定义为:"结构就是文本内容的组合与构造(或者说成是'文本组织安排内容的具体方式')。"而且,其实我们还不应忽略了结构的基本依据和作者的思路要素。本质上说,文章是客观事物在人们头脑里的具体反映,而一切客观事物或客观事理又都是互相联系和具有自身内部规律的。当作者反映它们的内部联系时,又必然经过头脑的思索加工,然后顺着作者头脑中所呈现的思路,通过一定的方式(线索、层次、段落等)把它表达出来。因此,我们可以把文本的结构理解为:依据客观事物或客观事理的内部联系和作者组织全篇的思路,把文本的内容进行有机的组合和构造,形成框架结构。一篇文本的结构能否达到完整有序的要求,通常受多种因素的影响。

二、文本结构的内涵

一篇文本的结构是文本内部的组织和构造,一般说来,它包括文脉和线索,层次和段落,过渡和照应,开头和结尾等成分。

1. 文脉和线索

线索,是文本结构的重要组成部分之一,指的是贯穿整个文本的脉络。一般来说,它是一条线,将文本的各个部分、各种内容有机地串联在一起,形成一个完整的整体。线索,一般在记叙文中出现较多,出现在议论文中相对较少。从不同的角度划分,线索所包含的内涵有所不同。一般说来,"根据线索的作用,线索可分为叙事线索、抒情线索、逻辑线索等;根据线索的多少,线索可分为单线、复线、多线;根据线索的重要程度,线索可分为主线、副线;根据线索的藏露程度,线索可分为明线、暗线等。"我们以记叙文为例,不同的题材内容,线索的安排方式也不同。记叙性文本常见的线索有时间、空间线索,人、物线索,感情线索等。例如,陆定一的《老山界》,以一天二十四小时的进展为线索,记叙了红军在长征途中翻越老山界的经过。老舍的《济南的冬天》,从写全城到写山,再到写水等,以空间变换顺序为线索,展现济南的冬天迷人的景象。鲁迅的《祝福》,以"我"为线索,把祥林嫂的故事开头、经过和结果串联起来。杨朔的《荔枝蜜》:不大喜欢蜜蜂——想去看看蜜蜂——赞美蜜蜂——决心向蜜蜂学习,全文内容循着作者的情感线索的脉络展开。

值得一提的是,并非所有的课文都只有一条线索(我们把其称之为"单线"),有些课文两条线索并行甚至三条线索(我们把其称之为"复线")同时展开。通常有两条或两条以上线索的文本中,主要的线索一般只有一条,叫做主线,其余叫副线。例如,鲁迅的《祝福》,有人认为小说有三条线索,分别是以"我"的所见所闻、"卫老婆子""祝福"为线索。在其中又以"我"的所见所闻为主线,其余两条为副线。

2. 层次和段落

我们在阅读文本时,我们要掌握文本的结构就要对其划分段落,确定层次,把握文本的大框架。一般来说,段落就是指自然段,比较容易划分;相对段落来说,层次是更加宏观一些的形式。它的划分要根据事理发展的阶段性特征、情感发展的起伏性等方面来确定。每个方面几乎可以独立成为一个部分,但是又和整体密切相连,不可分割。不同层次显示着不同的次序以及文本内容之间的内在逻辑关系等。在形式上,往往是多个段落组成一个层次,也有些是一个段落独自成为一个层次。对文本进行自然段的划分,有利于读者看到作者在如何条理清晰地表达要说的内容。读者能够在段落与段落之间、层次与层次之间停顿、思考,能更好地理解作者的思想。

3. 过渡和照应

过渡,就是指段落与段落之间或层次与层次之间的衔接与转换,它往往起到承上启下、穿针引线的作用。照应,是指文本中有些相同的或相关的内容出现在前后不同的地方之间的呼应。有时是前面的文本为后面的文本埋下因果关系的种子,让读者在阅读过程中时时产生疑问,吸引读者阅读的兴趣,直到阅读结束,突然产生恍然大悟的感觉。比如,文中在前面提到某个人、某件事,却没有详细展开说明,却在隔了一些内容之后再详细叙述或点明。很多时候,照应的好处是交代含蓄,使文本框架结构严密、紧凑,且又促使读者深思。《爸爸的花儿落了》中,当我进了家门看到"旁边的夹竹桃不知什么时候垂下了好几枝,散散落落的,很不像样"和落下的没有长成的小石榴,更是以花喻人,暗示爸爸的去世,人去花落。可以说是文本中人与物二者之间的照应。

4. 开头和结尾

文章的开头和结尾是文本结构的重要组成部分,往往对表达主题、照应全篇、吸引读者起着至关重要的作用。开头,就是指从何写起,可以确定文本的基调。结尾,就是指文章的结束部分,很多文本的结尾都会起到点题、深化主题等作用。充分地发挥文本开头和结尾的作用,是把握好文本框架结构的重要方式之一。

三、把握文本结构的策略方法

1. 文体不同,文本基本结构不同

我们在阅读课文时会发现,不同的文本体裁,由于其所要反映的内容以及所采取的表达方式的不同,它们结构的方式也有所差别。我们阅读课文时,首先要掌握各类文体的基本结构方法。

记叙文体而言,其层次结构的方式可以包括:以时间的推移为顺序;以空间的变换为顺序;以时空交叉为顺序;以文本作者的认识发展为顺序等。当然,在具体分析文本时,往往又要考虑到具体情况。如以时间的推移为顺序的记叙类的文本作品,文本作者对其结构层次的处理方法可以采用顺叙、倒叙、插叙等不同的形式。尤其对于记叙文而言,要把握其结构,对作者的记叙顺序的分析成为重要内容。议论文体而言,一般的层次结构为:提出问题——分析问题——得出结论。不过,也有一些议论文的结构形态不同,比如有些议论文采用"并列式"的结构层次处理方法,有些议论文采用"递进式"的结构层次处理方法,还有的各个层次之间为"总分式"或"分总式"等。这些都是议论文比较常见的结构形式,对议论文结构层次有了很好的把握,才能更好地把握文本的思想内容。对于说明文而言,一般其结构形式根据说明对象的特点而有所变化。例如,要说明一个物体的功用,可能会按照这一物体的功用的主次先后的顺序结构。要说明一个物体的构造,可能会按照这一物体构成部分的顺序结构。有些说明文文本,作者行文结构或按照由概念到举例,或按照由此及彼,或按照由远到近,由浅入深,由特征到区别,由因到果等的顺序展开。对说明文的结构层次就可分层地把握了解,同样也要做到具体问题具体分析。

2. 把握整体框架结构,分析各个部分之间的内在联系

我们在阅读课文时,首先要把握的就是学会整体感知,统览全文,尽量抓住各部

分之间的联系,把大的层次确定下来,而不是只注意局部,把眼睛盯在一词一句上。而且,从整体上归纳和整理文本的结构层次,也可以根据文体不同的特点来把握。例如,阅读记叙性散文时,可以根据记叙文的六要素作为引导,从时间、地点、人物、事件起因、事件经过、事件结果等各个方面把握。莫怀戚的《散步》一文,整体把握讲了"我们一家三口祖孙三代在初春的田野上散步。"在散步的过程中,出现了分歧:母亲要走大路,儿子要走小路。作为关键人物的我,最后通过怎样的心理斗争,如何平衡了这一矛盾冲突。当然,《散步》一文相对来说属于比较简单的文本结构形式。可能对有些文本而言,内容段落之间的逻辑关系要复杂得多,构成文本的各个段落,并不都处于同一层面上。例如,鲁迅的著名杂文《文学与出汗》,其段落之间的内在关系就十分复杂。因此,对结构的分析,一方面关注对文本框架结构布局的大体情况的了解,从整体着眼;同时又要弄清段与段之间的逻辑关系,了解某段在全文中所处的逻辑地位,这样才算是真正把握了文本的框架结构。

3. 概括段落大意,分块阅读,分析结构层次

从概括段落大意入手,再分块阅读来分析结构层次是一种有效的方法。一般一个段落的大意往往可以用一句话来概括,根据段落所表达的内容,加以提炼和整理。每个段落用了一两句话来概括后,再把意义或内容相同的排列组合在一起,文本的结构层次就清晰明了了。

一般说来,文本各个层级以及段落之间的关系可以有三种:① 平列式:各层(段)之间的意义、作用不分主次;② 层递式:各层(段)之间的意义、作用不分主次,但是却又随着文本行进而层层递进;③ 总分式:先总述再分说。"一般划分段落的可以通过的方法有:① 列要旨:将每个自然段的要旨弄清楚,才能辨别段与段之间的意义关系。② 明次序:每篇文本都有它自己的结构层次,层次表现文本思想内容的次序,分清了文本的层次,就知道了文本是按什么次序安排的。"

4. 抓住关键句或段落,分析文本结构

在一般的文本中,一般都有体现文本结构的关键语句,比如文本的开头和结尾、过渡和照应的语句等都是体现文本结构的关键语句。抓住这些语句进行综合分析,有利于有效地把握文本的结构。比如,在有的文本结构中,过渡性语句往往能体现出文本的结构特点。文本中事件发展或作者思想情感的转换,常常通过"过渡"性语句作为转换的桥梁。如若过渡得好,可使文本气脉贯通、结构严谨。因此,在阅读文本时,如果能很快找出过渡性语句并对其进行合理分析,会有助于把握文本的结构特点。

例如，我们在阅读鲁迅的《从百草园到三味书屋》这篇散文时，就可以从过渡性语句看到其结构特点。作者在文本前面部分写了百草园的无限乐趣之后，文笔忽然转换，用了这么一段过渡语句："我不知道为什么家里人要将我送进书塾里去了，而且还是全城中称为最严厉的书塾。也许是因为拔何首乌毁了泥墙罢，也许是因为将砖头抛到间壁的梁家去了罢，也许是因为站在石井栏上跳了下来罢……都无人知道。总而言之：我将不能常到百草园了。"

这段文字写了作者离别百草园的依依不舍之情，以及即将要被迫送到最严厉的书塾读书这一事实。从情感上和文本的结构上都起到了过渡作用。它也将百草园和三味书屋有机地联系起来。这个过渡性语句，也表明了这篇散文整体框架结构布局特点：文本分为两大部分，并且这两大部分在内容上构成了鲜明的对比。

人教版六年制小学语文教材中，有篇课文为《"精彩极了"和"糟糕透了"》。最后一个自然段："这些年来，我少年时代听到的这两种声音一直交织在我的耳际：'精彩极了''糟糕透了''精彩极了''糟糕透了'……它们像两股风不断地向我吹来。我谨慎地把握住我生活的小船，使它不被任何一股刮倒。我从心底里知道，'精彩极了'也好，'糟糕透了'也好，这两个极端的断言下有一个共同的出发点——那就是爱。"这段作为文本的最后一段，文字里面的语句都点明了文本的中心思想，可以说在文本结构上起到总结全文的作用。

第四节 分层解读：文本层次与教学路径

一、文本层次概述

文本解读，实际上就是通过分析来理解的过程。然而，分析、理解，是有一个背景、方式、角度、时空以及"层次"的问题；况且，文本本身的层次也对分析、理解产生着相当大的影响。

文本层次是文艺理论的一个重要研究范畴。中外文论史上都曾有人把文学文本的构成看成是一个由表及里的多层次审美结构，各层次间的内容、特点、意蕴是不一样的，文本解读的内容、方法也不一样。

我国古代文论对文本层次早有区分。《易传》中有"书不尽言，言不尽意""圣人立象以尽意"的话。庄子在《庄子·外物》篇中论述到："筌者所以在鱼，得鱼而忘筌；蹄者所以在兔，得兔而忘蹄；言者所以在意，得意而忘言"，强调言是获得

"意"的手段。三国时的玄学家王弼在此基础上,强调"象"的作用,提出了"得象忘意"论。他对"言象意"的关系进行了新的阐发,认为"象者,出意者也。言者,明象也。尽意莫若象,尽象莫若言。言生于象,故可寻言以观象;象生于意,故可寻象以观意。意以象尽,象以言著。"(见《周易略例》)"象"是表达"意"(思想)的工具,是"意"的负载体,语言是明象的工具。达意要通过象,明象要通过言。这样王弼的"言—象—意"就构成了一个"三层次文本"理论,并逐渐发展成为我们古典文论的一个核心范畴,对后世的"言有尽而意无穷"(严羽),"情景交融"(谢榛),"意与境浑"(王国维)等理论有重要影响。王弼的"三层次文本"理论意义在于:对写作教学来说:先有意,后构象,再显现于言;对于阅读教学来说,可以从言语入手,去把握形象,然后通过形象去把握意蕴。"意↔象↔言"在阅读和写作中是三个可逆性的循环。

　　文本解读本身就可以理解为三个层次上的理性或情感上的活动。一是获取信息。读者通过文字符号,接受传统的或现代的信息媒体传递的内容。这是阅读的最表层活动,也是读者进行信息处理和信息创造的基础和前提。二是处理信息。读者在接受书本信息的基础上,筛选、吸收有用的信息资源。尤其是在信息流通量日益加大的电脑文化时代,这种处理信息的能力极为重要。三是创造信息。读者在获取、处理信息的基础上,加工、创造出独特的意义和价值。这是阅读的高级层次和形态,是一种创造性的劳动。这三个层次,是基于文本层次产生的,无论是老师还是学生,由于各自的阅历、动机、信念、特质、能力、眼光等不同,所以即使是对同一文本也会做出不同的解读。但是过去我们的语文教学恰恰忽视这一点,强调的是认知趋同、答案统一,甚至唯一。这样的"传统"解读不仅会泯灭每一个读者——学生自己的理解,甚至会扼杀每一个读者——学生各自解读的个性。孙绍振曾指出:"许多文本分析之所以无效,原因在于空谈分析,实际上根本没有进入分析这一层次。分析的对象是文本的矛盾,而许多无效分析,恰恰停留在文本和外部对象的统一性上。"因而,我们认为非常有必要对文本本身进行分层解读。

　　同样的一篇课文,应针对不同年龄段、不同认知水平的学生,进行适合其认知的分层解读。有的课文字面意思和内在意蕴并不一致,比如《珍珠鸟》这篇课文,教师只需引导学生理解到第二层含义就可以了,至于涉及政治因素的第三层含义可不必揭示出来,即便揭示,大部分初中生也不能理解。自然,如果是对成年学生讲,就可以引导其解读到第三层含义,帮助学生认识到比兴手法的运用是中国文学创造的一大传统。再比如《荷塘月色》,朱自清研究专家陈孝全先生说,此文思想感情复杂,中学生不易理解,从写景状物的角度学一学就可以了。通过把课文"分层"就是在对其进行初步分析,一步一步分析出来,文本就像洋葱一样层层剥离,露出其本质核心,有助于"读者"从不同视角来理解文本。

二、文本层次的划分

1. 英加登(R. Ingarden)文本五层次

英加登(R. Ingarden)把文本分为五个层次:

(1) 声音层:字音及语音组合。

(2) 意义单元层:由字音及语音组合所传达的意义层次。

(3) 图式层:由意义单元所呈现的事物大略图影。

(4) 再现层:再现客体及通过虚拟而生成的"世界"。

(5) 行而上层:指文本中存在的具有普遍性的某些精神内涵。它对西方文论界和现代文论的发展有重要影响。

2. 童庆炳文学文本三层次

童庆炳先生在其《文学理论教程》中[①]采用下面的三层次描述文学作品:

(1) 文学言语层:指文学文本呈现于读者面前、供其阅读的具体言语系统。

(2) 文学形象层:指的是文学文本呈现出的人物形象、社会生活、故事以及其他内容。

(3) 文学意蕴层:指文学作品形象内含的思想、情感和欲望等深层内容。

3. 孙绍振文本分析的七个层次

孙绍振在《文本分析的七个层次》一文[②],运用大量例子深入浅出地介绍了文本分析的七种策略知识,具体如下:

第一,艺术感觉的"还原"。以贺知章的《咏柳》为例,"还原"就是"面对形象,在想象中,把那未经作家情感同化、未经假定的原生的形态,想象出来。这是凭着经验就能进行的。"这里运用的是现象学原理,在现象学看来:"一切经过陈述的现象都是主观的,是观念化、价值化了的,因而要进行自由的研究,就得把它'悬搁'起来,在想象中'去蔽',把它的原生状态'还原'出来。"

第二,多种形式的比较。一是将作品定稿与"作家创造过程中的修改稿"进行

---

① 童庆炳.文学理论教程(修订二版)[M].3版.北京:高等教育出版社,2004.
② 孙绍振.文本分析的七个层次[J].语文建设,2008(3/4).

第四章 语文文本解读方法（上）

比较。作品的意蕴、情调、人物塑造等艺术高下就看出来了。二是"从相同内容、不同形式的作品中寻求对比"，如诗歌和戏剧，如雕塑和绘画等，"选择相同题材不同形式的作品加以比较，找出其间的差异，从而探求艺术的奥秘，这种方法适应性比较广泛。"三是"把艺术形象中的情感逻辑和现实中的理性逻辑加以对比。"

第三，情感逻辑的"还原"。艺术家在艺术形象中表现出来的感觉不同于科学家的感觉。科学家的感觉是冷静的、客观的，受理性逻辑支配；而文学则夸张、变形、隐喻、象征，可以违反矛盾律、排中律、充足理由律，受情感逻辑的支配。艺术之所以艺术，就是因为它是经过个人主观情感或智性的"歪曲"。正是因为"歪曲"或"变异"了，这种表面上看来比较表层的感觉才能成为深层情感乃至情结的可靠索引。

第四，作品价值的"还原"。要欣赏艺术，摆脱被动，就要善于从艺术的感觉、逻辑中还原出科学的理性，从二者的矛盾中分析出情感的审美价值。如李白的诗"千里江陵一日还"中，这种感觉的变异和逻辑的变异成为诗人内心激情的一种索引，诗人用这种外在的、可感的、强烈的效果去推动读者想象诗人情感产生的原因。

第五，历史的"还原"和比较。这是一种更高级的还原方法。从理论上说，一切研究都要把它放到历史环境里去，还原到产生它的那种政治的、经济的、文化的、艺术的气候中去，才能抓住不同历史阶段中艺术倾向和追求的差异。

第六，流派的"还原"和比较。审美语境不但与形式（文类）相关，而且与流派分不开。要真正理解经典文学作品的历史发展，必须分析不同流派的艺术差异。如徐志摩的《再别康桥》和闻一多的《死水》，孤立地分析这两首诗是比较困难的。徐志摩的抒情是相当潇洒优雅的，以美化为目标，而闻一多却是以丑为美。这不仅是两位作者个性不同，而且是受了两个不同诗歌流派的影响。

第七，风格的"还原"和比较。作品的形式、价值观念、流派、历史背景等，还只是作品的"共同性"分析，作品分析的最终目标不应该是作品的共同点，而是其特殊点。这就要求我们：一要把作者作为一个个人和他所属的阶层区别开来；二要把作者一时一事的感性和通常个性区别开来，把作者潜在的、隐秘的、个人的创造性风格分析出来。

本文提供了七种简便实用、操作性强的文本分析方法。其实七种方法可以概括为两种策略，即"还原"与"比较"："还原"包括艺术感觉的还原、情感逻辑的还原、审美价值的还原，历史的还原、流派的还原以及艺术风格的还原；而"比较"则是贯穿始终的。这样，构成一个以"比较"为横轴，以六个"还原"为纬度的多元文本解读空间。钱理群先生在评论孙绍振所倡导的"还原、比较"的文本分析法时指出,该方法"就是将自己以及文艺理论界的研究成果运用于中学语文教育的一个尝试,其所提供的有关新知识、新的分析方法就是在为'中学阅读学'的知识体系、方法体系的建设,提供了新的基石"。①

三、文本层次与教学内容

曹明海、赵宏亮在论文《教材文本资源与教学内容的确定》②中,借鉴和运用上述的文学文本层次理论,将教材文本(课文)区分为三个层次,即形式层、再现层和表现层,进而挖掘出这三个不同层面文本的教学内容、特点和价值以及教学策略与方法。

1. 如何发掘教材文本的内容?

作者认为,关键在于把握教材文本的"多层次结构"。文章把文本分为形式层、再现层、表现层三个层次,并依次鉴定出文本的"消解性教学内容""描述性教学内容"和"理解性教学内容"。

(1) 形式层

即教材文本构成的"语体层",指的是由语言组合而成的语音、语段、句群到篇章结构的秩序与形态。它包括语言的声音组合、韵律节奏、语调的轻重缓急,文句的长短、整散,字音的响沉、强弱,语流的疾徐、曲直等。这个结构层次是教材文本资源赖以存在的基础和条件,是确定教学内容的重重依据。

(2) 再现层

即教材文本展现的"语象世界",包括教材文本语言构出的物象与事象、场景与画面、气象与景境等,也可称为"语象层"。它是多种客观因素,也就是人与物、情与景、意与象相互交织而构成的富有生气和活力的生活图像和空间。这个结构层次,因不同文体的教材文本而有不同的构成要素和构成方式。如抒情类教材文本(包括诗歌、散文等),是以意象(整体意象、意象单元或意象群)为语象世界的构成要素;记叙性教材文本是以人物、事件、情节、场景等为构成要素的。

(3) 表现层

即教材文本内在的"语义体系",包括教材文本负载的情感与理思、精神与思想、灵魂与生命,也就是教材文本的深层意蕴,也可称为"语义层"。深入把握教材

---

① 钱理群,孙绍振. 对话语文[M]. 福州:福建人民出版社,2005:11—12.
② 曹明海,赵宏亮. 教材文本资源与教学内容的确定. 语文建设[J]. 2008(10).

文本的语义层,可以引导学生透视教材文本内部的营构机制,进而切实揭示文本构成真义和规律。

2. 基于教材文本的这种"多层次结构",可以确定下述不同层次的教学内容

(1) 发掘教材文本的"语体层"资源,确定消解性教学内容

确定消解性的教学内容,就是让学生通过具体把握教材文本构成的语体层次,通过不同形式的感知教学,特别是诵读教学、品味阅读、感动阅读、陶冶阅读等,让学生整体感受教材文本,积累语言材料,培育语感。

(2) 发掘教材文本的"语象层"资源,确定描述性教学内容

教材文本构成的"语象层",是凭借语言呈现的物象、事象、场景、画面、气象与景境等。它是由形、神所统辖的多种客体再现因素(如古人所说的"应物象形""随类赋彩""人物感应"等)交互作用形成的有机动态结构系统。在教材文本的阅读过程中,它作用于学生的主观心灵感受,诱发学生的想象和联想、情感与理思,给学生带来一种阅读召唤性和吸引力,使学生不由自主地关心教材文本中特有的事物形象,或者是一个特定的场景、画面,或者是一种浓烈的色彩,或者是富有悟性的情景。确定描述性教学内容,可以用描述、想象、还原、联系自己的生活等方式。它有助于培养学生的形象思维和语言表达能力。

(3) 发掘教材文本的"语义层"资源,确定理解性教学内容

这种理解性教学内容的确定,主要是着眼于学生对教材文本的形象、情感与意义世界的理解和把握,即理解和把握教材文本的事物、形象、场景、画面和图像背后的情感、思想和意义。它既有助于提升学生的思想认识和情操,还可以通过"言意关系"的转化,把握言语形式(言)和言语内容(意)的建构规律,这某种程度上是语文课程内容的本质。

需要指出的是:在教材文本的多层次结构中,各个层次是无法独立存在的,尤其语义层离开另外两个结构层次即具体的语言符号形式及其构成的语象世界,文本的情思、义理和意蕴便会失去依据。也就是说,"语言层"(形式层)是文本解读的基础和前提,形象层(再现层)是文本解读的中介和凭借,意蕴层(表现层)是文本解读的目的和提升。因此,教材文本多层次结构是一个整体融通、互惠共生、相互渗透、不可分割的关系。

教材文本内容的层次理论为文本内容分析和解读提供了操作框架,不同的认知过程,为课堂教学方法的选择和教学活动设计提供了理论依据。具体如表4-1所示:

表 4-1 文本层次与教学内容和教学方法的对应关系图

中国文论	西方文论	内涵	教学内容	认知过程	教学方法
言	语言层（形式层）前提基础	形式层指的是文章的语音（音韵、旋律、节奏）、语段、句群到篇章结构及其整体营构的秩序与形态。	消解性教学内容即：让学生具体把握教材文本的语体层次，通过不同形式的感知教学，让学生感受文本，融进教材文本，整体把握文本，了解文本语体构成的特点。	记忆、分析理解	感知教学，比如识记、诵读、品味、涵咏等，分析遣词造句，篇章布局，结构组织等
象	形象层（再现层）中介凭借	再现层指的是语言所描绘的人物、事件、情节、环境、景物等构成的形象体系。教材文本展现的"语象世界"。即教材文本语言构出的物象与事象、场景与画面、气象与景境等，也可称为"语象层"。如抒情类教材文本中的意象，记叙性教材文本中的人物、事件、情节、场景等。	描述性教学内容即：通过诱发学生的想象、联想、情感与理思以及其他主观心灵感受，给学生带来一种阅读召唤性和吸引力，使学生不由自主地关心教材文本中特有的事物形象，或者是一个特定的场景、画面，或者是一种浓烈的色彩，或者是富有悟性的情景。	想象、还原、概括、联系	想象、还原、直观、图片、联系经验、体验学习
意	意蕴层（表现层）目的意义	表现层指的是教材文本内在的"语义体系"，即教材文本负载的情感与理思、精神与思想、灵魂与生命，也就是教材文本的深层意蕴。也可称为"语义层"。	理解性教学内容的确定，主要是着眼于学生对教材文本的形象、情感与意义世界的理解和把握，即理解和把握教材文本的事物形象、场景、画面和图像背后的情感、思想和意义。	概括、评价、创造、迁移	归纳、概括、提炼、综合、分析、回读、探究、联系实际

四、分层解读与教学路径

1. 基于文本语言层梳理教学内容点

文学文本是用话语体系形态凝聚和定格的文学创作样式，是作者生命体验和艺术发现的物化形态。语言学习、情感体验和意义构建是文学文本所提供的教学价值，文学文本所传达的"意"是开放性、体验性的，读者通过"言、象"解码与文本对话,产生情感共鸣,进入文本的最高层。这个过程需要对话沟通去实现,就有了基于文本层次的教学对话。如黄厚江老师教授《装在套子里的人》[①]时,设计的教学环节,是让大家一步步寻找、认识"套子"的实质,很好地对语文教学的教学逻辑进行了实践与示范,充分体现出从文本层次进行的"言—象—意"构建。整个教学环节,以基于文本的"对话"为主,却又不仅仅是对话,而是以"听说读写"的文本语言为核心,让"对话"活起来。

【案例分析1】

师:今天我们一起学习契诃夫的《装在套子里的人》,进一步了解这位伟大作家的小说风格。小说的标题叫"装在套子里的人",现在请同学们快速阅读课文,数一数别里科夫身上有有多少个套子。请大家边看书边做符号,在套子下面画横线。

学生看书,做符号。(大约三分钟)

师:哪位同学先说说。

生:13个。

师:请具体说说。

生:雨鞋,雨伞,棉大衣,伞套,表套,刀套,脸套子,衣领,黑眼镜,羊毛衫,堵耳朵眼的棉花,车篷,壳子。

师:大家先看看有没有重复的。

生:有。"脸套子"就是"衣领",还有"壳子"是一个总的说法,不能看作一个具体的套子。

师:很有道理。那是不是就是11个套子呢?

生:不是。

师:还有哪些套子呢?

生:古代语言。

师:为什么呢?

生:因为"古代语言,对于他来说,也就是雨鞋和雨伞"。

师:你的分析方法很好。阅读理解就是要善于从文中找根据。那还有没有其他的套子呢?

---

① 黄厚江.《装在套子里的人》教学实录[J].南京师范大学文学院学报,1999(3):36—38.

生：还有许多。如"那些从没存在过的东西""政府的告示""报纸上的文章",对他来说,都是套子。

生：还有。他最爱说的一句话"千万别闹出什么乱子来",其实也是他的一个套子。

从教学实录中,我们可以看出,黄老师善于在加减中突出主线,他机智地抓住"套子"这一主线展开,从"数一数别里科夫身上有多少个套子"的简单问题,进而追问"最主要的套子",逐层深入,拾级而上,揭示出小说的主旨,调动起学生的生活体验以讨论"沙皇专制消失,别里科夫现象就消失"。整节课,环环相扣,主线清晰,层次明晰,基于文本的"语言层"(多少个套子),通过对话的形式让学生感受文本,整体把握文本;基于文本的"再现层"("那些从没存在过的东西""政府的告示""报纸上的文章"),使学生主动关注文本中的特有事物形象,学生的语言活动(记忆、分析、理解、联系)充分。

2. 基于文本情境层,促进学生感悟理解

从文本的不同层次,进行教学解读,并基于此确定教学内容点,是一种极便捷有效的教学方法。下面以余映潮老师《行路难》教学片断为例。

【案例分析2】

余映潮《行路难》教学实录及评点①

从课堂一开始,学生就进入了"读"的氛围：

师：让我们一起读一下背景材料。

(屏显1)

唐玄宗天宝年间,李白受命入长安,但并没有得到施展政治抱负的机会。这首《行路难》可能作于天宝三年(公元744年)李白不得不离开长安的时候。它表达了李白失意而又憧憬美好未来的心情。

(学生朗读)

师：皇帝把李白召到宫里去,只让他写写诗,过了一段时间,给了他一点钱,让他离开长安。李白于是写了三首《行路难》表达自己内心的不快乐。再读背景材料。

(屏显2)

---

① 余映潮.《行路难》教学实录及评点[J].中学语文：教学大参考,2010(1).

"行路难"是乐府古题,"乐府"。指的是能够配乐的歌诗。乐府诗是一种古体诗。李白的《行路难》共三首,主要抒发了怀才不遇的情怀。

(学生朗读)

师:把"抒发了怀才不遇的情怀"批在课题旁边。"怀才不遇"是说有才能但是无法施展。

师:看我们的学习任务:吟读——感受诗中的美句。

(屏显3)

学习活动(一)吟读——感受诗中的美句

值得注意的是,余老师的"读"不是说读就读,他提示学生:

吟读之前,拿起笔划出几个地方:① 勾画两个字。"玉盘珍羞"的"羞""直万钱"的"直"。注释告诉我们,"羞"和"直"是通假字,用另外两个字来表达,意思是一样的。② 再划两个字。"停杯投箸不能食"的"箸"。"直挂云帆济沧海"的"济"。这两个字的含义很重要。"济",渡过。"箸",筷子。这两个字在现代汉语里常常用到。③ 再划两个词。"长风破浪",原来的表达是"乘长风破万里",比喻的是一种境界,实现自己的政治理想。"云帆",是"高高的船帆"的意思,因为一个"云"字,"云帆"这个词显得特别高雅。

这三点提示很重要:一是让学生读有所得,二是关注重难点字词,结合知识进行阅读,三是读的时候体会诗歌的美妙语言。

当学生朗读了课文之后,教师进行了节奏指导:

我觉得节奏有点问题。"金樽/清酒/斗十千,玉盘/珍羞/直万钱。停杯/投箸/不能食(教师模仿学生读书,二二三节奏)。这种节奏和表达作者心情的节奏不太吻合。作者这时心情是比较郁闷的、茫然的、急切的,所以读这首诗时要主要用四三节奏来读。(教师示范四三节奏)停杯投箸/不能食,拔剑四顾/心茫然。如果读成"拔剑/四顾/心茫然"(教师模仿学生二二三节奏)就不行了,对不对? 好,一起来读。

接着学生进行全文第二次朗读,第三次朗读,教师范读,学生跟读。整体感知之后,教师带领学生进行分句解读,一句一句地领略诗歌的丰富内涵。

余映潮老师说过:"教师的任务,就是把教材读厚,把教材教薄。"因此,他的整个教学过程"以读为主"。他又说:"在教学艺术上我们要孜孜探求这样的境界:

优化教材处理,简化教学思路。"他还说:"学生活动充分,课堂积累丰富是课堂教学艺术的高层次境界。"孙竹青老师在对余映潮老师的课进行点评时,说余老师执教的这首《行路难》,正是这些教学设计理念的集中体现。点评时,孙老师提出"精致的对话"这一说法:"语文新课程改革大力推行对话教学,对话需要教师的引导。教师主要的作用是营造一种平等和谐的对话氛围,激发每一个学生潜在的灵感。"在本节课的教学之中,余老师对学生的发言总是迅速判断,及时点评,指向明确,内涵丰富,或补充到位,或提升精准,或优化巧妙,这一来一去的对话是思想的碰撞,情感的交流,促进了学生对文本的深刻理解。在教师不疾不徐的点评、引领下,学生轻松自然地完成了学习活动。各个教学环节平实、自然、大气,没有教师的竭力表演,只有教师的应对自如。自然流露的"谢谢"等话语,充分表现了教师对学生的尊重。可以说,余老师的这节课是朗读和对话的双重结合,且对话是以问题为主的对话。

3. 基于文本意蕴层,拓展引申教学内容

相较于其他文体,诗歌的"言"层,是分析其意蕴的关键所在。我们以语文特级教师程翔的一篇教学设计——《再别康桥》[①]来分析如何从文本的"言、象"层次提炼文本意蕴。

【案例分析3】
《再别康桥》教学思路(一课时)
(1) 请同学们认真读一遍,并谈一谈初步印象。
(2) 诗歌可以分为叙事诗、抒情诗、哲理诗等,《再别康桥》属于哪一种呢?
(3) 既然是抒情诗,那么它是怎样抒情的呢?(核心问题)
(4) 进入第三小节,作者的感情有没有变化?如果有变化,是加强了呢还是减弱了呢?
(5) 请一位同学朗读第四小节。
(6) 一提到"梦",人们常常回忆起往昔的生活,特别是那铭刻心头的往事。诗人也是这样,提到"梦",他就好像回到了那个美好的时刻,让他难以自持。于是他就去寻找那昔日的梦。昔日的梦究竟是怎样的美好呢?作者告诉我们了吗?
(7) 诗人沉醉在里面,没有醒来。对吗?

---

① 程翔.一个语文教师的心路历程[M].北京:清华大学出版社,2009:233—237.

(8) 为了突出"沉默"的特点,作者在开头和结尾两个小节中都写到了,怎么写的?

(9) 最后,请同学们把课文完整地朗读一遍。

(10) 徐志摩是中国现代诗歌史上的重要代表。

在这个教学设计中,教师针对学生的学情,引发思考,逐层深入。第一步,是对文本自身的把握。然后找到切入点——抒情诗,把学生引入到课文情境中来。接着就是第三步——提出核心问题,即诗歌意象问题,程老师抓住"金柳"一词,充分让学生去体会作者对"金柳"一词的表现方式——新娘。讲到这里,同学们会有疑问——为什么作者会把"金柳"和"新娘"联系在一起?于是,教师继续引导——这和作者在剑桥的生活历史是分不开的,简单介绍了作者的生活历史之后,通过同学们和老师的互动交流,老师点拨提示,同学们打开了自己的思维,联系生活常识,发掘文本本身所蕴含的"意蕴",这样他们就豁然开朗了。原来作者把"金柳"和"新娘"联系在一起是有原因的,是与作者本身的生活情感经历密不可分的。讲到这里,通过教师的引导分析,自然引出来"意象"——作者写入作品的包含了作者感情因素的形象。进入第三小节后,教师将问题往深处引导,通过对朗读语气的探讨,揣摩情感变化,让学生不知不觉进入到作者的内心情感世界,也就是"意"的层次。比如从"我甘心做一条水草!"可以看出作者的感情变得强烈了。在这一节中,"水草"是着力表现的意象,带着作者强烈的情感。第四小节中,探讨"清泉"与"虹"这两个意象的意义,引出作者在剑桥的美好回忆。同时,教师提出了自己的看法和观点,也是很多老师容易忽略的问题,明明是"清泉"为什么变成了"虹"?这么一问,学生就产生了兴趣。彩虹是美好的象征,代表着作者的梦。然而通过对诗歌的解读,这个梦最终没有实现,作者表现出伤感之情,针对这种表现形式,教师提出了新的知识——"移情"的写作手法。"移情"的这种写作手法,在文学创作中是很普遍的。例如,在唐诗中,有很多这样的诗句,例如岑参《白雪歌送武判官归京》中的"瀚海阑干百丈冰,愁云惨淡万里凝。"一个愁字融情入景,使悲情更悲。徐志摩在这里这样写主要是提醒读者在这个泉水里面有他的"梦"。最后一节,教师讲到"但我不能放歌"一句,通过结合最后一节意象,引导学生分析出诗人情感。

基于对这篇教案的分析,我们可以看出从文本提炼诗歌意蕴的特点:① 教师整体设计从文本出发,以问题切入;② 每一个问题,教师都以学生的原始理解(对文本"言、象"的理解)为基础,在这个基础上加以分析引导;③ 教师善于利用教材,和学生形成互动,达成共识,最终完成教学任务。在这个教学设计中,最富创意的是教师的板书设计,利用简单的箭头,将每一小节诗人的情感变化表现出来,情感不断升华,达到高潮后,猛烈下降,又回到最初"轻轻地我走了"。笔者认为,这个教学设计的亮点在于将情感由抽象变为具体,程老师用一个简单的图形(板书如图 4-1 所示)就将整首诗中作者的情感起伏阐释得淋漓尽致,不仅方便学生理解作者的情感变化,而且通过图形展示诗所具有的韵律感,体现出了徐志摩诗的节奏美、音乐美。具体的情感体现形式优化了整节课的效果,使诗歌教学由外延到内涵。

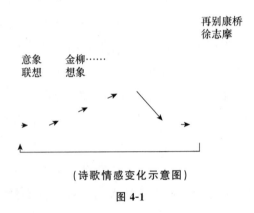

图 4-1

思考与讨论

1. 每一种文本解读法的原理是什么?
2. 每一种文本解读法的提纲要领是什么?

扩展阅读推荐

1. 王荣生.语文科课程论基础[M].上海:上海教育出版社,2003年第1版.
2. 赖瑞云.文本解读与语文教学新论[M].北京:北京师范大学出版社,2013年5月第1版.
3. 陈家尧.语文文本解读方法论[M].重庆:重庆出版社,2013年2月第1版.

第五章 语文文本解读方法（中）

◆ 内容导引

本章包括第五至八节，分别介绍情境还原、文本细读、关联推论、多方提问这4项。这4种基本属于微观层面解读方法。

◆ 学习目标

- 掌握4种文本解读方法的内涵和操作策略
- 能够灵活恰当地运用上述方法分析语篇
- 基于自己的教学实际，开发和总结一些实用的文本解读策略

第五节　情境还原：文本内外的复杂意蕴

目前我国语文文本解读存在诸多问题。如不顾文本整体语境，抓住只言片语的"碎片化"阅读；脱离文本原意，游离主题的所谓"创造性"解读；缺乏社会文化语境意识的"浅阅读"；不管作者本意、不问对象、目的的随意化解读；脱离文本不顾实际的"图解式"阅读；不问文本体式和阅读取向的"泛文艺式"阅读等。这些都与文本解读中的语境意识缺失有关。

语境是理解和运用语言的各种主客观要素。语境对文本解读起着重要的导向、制约与深化作用。准确把握文本意义，还原文本的真实意指，感悟文本丰富意蕴，离不开语境要素的参与。将语境理论引入阅读，对解决文本解读中出现的浅读、误读、曲解、拔高等问题具有应用价值。

一、"语境"和语境学

"语境"这一概念是 1923 年由著名人类学家马林诺夫斯基最先提出来的。在国内最早提出这一概念的当属陈望道。陈望道在 1932 年出版的《修辞学发凡》一书中出现的"题旨情景"与今天所说的语境相类似。不过,我国真正开始深入对语境理论进行研究是在 20 世纪 60 年代。随着研究深入,一门专门的学问——语境学开始出现。

目前学术界对语境这一概念的认识并不完全一致。有的认为所有语言运用、语言实践的条件都是语境,包括主观语境、客观语境、语言自身语境、辅助语言语境、语体特点语境[①];有的从语言及认知的关系角度考虑,认为对话语境可作三方面的分析,即认知环境、社会环境、文化和种族环境[②];有的则强调语境的动态性,认为"语境是语言行为发生的环境",它包括即时语境和背景语境[③];还有的认为语境是"知识命题激活",这些命题如果来自上下文就称为上下文语境,如果来源于交际现场就称为现场语境,如果来源于受话者的知识背景则为背景语境[④]。以上几种看法都涉及了语境的一些特点,在某种程度上都有道理,只是划分标准不一样而产生的不同结果而已。

二、语境的三个层面

从语境学的观点看:作品(文本)是语境的产物。任何文本都可以说是语境孕育出的产品。作品的创作过程是作者在一定目的和动机下,针对特定或潜在的读者,运用不同的文体形式和语言,进行意义建构并形诸于符号语篇的过程。语境孕育并形成了语篇,语境与语篇异体同构。语篇(文本)一旦生成,语境也就蕴含其中。从语境学和语篇学的观点看,语篇是语境的产物。文本理解就是一个在不同层面上还原发现语境信息的过程。

文本解读过程就是一个还原语境,进而探求意义,并建构读者自己的理解的过程。读者与文本对话的主要任务之一就是通过言语形式恢复言语所经营的语境。这个过程就叫"语境还原"。

---

① 纪永祥.简论语境及其范围[J].青海师专学报.1996(1).
② 陈忠华,韩红.话语的语境性[J].解放军外语学院学报,1997(1).
③ 申镇.语境选择的若干问题[J].外国语.1993 (3).
④ 徐默凡.论语境科学定义的推导[J].语言文字应用,2001 (2).

"还原语境"其实质就是要"回到创作背景""找回生活真实"进行"考据论证""互文现义""知人论世",这是勘探和发现文本艺术价值与认识价值最可靠、最科学的方式。

语境一般可以分为三个层面：上下文语境、情景语境、社会历史文化语境。如图 5-1 所示。

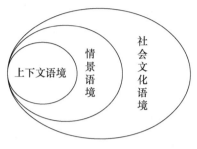

图 5-1

1. 上下文语境

"上下文语境",也叫"言内环境"或"狭义语境"。它是文本的语言文字层面对应的源于语言符号间的相互关系构成的语义网络,包括口语交际中的前言后语和书面交际中的上下文。文本的意义只有在前言后语中得以准确解释。

2. 情景语境

"情景语境",是指言语行为发生的实际情况或艺术世界。情景语境对应着文本所呈现的客观事物、真实的生活世界,以及主观精神世界、意象、意境等,也包括作品写作的话题、对象、目的等要素。它与"上下文语境"的不同在于：后者以直接语言符号形式呈现,前者存在于语言所营造的情境、氛围、场合（时间、地点）、情感、意图等因素之中。

3. 社会历史文化语境

"社会历史文化语境"即"宏观语境"。它对应的是文本所反映的深层次的思想文化、审美趣味、价值取向、社会历史变迁以及政治经济文化的大系统等。

从语境学看,阅读就是通过语言符号媒介,还原建构作者所设定的语境和意义的过程。文本解读过程就是一个寻绎语句义脉,还原并创造语境,探求文本本意,生成理解和感悟的过程。

不同语境,关联着不同的文本解读内容,也需要运用不同的解读策略。从微观语境层面解读文本,要关注关键词句在上下文中的具体意义即信息价值；从情景语境层面,要通过文本创作的时代背景、作者意图、创作动机等文本的交往价值；从社会历史文化层面,要关注文本所反映的生活状况、社会经济、历史文化状况所带来的认知价值。这样就形成一个相对明晰的文本解读的"内容和方法的分析框架",为文本解读提供一个学理依据和操作路径。

三、基于语境的文本解读策略

1. 联系上下文，体会语言表达的含义和作用

上下文语境的基本功能是制约与解释。制约功能指上下文对语言应用起着限制作用，要求人们在言语中必须根据上下文，选择恰当的语言表达形式和意义理解的限度；解释功能是指对言语的准确理解要依据上下文构成的语义网络，离开这个语义网络的解释是泛泛的、僵硬的。这就使张载说的"凡观书不可以相类泥其义，不尔则字字相梗。当观其文势上下之义"。

运用上下文语境解读文本的基本规律，可以用徐铿锵先生说的汉语语义规则，即"已知的信息统帅、驾驭未知的信息，其在语言中的表现形式大体上就是'前管后''上管下'，即前字管辖后字的组配选择，上句启示下句的语义范围和陈述走向"。而这一规则决定了要正确理解词语、文句和篇章的内涵，就必须根据特定的上文或下文提供的语义场，钩前联后，从整体上把握文章的意图，领悟词句在具体语境中的意思。

（1）利用上下文语境，确定语句的基本含义

句子的意义来自句子本身各组成部分的词汇意义和语法意义，而话语意义则来自句子意义与语境的结合。一个词的意义在具体语境中可能会发生变化，听话人要了解话语的意义，就要利用自己的语言知识和语境所提供的信息进行思辨、推理，进而体会表达效果。老舍的《济南的冬天》里开头有一句："自然，在热带的地方，日光是永远那么毒，响亮的天气，反有点叫人害怕。"天气怎么是"响亮"呢？什么意思呢？从上下文一顺，就看出来了指的是天气的"响晴而明亮"。"上下文"是语言理解的第一语境，大部分字词的意思需要借助上下文才能够得意准确的理解。如《变色龙》中奥楚蔑洛夫一会儿说小狗如何如何"聪明伶俐""讨人喜爱"，一会儿说是"狗崽子""弄死好了"，到底小狗如何？只有联系上下文，才会体会到作者所描写这个人物面对"小狗主人"这一核心问题时表现出来的见风使舵、媚上欺下的卑劣人格。解读的过程，既是一个通晓文字，消除语言障碍的过程，更是一个在词、句的关系，也即由"上下文"构成的具体"语境"中，结合具体文本语境，通过细致研究词的搭配、特殊句式、语气，以及特殊的修辞手段的运用等等，来重新确定词句意义的过程。

（2）利用上下文语境，理解歧义

上下文还可以帮助消除字词的歧义。文本意义是由前言后语所共同构成的

一个语义网络,离开这个语义网络,就是一个简单的字词意义,有时也很难确定。

朱自清的《背影》中写到:"唉,我现在想想,那时真是太聪明了。"这"聪明"究竟是什么意思呢?只有通过上下文才会知道:这是作者自嘲的话,其实是想表达作者当时没体会到父爱的一种自责和愧疚。是说自己自以为聪明,其实却是很蠢,没体会到老父亲的良苦用心。"聪明"在这里与本意相去甚远,有着反语的意味。

鲁迅的《药》有这样一段对话:

"义哥是一手好拳棒,这两下,一定够他受用了。"壁角的驼背忽然高兴起来。
"他这贱骨头打不怕,还要说可怜可怜哩。"
花白胡子的人说,"打了这种东西,有什么可怜呢?"
康大叔显出看他不上的样子,冷笑着说,"你没有听清我的话;看他神气,是说阿义可怜哩!"

在这段描写里,革命者夏瑜被红眼阿义打了,连说"可怜",茶馆中的看客们对可怜一词发生了误解,认为是夏瑜可怜,鲁迅巧妙地用他们对有歧义的"可怜"一词的误解,提示出国民的麻木和可悲。① 可见,如果歧义句在作品运用得当,不仅能够使语言更加贴切,而且可以给读者提供更为广阔的思维空间,加深作品的思想内涵。

(3)利用上下文理解修辞及其表达效果

修辞是语言各要素的综合运用,它当然不能也不应该脱离语境。从微观角度讲,修辞手法要受上下文语境的制约,无论修辞手法的运用还是其语义阐释、表达效果等皆离不开语境,评价修辞手法的效果优劣也必须以语境为标尺。像比喻、双关、夸张等修辞手法,倘若离开了具体的上下文语境,便很难说用的贴切。比如:鲁彦《听潮》中把月光下的"波浪"比喻为闪闪颤动的"鱼鳞"即很符合上下文语境。因为这篇文章主要写潮水,水和鱼的密切联系使得这个比喻显得自然、贴切。

可见,联系上下文是文本解读最基本的原则之一。上下文可以帮助读者准确把握字词的具体含义、一个字词的外延、内涵以及临时意思。字词的歧义、引申义、比喻义、拟人等意义的理解,也必须回到文本之中,在上下文字里行间的语义脉络中得到基本理解和准确把握。

---

① 冯广义.汉语语境学概论[M].银川:宁夏人民出版社,1988.

我国的语文教学中对"结合上下文理解字词"向来有着明确的要求。如《全日制义务教育课程标准》目标要求学生能"结合上下文和生活实际了解课文中词句的意思"(第一学段);"能联系上下文,理解词句的过程中,体会课文关键词句在表达情意方面的作用"(第二学段);"联系上下文和自己的积累,推想课文中有关词句的意思,体会其表达效果"(第三学段)等都是一种语境解读的体现。

2. 基于情景语境,解读文本的丰富内容

胡壮麟教授在《语篇的衔接与连贯》一书中说:"情景语境,指语篇产生时的周围情况,事件的性质,参与者的关系、时间、地点、方式等。"(胡壮麟,1994)情景语境是文本所营造的环境、事件、社会场景、人物关系以及话语方式等。如果上下文语境指的是文本符号本身的语义关系,那么情景语境是指作品所反映的社会现实或者所创造的艺术情景本身,它既是真实世界的反映,也是作者所虚构的意义境界。

(1) 利用文本所涉时代背景和作者生平遭遇进行解读

《孟子·万章下》:"颂其诗,读其书,不知其人,可乎?是以论其世也,是尚友也。"孟子认为,文学作品和作家本人的思想生活以及时代背景有着密切的联系,因而只有知其人、论其事,及了解作者的生活思想和写作的时代背景,才能客观正确地理解和把握文学作品的思想内容。

鲁迅的《从百草园到三味书屋》一文,主题到底是什么?传统的主流解读是:用乐园似的百草园生活和阴森、冷酷、枯燥、陈腐的三味书屋相对比,揭露和批判封建腐朽、脱离儿童实际的私塾教育对儿童的束缚和损害。可是如果我们抛开社会背景,仅仅从文本出发去思考其主题,很多学生可能认为这篇课文的主题思想应该是:通过对百草园和三味书屋美好生活的回忆,表现了儿童热爱自然,追求新鲜知识,天真幼稚、快乐的心理。其实不论是哪种主题,都是和读者本身所处时代的社会文化语境密切相关的,而且这些解读只要有文本依据,就都有其合理性。时代在不断变化,读者可以将自己的知识经验融入到文本理解过程中去,文本解读允许读者所处的社会文化背景的参与,但必须考虑到与文本的相关性:一是文本本身要有这种解读的可能性,即得出的结论不能与文本本身传递出的信息相矛盾;二是此时的社会文化背景不能与彼时的文本话题倾向相矛盾。如果考虑鲁迅的生平经历和写作此文的时代背景,可见第一种理解更贴近实际和作者的本意;但文本作为《朝花夕拾》中的一篇,也有追忆逝去童年,感叹韶光易逝的意味,但这可能不是本文主旨。

阅读巴金的《小狗包弟》一文,如果不了解"文化大革命"这个特殊的时代背景对当时的知识分子所造成的伤害的话,很多读者都会认为巴金把包弟送上解剖桌是因为他是一个胆小怕事、在困难面前不敢担当、自私自利的人。但结合"文革"期间许许多多文学家、艺术家(如吴晗、傅雷、严凤英等)都是被迫害致死的时代背景以及巴金在其《随想录》的描述,我们就能真正感受到一个连相濡以沫的妻子都保护不了的学者在选择把狗送上解剖桌时内心的矛盾、痛苦与无奈,才能更深刻地体会到巴金的善良宽容以及勇于解剖自己、敢于坚守社会良知的精神。可见,解读文本,要正确领会作品所反映的思想情感,有时必须准确清楚地了解作品中所反映的那个时代的社会生活,全面地了解作者,运用知人论世的方法,理解作家的意指和作品的深刻意蕴。

结合时代背景理解文本,多数时候可能达到"知人论世"目的。朱自清的《荷塘月色》中"这几天心里颇不宁静",如果联系1927年"蒋介石叛变革命"的黑暗现实,就能清楚像朱自清这样的自由主义知识分子在当时国内两大政治力量尖锐对立的形势下陷于进退失据的选择困境。同时期他写的《一封信》与《那里走》所表露的正是这种选择的困惑。朱自清这类自由主义知识分子既反感于国民党的"反革命",又对共产党的"革命"心怀疑惧,就不能不陷入不知"那里走"的"惶惶然"中——朱自清的"不平静"实源于此。这样的理解应该是贴切的。但也要防止牵强附会的硬性拔高或者所谓"深度解读"。如冯骥才的《珍珠鸟》的主旨到底是"信赖",还是被作者极其精心隐藏、掩盖起来的"专制主义的笼子对于知识分子的迫害"呢?我们觉得后者有些牵强。

(2)利用文本所涉及的场景进行解读

"场景"是指在一定的时间、地点,一些人就某个话题,以某种方式,为某种目的(意图)进行言语交际的一种境况。王建华《现代汉语语境研究》认为:交际者活动的场景总是处在一定的变动之中,场景的特点会不断变化。因此,在叙事性的作品(小说、散文、戏剧)中,人们总是通过场景的变动来展示人物的心理、性格、思想的变化历程。同时,场景的变动性也体现在场景中活动的人物是变动着的。《雷雨》中周朴园对鲁侍萍有过四次怀疑和追问,它们分别是:①你——你贵姓?②(抬起头来)你姓什么?③(忽然直立)你是谁?④(徐徐立起)你,你,你是?对这四句台词,我们怎样才能准确把握呢?周朴园的内心活动到底是什么呢?只有根据上下文语境,才能够品味出来。第一句只是一般的询问,还不知情;第二句"抬起头来"问,明显有了怀疑;第三句明显带着怀疑和恐惧;第四句已经知道事实又想缓和气氛的心理。这四句话把周朴园从迟疑中不失坦然，到怀疑，到震惊，再到害怕的心理变化过程写出来了。从这些变化中可以看出周朴园担心影响他的地位和名誉，是个自私虚伪冷酷的人。这种对人物性格和戏剧情节的解读，离开情景语境是无从理解得到的。

（3）利用文本的写作对象、目的、用途进行解读

任何作品都是带着一定写作目的和特定读者。因为，文本的创作为了实现交际目的，作者总是会自觉地调控自己的言语行为，尽量选用恰当、得体的话语，尽可能正确理解发话人的意图和话语内容，并及时、恰当地给以信息反馈。因此，在对文本进行解读的过程中，我们要善于从交际对象的处境、心态，以及交际者之间的关系去探讨文本所要反映的主旨或所传达出的情感。

如毛泽东在《纪念白求恩》一文中为什么要在讲国际主义的精神，共产主义的精神和毫不利己专门利人精神之后，为什么要提到"每一位共产党员都要学习这种精神"？为什么运用对比的方法，讲到"我们不少的人对工作不负责任""一班见异思迁的人""一班鄙薄技术工作以为不足道、以为无出路的人"呢？这是因为这篇文章原本是白求恩逝世一周年之际毛泽东同志在延安干部会上的一次演讲，当时正处于抗日战争最艰苦的时候，党内正在整顿党风，是这样一个交际背景，同时，参加会议的大都是党的中高层干部这样一个交际对象。演讲者和受众的关系是"领袖"对"干部"进行思想政治教育。这形成了这篇文章的言语风格，晓之以理、动之以情、导之以行。目前看，这种基于交际语境的文本解读意识，我国的语文教学中还比较缺乏。从"情景语境"角度解读文本，我们重视不够。这就造成我们的文本解读要么过于细碎走向"碎拆楼台"；要么过于宏大、不着边际，要么没有章法、玄妙笼统，这些都不是正确的文本解读方法。

3. 利用社会文化语境，解读文本深广的意义和认识价值

于漪指出："语文教学要重视文化背景。"[①]文化背景从语境学的角度即是文本的社会文化习俗，语言习惯，审美心理等。它是制约作者、读者以及整个时代的大背景，大前提以及大家不言而喻的"共有知识系统"。如果说，一篇文章是一朵花，那么，社会文化背景是孕育这朵花的气候、天空、土地。任何文本都出现于特定的社会文化语境，而且文本本身也包含、记载了特定的社会文化语境因素。有时解读文本需要从一个广阔的社会文化背景上才能深入理解文本的意义。

---

① 于漪.语文教育论集[M].北京：人民教育出版社，1993.

利用社会文化语境的背景功能，可以深化对文本的理解。有些课文离学生生活有一定距离，或者因年代久远、或者因文化历史背造成了学生与文本之间的隔阂，往往会产生理解上的障碍。课前简要介绍课文的写作背景，作者、作品的相关知识，能为文本的阅读提供知识框架和理解支架。鲁迅的很多作品都存在这种现象，如果抛开当时的时代背景，有很多内容学生是很难理解的。比如《为了忘却的记念》，此文是鲁迅先生在 1933 年 2 月 7—8 日写的，为纪念两年前，即 1931 年 2 月 7 日，被国民党反动派秘密活埋或枪杀的五位革命作家柔石、胡也频、殷夫、李伟森、冯铿。鲁迅曾经积极参与营救工作。鲁迅当时身处白色恐怖之中，面临"未敢翻身已碰头"的险境，为了让文章得以发表，不得不采用委婉曲折的笔法，来表达复杂的思想感情。如果离开当时的背景，便很难理解当时作者的心情和笔法。

文本解读的背景还原，指的是作者创作文本当时的背景，而不是读者当下的社会背景。比如有人在解读朱自清《背影》时认为父亲随意翻越铁路线，不遵循交通规则，这种认识是与文本本身主旨大相径庭的，而且以目前的规章制度去评价前人的做法，显然是脱离文本语境的错误解读思路。因此引导学生去解读文本一定要注意与文本当时的语境相关联，否则解读的结果会荒谬可笑。因为"还原语境"主要是还原文本和作者写作时的社会文化历史背景，而不能让读者随意地将自己的遭遇背景关联到文本理解之中而犯主观臆想的错误。

在我国的语文教学中，对基于文本的社会历史背景的解读很常见。过去我们习惯于从文本的社会历史政治背景中理解文本的思想主题，只要适度并没错误，有时还是很必要的、不可或缺的一种手段。

四、"语境还原"是判断和防止误读、浅读的重要方法和依据

目前语文教学中，老师和学生对文本都存在很多误读。这些误读有的还被冠以"创造性解读"的名号而大行其道。在《愚公移山》的公开课上学生质疑老师：① "愚公"即"愚蠢的老头"之意，既然文题明确标示如此，那么文章主题不可能是对"愚公的褒扬"；② 以"年且九十"的高龄，妄图搬走"方七百里，高万仞"的"太行，王屋二山"可谓自不量力；③ "搬山"与"搬家"孰易孰难，稍一思索便见分晓，选择"搬家"才是上策，并且以这样不切实际的思想、举动，强加给其子孙后代，足见其封建家长专制思想之苛刻、无情；④ "太行、王屋"二山如此原生态自然保护区，以愚公一己之专制思想、毫无环保意识，将其彻底毁灭，造成巨大自然文化遗产损失。由此可以得出结论，"愚公"之"愚"，无可救药，害人害己。学生振振有词，逻

辑清晰;教师哑口无言,尴尬至极,无法认可学生,但又不知如何推翻学生的质疑,最后模棱两可地结束课堂教学。

在文本解读中,接受反应论者强调读者是阅读理解的重要一极,文本的意义有时会因读者所处的不同时代的社会文化语境不同而发生变化,但这种"读者取向"的解读是有特定适用范围的。学生从自身经验出发理解文本应该以"以自证文"为主,文本解读正确与否的第一依据应该是文本。《愚公移山》这篇课文的理解,如果回到文本自身,仔细分析,就不难发现学生的质疑实则漏洞百出。首先这是一则选自战国时期列御寇《列子·汤问》中的寓言故事。从文体讲,"寓言是用假托的故事或自然物的拟人手法来说明某种道理或教训的文学作品,以达到劝诫、教育或讽刺的目的。"寓言所述之事有虚构成分,并非完全与事实对应。其次,解读文本应揣摩作者写作意图。从文本内容来看,作者的情感倾向非常明显。我们来分析一下智叟之言,"笑",讽愚公"不能毁山之一毛",对比之下,愚公之妻所言"曾不能损魁父之丘",更中听,尊重事实。可见智叟之尖酸刻薄;"甚矣,汝之不惠!"事实证明智叟自作聪明,自以为是,妄下定论。"残年余力",智叟与愚公应该年龄相当,但暮年之志不同,一个得过且过,安于享受,一个壮心不已,乐于吃苦。事实胜于雄辩:"操蛇之神闻之,惧其不已""帝感其诚""无陇断焉",搬山毫无疑问成功了,那么文章前面关于山高险、愚公老迈的渲染可谓"欲扬先抑"之笔了,智者未必智,愚者未必愚,可用《列子》中一句话来印证,"天地无全功,圣人无全能,万物无全用"。可见愚公不愚,搬山成功,可悟"做事要有毅力,有恒心,坚持不懈,不怕困难""万事开头难,只要有开始,便会有收获"等。第三、学生将时代背景分清,战国时期几乎不存在严重人为原因造成的生态环境问题,时至今日才提上日程。当时生产力极其落后,在大自然面前,人如蝼蚁般渺小,梦想能够改造自然,说愚公破坏自然环境,未免无中生有了。此外,"谋曰:'……可乎?'"是商量语气,而非命令语气。"杂然相许""妻疑",众人献计,可以看出愚公作决定前与家庭成员商议,是个民主的家长,绝非专制顽固者。不管怎么说,学生的创新发散思维最终应回归到作者编写这则寓言故事的初衷上来,不能脱离作者,脱离写作背景,脱离语文教育的德育渗透目标,不能一味站在当代背景解读,否则,文本将被消解殆尽。可见,多元解读要尊重文本,切忌漫无边际,以免走入解读的误区。①

"准确"解读文本就需要界定该文本所处的社会语境,了解事件发生的社会、

---

① 陈进进.语数外学习(语文教育)[J].2013(08)

历史、文化背景。文本解读的关键在于读者语境对文本语境的调适与聆听。科学文本解读要找准解读的"层面"和"视角"。三种语境只是三种不同的层面和视角：从微观语境层面解读关键词句在上下文中的具体语篇意义；从情景语境层面通过文本创作的时代背景、作者经历、创作动机等解读文本的交际价值；从社会历史文化层面解读文本，要关注文本所反映的生活状况、社会经济、历史文化状况所带来的认知价值。罗兰·巴尔特提出过一条原理：必须超越一个层次才能理解该层次，在层次之内，我们只能看到组分的关系，而看不出意义；体系本身无法提供解释自己的语言，必须在垂直方向运动才能理解水平延伸层次的"庐山真面目"。换言之，任何一个符号（或其序列）必须置于特定的系统中才能产生具体的意义。总之，正确的解读方式就是让文本回到原始语境中去，并在那里准确、恰当、适度地关照文本的真实意义与丰富内涵。

解读文本也不必一味靠自己冥思苦想，查阅必要的资料可以帮助我们更好地理解作品。作家生平介绍、写作时代背景、作家的其他作品、作家创作意图的阐述，以及前人对这部作品的评论，无一不是我们打开文本大门的钥匙。

第六节 文本细读：概念、着力点与教学工具

一、文本细读的几对概念

1. "文本细读"的定义

文本细读（close reading）就是对一个文本进行深思熟虑、批判性的分析，着意于有意义的细节或模式，以此培养一种对文本形式、技巧、意义等的深刻而具体的理解。因此，文本细读之细，实际强调的是：深入文本与审视文本；而所谓的"深入"或"审视"是指：首先是将所有产生意义的引人注目的文本要素分离出来，然后再将其放在一起，建构其联系，探究其模式。换言之，文本细读，实际就是将文本所呈现的关键的、相关的语言工具作为证据，探究并获得对作者思想和意图的清晰理解。

2. 几对相关概念

关于文本细读，我们至少需要思考如下几对关系概念：理论视野下的细读与课程语境中的细读；简单文本与复杂文本；理解文本与建构意义；词汇与学术语言；语法与结构；主题与问题。

首先，我们要搞清楚，我们是在什么样的语境中谈论文本细读，即是在理论视野下，还是在课程语境中谈论文本细读，而这两者显然有着不同的追求，前者重在追求多元意义、悖论、反讽、双关等，而后者则更注重语言工具的投放，以及由此进行有意义的学习过程、文本意义探究与知识获取。

文本细读主要面对的是复杂文本（complex text）的阅读与研究，是值得研究的文本；而简单文本（simple text），由于其思想单一、明了，一读则懂，因而阅读只需要略读技巧就够了。如果以此为标准，那么，我们中小学语文教材中大部分课文是简单文本，而真正能够算得上复杂文本的课文，可能主要集中在鲁迅的作品、大部分文言文以及一些经典作品的选文，等等。但是，我们大部分的功夫却恰恰花在那些简单文本上，常常以文本细读的姿态从事阅读，以至于只有那些"有名教师"才能挖出"特别的意义"来，而"普通教师"都不知道如何教，慨叹越来越不会教了。

国际阅读协会（IRA）强调了两组不同概念的意义：一是理解文本（understanding text）与建构知识（gaining knowledge from it），二是词汇（vocabulary）与学术性语言（academic language）。在他们看来，两组概念有着本质的区别，而我们往往简单化处理了，或混淆了两者的差异，或忽视了后者。"理解文本"是对文本内容的知悉，了解文本在说什么；而"建构知识"，则是从文本中读出了什么，关注文本给予的意义。至于文本中的词汇，不只是需要识记的单词——那是在单词本或词汇表里的单词，而是"学术性的术语和具体领域的术语"，是"能够在多种语境中高频使用的复杂词"。由此看来，我们课堂里常常教的，可能仅仅是教材内容——文本说了什么与众多识记不完的生字词——而非知识，而我们却都将文本内容误以为是知识。最初的布鲁姆分类理论（Bloom's Taxonomy），第一层的确是"知识"（knowledge），且是名词，而后来新的布鲁姆理论却将其改造为"理解"（remembering），是动词。但我们依然抱着原有的观念不放，而不知早已有新的理念（new version）。钱穆先生就曾在《国史大纲》"引论"中说，"历史知识"与"历史资料"不同，我国拥有大量的"历史资料"，却是一个最缺乏"历史知识"的国家，我们缺的就是那种以史为鉴的知识。也有学者 Alex Lo 提醒："我们学了太多的历史，而不是太少；我们往往担心的不是无知（the ignorant），而是博学（the learned and brilliant）。"

3. 文本细读强调复杂文本

在许多情况下，学生无法细读一个完整的文本（entire text）——长文或整本书,那么,选择一个易于处理的节录部分(manageable excerpt),未尝不是一个好办法。选择的基本要求是:该节录部分,能够说明其长文或整本书的关键主题(key themes),或其他要素(elements);同时,该节录部分还能提供师生共同工作的某种内容(something)。①阅读的假设是:如果你能读好一段,你就可以读好一章,因为章是多个段落的集合;如果你能读好一章,你就可以读好一本书,因为一本书只不过是章节的集合②。

阅读目的不同,阅读方式各异。熟练的读者(skilled readers)阅读有目的而非盲目,他们有计划(agenda)、目的(goal)、或目标(objective)。一般而言,读者所读内容的本质以及其阅读目的,就决定了如何阅读,即目的不同,情景不一样,他们的阅读方式也自然不同。当然,阅读有着一个较为普遍的目的:就某个特定的主题,搞清楚作者究竟想说什么。然而,如果阅读是纯粹的娱乐和个人享受,那么,完全不理解文本思想也没有关系,我们仅仅是简单享受了文本所给予我们的思想。③

阅读目的不同,就对文本细读的需求也各异:一是纯粹的愉悦:不需要特别的技能水平;二是搞清楚一个简单的思想:这可能需要略读课文;三是为了获得特定的技术信息:需要略读技巧;四是为了进入、理解和欣赏一种新的世界观(world view):这就需要文本细读技能,以面对一系列具有挑战性的严肃任务,而该任务,会拓展(stretch)我们的思想;五是学习一门新学科(subject):这也需要文本细读技能,以内化(internalizing)和掌握一个有意义的组织系统(organized system)。④

因此,并非每一个文本都适合学生细读,例如,《小屁孩日记》(*Diary of a Wimpy Kid*)这样的小说只是提供了简单的很容易理解的故事线索和词汇,不需要冥思苦想(pondering deep ideas)。而细读,应该让你有那种绕梁三日的韵味,其信息发人深省(thought-provoking),且超越了文本。细读,实际要面对值得阅读的文本(read-worthy texts),这包括:文本包含足够复杂的思想,值得一天以上的教

---

① Lucinda MacKethan. Teaching Through Close Reading: Historical and Informational Texts An Online Professional Development Seminar [EB/OL]. [2013-01-10]. National Humanities Center. americainclass. org/.../WEB-Close-Reading-Presentation_Part-II. pdf

② Richard Paul and Linda Elder. How to Read a Paragraph: The Art of Close Reading [M]. Foundation for Critical Thinking Press,2014.

③ Richard Paul and Linda Elder. How to Read a Paragraph: The Art of Close Reading [M]. Foundation for Critical Thinking Press,2014.

④ Richard Paul and Linda Elder. How to Read a Paragraph: The Art of Close Reading [M]. Foundation for Critical Thinking Press,2014.

学探索和讨论。根据 Tim Shanahan 的看法，细读是指一个文本值得几天的投入（commitment），该文本能够提供足够丰富的词语、思想和信息，学生为此可以在几天内阅读、审视和讨论；而这样的细读，没有白费口舌（beating a dead horse）的感觉。① 从词与结构来看，文本细读常被运用于相对紧凑的文本（dense texts）②。

那么，什么样的文本是值得细读的文本？这就需要考虑文本复杂性（complexity）的三个要素：定性指标（qualitative measures）、定量指标（quantitative measures），以及读者与任务（reader and task）；而涉及文本的复杂性，每一个要素都同等重要。定性指标，包括文本结构（text structures）、词汇（vocabulary）、知识、要求；定量指标，主要指蓝思系数③（lexile number）；读者与任务，则包含动机、前知识（prior knowledge）、经验等④。

2002 年，兰德阅读研究组（the RAND Reading Study Group，简称 RRSG）将理解定义为"通过与文本互动，同时提取和建构意义"。他们认为，成功阅读的要件是读者技能、文本复杂性、阅读任务与社会文化语境。⑤

因此，文本细读，主要针对的是相对复杂的文本，而使文本复杂的因素很多。为此，师生如何"走进文本"，就应关注文本复杂性和学生需求，即如下四个方面⑥：

- 词汇（academic terms）
  学术性的术语和具体领域的术语
  二级词汇：能够在多种语境中高频使用的复杂词

---

① Beth Burke, NBCT. A Close Look at Close Reading：Scaffolding Students with Complex Texts［EB/OL］.［2014-02-3］. nieonline. com/tbtimes/downloads/CCSS_reading. pdf

② Wong Fillmore, L. & Fillmore, C. What does text complexity mean for English learners and language minority students?［EB/OL］.［2013-10-28］

http：//ell. stanford. edu/publication/what-does-text-complexity-mean-english-learners-and-language-minority-students

③ 蓝思系数（Lexile number）是由美国教育科研机构为了提高美国学生的阅读能力而研究出的一套衡量学生阅读水平和标识文章难易程度的标准，是衡量阅读能力（Reader Ability）与文章难易度（Text Readability）的科学方法。简而言之，使用这一标准一方面可以方便学生测试自己的阅读水平；另一方面给出版物标识蓝思难度分级后，学生可以找出符合自己阅读难度的图书去阅读，以便循序渐进，步步提高。目前，蓝思分级已经发展为全美最具公信力的阅读难度分级系统。

④ Beth Burke, NBCT. A Close Look at Close Reading：Scaffolding Students with Complex Texts［EB/OL］.［2014-02-3］. nieonline. com/tbtimes/downloads/CCSS_reading. pdf

⑤ Catherine Snow, Catherine O'Connor . Close Reading and Far-Reaching Classroom Discussion：Fostering a Vital Connection［EB/OL］.［2013-09-13］. The International Reading Association.

⑥ Beth Burke, NBCT. A Close Look at Close Reading：Scaffolding Students with Complex Texts［EB/OL］.［2014-02-3］. nieonline. com/tbtimes/downloads/CCSS_reading. pdf

- 语法(syntax)

  连贯(coherence)：事件和概念之间是否被逻辑地连接,与清晰地解读?

  统一(unity)：思想是否聚焦主题而不包括无关的或分散注意力的信息?

  读者适度(audience appropriateness)：文本是否匹配目标读者的背景知识(background knowledge)?

- 文本结构

  描述(description)

  比较和对比(compare and contrast)

  时间序列(temporal sequence)

  原因与结果(cause and effect)

  问题及解决方案(problem and solution)

- 文本特征(text features)

  标题/副标题(headings/subheadings)

  标志词(signal words)

文本细读是一种产生性(productive)阅读。所谓产生性阅读,就是指学生与文本进行较量(struggling with)而产生的经验可以极大地丰富学生对阅读的认识,帮助他们避免很多随意和肤浅的阅读,以及获取大量有意义的资源;尤其是持续、聚焦和协作的文本细读,会使学生真正爱上与复杂文本的较量,而这,大概是那些人大力倡导文本细读使用的真正目标。[1]

作为一种产生性的阅读,文本细读作为一种工具还在更广泛的学术性课堂讨论的语境中被频繁使用。一旦学生学会了新内容、新概念结构、新词汇和新思维方式,他们就将其作为学习新文本的一种有意义的资源与证据,即该方法就会嵌进更大的动机语境中,帮助学生研究复杂而迷人的主题,从而得出更深刻的理解。换言之,细读主要表现在达成目的的工具中,而不是简单地通过学习做仔细阅读。[2]

---

[1] Catherine Snow, Catherine O'Connor. Close Reading and Far-Reaching Classroom Discussion: Fostering a Vital Connection[EB/OL]. [2013-09-13]. the International Reading Association.

[2] Catherine Snow, Catherine O'Connor. Close Reading and Far-Reaching Classroom Discussion: Fostering a Vital Connection[EB/OL]. [2013-09-13]. The International Reading Association.

二、中外文本细读研究

1. 文本细读理论及其在国外的教学应用

文本细读(close reading),其理论之源,一般归于新批评主义(new criticism)。新批评主义重在研究诸如多元意义(multiple meaning)、悖论(paradox)、反讽(irony)、文字游戏(word play)、双关语(puns)或修辞(rhetorical figures)等现象。而这些作为文学作品中最小的可区分的元素,形成了与整个语境相互依存的关系建构。而与新批评主义几乎作为同义词出现的一个核心术语就是文本细读(close reading),就是指对这些基本特征的细致分析。[①]

文本细读的主要目的是为了揭示(unpack)文本,即读者流连于文本的词语、言语形象(verbal images)、风格要素(elements of style)、句子、论证模式(argument patterns)、整个段落和更大的话语单位,以此探讨其多重意义[②]。

但是,文本细读作为课程改革的学术化工具被广泛推广,还源于西方发达国家于20世纪90年代末的课程改革,尤其是各国语文和历史等文科类课程的改革。在国外专家看来,要想加强实践的系统研究和操作工具,就需要一个共同的概念术语(common conceptual vocabulary)作为其推进手段,而缺乏这样的共享话语(a shared language),我们可能既不能清晰地表达我们共同的问题,也不能建构共享的工具,而这正是我们建构知识和推进实践的必备要素(essential elements)[③]。

美国颁布了《共同核心州立标准》(the Common Core State Standards,简称CCSS),而该标准实际上是美国各州要提高教与学的一个规模空前的雄心勃勃的规划。通过《共同核心州立标准》,美国试图改变学校教师与学生的所作所为,即通过重新定义高层次的、发人深省的教与学,规范在校所有学生都要达到的标准;该标准强调学生在解决复杂问题中的独立性和毅力,强调搜集相关证据以构建全面论点的能力、交流思想的能力,以及通过口语和写作进行分析的能力。而问题是,采用共同的核心标准,教育工作者如何落实标准要求,即如何从事教学实践、课程发展、教学材料的选择和教师专业发展等?而这就历史性地落在了文本细读

---

① Mario Klarer, An Introduction to Literary Studies (2nd eds)[M]. Routledge, 2004.
② James Jasinski, Sourcebook on Rhetoric: Key Concepts in Contemporary Rhetorical Studies[M]. Sage, 2001.
③ Marcy Singer-Gabella. Toward Scholarship in Practice[J]. Teachers College Record Volume 114 Number 8, 2012, p.1—30.

之上①；在美国学者看来，细读就是为了应对《公共核心州立标准》的关键需求，以及指导读者关注文本本身②。

随着《英语语言艺术与读写素养的共同核心州立标准》的采用，许多读写素养教育者开始注重文本细读的实践，而文本细读的教学实践关注学生批判性的审视文本，尤其是多元阅读(multiple readings)，该方法已成为中学和大学中最常用的方法，在修辞性文本阅读(rhetorical reading)和写作课程(writing courses)的语境中最常见。③

国际阅读协会(the International Reading Association，简称 IRA)认为，应对《共同核心州立标准》的一个普适性的新策略，就是关注实践者文本细读的指南。④

因此，文本细读，成为了国外课程标准中的一个特有概念，一般表述为课程标准中的文本细读(focus on close reading in the CCSS)。正因如此，课程语境下的文本细读，与新批评主义理论视野下的文本细读，就有着本质的区别。

2. 我国的文本细读研究

我国关注文本细读，主要是在新批评主义视野下的文本细读，相关研究论述散见于各种争鸣杂志或大学学报期刊，如童庆炳的《新时期文艺批评若干问题之省思》（见《文艺争鸣》，2008 年第 1 期）、《文化诗学作为当前文学理论新构想》（见《陕西师大学报》，2006 年第 1 期）、陈思和的《文本细读在当代的意义及其方法》（见《河北学刊》，2004 年第 2 期）、栾梅建的《用鲜活的文学感受细读文本》（见《西南师范大学学报》，2005 年第 4 期）、申丹的《整体细读与经典重释》（见《四川外语学院学报》，2008 年第 1 期）；还出版了一批专著，如蓝棣之的《现代文学经典：症候式分析》（清华大学出版社，1998 年版）、孙绍振的《名作细读》（上海教育出版社，2006 年版）、王先霈的《文学文本细读讲演录》（广西师范大学出版社，2006 版）。上述作品，大都在关注文学评论的思想、路径和方法。但对中小学语文教学而言，有的显得过于隐晦繁琐，难

---

① Sheila Brown and Lee Kappes. Implementing the Common Core State Standards：A Primer on "Close Reading of Text", The Aspen Institute, October 2012. www.aspeninstitute.org/education

② Beth Burke, NBCT. A Close Look at Close Reading：Scaffolding Students with Complex Texts[EB/OL].[2014-02-3]. nieonline.com/tbtimes/downloads/CCSS_reading.pdf

③ Paul, R., & Elder, L.. Critical Thinking and the Art of Close Reading (Part 1). Journal of Developmental Education, 2003, 27(2), 36—37, 39.

④ Brown, S. & Kappes, L. Implementing the Common Core State Standards：A primer on "Close Reading of Text." Washington, DC：The Aspen Institute Education and Society Program. 2012, October,
http://www.aspeninstitute.org/publications/implementing-common-core-state-standards-primer-close-reading-text

以直接应用。而文本细读进入中小学语文教学领域,也是近十几年的事情。

3. 文本细读的挑战、争议与问题[①]

现实的情况是:大多数中小学生都不愿意认真阅读文章,他们一般只大概浏览一遍,只要文本具有挑战性,发现自己能力不够,他们便说,他们无法理解文本,于是,他们就放弃了;对于阅读整本书或阅读长文,则更易于放弃。因此,如何培养学生有效阅读,就成为了备受争议且仁者见仁的话题。而文本细读,成为了国外解决此问题的公共核心概念。在他们看来,文本细读能运用更多的"工具",鼓励和支持学生细读,多元阅读;文本细读的策略可以有效打破长文阅读,从而保证学生关注聚焦和防止威胁;文本细读可以帮助学生欣赏和享受文学的表面价值(at its face value)(如情节等),也能让他们深入研究(delving deeper)并获得更大的享受和更深的洞察力(insight);文本细读可以帮助学生采用主动阅读的方法;文本细读还可以鼓励用不同的方式阅读不同类型的文章,使用不同策略,帮助学生透彻、深入地解读文本。

三、文本细读的着眼点

1. 语言玩味

"玩味"最早出现于《法苑珠林》卷三三:"关中僧肇始注《维摩》,世咸玩味"。它的本意是细心体会其中意味,详细解释为研习体会。玩是人类的天性,科学技术就是在人类的好奇心和好玩心的驱使下诞生的,然而无论是科学家还是普通百姓,玩的本意都是在自然与社会的"游戏"中发现、改造、美化自然界随时可觅的一切,使自己得到精神上的愉悦和满足,享受其中的过程。玩,成了一种智慧参与、身心融合的情趣体验和创造,由此享受着一道独特的具有强烈心理满足的"味"。这可能就是"玩味"的内涵。

"玩味"不是庸俗,是一种朴素姿态下的全身心投入而表现出痴迷般的自觉行为。郑板桥玩味篆刻,齐白石玩味虾画,沈从文后半生玩味古代服饰等。纵观古今,玩味者甚多。贾岛苦吟玩味"推敲",卢延让玩味语言"吟安一个字,捻断数茎须",玩味语言者"衣带渐宽终不悔,为伊消得人憔悴",塑造出不俗的自我精神世

[①] Lucinda MacKethan. Teaching Through Close Reading: Historical and Informational Texts An Online Professional Development Seminar[EB/OL].[2013-01-10]. National Humanities Center.

界里对话的玩味姿态。①

有人怀疑"语言玩味"在语文中的作用。语文学科的本位是对语言的玩味和感悟，以及对语言背后价值取向的感知和人文精神的悦纳。如今，语文再怎么迷失，也不能迷失它的根基，新课标对语文性质的再次确定，语言文字运用是语文课堂不可倾倒的旗帜。引导学生玩味语言，摸索语言规律，获得语言智慧，得到人文精神的升华，正是实现语言文字运用的路径。孙绍振教授曾说，分析作品从语言开始，甚至可以说从语词开始。

"语言玩味"的重要地位不可否认，关键需要解决玩味语言有效开展的策略和方法问题。过去"玩味语言"导致语文教学低效的原因是，过于关注语言本身，而忽略了学生视角下的语言玩味。语言玩味要有学生视角的融合，以玩味的姿态去品析语言。

在教学《归去来兮辞》一课时，引导学生对文本进行阅读后，学生会被陶渊明的精神境界和行为深深地触动了。通过深入的细读玩味，陶渊明想表达的那种归隐田园的心情，对功名利禄的淡然情感，让人肃然起敬。然而，若未对文本进行细读，"景翳翳以将入，抚孤松而盘桓"中"孤"字代表的含义，脱离文中背景就无法深入体会，也难以感受到陶渊明田园的快乐，又为何（盘桓）？并由之延伸出了"胡为乎遑遑欲何之"。语言玩味，不自觉地进入对文本的细读品味中，有效调动起读者的思维，开启对陶渊明当时的情感的分析、生平经历以及写作背景的探讨。此外，陶渊明虽然体会到了田园生活的美好，但由于当时的历史背景，让他的壮志无法实现，但生命却因为时间的流逝而无法回头，那满腔的凌云壮志让他内心备受折磨；但他不是迷恋世间的名利，而是想通过自己的能力帮助天下走向太平。②

2. 本义追索

我们所说的文学作品的"意义"，实际上包含了三个层面：一是作者意义，即作者欲在作品中表达的主观意图；二是文本意义，即作者在实际作品中通过语言词句呈现出来的意义；三是读者意义，即读者通过阅读所领悟到的意义。③ 这三个层面的意义既互相依存，又有差异。

传统解读理论认为：意义在解读之前已设定于文本之中，解读就是用一种方

---

① 明子芦花，以玩味的姿态品析语言[EB/OL].[2015-07-18]. http://blog.sina.com.cn/s/blog_4fabced00101kcbq.html.

② 霍中粉.在细读中品味语言的美[J].语文教学通讯·D刊(学术刊),2012(5)：57—58.

③ 沈大安.文本解读：观念和方法.杭州市普通教育研究室.

法,把意义揭示出来;相信文本的意义是真实的、确定的,而且是永恒不变的。这种观点认为:读者通过解读就可以跨越时空进入文本作者的世界。这种理论的核心在于肯定了文本作者的原意在解读中的恒定性。另有解读理论认为:文本在解读之前,意义处于未决状态,是潜在的、模糊的或不确定的;文本意义的理解受解读者所处历史时代、知识经验等各方面的制约,解读的意义是不定的。认为文本根本就不存在作者的原意,任何解读都只是读者的一种自我的理解,不可能有完整公正的、客观的解读。这种理论在于强调以读者为核心的创造性。然而,这两种观点都有自身的、固有的、难以克服的缺陷。

德国哲学家伽达默尔指出:文本作者的意图是当代人不可能"客观"地完全再现的,文本的"原义"也是不可能完全恢复的。读者和作者之间的"时间间距"是不可能克服的,也是不应当克服的。理解是从文本中接受有意的东西,并把它们"解释"成自己理解世界的方式。伽达默尔又指出,不能只承认原文的历史性而否认读者的历史性。所以,文本追索是一个创造的过程。

文本如果没有被阅读,就是沉默的文字,就是黑色的污迹,就是沉睡的思想,或者说是冬眠着的魂灵。只有我们去追索它们,去重新解读、建构它们,才能赋予它们永不干涸的生命力与活力,在新时代下有新的意义和理解。主动、合理地建构文本这个教学的历史隐性主体,开展有效、高效的语文课堂教学应该成为每一个新课程改革下的语文教师的使命。

《孔乙己》是鲁迅先生的一篇短篇小说,全文不到2800字,却几乎涉及孔乙己的一生。从一直考不上秀才,中年潦倒困顿,难以为生,偷窃,被打致残,直到最后死亡消失。表面上,《孔乙己》没有描写和过分渲染,只是从酒店的小伙计的角度审视,小说选取了三个场景,孔乙己本人出场两次:第一个场景是孔乙己偷书以后,已经被打过了,来买酒被嘲笑;第二个场景,他被打残了,又来买酒,被众人嘲笑。全篇小说的内容就是讲孔乙己的遭遇,鲁迅以小伙计的眼睛,揭示他潦倒的根源,批判科举机制对人的毒害,封建社会制度下愚昧百姓的残忍,也表现出对孔乙己的同情;但更深层次的解读要联系鲁迅的境遇和整个中国的大背景,本义追索,找出根源。鲁迅之所以弃医从文,就是因为他看到日俄战争时期,中国人为俄国人当间谍,被日本人当众枪决,而中国同胞却成为麻木的看客,对同胞之悲剧无动于衷。最大的悲剧是国人精神上的空白和麻木不仁。[①]

---

① 钱理群,孙绍振,王富仁.解读语文[M].福州:福建人民出版社,2010.

3. 细节品析

在文学批评的语境下,文本细读是一种作品的研究方法,有其自身的规定性,其目的和意义被牢牢锁定在文学批评上,是为文学批评服务的。"尽管新批评内部对细读法有各种不同的解释,但其基本特征是立足言语,确立文本的主体性,斟字酌句,每个字、每句话必须拆开作锚株之辨,拘泥于文字的隐喻、含蓄是他们共同的见解。归根到底,也只是把目光集中在作者已经写出来的文字上面,而没有注意到文章的妙处——每每是文章省略了、回避了的地方,应该把回避的和渲染的,弱化和强化的结合起来,才能找到深刻的切入矛盾的起点。"孙绍振先生等人经过不懈努力而形成了新的文本细读的理论范式,这种理论与新批评的"文本细读"既有联系又有差异。在语文阅读教学中,我们很难也不必把课文当做难解的现代作品,用形式主义理论作胶柱鼓瑟的生硬解读,但是形式主义真正把文本作为分析研究对象的方法是值得我们学习和借鉴的,教师应该做文本细读的先行者,教师的主导作用就是要把学生引导到文本中去,带领学生脚踏实地地进行鉴赏中的文本细读,让他们从中接受熏陶、感染,发挥想象和创造。

(1)斟字酌句,以语言活动作为文本细读的基点

在阅读教学中,应当考虑到学生对枯燥单一的教学形式感到厌烦,需以丰富的教学形式来改善课堂效果,将文本品析作为教学活动的主线,保证课堂的一切活动、情感变化均不离开文本阅读,并利用辩词析句来引导学生进入到深度阅读的氛围,进而有效深入地理解文本。在《林黛玉进贾府》一课中,通过引导,学生从"半旧的青缎靠背引枕,半旧的青缎靠背坐褥""半旧的弹墨椅袱"中读出贾府并不是一个落败的家族,而是较为兴盛的家族,这"半旧"更是体现出了贾府经过了长久的传承,是一个强盛的家族。

(2)强调整体性,以文本阅读作为文本细读的接入点

通过对整个章节进行通篇细读,进而形成文本意识。在教学《假如给我三天光明》一课时,由于开篇出现了"有时我认为,如果我们像明天就会死去那样去生活,才是最好的规则"这样一句话,使得学生在理解时产生了疑惑。但从全文来看,这句话却尤为重要,可以突显出当时海伦·凯勒珍惜生命的心境,同时也说明了海伦身残心不残的积极态度,更提醒着世人应当珍惜当下。笔者通过对海伦·凯勒创作时的情况以及全文的整体构架的引导分析,使学生充分了解到海伦·凯勒为什么会发出如此感慨。当时的海伦因为眼盲,她的世界陷入了"黑夜",但她却以积极的态度成为生命的强者,并以自己的亲身经历激励着世人。但若不结合

全文架构进行理解,必然无法让学生深刻感受到海伦所要表达的心境。

(3) 分清文体类型,以文体意识作为文本细读的着手点

不同的文体应当采用不同的文本细读方法,因此,在进行教学时,教师需结合文体类型进行细读引导,例如当下有较多的老师在教学《长亭送别》一课时,尤为重视对文中曲子的赏析,而忽视了该曲为戏剧而非诗歌。笔者在进行这一课的教学时,重点加强了对人物的内心变化、性格特点以及情节冲突等的赏析。又如在进行《守财奴》一课的教学时,由于该文的体裁是小说,文本主要是对人物进行了描述刻画,因此,笔者在教学时,引导学生对文中"老头儿身子一纵,扑上梳妆匣,好似一头老虎扑上一个睡着的婴儿"一句进行了分析,葛朗台已是一个七十多岁的老年人,这种身手矫捷的行为非常不符合老年人的特点,但就是这种不符合常规的特点,充分展现了葛朗台的贪婪本性。

(4) 激发情感,以"披文以入情"作为文本细读的重点

激发情感是引导学生进行文本细读尤为重要的环节,"披文入情"更是语文阅读中不断强调的对象,也就是通过对文本细读赏析,激发学生对"情"的体会,深刻领会作者所要表达的情感以及创作时的背景,进而激发学生对文本的深刻感悟。例如《项脊轩志》一课,在对"东犬西吠,客逾庖而宴,鸡栖于厅"进行细读赏析时,笔者通过将学生带入情境中,从字里行间分析出该句所表达的含义,再引导学生通过想象进入到该句的氛围中,充分体会作者在文中所展现的嘈杂景象,进而帮助学生体会作者当时的无奈!通过文字理解再深入到情感体会,有效地循序渐进,激发了学生对文本的深刻、全面理解。

(5) 未闻其声先有情,以"入情以披文"作为文本细读的延伸

在古文的细读中我们运用上文提到的"披文以入情",能够帮助学生充分理解词句含义,进而激发其情感。但在其他文本的细读中,以"未闻其声先有情"作为前提,更能够有效地激发学生对阅读的兴趣,使其深刻地品味语言的美。例如在进行《记念刘和珍君》一课的教学时,为了帮助学生提前进入到情感氛围中,笔者带领学生进行细读慢品,进而使学生提前感受到文中所展现的人物及那种跌宕起伏的情感。文章运用了较多的短句警句等,并且结合了大量的关联词,反复品味使学生在细读中进入到作者所要表达的情感中,并结合自身情感,有效品析文章字里行间的含义!

文本细读不仅是一种对待文本的学习态度,更是一种有效的阅读方法。它主要是倡导对文本本身的重视以及对文本的尊重,教师在教学时应当通过更多充满

趣味的方式促使学生感受文本,并逐步认识到文本的个性特点,进而引发其对文本的尊重和重视,同时保持一份好奇敏感的细读态度主动进入到文本阅读中。通过主动思考,从"为什么"当中探讨文本,并能够通过文本与作者进行对话,领会到作者的感受,融入到文本的情感当中。

4. 含混朦胧

含混(这一词也可译作朦胧、模糊)是语言中常见的现象,它是由于语词和逻辑的不清晰导致意义难以理解的状况。新批评者燕卜荪,在其著作《含混的七种类型》一书中赋予了这个词特殊的诗学意义。

在燕卜荪之前,语言的明晰性,是西方文论的一个基本要求,亚里士多德就认为,措辞的完美在于同时要清楚和不粗陋。他认为意义含混的词语,只是诡辩家用来误导听众的。浪漫主义诗歌的大师华兹华斯也认为,为了要表达强烈的情感,明白的语言也是必要的。而燕卜荪提出了与传统相反的观点,他认为含混,或者朦胧,是一种诗歌语言具有多重意义、或者歧义的现象。燕卜荪说:"'含混'本身可以指意义犹豫不决,一个词表示多种事物的想法,指出两个事物中的一个或全部的可能,以及一个陈述有多种意义。这种'含混',具有多重含义,但并不能理解成诗歌意义的完全错乱,它在诗歌中是积极性的,它是诗歌意蕴的丰富性的体现,是诗歌的魅力所在。"

同含混相比,复意是一个古老的中国诗学术语。复意,指字面以外的又一层含意。它是刘勰在《文心雕龙·隐秀》篇中提出来的:"隐也者,文外之重旨者也;秀也者,篇中之独拔者也。隐以复意为工,秀以卓绝为巧。"这里的"复意"与风骨论相对,或者不如说是相补充的。风骨的特点是练于骨者,析辞必精,深乎风者,述情必显。这一显一隐,恰巧是中国诗学意蕴的两面。复意和含蓄都是隐的一面,但用法略有不同。复意指的是意蕴构成,而含蓄有时指意蕴效果,有时指表达方式,一言此,一言彼,实际上说的是同一回事。复意的思想早在《周易》中就萌芽了,周易设八卦以象万物,因此,每一个卦象,就都有了多重的意义,所以《系辞》说:"夫易彰往而察来,而微显阐幽。"《春秋序》谈到微而显这种为例之情时,解释道:文见于此,而起义在彼,这也充分表明了文意的复杂性和多重性。因而含混的意义与《文心雕龙》的复意是相通的。

朦胧含混性,这是李商隐诗歌最具个性的一个特征,这一特征是李商隐的诗歌区别于其他诗人之诗歌的标志。这一特征主要为其抒情诗中呈现出的一种朦胧含混美,使其诗意韵无穷,达到了美的高度。如《锦瑟》:"锦瑟无端五十弦,一弦一柱思华年。庄生晓梦迷蝴蝶,望帝春心托杜鹃。沧海月明珠有泪,蓝田日暖玉生烟。此情可待成追忆,只是当时已惘然。"这首诗是李商隐晚年诗中最受传诵的一首,这诗写得言在意外,词采富丽,明丽清隽,典故繁多而词义晦涩难明,含蓄深沉,寄慨遥远,真情显露,充分体现了李商隐诗歌的风格。如周振甫评曰:"这首诗既珠圆玉润、琢炼精莹,又复真情流露、生气蓬勃。这正是李商隐独特的风格。"[①]它可谓是李商隐朦胧含混性诗歌之代表。这首诗自宋代以来议论纷纷,说法不一,有代序说,有自伤说,有悼亡说,有寄托说,有说锦瑟乃令孤楚婢女名,有说是咏锦瑟四曲。笔者认为兼而有之,在诗里,诗人通篇回忆往昔之事,从不同的侧面抒写了诗人理想破灭,壮志落空的不尽悔恨和惆怅,以一种迷茫朦胧的景物象征了诗人绵绵迷惘的心境,抒发了一种幻灭的感慨,表达了一种"无可奈何的情绪,无可表达的深沉,无可解答的疑问"[②]。此诗所表述真乃"象外之象、景外之景"的迷茫朦胧之态,它"消除了那种过于琐细和微不足道的明晰性和精确性",达到了一种"超诣"的诗境。因其诗表现的朦胧含混性实在为多,故在此不一一列举,而选上述以明之。李商隐诗歌的朦胧含混性使其诗歌表现出了独特的艺术魅力,确立了他在唐代诗坛中的地位。总之,李商隐是一位难得的诗人,他在我国诗歌史上有着不可低估的地位。他的诗歌乃中华文化不可分割的一部分,他深沉含蓄、委婉曲致的创作特色为我们提供了宝贵的经验,其朦胧含混性诗歌开创了我国朦胧诗的先河,李商隐可谓我国朦胧诗之鼻祖。他的诗歌在前人的基础上自创独特的艺术风格,具有较强的思想性、可读性、艺术性,确乃我中华文化艺术的宝贵财富,我们应该用历史的眼光来看待他的诗歌,正确地对待和继承,以弘扬中华民族的优秀传统文化。

5. 表达张力

所谓表达张力,是一种通过文字或语言、语气、身体动作等表达出来的表现力与感染力。画家通过线条、形状、图案、颜色和明暗以及组合的变化,收放自如,从而充分体现和表达出内心的想法,传达强烈的思想愿望和意识,达到美术张力的目的;同样,文学也有自己的表达张力。在文学评论中,常常会有这样的评价:文章写得张弛有度。就是说写文章应该有紧有松、有疏有密、跌宕起伏,有张有弛、节奏感好的文章读起来令人赏心悦目。这里的"张"就是指张力,在物理中常指某

---

① 周振甫.李商隐选集[M].上海:上海古籍出版社,2012.
② 宗白华.艺境[M].北京:北京大学出版社,1987.

物体受到拉力后物体内部产生的一种牵引力,引申在文学方向则是指作者对文章的情节内容驾驭熟练,可收可放,使文章节奏恰当,而不拖沓,如弓之开合,不平淡,不夸张,恰到好处,达到与读者"共鸣"。

文章表达张力能不断地拉住读者的思维,加强文章的吸引力,拥有着极强的运动感,夸张的变形,澎湃的激情,使读者身心完全融入到文章的境界里。表达张力的典型手法有以下几种:

(1)排比。利用意义相关或相近,结构相同或相似和语气相同的词组(主谓/动宾)或句子并排(三句或三句以上),达到一种加强语势的效果。把结构相同或相似、意思密切相关、语气一致的词语或句子成串地排列的一种修辞方法。

(2)比喻。对某事物的特征进行描绘和渲染,可使事物生动形象具体可感,以此引发读者联想和想象,给人以鲜明深刻的印象,并使语言文采斐然,富有很强的感染力,使语言生动形象,还可以使深刻的、抽象的道理浅显、具体地表达出来。

(3)夸张。运用丰富的想象力,在客观现实的基础上有目的地放大或缩小事物的形象特征,以增强表达效果的修辞手法,启发读者的想象力和加强言语的力量。

(4)衬托。为了突出主要事物,用类似的事物或反面的、有差别的事物作陪衬,这种"烘云托月"的修辞手法叫衬托。运用衬托手法,能突出主体,或渲染主体,使之形象鲜明,给人以深刻的感受。

6. 反讽与意趣

反讽作为一种人类交际的普遍现象,长期以来受到各国修辞学家和文学批评家的关注。其地位的重要性正如 Kierkegaard 所言,"就像哲学家声称没有疑惑就没有真正的哲学一样,可以说没有反讽就没有真正的人类生活。"①

反讽的源头发展就已经呈现出复杂的趋势,对它的研究多,说法也很多。反讽可以是一种哲学途径,传达某种理念(柏拉图式的希腊传统);也可以是被当做一种纯粹的语言表达修辞手法,是演讲、政治舌辩的策略工具。验证了米克所说的那句话:"如果有谁觉得自己产生了一份雅兴,要让人思路混乱、语无伦次,那么,最好的办法莫过于请他当场为'反讽'做个界定。"②

可见,界定反讽这一概念不是一件简单的事情。更奇妙的是,反讽无论是修

---

① Kierkegaard,S. The Concept of Irony [M]. New York:Harper and Row,1966.
② D.C.米克.论反讽[M].周发祥译.北京:昆仑出版社,1992:11.

辞手法还是哲学途径，两者还可以互相融合，超越各自的界限，而进入言语和理念的共同探讨范畴，这可以从后面的德国浪漫主义那里窥见一斑，反讽的修辞手法和艺术哲学走向了真理性美学的高度。

　　言语反讽属于修辞意义上的反讽，是反讽的最原初的表现形式，简言之就是所言非所指。"叙述者采用谐谑性的话语方式来传达和字面意思相反或不一致的意思，语言外壳和真实意指间的矛盾相当强烈。"言语反讽作为一种修辞手段，广泛应用于古今中外各种文艺作品之中，鲁迅先生的小说里言语反讽的现象便十分普遍。如《祝福》中祥林嫂不堪忍受凌辱，从婆家逃出，经人介绍到了鲁四老爷家做工，本以为可以过上平静的日子，不料婆家居然上门又将她抢回去了，"鲁四老爷听说后，只说了几个字'可恶'。然而，正是这寥寥的几个字，鲁四老爷这个自私冷漠的封建礼教的卫道士形象便跃然纸上了。"他表面上是在指责这种强盗行为，而实际上他话中的潜台词有四：一是惊怒祥林嫂的婆家人竟敢上门来抢人，不给他面子；二是气愤中间人居然介绍了这么一个身份复杂的佣人给自己；三是可惜少了祥林嫂这么个能干肯吃苦的下人；四是站在自己封建卫道士的立场看来，祥林嫂从婆家叛逃出来简直就是大逆不道，被婆家抓回去受罚也是应该的。鲁四老爷的想法有这么多，然而他却只说了四个字，这自然是怕自己伪善的面具被揭开，而只好支支吾吾"欲言又止"。再如《孔乙己》中的小伙计"我"，"我"以一种冷漠的、与己无关的态度讲述了孔乙己这个没落知识分子被嘲笑被屈辱的经历，甚至孔乙己最终被打断了腿，用手爬着进入酒店时，"我"也始终是淡淡的，连一丁点儿怜悯的眼光都未流露出来。然而，正是在叙述者这种不动声色却又细致的描述中，读者分明能感受到作者那饱含同情与哀伤的目光投射在孔乙己那头发花白的背影上。

四、文本细读与教学工具

　　国外有专家将文本细读策略概括为：直面作品、寻找缝隙、寻找原型。有专家就注意到，由于错误地采用了文本细读，导致了阅读的误区，如凭空的逻辑推演、游离的文史演绎、泛化的多元解读、单向的教师细读等。大家都意识到，文本细读是一种方法，是一种技术，也是一种策略，如有人将其概括为词义分析、结构分析和语境分析三步。当然，还有很多文本细读策略和工具待开发。

　　教文本细读的教学任务，就是分析一个文本，以便建构一个文本的理解框架，然后对文本细读的问题和策略进行分析，以引导学生发现意义。这个过程是在最

第五章 语文文本解读方法(中)

重要的单元或课程知识主题或目标的指引下进行的,其教学任务(the instructor's task)是①:教师分析文本(teacher analyzes text);教师建构意义(teacher frames understanding);教师开发细读策略(teacher develops close reading strategies);教师发现意义(students discover understanding)。其中,"教师分析文本",贯穿学习的始终,包括:深入(dive into)文本,追问同一类问题,由单元或课程主题或目标指引(guided);而"教师建构意义",就是实现文本意义(understanding),教师会经常构建两类问题:一是基于文本(text-dependent)的问题,而该问题只能通过阅读文本回答,二是概念(concept)问题,该问题可以通过借鉴先前知识(prior knowledge)来回答。

"教师开发细读策略"主要体现在以下的语言工具(language tools)中,如:

用词(diction)或字的选择(word choice)

词的内涵(connotative)与外延(denotative)意义

词的影响力(impact)

重复(repetition)出现的单词和短语

修辞格(figures of speech)

节奏(rhythm)

句子变化(sentence variation)

句及其结构(structure)

段落(paragraphs)及其结构

意象或形象(imagery)

象征(symbolism)

陈述或辩论的逻辑(logic)

陈述或辩论的策略(strategies)

观点(point of view)

声音(voice)

多角度(multiple perspectives)

思想的组织与安排(organization and arrangement)

过渡(transitions)

---

① Lucinda MacKethan. Teaching Through Close Reading:Historical and Informational Texts An Online Professional Development Seminar[EB/OL].[2013-01-10]. National Humanities Center. americainclass.org/.../WEB-Close-Reading-Presentation_Part-II.pdf

语调/情绪(tone/mood)

推论(inferences)

意义(implications)

证据(evidence)

策略性沉默(strategic silences)

读者(audience)

作者的意图和目的(intent/purpose)[在某种程度可辨识(discern)]

历史性的语境(historical context)

环境(setting)

主题(theme)、中心思想(central idea)、论题(thesis)

"教师开发细读策略",该策略主要依据语言工具(language tools)进行开发。

首先,简化语言工具。语言工具(language tools),共有28项,内容复杂,但如果我们将其分类,就会简化为三类基于文本的问题(text-dependent questions),即文本细读的语言问题、语境问题、形象或思想或意义问题。

其次,对三类问题进行各自聚焦,并尝试设计。根据文体和文本特征,选择28项工具中的适宜工具置入其中。"语言问题",主要包括聚焦词(focusing on the word)、聚焦句子(sentence)、聚焦段落(paragraph)、聚焦全文(whole)。例如:就"词语":这个词究竟传达了什么内涵(connotative)?作者为何要写这些细节(denotative)?就"句子":作者怎样/为何采用排比句(structure)?作者如何组织句子(organization of ideas, argument, transitions)?;就"段落":作者如何发展段落(organization of ideas, paragraph structure, argument)?,如比较/对比、定义、叙事、细节等;就"全文":引用文中的证据说明,作者/人物的观点是什么(point of view)?作者心目中的读者究竟是谁?从文中找到证据来说明,作者的这一目的如何影响了其信息的选择(strategic silences)?

"语境问题",我们可能追问:作者是谁?文本何时、何地出版?读者为何人?(audience)为何要写?文本图片与文本有何关系?……对这些问题的回答,告诉了我们什么?

就"形象或思想或意义问题",我们可以这样设计:作者在这几个句子塑造了一个什么样的形象(imagery)?哪些词塑造了这一形象?作者为何选择这些词(术语)而非其他词?作者为何从陈述变为直接引用作者的原话?(multiple perspectives)?这种变化有何作用?作者是如何发展段落(paragraphs)?究竟想突显什么?

需要注意的是,本文不可能将列表中的28项工具一一都集中陈列出来,因为每个文本的细读都有其自身独特的要素,特有的问题。

五、文本细读的教学过程

文本细读具体的教学过程包括①:

- 选择短的段落、摘录
- 从事有限的读前活动,深入文本;
- 聚焦文本本身
- 有目的地(deliberately)重读
- 不动笔墨不读书(reading with a pencil)
- 关注令自己困惑的内容
- 与他人讨论文本
- 结对思考与分享,或经常轮流发布
- 小团体(small groups)和全班(whole class)
- 对文本相关的问题进行应答

也有课程组织与专家,为了使文本细读"深入"而设立支架教学(scaffolding),如理解工具包(comprehension toolkit)、即时贴便条(post-its)、思考单(think sheets)、拼图(jigsaws)等②。

文本细读的追求过程是:从"教师模式"(teacher modeling)中的"面对学生"(to students)——该模式主要体现在教师的"我做"(I do),到"指导性/合作性实践"(guided/collaborative practice)的"与学生"(with students)——该模式则主张师生共同的"我们做"(We do),再到"通过学生"(by students)的"独立实践"(independent practice)——该模式强调学生的"你做"(You do)。而文本细读最终追求的就是为了实现:从教师支持(support)逐渐变为学生负责(responsibility),即教师的教逐渐减弱以至于不教,而学生对自己的学习负责,从很少靠自己到主要靠

---

① Beth Burke, NBCT. A Close Look at Close Reading:Scaffolding Students with Complex Texts[EB/OL]. [2014-02-3]. nieonline.com/tbtimes/downloads/CCSS_reading.pdf;The Aspen Institute. Close Reading and the CCSS[EB/OL].[2012-04-3].

② Beth Burke, NBCT. A Close Look at Close Reading:Scaffolding Students with Complex Texts[EB/OL].[2014-02-3]. nieonline.com/tbtimes/downloads/CCSS_reading.pdf

自己①。也就是说,他们注重文章的启蒙、见解和认同,侧重在文本可能揭示的歧义和象征意义。但是至于如何得出这样的结论,能否作为一种策略进行重复或推广,进而得出相同的结论,则有很大的难度,或者说,更多的是一种内隐的方式。

第七节　关联推论：文本解读中的猜测与印证

一、关联理论与阅读原理

1. 关联理论

关联理论是 Sperber 和 Wilson 合著的《关联性:交际与认知》一书中所提出的,是近年来在西方颇具影响的认知语用学理论。该理论主要研究信息交际的推理过程,尤其注重探索语言交际的话语解释原则,它将语言交际看作是一个明示——推理的交际过程,"明示"和"推理"是交际过程中的两个方面。所谓"明示",是对说话人而言,就是指说话人明确地向听话人表示意图的一种行为;所谓"推理",是对听话人而言,指听话人从说话人用明示手段提供的信息中推断出说话人暗含的意图。关联理论把言语交际看成是一种有目的、有意图的活动,任何一段示意交际活动的话语都预先设定这个交际活动本身具有最佳的关联性。"理解话语就是寻找关联"(Wilson,1994:36),就是听、读者在说、写者提供的信息与自己的已知信息即认知语境之间寻找最佳关联,进行推理判断,获得语境效果,从而达到交际成功之目的。

寻找关联要通过选择语境来实现。语篇理解的过程就是语境建立的过程,在这个过程中,读者选择相关的语境要素,组成一个语言环境,以便更好更快地理解篇章,提高阅读效率。成功的交际活动取决于读者选择的语境与作者建立的语境的一致性。在关联理论看来,交际过程汇总"找关联"的办法主要是:① 旧信息,即交际者对某个话题的已知信息。② 新信息,即交际者对某个话题的未知信息。③ 关联信息,即把新、旧信息联系在一起的信息。在交际中,三者之间的作用不同,但相互之间又有联系,旧信息是交际理解的前提,新信息在旧信息的基础上经过推理而得以理解,关联信息则起着加快交际理解速度的作用。在语言交际过程

---

① Beth Burke, NBCT. A Close Look at Close Reading: Scaffolding Students with Complex Texts [EB/OL]. [2014-02-3]. nieonline.com/tbtimes/downloads/CCSS_reading.pdf

中,要确定交际者的真实意图,即交际意图,那么听话人或读者就需要寻找到说话人或作者的话语和语境之间的最佳关联,通过推理得出隐含语境,取得语境效果。"语境效果差,关联性就弱,推理时付出的努力就大,较难达到交际目的;语境效果好,关联性就强,推理时付出的努力就小,较易达到交际目的。"①

2. 关联理论视角下的阅读教学原理

何谓阅读教学?刘守立认为:"阅读教学是教学者、阅读物和阅读者诸多主体交叉构成的矛盾系统,它们相互联系,相互作用,相互促进,并由此决定了阅读教学的内容、价值和目标。"②从阅读理解的角度看,阅读理解的过程实际上就是在语境假设的基础上尽可能进行关联性程度最大的逻辑推理,从而理解作者意图的语用推理过程,交际双方之所以能达成默契,主要由于有一个最佳的认知模式——关联性。阅读也是一种交际活动,是作者和读者之间的一种书面交际活动,在此活动中,"作者通过文本向读者表达思想,倾诉他自己的内心世界以及他对外面世界的认识,读者也能通过作者创作的文本敞开自己的心扉去倾听、去感受、去应答,去吸收消化,理解作者的心灵,甚至可以提出自己的观点、看法,对作者展开批评,和作者争论,在批评和争论中实现与作者间的对话。"要想实现读者与作者的成功对话,阅读活动须遵循语言交际的原则和规律。要认知,就要寻求关联,要关联,就要推理、信息加工。最有效的阅读就是以最小的加工努力得到足够的认知效果,达到最佳关联。

关联理论认为,语言交际是一个认知过程,认知是以关联性为指向的,信息的接受者正是以关联为原则,结合明示信息对信息发出者的意图进行推理。语篇中会有很多信息,但信息接受者只注意相关的信息。当代语文教育家章熊认为:"阅读,就是通过视线的扫描,筛选关键性信息,结合头脑中储存的思想材料,引起连锁性思考的过程。"③读者如何获得暗含结论?要求读者把明示语句信息与具体的语境假设结合,从两者的关联中寻求答案。读者在分析理解篇章内容时具有以下特点:读者从对语言文字的解码过程中获取信息时,明说内容,语境和各种暗含的结合会使读者对语言材料产生不同程度的理解;读者往往用一个单一的、十分笼统的标准去理解语言材料。这个标准足以使信息接受者排除其他的理解,而只认定一种理解。这个标准就是关联性。读者根据语言信息,结合当时的语境和假

---

① 张省林.关联理论的动态特性与话语理解[J].云梦学刊,2005(5).
② 王松泉.阅读教学整体目标论[J].中学文科参考资料,1991(9):9.
③ 倪文锦,欧阳汝颖.语文教育展望[M].上海:华东师范大学出版社.2002:213.

设,努力去寻找关联;关联选取得当,就会获得相应的语境效果,有了语境效果,就能取得理解的成功。从而,阅读理解是一个寻找关联的过程。

二、基于关联理论的阅读理解策略

1. 建立最佳关联,有利于学生对文本话语理解

关联理论事实上是对话语理解的推理做出合理的解释,同时揭示话语理解的导向和制约机制。语境理论实际上是关联理论的认知工具,解释话语理解的推理;语用理论则解释话语理解的导向和制约,是关联理论认知工具的使用原理。关联理论认为语用推理从整体上看包括非论证性推理和论证性演绎推理。非论证性推理不同于论证性逻辑推理——论证性逻辑推理仅借助确定的前提就可得出正确的结论。而在语用推理中受话者的任何可得到的概念信息都可以成为前提。这就是说听话人在做话语理解的推理时可依据自己可得到的任何概念信息,或者说他(她)没有确定的前提可依。这就是语用推理的非论证性。理解一个话语单单有语言知识是远远不够的,对话语的解释一方面是由话语的字面意义决定,另一方面是由一些可及的语境假设决定的。听话人需要形成语境假设作为理解话语的前提。形成语境假设实际上就是根据已说出的话去构建一种可以合理解释说话人为什么要说这句话的原因的背景假设。这种根据某一已知事实结果去推断出产生这一结果的原因的推理,在逻辑学上叫溯因推理。

2. 建立最佳关联,有利于学生更好地理解文本内容

根据关联理论,阅读是一个通过理解作者明示信息,寻求最佳关联,进而理解交际意图的过程,即是一个从获得明示信息到理解隐含信息的过程。所以,教师在语文阅读教学中要通过提问加强文本内容的明示,建立最佳关联,从而为学生更好地理解作者隐含的信息提供有效前提。如何通过提问加强阅读材料的明示,建立最佳关联?教师可以有意识地提示与阅读材料有关的关键词、关键句或关键段落,或者提一些富有启发意义的问题作为推理线索,帮助学生建立最佳关联。老师通过提示或提问让学生对文本的整体结构和阅读任务心中有数,在阅读过程中明确阅读目标,从而有的放矢地寻找与问题最相关的信息。关联理论是一个有关语言交际的理论,阅读也是一种交际活动,是作者和读者之间的一种书面交际活动,在此活动中"作者通过文本向读者表达思想,倾诉他自己的内心世界以及他对外面世界的认识,读者也能通过作者创作的文本敞开自己的心扉去倾听、去

感受、去应答,去吸收消化,理解作者的心灵,甚至可以提出自己的观点、看法,对作者展开批评,和作者争论,在批评和争论中实现与作者间的对话。"①要想实现读者与作者的成功对话,阅读活动须遵循语言交际的原则和规律。在阅读教学中,教师在要求学生寻找关键词、关键句或关键段落的同时,还要鼓励学生关注其他看似无足轻重而实际在文本中具有重要作用的字、词、句、段,这些字、词、句、段和关键词、关键句或关键段落是作者提示文本主题或中心思想的关联性最强的明示刺激,在引导读者寻找关联的过程中,起着非常关键的作用。它们共同作用促成文本的衔接和连贯,由此学生可从整体上把握文本的中心思想,取得文本的语境效果,从而实现对文本更全面、更深刻的理解。

例如讲授《再别康桥》:这首诗只着色绘景而不摹声,以"轻轻的""悄悄的""沉默"造成一种寂然无声的寂静环境,排除了离别中因伤别而产生的沉重感,增加了飘逸的成分。

第一节最引逗我们情思的是那三个"轻轻",使我们体会到,康桥是美丽,而这美最集中地表现在一个"静"字。三个"轻轻"是诗人对康桥之美的观照,即使"作别"一刻还要把这种宁静之美藏于内心,不忍打破这种宁静之美的惜爱之情得以展现,并为全诗确定了情感基调。最后一节,与第一节呼应,又有深入,"轻轻"变成了"悄悄",物我两眷溢于诗表。诗人以优美的意象、宁静平和的心态,写了对康桥深深的眷恋之情。

在讲授过程中,只有让学生抓住了这些关键字、关键词,才能更好地建立最佳关联,从而让学生更好地理解作者隐含的信息。

3. 建立最佳关联,有利于引导学生对文本进行合理的推理

交际以理解为目的,推理是理解的核心。按照关联理论,交际中的推理是要找到话语和事物之间内在的关联性和最佳的关联效果。阅读中的推理也如此。学生记忆中的任何信息都可能被当做推理的前提,推理时关键在于筛选出有关的信息,建立相应的关联,推导出相关的意义。在实际的阅读教学中,学生能够轻易地理解文本的表层意义,但很多学生却不能读懂其深层意义。要提高学生的推理能力,教师在教学中就应通过寻找最佳关联,引导学生进行合理的推理。

阅读者看懂字面意义是不够的,具备一定的关联信息之后,阅读者还需要运用逻辑推理来理解文章意义。传统高中语文阅读教学过分强调语言解码功能,导

---

① 孔凡成. 语境教学研究[M]. 北京:人民出版社,2009:23.

致阅读者只对文字进行堆砌,不能把文章传达的新信息与原有认知有效联系,导致似懂非懂。教师要引导学生在阅读过程中,最初对阅读材料进行解码,然后按照认知结构所指引的方向进行推理和演绎,最终全面而准确地理解文章意义。

阅读理解过程的实质就是建立关联,寻找和调用多方关联信息,形成相关语境假设的过程。它和逻辑推理有着根本区别,逻辑推理是论证性推理,在所有的情景中过程和结果都是一样的。"语文是最有思想性的学科,语文的选文要有科学的内涵,符合生活的真实和艺术的真实;能够引起学生的兴趣,使语文教科书成为最有魅力的教材,艺术性是就内容的物质外形而言的,比如图像系统的健全等。"[1]而关联理论下的阅读推理是心理语言学推理,高度依赖情景。相同的话语处于不同的语言环境中,其推理结果就不同。阅读推理又是动态的,它需要读者充分发挥自己的主观能动性,以期取得最佳的阅读效果。

关于如何建立最佳关联,笔者认为,推断话语内涵就是探寻最佳关联的过程。学生通过语用推理寻找最佳关联,从而正确地理解阅读材料。在高中阅读教学中,为了激活学生知识结构中已经存在的构思图式,教师应该有意识地培养学生宏观理解的思维模式。因为,"明示性"是个相对的概念,明示行为的作用只是通过说话引起受话者的注意,诱发受话者去思考,即明示行为的"示意"目的,以及通过说出一句话,向受话者表达更深层的目的或意图,即明示行为的"施意"目的[2]。教师可以在阅读之前组织学生讨论与阅读部分相关的内容,启发学生将已有词汇、句法和逻辑关系与阅读主题进行有效关联,在阅读过程中对所获信息进行积极地筛选,寻找最佳关联,弄清语篇的内涵意义,并在已有信息和新信息之间不断地进行修正和补充,实现对阅读内容整体理解的把握。

4. 主动阅读,积极猜测,合理印证

(1) 利用关键提问,了解行文思路

在猜测推论引导下解读,多向文本提问,多向作者提问,也向自己寻求答案。"潜心会本文"(叶圣陶),在文本"将要之处"引导解读。朱自清的《背影》在抒情散文中实属精品,文章选取的中心点是父亲的"背影",这不仅体现了一位平凡的父亲,在"背影"的衬托下也更显父爱的伟大。因此,解读应重视经典作品中作者蕴含在文本中深层意义,联想自己的父亲,予以学生深刻的启示,而非针对一些浮在

---

[1] 朱绍禹.中学语文教学概观[M].北京:人民教育出版社,1997:22.
[2] 刘绍忠.关联理论的交际观[J].现代外语,1997(2).

表面的问题引导,如"父亲去买橘子的时候,翻越栏杆是否违法"等。

以猜想促思考,以印证促解读,授之以渔,引导学生聚焦主题,准确把握文本内容。感性猜想,理性印证,又如,从《伟大的悲剧》这个题目,能够猜测出文本主题吗?由标题可以猜想斯科特一行人的"伟大"与"悲剧",引导文本分析中印证归纳:"伟大"修饰着"悲剧"一词,明确斯科特南极行"事件"有何重大历史意义才得以"伟大"。如此,提问——猜想——引导——印证,提问猜测推论,文本主题对照,潜移默化"文"与"题"之间印证其内在联系。

(2) 文本空白处猜测推论

文本中的"空白"是作者有意或无意所留出的,没有写明,召唤着读者的猜想,并印证未知的蕴含空间。《中华读书报》的一篇文章《萨义德的背后》,它评论了英国的瓦莱丽·肯尼迪博士所著《萨义德》,其中写到:"每一个文本都不可能穷尽世间所有的真理,所以一个伟大的让人敬畏的文本不是要告诉我们什么,而是让我们思考文本之外需要填充什么。"弥补文本空白能印证读者的猜想,驱遣想象,同时,激活学生的思维,从而建立起读者与文本沟通的桥梁,使读者对文本的意义达到个性化的理解。如《晏子使楚》一文中,晏子与楚王在第一回较量时,文本并没有对楚王与晏子的笑进行描写。试着猜想,当楚王使唤士兵挖了一个五尺来高的洞,他会如何笑?晏子看到这个洞又会如何笑呢?"楚王嘲笑晏子""晏子不屑一顾",利用文本空白之处,在猜想"笑"的内涵中,既对人物形象有深刻认识,也在印证过程中体验怎样写好"笑"的各种神态。

文本有其自身的"召唤结构",其携带的"空白"也拥有远大于作者创作本意的意义,也留给读者广阔的遐想空间。正如"接受美学"论者波兰学者英伽登认为:作者在创作文学作品过程中,为典型地反映客观事物和追求社会效益,往往采用"文约事半"的创作手法,作品的本文只能提供一个多层次的结构框架,其中留有许多"空白"即未定点,读者只有在一面阅读一面将它具体化时,作品的主题意义才逐渐表现出来。

教材文本中有些内容描写得留有余地,为解读提供了猜想推论的空间,要多元解读文本,有意识地发现文本的空白处,开启一扇文本解读的内心世界的"窗"。

(3) 情感脉络里猜测推论

"感人心者,莫乎于情。"(白居易)借助猜测推论在文本的情感脉络中快速达成读者、文本、作者的三位一体。如《背影》一文,利用四次出现的"泪",结合文本的情感走向,猜想作者情感世界的谋篇布局,每一次的"泪"都模糊了不一样的世界。第一次流泪(第二段)"到徐州看到父亲,看见满院狼藉的东西,又想起祖母的死,不禁簌簌地流下眼泪";第二次流泪(第六段前半部分)"这时我看见了他的背影,我的眼泪很快地流下来了";第三次流泪(第六段最后部分)"等他的背影混入来来往往的人里,再找不着了,我便进来坐下,我的眼泪又下来了";第四次(最后一段),作者读着父亲的来信,泛出自责、思念、理解的"晶莹的泪光"。

抓住情感脉络,在猜想中体会作者的情感;在印证中,也在"流泪"中理解父亲的好与不好。第一次因家中光景惨淡,流下悲伤之泪,那么,作者情感高潮的第二次流泪是为何?每一次流泪既写得真实,也生活化,却较之前一次的"泪"愈加深情。在猜测推论下,在触摸、品味中,也在此线索的牵引下,一步步地走进文本,走近作者。同时,回扣印证出第三、四、五、六段的内容诱发了作者第二次流泪。

可见,以上关于文本情感脉络的猜想,以及建立在关键词猜想基础上对情感脉络的猜测推论,皆与文本对话,进而猜想与印证文本在内容、形式及主题表达上的独到之处。对文本的好奇和疑问,都以关键词为引子,沿着情感路线,借助猜测推论穿针引线以得到基本理解和准确把握。

通常有人会把文本解读理解为对文本的复述和图解,结果被浮在表面的意象所束缚,乍眼一看面面俱到,却在斑驳的文本前力不从心,缺乏深刻认识,而蹩脚地流于"创造性"阅读,将活的文本整体肢解成僵硬的条条框框。阐释学在于探寻解读行为的共同本质,是对文本意义的理解和解释的理论哲学。由此,猜测推论的阐释意识生成一个超越读者的理解范围的视域,也传达出独特见解的"意义"。如果说文本解读是一种感受、体验、分析、醒悟的心理过程,那么,猜测推论的阐释意识就将这一解读过程阐释出来。

这样,作为猜测推论的功能之一,不再是读者对文本的纯客观认识,也不是读者主观行为。这是猜想方法论的规定包含了印证的全部内涵,也是读者对文本深刻阐释的解读过程。

三、基于关联理论的阅读教学策略

根据关联理论的关联原则,阅读教学要引导学生综合运用各种阅读技巧建立信息之间的关联,获取丰富的信息,实现对文本的整体理解。对文本的阅读,要有整体意识,切忌机械肢解、断章取义。为建立最佳关联,整体理解文章,可按三个步骤进行。下文以《边城》为例,谈谈怎样建立最佳关联,实现整体文章的整体理解。

（1）学生充分利用已有的语言知识，尤其是链接手段的知识在自下而上的阅读方式中建立最佳关联

即运用相关的语言知识，如关键词分析、情感线索分析、结构分析、修辞分析、表达方式分析等知识，把文本的各点意蕴揭示出来并形成一个总的整合的意蕴。这种分析，就是"裸眼初读"后的分析，是读者语感能力的体现。

《边城》是高中语文第二册第一单元的自读课文。单元教学目标是欣赏小说的人物形象和语言。欣赏人物形象要分析人物性格的丰富性及其发展变化，注意情节环境与人物的关系。欣赏小说语言，要品味语言的内涵，学习作者语言运用的技巧，鉴赏作者不同的语言风格。

分析人物翠翠形象：在课文中找出描写翠翠情感变化的关键词语，仔细观察和揣摩这些词语及其内在的关联，这种关联其实构成了一条感情变化的线索，让学生结合作者写作风格和课文背景，理解这些情感背后的因素是什么。

"凄凉"——"胡思乱想"——"哭起来"——"神往倾心"——"顶美顶甜"——"吃了一惊"——"沉默"——"吹不好"——"柔软"

设问，让学生揣摩情感：

① 翠翠为什么心中有些"凄凉"？（抓凄凉的含义：寂寞冷落）

② 翠翠为什么"胡思乱想"想离开祖父，想让祖父着急呢？

③ 祖父不理会她真是她"哭起来"的原因吗？

④ 翠翠为什么会听母亲的爱情故事听得"神往倾心"，会觉得是"顶美顶甜"的梦呢？（"虎耳草"的寓意？）

⑤ 翠翠"吃了一惊"，"吹不好"芦管说明了什么？

通过设问让学生理清了翠翠心理变化的这条线，这其实是纯情翠翠的爱情由朦胧变清晰的过程。通观全文总结翠翠的形象天真善良，温柔清纯。和外公相依为命，对其关怀备至。对于爱情羞涩又真挚，后来傩送出走她又矢志不渝地在等心上人回来。翠翠是一个理想化、纯美化的形象。

（2）学生充分借助已有的百科知识在自上而下的阅读方式中建立最佳关联

即对这段话语采用自上而下的阅读方式，按从大至小的顺序来理解话语意义。引导学生充分借助文中的社会时代背景、作者的主题意图、上下文语境等建立关联。

从课文提示中得知，《边城》发表于1934年，是沈从文的代表作，展示给读者的是湘西世界和谐的生命形态。小说描写了山城茶峒码头团总的两个儿子天保和

傩送,与摆渡老人的外孙女翠翠之间的曲折爱情。青山,绿水,河边的老艄公,16岁的翠翠,江流木排上的天保,龙舟中生龙活虎的傩送……《边城》中的一切都是那样纯净自然,展现出一个诗意的自然环境与人类社会。然而最终美好的一切只能存留在记忆里:天保因外出闯滩而死,傩送因心怀愧疚离开家乡,祖父也在一个暴风雨的夜晚死去,只剩下翠翠苦等傩送的归来……一个顺乎自然的爱情故事以悲剧告终。课文节选自《边城》第13章至第15章。教学重点是体味人物的细腻心理,感受湘西边地特有的民俗风情和人性之美。教学难点是分析环境描写是如何表现人物心理的。

(3) 学生在已有的语言知识与背景知识的互动中建立最佳关联

首先,学生利用语言知识解读,借助文本研习,整体感知小说的诗化语言,领会翠翠的美丽心灵;再联系原有的知识经验,通过问题探究,展开教师、学生、作者和文本四者之间的对话,构建师生间和谐平等、互动对话的语文课堂,展现出一个诗意的自然环境与人类社会。作者用清新的笔调、诗化的语言来描述30年代湘西淳朴善良的生命形态中闪耀的人性之美,美的语言与美的人性相得益彰,和谐统一。在诗意的语言和诗意的人性中,学生感受到的是一个爱情悲剧,几分吹嘘,几分惋惜,更有对美好人性的憧憬与向往,从而净化了自己的灵魂。通过上述三个步骤的交替阅读,学生建立起最佳关联,实现了对文本的整体理解。

(4) 关联理论指导下的阶梯式阅读教学模式在实际应用时,要注意下述问题

① 遵循阅读的心理层次,循序渐进。阶梯式阅读教学模式的每个教学环节都有其特定的阅读任务和阅读心理。教学之初,老师设计简单的学习任务,激发兴趣和建立信心后,根据学生的实际情况逐步加深任务难度,使学习任务有梯度地呈现。

② 遵循阅读的认知规律,重视认知语境、关联和推理在理解中的作用,以阅读理解能力的培养为核心。"在关联理论中,关联被看做一种必然,语境是一个变项,是动态的,不是静态的,语境是一系列处于变化和发展中的命题,是在具体的交际过程中确定的。"[①]通过认知语境、关联和推理在理解中的相互作用,把认知语境作为教学内容设计的出发点,教学过程中注意选择多样化的教学方法来调动学生的认知语境参与文本意义的构建,实现对文本的深层理解。同时老师要注重培养学生的关联意识,重视训练学生的推理能力,提高学

---

① 刘焕辉.语境与语言交际[C]//语境研究论文集.北京:北京语言学院出版社,1992:441.

生的阅读推理水平。

③ 按照关联理论中认知语境的动态性和建构性,注重学生的能动创造作用,重视他们已有的知识经验和独特的阅读体验。因为个体认知语境的差异,必然导致理解的不同。对于学生的个性解读,教师在坚持尊重文本的原则上灵活引导。

④ 重视关联理论指导下的师生之间,生生之间,教师、学生与文本之间的对话,充分发挥关联理论作为微观理论对话语理解的指导作用,使学生在对话中加深理解,体会话语的深刻内涵,掌握语言交际的技巧,从而实现对话的有效性。通过有效的对话,使学生把阅读教学过程当成是充满乐趣的探险和创造,在一生的语言交际活动中熟练运用,在社会阅读实践中保持阅读兴趣,提高阅读能力。

⑤ 在具体的教学实践中,本模式面对不同的文本,其适用性有强弱之分。具体来说,在语言表达较为含蓄的文本的教学中强调推理理解层,在情感性较强的文学作品的教学中侧重情感理解层。Sperber 与 Wilson 用语境效果和处理努力两个正负因素来制约关联性。如果某一假设获得的语境效果值得受话人花费时间和精力去处理,所需要的处理努力也会使受话人得到相应的报偿。也就是说,"发话者必须使受话者以适当的处理努力去获得适当的语境效果,而受话者一旦付出处理努力就必定会获得语境效果;付出较大的处理努力,必定会获得较大的语境效果。"① 但总体而言,无论哪类文本,都需要经过推理来挖掘文本的深层含义;无论哪种文体,都需要进行情感态度价值观的教育。如对文学类文体(诗歌、小说、散文、戏剧),需要引导学生体验丰富的情感。对实用类文体,如说明文,更侧重科学态度的培养,或引领他们感受自然的奥秘,激发探究兴趣;或让他们感受祖国河山的美好,培养热爱之情;或感受科学的魅力,培养求真的态度。

总而言之,关联理论揭示了语言交际的原则和规律,阅读也是读者和作者之间进行的一种语言交际活动。把关联理论运用到语文阅读教学之中,能解决阅读教学中师生交往"场域"的复杂性问题,使老师在教学实践中抓住阅读教学的本质,掌握阅读过程的关键技术,从微观层面指导学生的阅读认知过程,从而有效提高学生的阅读理解能力和语言交际能力。

---

① 何兆熊.新编语用学概要[M].上海:上海外语教育出版社,1999.

第八节 多方提问：构建解读质疑共同体

明代思想家陈献章有言："学贵有疑，小疑则小进，大疑则大进。"没有好奇、怀疑与质问就没有人类的发展，同样，没有好奇、怀疑与质问就不存在阅读和学习。从某种角度看，阅读的实质就是某人用他已掌握的知识向文本发问，发问的结果要么是把文本中的信息整合到自己大脑中去，要么是用文本中的信息更新大脑中旧的信息，抑或是拒绝接受文本中的信息。文本中的信息超越了我们已掌握的知识或者与之有所不同，这种落差就形成一个问题，而指出这个落差并试图进行弥合或取舍，这就是提问与解答。可见，提问贯穿文本解读过程的始终，提问是文本解读的基本方法之一。

对于提问这项文本解读的基本策略，我们也可以问四个问题：第一，提问的前提是什么？什么样的环境才容忍质疑？什么样的人才能够质疑？第二，提问的指向是什么？向谁提问？提哪些问题？第三，提问的解决方法是什么？问题与答案相连，我们如何寻找问题的答案？是否需要答案？第四，提问的结局是什么？换言之，我们提问是为了什么？提问的目的与意义在哪里？

满足提问的前提，明确提问的指向，找到问题的解决方法，实现问题的意义，这是密集提问策略的简要概括。下面将以《林教头风雪山神庙》（施耐庵）、《敬畏自然》（严春友）和《说"木叶"》（林庚）等为例逐一说明。

一、提问发生的前提条件

提出问题比解决问题重要，而具备提问的前提又比提出问题更重要，"能不能问"往往是比"问什么"更棘手的难题。这既包括客观上有没有一个能包容异议的环境，有没有一套关于提问的规则与程序；也包括主观上有没有善于提问的人。具体到文本解读中的提问，就必须具备两个前提：一个就是要破除文本、作者、教师的权威地位；另一个就是要培养具有批判性思维、掌握质疑规则的学生和教师。

1. 破除文本权威、作者权威和教师权威

传统中国社会似乎缺乏包容异议的精神。书上的话都是对的，作者（特别是官方推崇的作者）的话都是对的，老师说的话都是对的——这样一种思维可以说是根深蒂固。阅读常常就等同于理解,等同于接受,不能怀疑,不能提问,更不能更正。要实现质疑,首先就要破除这种思维惯性,破除文本权威、作者权威与教师权威,比如《水浒传》,虽然贵为四大名著之一,但其招安的思想颇有局限;比如《说"木叶"》一文,虽然作者林庚先生是北大教授、诗词权威,但文中的论证仍有不严谨的毛病;又如《敬畏自然》一文,虽然与自然和谐相处几乎成了公理,但人类真的要害怕自然吗?可见,文本可能错误,作者可能错误,教师也可能错误。可喜的是,随着网络时代的到来和教育改革的深化,每个人都开始拥有充分的资讯与话语权,我们的社会变得越来越包容,我们的教师越来越开明,越来越多的学生敢于畅所欲言,文本权威、作者权威与教师权威正在瓦解。

2. 培养批判性思维,掌握提问的规则

当社会从封闭走向开放,权威不可避免要瓦解,然而这并不意味着质疑的土壤已经成熟。质疑不仅需要允许质疑的环境,更需要能够理性质疑的人。遗憾的是,我们的中小学虽然鼓励质疑精神,却缺乏有关质疑的教育,特别是批判性思维的教育。很多人搞不清楚有关质疑的基本常识,如论题、结论、理由、假设、推理、证据的效力、数据的欺骗性等[1];有很多人不了解质疑发问的规则与礼仪,提问时随口胡诌、肆意插话、反复纠缠;甚至还有人把质疑当做游戏,出现戏谑、辱骂等非理性行为。在当前,培养批判性思维、掌握提问规则或许更需要重视。西方十分注重批判性思维的培养和提问规则的制定,我国也引进了很多这一方面的著作,如《学会提问》《思考的艺术》《批判性思维》《批判性思维工具》《罗伯特议事规则》等,教师应该吸纳一部分作为语文教学内容教给学生,教会自己也教会学生把杂乱无章的质疑、非理性的质疑上升到理性层面,为提问创造前提。

◆ 知识链接

如何培养批判性思维?① 多问"how":不要只学知识,要知道如何实践应用;② 多问"why":突破死背的知识,理解"为什么是这样"之后才认为学会了;③ 多问"why not":试着去反驳任何一个想法,无论你真正如何认为;④ 多和别人交流讨论,理解不同的思维和观点。(李开复)

---

[1] (美)布朗,(美)基利.学会提问(原书第10版)[M].吴敬礼,译.北京:机械工业出版社,2013.

二、明确提问的指向

阅读提问的关键是"向谁问？问什么？"，即明确提问的对象、内容和性质。问题天文地理、五花八门，当你在心中生发出一个模糊的疑问后，就要逐步厘清自己的问题处于哪个领域哪个层面，这样才能有的放矢，顺利解决。文本解读中的提问，其对象可大致分为文本、作者（编者）、师生和读者自己四类，其内容可分为语文范围内的问题与语文之外的问题两类，其性质可分为客观性与主观性两类。

1. 明确提问的对象

明确提问的对象，就是要明确问题是针对文本本身、针对作者编者、针对一起阅读文本的其他人还是针对自己。任何一个文本都是文字自身、作者（编者）、读者共同建构的意义总体，分清你质疑的那部分意义究竟是谁带来的尤为重要。以《林教头风雪山神庙》为例，"'又亏林冲赍发他盘缠'中的'赍发'是什么意思？"或"草料场是干什么用的？"这是两个针对文本本身的问题；"作者老写雪下得紧了有什么用意？"或"施耐庵究竟是支持朝廷还是反对朝廷？"这是两个针对作者的问题；"老师说林教头有胆小懦弱的一面，怎么我以前只觉得林冲是一个有勇有谋的英雄？"这是质疑老师、又质疑自己。作者的观点、读者的观点都依托于文本、展现于文本，然而好的文本又具有相当大的弹性，往往超越作者和某个读者赋予文本的意义，于是我们的质疑就有了更大的空间，但所有的质疑都必须从文本中来，回文本中去。

2. 明确提问的内容

明确提问的内容，就是要明确问题是语文范围内的问题还是语文之外的问题。如果是语文之外的问题，这个问题又属于哪个学科或领域；如果是语文范围内的问题，这个问题又属于语言方面还是文学方面，是语言中的语言知识（语音、词汇等）还是言语技能（阅读技能、写作技能等），是文学中的哪种文体（诗歌、小说、戏剧等），文体里的哪个要素（修辞、形象、主旨等），诸如此类。以《敬畏自然》为例，若问"是'小人常戚戚'还是'小人长戚戚'？"这是一个语言知识方面与俗语语义有关的问题；若问"作者用了论据吗？用了哪些论据？"这是言语技能中与议论文文体特征有关的问题；若问"文中引用的蒲柏的诗表达了什么情感？翻译得好不好？"这是文学方面与诗歌文体特征有关的问题；若问"宇宙里还有其他生命吗？"这是语文之外天文学等学科讨论的问题；若问"作者认为宇宙创造生命，这是有神论吗?"这是一个哲学问题。总之,明确提问的内容才能确定合适的解决途径,语文老师应该鼓励并努力解决学生提出的语文范围内的问题,但也不能忽视学生提出的语文之外的问题,可以请其他学科教师在课外帮助解决,不宜过多占用语文课的时间。

3. 明确提问的性质

明确提问的性质,就是要明确问题是客观性问题还是主观性问题。客观性问题,又可以分为识记性问题、理解性问题和运用性问题等,它往往有正确的最佳的答案,对就是对,错就是错。以《说"木叶"》一文为例,问"古典诗歌中真的不用'树叶'一词吗?凡是'树叶'都用'木叶'代替吗?"这就是一个客观性问题中的识记性问题,因为我们只需要检索古代诗词库,就可以确定有没有诗歌用"树叶"一词。主观性问题,往往涉及评价和鉴赏,它往往与个人喜好有关,没有唯一正确的答案,可谓见仁见智。仍以《说"木叶"》一文为例,"作者更喜欢'木叶'一词,你认同吗?"这就是一个主观性的问题,也许有人同意木叶更具有美感和形象性,但又有人会认为两个词都依托于诗句,单独拿出来并无多大比较价值。

三、提问的路径和方法

1. 提问即对话

英国学者戴维·伯姆曾说过:"对话仿佛是一种流淌于人们之间的意义溪流,它使所有对话者都能够参与和分享这一意义之溪,并因此能够在群体中萌生新的理解和共识。"①对话是通过交流分享不同看法从而达成理解与合作的过程,教学对话就是通过师生、生生之间的平等交流,促进相互理解和教学目标的达成。对话是人类解决问题与纷争的基本方式,教学对话是师生解决疑难的基本方式。通过师生、生生之间的对话甚至与作者的对话,组建一个个质疑与解答的共同体,这是疑问的基本解决之道。

真理往往越辩越明,个人的视野和知识是极其狭隘的,把自己对文本的疑问公之于众,请老师和其他同学帮忙,在无数支持与怀疑的相互碰撞中,视野开阔了,观点多元化了,甚至一语惊醒梦中人的局面也能频繁出现,疑问于是得以解答。王君老师在教授《敬畏自然》一文的第三环节,强调"争鸣:反思作者的观点",

---

① [英]戴维·伯姆.论对话[M].王松涛,译.北京:教育科学出版社,2004:6.

给出《我们都是幸存者》(强调"顺应自然")和《驳"人要敬畏大自然"》(强调"征服自然")等两篇与原文观点不同的文章,引导学生思考质疑,在不同观点的相互交锋中,学生终于意识到敬畏自然、顺应自然与征服自然表面大不同,其实都贯穿着同样的精神——与大自然友好相处,为所应为。

案例分析

> 王君《敬畏自然》教学实录片断[①]:
> ……
> 那么,现在我们要反思作者的观点,看看是否能够和作者"争鸣"。严春友认为我们应该"敬畏自然",但是,有人提出了和他针锋相对的观点。
> 三、争鸣:反思作者的观点
> (投影展示)
>
> 我们都是幸存者(节选)(周国平)
> ……
> 驳"人要敬畏大自然"(何祚庥)
> ……
>
> (引导学生速读,把握作者的观点)
> 严春友:敬畏自然
> 周国平:顺应自然
> 何祚庥:征服自然
> 师:同学们,请问,你更赞同谁的观点?
> 生1:学习了《敬畏自然》,我觉得严春友的观点还是更有道理的。但是呢,"敬"可以,"畏"大可不必。"畏"只会让人类变得谨小慎微,更加无所作为。
> 生2:我赞同周国平顺应自然的观点。汶川大地震才结束,我们看到了自然的力量根本不是人力可以抗拒的,人类根本就不可能真正征服自然。除了顺应自然之外,人类其实并没有出路。
> 生3:我不同意周国平的观点。如果仅仅是顺应,人类就成为了一事无成的人类了。就如汶川地震,如果我们在地震预测的技术上更先进一些,我们建造的房子更结实一些,那人类所受的损失就会少得多。

---

① 王君.追求课堂训练设计的有效性——《敬畏自然》教学实录[J].语文建设,2009(7/8):64—71.

生4：我认为周国平的观点太消极了！

生5：我觉得何祚麻的观点有道理。我们人类应该是积极进取的，了解自然，探索自然的奥妙，这样才有利于我们的生存。

生6：了解自然、探索自然和征服自然是两回事。征服自然有一种高高在上唯我独尊的味道，但其实，人类在自然面前确实算不上有多高贵、多聪明。我觉得我们还是应该像严春友所说的那样敬畏自然。

生7：在敬畏自然的基础上去征服自然。

生8：我还是觉得不要用"征服"这个词语比较好。最起码，人类和自然应该是平等的吧。

生9：把这三个观点糅合起来就好了。对自然，既要心存敬畏，但是又要去了解它，探索它的奥妙，在某种程度上让自然为人类所用。但是总的来说，人类还是应该顺应自然，不要违背自然的规律去做事。

……

师：其实，同学们，你们在讨论中，已经不知不觉地赋予了"顺应""征服""敬畏"这些词语新的涵义。大哲学家康德曾经说过：世界上有两样东西，我们对它们的思考越是深沉和持久，它们所唤起的那种越来越大的惊奇和敬畏就会充溢我们的心灵。这两样东西，一样是我们头顶上繁星密布的苍穹，一样是我心中的道德律。不知道同学们如何理解康德所说的"苍穹"，但王老师更愿意把它理解为自然。什么是自然？自然应该是什么样子的？在课文《敬畏自然》所在的第三单元的每一篇课文都在回答这个问题。

2. 提问即探究

探究，就是在提出疑问的基础上，确定与质疑有关的论题，收集资料，进行比较研究甚至实验，得出问题的结论。对话可以解决很多问题，但也有其局限——对话双方往往都有同样的视野局限无法跳出。每当这时，就应该撇弃低效的对话模式，收集资料看看别人怎么说、专家怎么说。比如在《说"木叶"》一文中有这样几句话：

可是问题却在于我们在古代的诗歌中为什么很少看见用"树叶"呢？（第二段）

可是为什么单单"树叶"就不常见了呢？一般的情况，大概遇见"树叶"的时候就都简称之为"叶"……（第二段）

可见简练并不能作为"叶"字独用的理由，那么"树叶"为什么从来就无人过问

呢？（第二段）

在习于用单词的古典诗歌中，因此也就从来很少见"树叶"这个词汇了。（第五段）

仔细读这些句子可以发现，它们的表述不够严谨，我们会生发出这样的疑问："树叶"在古典诗歌中究竟是少见还是无人过问呢？遇见"树叶"真的就简称为"叶"吗？于是，我们可以确定探究的论题"古典诗歌中'树叶'是否少见"，然后搜集资料，我们可以直接查询古典诗歌数据库，也可以先查查前人的相关论文，可以查到一篇论文指出："《全唐诗》中共用'木叶'73次，用'树叶'28次；《全宋词》中共用'木叶'18次，用'树叶'1次。……落木在《全唐诗》中用'落木'24次，用'落叶'204次；在《全宋词》中用'落木'10次，用'落叶'47次。……在《元曲选》中用'木叶'82次，'落木'50次，'落叶'93次。"[1]可见，"树叶"一词在古典诗歌中的确少见，但遇见"树叶"并非都简称"叶"。

又如《说"木叶"》一文第四段："而自屈原开始把它准确地用在一个秋风叶落的季节之中，此后的诗人们无论谢庄、陆厥、柳恽、王褒、沈佺期、杜甫、黄庭坚，都以此在秋天的情景中取得鲜明的形象，这就不是偶然的了。"（原文中的"它"指"木"字）我们又可以查到有关的质疑文章："杜甫《春望》中'国破山河在，城春草木深'、常建《题破山寺后禅院》中'竹径通幽处，禅房花木深'、欧阳修《醉翁亭记》中'野芳发而幽香，佳木秀而繁阴'的'木'就明显地用在春季。"[2]可见，作者的观点还是值得推敲的。

总之，当对话无效时，探究是解决疑问的好方法。但这也需要教师教会学生一些探究的技巧，比如介绍知乎、果壳等解答疑问的专门网站、教会 CNKI 等论文数据库的使用等。

3. 多角度提问

美国教师勒伊拉·克里斯滕伯格（1998）采用多角度提问策略教学生提出不同类型的问题。学生运用此策略会产生一系列越来越多、越来越尖锐复杂的问题。它从读者针对文本提出问题开始，进而过渡到下述的各类问题：

- 文本
- 读者

---

[1] 乐建兵，朱国. 也说"木叶"[J]. 语文教学与研究，2011(8)：86—87.
[2] 张和荣.《说"木叶"》指瑕[J]. 语文教学与研究，2006(10)：89.

- 世界或其他文学
- 文本到读者
- 文本到世界
- 文本到其他文学
- 读者到世界
- 读者到其他文学
- 密集的问题

当学生从多种视角就文本提出问题后,学生对于文本的理解会越来越丰富深刻。多元提问策略可以表述为表5-1,也可以用三个交叉的圆圈表示(见图5-1):

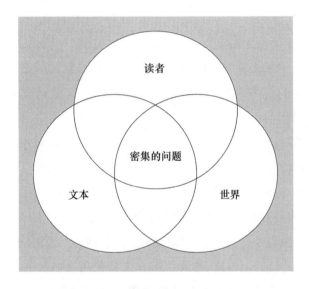

图 5-1

表 5-1 多角度提问工作

问题类型	描述	产生的问题
文本	在文本发现的信息	谁是故事的叙述者?
读者	读者的经验、价值观和想法	你是否觉得厌倦了一切,只是想起飞,摆脱自己呢?
世界或其他文学	关于历史、文化与其他文学的知识	其他性格特征是什么—在书中或电影中—你是否做个比较?
文本到读者	将文本知识与其他历史及文化知识结合	主要人物的特征是什么?
文本到其他文学	将文本知识与其他文学知识结合	《霍尔顿》与姊妹篇《芒果街的房屋》有何异同?

续表

问题类型	描述	产生的问题
文本到世界	将读者自己的经验知识与其他文化和民族的知识结合	别国的青少年与美国同龄人有何不同？
读者到其他文学	将读者自己的经验知识与其他文学作品结合	《霍尔顿》与姊妹篇《芒果街的房屋》有何异同？
密集的问题	将三个领域的问题联系起来考虑	霍尔顿为何感到疏离，今天的许多青少年有什么感受呢？

4. 善于追问

追问是文本对话的最有效方法。追问可以将学生的思维引向深入。追问策略可以从"是什么""怎么样""为什么"三方面进行。"是什么"锁定了追问对象，可能是文本题目，可能是一个标点，一个词语，一个句子，一段话，一个场景，一个细节，一个人物等等。"怎么样"解决的是对象的形态、形状的问题，是形象思维的运用。"为什么"解决的是因果联系、意义、价值的问题，需要运用抽象思维理解、判断、推理、归纳、演绎。

以柳永词《雨霖铃》的上阕为例："寒蝉凄切，对长亭晚，骤雨初歇，都门帐饮无绪。留恋处，兰舟催发。执手相看泪眼，竟无语凝噎。念去去，千里烟波，暮霭沉沉楚天阔。"我们知道，诗词多用意象抒发作者内心的情感，因为"意象是浸润着作家审美情感的形象，意味是意象背后作家的人生体验。"柳永的这首词也不例外，因此分析这首词可以从意象着手。词中的意象是什么，有哪些？通过阅读可以找到意象：寒蝉、长亭、骤雨，还有烟波、暮霭、楚天。作者怎样使用这些意象？首先明确这些意象所代表的含义：寒蝉，即秋蝉，其形象既有餐风饮露的清高，其鸣声又充满了生命短促的哀怨，以其开头给人一种凄凉、哀怨之感。长亭，乃送别之地，也是令人伤心之地，含有悲剧色彩。骤雨，刚刚下过雨的空气中充满湿漉漉的感觉，心情也跟着湿漉漉的，阴冷潮湿的环境，渲染着词人凄凉的心境。烟波绵延不绝，暮霭沉郁浓重，楚天远在千里。作者将这些带有感伤色彩的意象组合在一起，为读者勾勒了一幅凄婉、忧愁的画面。词人为什么要使用这些满含悲情色彩的意象？"兰州催发"，船夫催促着即将踏上去往楚地的人们，要和心爱的人分别了，此时，一对恋人"执手相看泪眼，竟无语凝噎"，四目相对，欲语泪先流。这种离愁别绪，如烟波般绵长，如暮霭般沉重，如楚天般无边无际，真是"剪不断，理还乱"啊！这些意象的使用，恰到好处地将词人内心的惆怅、感伤表现出来，用"形象"和"图画"为读者营造了一种独特的意境。通过对词中意象的追问，便可以明确全词的感情基调，为进一步理解词的主题思想奠定了良好的基础,进而明白意象分析法在诗词中的广泛运用。

5. 提问与搁置

很多时候,对话和探究并不能解决所有的问题。有的问题过于深奥,以我们现有的水平无法破解;有的问题争议极大,连学术界都没有定论;还有的时候,我们钻入牛角尖被若干偏见蒙蔽了双眼,看不清文本的真相。在这些时候,最好的办法就是把问题搁置起来,等待自己有了更多知识和阅读技能的储备,等待自己灵光乍现的时候,再行解决,往往有"山重水复疑无路,柳暗花明又一村"的效果。

解决疑问并不是疑问的终点,在质疑与解答的过程中,我们要始终思考一个问题,提问是为了什么?向文本提问的目的在哪里?提问,与其说是为了"理解"文本,不如说是使文本与我们已掌握的知识"和解"。

提问的意义在于和解,所以,我们不必排斥质疑、否定质疑。疑问有如与文本喜结良缘前那个甜蜜而痛苦的恋爱阶段,充满怀疑与挫折,最后才能证明我与文本坚贞不渝;疑问又如夫妻间的小吵小闹,每一次都能加深双方的相互理解。

提问的意义在于和解,所以,我们的质疑要有理有据、理性平和。我们不会为了文本中的错误欣喜若狂、攻击漫骂,也不会为文本纠正了自己的错误而伤心难过。

提问的意义在于和解,所以我们也要容忍不同意见,容忍疑问得不到答案,我们可以坚持自己的质疑是对的,但也不必否定文本自身的观点。正如教育心理学家顾晓鸣所说:"有高度创造性的人,其独立性表现为他对于生活中暧昧不明事物的高度容忍和肯于接受不甚明确和复杂的东西。他确实不觉得有必要对问题强作结论,盲目地对待显然矛盾的事物,以及对于生活中的难题在知觉上和概念上强行简化。"[①]

思考与讨论

1. 每一种文本解读法的原理是什么?
2. 每一种文本解读法的提纲要领是什么?

扩展阅读推荐

1. 王荣生.语文科课程论基础[M].上海:上海教育出版社,2003.
2. 赖瑞云.文本解读与语文教学新论[M].北京:北京师范大学出版社,2013.
3. 陈家尧.语文文本解读方法论[M].重庆:重庆出版社,2013.

---

① 顾晓鸣.阅读的战略[M].上海:上海人民出版社,1985:206.

第六章 语文文本解读方法（下）

内容导引

本章包括第九至十二节，分别介绍善用批注、互文参照、读写结合、切己体察 4 种解读方法。这 4 种方法属于拓展应用层面。

学习目标

- 掌握 4 种文本解读方法的内涵和操作策略
- 能够灵活恰当地运用上述方法分析语篇
- 基于自己的教学实际，开发和总结一些实用的文本解读策略

第九节 善用批注：不动笔墨不读书

一、批注的要义

批注式阅读是我国一种传统而实用的阅读方法，指的是运用一些简短话语、有用的缩略语或符号，就文本的关键字词句、思想内容、作家的艺术手法等进行勾画注解的阅读方式。它能使读者沉浸于文本之中，与作品、作者最近距离地接触，真实而直接地体味文本。边读边批注，能使读者深入内在文本，不仅使之内在精神与品质得以构建、完善，提高语文素养，亦是深层次进行文本解读的有效的回归过程。阅读是学生凭借文本建构意义的复杂主动的过程。"批注文本"策略是帮助学生慢慢品味和形成批判性分析思维能力的有效途径之一。

第六章 语文文本解读方法（下）

批注是一种常用的读书方法，也是精读文章、解读文本的重要方法之一。作为我国文学鉴赏和批评的重要形式，批注具有直入文本、少有迂回、切中肯綮的特点，或短词断句，或长篇大论，均属于阅读者的自身感受，体现其独特的阅读眼光、品位及情怀。《辞海》对"批注"的解释是：批，评定、审定；注，注解。由此可见，"'批'是对文章的整体而言；'注'则是对文中的字词句作解释，'批'是对文章的遣词造句做评语。"①换而言之，"注"是对文本进行相应的划、圈、点、勾画、注释等；"批"是把自己对文本的独特体验和感悟，用富含情感性的语言表达出来的读书方法。

批注式阅读，古已有之，被称为"评点"，是我国古代文学批评中一种特有的方法。评，为评论；点，为圈点。评点就是评点者以简洁的、要言不烦的评语提挈、概括评论对象的主要特点及自己的体会、心得和看法②。评点的形成受到古代经学、训诂句读学、诗文选本注等多种因素的综合影响而成。评点产生的时间众说纷纭，较为公认的说法是最早出现于唐代进士殷璠编选的《合岳英灵集》中，文集对编入的各家诗歌均加以评点批注。当时，殷璠仅以文字的形式对诗歌进行评议，并未对作品本身加以圈点，但至此，文学作品和评论直接结合的阅读方法，在古代便称为"评点"。随着评点的发展成熟，其他文体的作品亦随之出现了极有价值的评点。宋代，有对唐宋八大家散文的评点之作问世，即被称为"现存评点第一书"的宋代吕祖谦所评点的《古文关键》。从现存文献来看，《古文关键》可以看成是评点文体形成的标志性著作，这本书已经有了文字之外的其他形式的标志。南宋末年的刘辰翁对南朝刘义庆的《世说新语》作的评点开历代小说评点的先河，并由此产生了一大批极具影响力的评点本，如金圣叹评点《水浒传》、张竹坡评点《金瓶梅》、毛宗岗评点《三国演义》等。这些评点，为中国古代文坛增添了评点之气，以至于出现无书不评的狂热局面，并由此形成了一个流派。在中国现当代文化中，亦有诸如此类的代表者，如毛泽东有"不动笔墨不读书"的读书习惯，并曾批注过鲍尔生的《伦理学原理》等作品。而列宁则视批注式阅读为创造性的劳动，读至精辟之处，就写上"妙不可言"；读至谬误之处，就批上"废话""莫名其妙"等，其《哲学笔记》即以读哲学书籍时所写的批注和笔记汇编而成，并在当中使用过四十多种批注记号，形成了自己独特的读书批注体系。批注式阅读是一种特殊的文本细读方式，它实现了读者之间、读者与文本之间、读者与作者之间的深度交流；它亦是

---

① 张和忠.教你学批注[J].现代中小学教育，2000，6：1.
② 刘安海.略说小说评点[J].高等函授学报(哲学社会科学报)，1996(2)：18.

文本、读者与作者之间最为直接的沟通方式,同声相应,同气相求,共同建构形成了文本解读的一抹亮色。

此外,批注与点评又有所不同,特别是"对课堂实录的点评,点评往往是站在被点评者的对面进行的,甚至以居高临下的姿态作点评;批注则力图站到被批注者的角度,解释、生发被批注者的思想"[1]。二者可谓同曲不同工。

二、批注的原理

1. 建构主义理论

建构主义是当代西方国家兴起的一种社会科学理论,瑞士心理学家皮亚杰的认知发展理论为建构主义理论发展起了重要的推动作用。皮亚杰认为,同化是个体把外界刺激的信息整合到自己原有的认知结构中的过程,顺应是指原有的认知结构无法同化新环境提供的信息时所引起的认知结构发生重组和改造的过程,学习正是通过同化和顺应的作用引起个体认知结构的平衡—不平衡—平衡的动态更替过程。[2] 阅读是一种"自我建构"的过程,因而个体思维的发展过程,是建立在学习者已有的知识经验的基础上,存在于一定的社会文化环境中,主动对新信息进行加工处理、建构知识表征从而获得个体经验和社会经验的过程。建构主义者完全否定洛克的"白板说",强调学习者经验世界的丰富性和差异性,认为阅读者是信息加工的主体,是意义的主动构建者。通过批注这样的方式进行阅读,既可以分享知识、沟通各自观点,又可在交流中对原有的知识脉络、知识体系加以纠正、充实和完善。

综上所述,阅读行为是在自身原有的知识经验的基础之上建立、发展的,通过主客体的相互作用获得新经验,因而批注式阅读不能仅局限于对文本内容的理解,而应带着自己原有的知识经验去理解文本、领悟文本深刻意蕴,力求达到真正读懂、了悟文本的境界。

2. 接受美学理论

接受美学理论由德国康茨坦斯大学文艺学教授尧斯(Hans Robert Jauss)在1967年提出。接受美学从受众和接受出发,明确提出了文学史不仅是作家创作的历史,更是读者阅读和反映的历史,读者并非仅仅通过阅读获得表层知识,而是与

---

[1] 王丽琴.教育理论工作者的实践定位[J].江苏教育研究,2008(10):15.
[2] 何克抗.建构主义革新传统教学的理论基础[J].电化教育研究,1997(3):21.

作者一样肩负着文学作品创作的重任。接受美学理论相关思想如下：首先，读者是文学作品的创作者，真正的文学作品并非仅是作家写出的文本，而是经由读者的阅读之后方可由文本转化为作品；其次，一部真正称得上有意义的文本都具有未定性，仅是一个刚完成的文本，它本身并不能产生独立意义的结构，而这些"意义空白"往往容易激发读者理解力、想象力，并通过自身的主观想象和填补来完成作品的最终创作；最后，读者总是从自己"生活的和文学的期待视野"出发看待文学作品，读者始终处于中心地位。所谓生活的期待视野，包括读者所处的地位、受教育的水平、生活经历、价值观和道德观以及气质、个性等，而文学的期待视野则体现在读者文学素养、审美观点和审美情趣之中。因两者的差异性，必然导致不同读者对同一部作品的理解和评价存在差异性，而读者的阅读视野并非一成不变，"假如人们把既定期待视野与新作品出现之间的不一致绘成审美距离，那么新作品的接受就可以通过对熟悉经验的否定或通过把新经验提到意识层次，造成'视野的变化'。"①阅读文学作品，讲究意境领悟，因而需要阅读者的知识经验、情感体悟的积极参与，把作者所创造的艺术形象复现出来，并将个人元素渗入文本的解读中，从而使理解达到一个新的高度。评点作为一种阅读方法，即在阅读文本的基础上，对文章的内容（作者思想、观点、情感等）和写作方法进行评论与分析，填补文本的意义空白，从而深入理解文章内容。评点以这样的对话、交流方式理解文本、领悟文本，与接受美学理论的观点不谋而合。

3. 对话理论

对话理论最早可追溯到古希腊的"苏格拉底对话"和中国春秋战国时期的百家争鸣，而最早正式提出该理论的是俄国文艺理论家巴赫金。他认为："存在就意味着进行对话的交往。对话结束之时，也就是一切结束之日。因此，对话实际上不可能，也不应该结束。"②由此可见，巴赫金强调对话的必然性，认为对话无所不在。2001年对话理论作为阅读教学改革的一个重要理念被引入到《全日制义务教育语文课程标准（实验稿）》中："阅读教学是学生、教师、文本之间对话的过程。"③2003年，《普通高中语文课程标准（实验稿）》指出："阅读教学是学生、教师、教科书编者、文本之间的多重对话，是思想碰撞和心灵交流的动态过程。阅读中的对

---

① 李翠萍. 语文课堂教学中的发散思维训练[J]. 山西教育，2003(4).
② 张开炎. 放开人格——巴赫金[M]. 武汉：长江文艺出版社，2000：89.
③ 中华人民共和国教育部. 全日制义务教育语文课程标准（实验稿）[S]. 北京：北京师范大学出版社，2001：17.

话和交流,应指向每一个学生的个体阅读。"①这些崭新的语文教育理念基本都源于对话理论,它认为作者与读者之间,体现了人与人的精神联系,阅读行为确立了人与人之间的对话和交流的双向关系。阅读是思想碰撞和心灵交流的动态过程,读者的阅读则是参与文本创造的过程。批注式阅读实际上也就是一种对话过程,因为读者阅读完文本,并非真正的结束,仅仅是完成了对作家创作意义上的理解,而作品中许多的"空白"需要读者的重新构建来填补。因此,通过批注式阅读,既丰富了文本的内涵,拓展了文本的世界,建构了文本的意义,又使得阅读层次得以深化、升华,丰富读者的精神世界。

三、批注的分类及方法

1. 批注的分类

批注的分类方式繁多,不同的分类方式亦可作不同的功用,下面将从批注的位置、内容进行简要的分类说明。

(1) 批注按照位置分

眉注。即写在书眉上的注释。眉注可以解释题目,阐发题旨,介绍作者,交代背景等。

旁注。即写在读物两旁空白处的注释。主要对生字注音、释义,也可解词、解句,或对书中某个观点、见解、材料、引言等注明可参阅的书目、章节、页码等。旁注既可对每一行写,也可针对相邻数行进行注释。

夹注。即写在读物字句中间的注释。因为在字旁、行间,所以字数一般极为简洁,侧重于注音、解词、翻译等,在段落空白处,还可以写上段意。

尾注。即写在读物的正文末尾空白处的注释。侧重总结全文的主要观点、中心思想、写作特点等,也可指出谬误之处并进行订正。

(2) 批注按照内容分

注释。即利用工具书对字、词、概念进行注释。

提要。即用精当的文字概括段落大意或章节中心。

批语。即将自己阅读过程中对文章措词、手法、立意和篇章结构等的看法,或支持或探讨,有感而批于相应位置。

警示语。即对优美语句、典范引文、重要段落、新颖说法等以为有必要特别注

---

① 中华人民共和国教育部.普通高中语文课程标准(实验稿)[S].北京:人民教育出版社,2003.

意的,留个记号、画条线或批上"注意"等字样。

增删。即以文章的某些内容语焉不详或多余了做些增删等。

以上几种批注方式是在平时的文本阅读过程中较为常用的方式,读者可根据阅读材料的具体情况灵活运用。

2. 批注的方法及要领

批注的方法大致可以分为符号批注和文字批注两类。

符号批注,即在阅读时利用一套能代表某种理解意义的符号在字、词、句、段上圈点、勾画来帮助阅读,每种符号以及不同颜色所代表的意义要明确、固定,前后保持一致,不可随便更换。比如在生字上加"○";在难字上加"□";在关键词下加"·";在文章精辟和重要语句下划"……";在需要着重领会、加深理解和记忆的语句下划"___";在有疑问的语句末尾打"?";划分段落与层次用"‖""/"等等。运用符号批注文本,有助于理清脉络,粗知文本大概内容,为接下来的深入阅读、深入批注奠定基础。

文字批注,即通过文字对文本进行圈点、评定,形式比较自由,长度可长可短,力求简洁明了地将自己对文本的感受、理解、领悟、启发等用文字的形式表现出来。下面介绍几种常用的文字批注方法:

(1) 联想批注法

鉴赏文学作品的过程中,联想批注法具有特殊意义,尤其是在诗歌阅读中,因为诗人创造的意境往往只可意会不可言传,中国诗歌的蕴味便直接决定了往往需要联想方可体会其内在思想。如在刘禹锡《秋词》"自古逢秋悲寂寥"旁边作了这些批注"枯藤老树昏鸦,小桥流水人家,古道西风瘦马,夕阳西下,断肠人在天涯""月落乌啼霜满天,江枫渔火对愁眠""莫道不消魂,帘卷西风,人比黄花瘦"等。阅读过程中,通过这种联想批注的方法,引发联想到这些与悲秋有关的诗句,能促使读者把知识进行归纳整理,做到触类旁通,达到牵一发而动全身之效。

(2) 鉴赏批注法

鉴赏批注法是在把握作品创作背景的前提下进行全方位深层次地探究作品内涵。鉴赏批注阅读可分为言的品味、意的感受、蕴的把握三个层次。文本解读是融解释、审美于一体,是一种审美的解读活动,那么批注式阅读首先是从文本的物质外壳——语言入手来解读文本。批文得意是阅读的基本目标,阅读首先要跨过语言的门槛,识别文字信号,这一过程不可能将所有文字信息全部传给大脑,使之对应内化为"义",而要通过视觉分析器来扫描有效信息,检索出与自己阅读目标一致的内容,善于跳开与目标无关的内容,善于选择有效信息,同时还要善于认知语言符号的意义,准确把握语境特征,填补语意空白,准确辨识语体风格,从而全面把握文章。[1] 换而言之,即在搜集处理文字信息之后,善用眼、巧用心,从细微之处入手,进而体味汉语的丰富、准确、优美、富有表现力等特点,品味语言中融汇意的感受与蕴的把握。如鲁迅的《故乡》一文中"苍黄的天底下,远近横着几个萧索的荒村,没有一点活气",通过阅读提炼关键信息发现,一个"横"字写出作者带着思念的情怀归乡,见到轰轰烈烈的辛亥革命后故乡仍然如此萧条、败落,不免让人心生悲凉之情,"横"字形象表现出村庄无精打采、死气沉沉之貌。而生活在其中的闰土似的农民恐怕也难有活气了,一个"横"字,强有力地表现出了作者浓浓的"哀"情。

(3) 比较批注法

比较批注法,即在文学作品的阅读过程中,依据阅读材料的不同,使用不同的对比方法进行对比批注。如字词的比较,即用一个新词与原句中词作比较,从而更加准确地体会原词的用法;或是在同一个文学作品中的对比和类比,而文中的词句、人物形象的刻画都可以在批注中进行比较。如郭沫若《天上的街市》一文中的"请看那朵流星"中的"朵"字,大多数阅读者都忽略了这个"朵"字,认为"星"的量词是"颗"。通过比较批注:诗中的"朵"字好,还是"颗"字好?比较总结:"颗"虽然符合实际,但缺乏诗意,"朵"字却有了诗人主观的美感,浪漫的诗情画意,令人向往,因而"朵"字比"颗"字更有韵味。再如,在阅读欧·亨利的小说《麦琪的礼物》时,把莫泊桑的小说《项链》中的路瓦栽夫人和《麦琪的礼物》中的德拉作对比。批注:一个是路瓦栽夫人,金钱太多而使人空虚、卑微,人与人之间的感情变得麻木而脆弱;而德拉只是一个贫穷的弱女子,却是精神上的富人,用仅有的一头秀发捍卫爱情,即使贫穷,而真情依旧。

(4) 质疑批注法

古语道:学贵有疑,小疑则小进,大疑则大进。"学者先要会疑",不疑不能激发思维,不疑不能增加兴趣,正是因为带有疑问,方可使学者带着问题真正走入文本中去,与文本、与作者进行对话。质疑本身就是一种思考,一种挑战,一种探索,使用质疑批注的方法进行文本的解读,有利于培养阅读者的怀疑与探究精神。如对苏轼《记承天寺夜游》"何夜无月,何处无竹柏,但少有闲人如吾两人者耳"一句

---

[1] 王志勇.中学生阅读能力及其培养[J].中学语文教学大参考,2003:7—15.

作质疑批注：被贬也成为闲人，居然还有赏月的闲情逸致？在通读全文之后方可理解"闲"字意蕴深刻，既是不为俗事所动的闲心，又是以闲情雅致欣赏美景的闲情，而欣赏此番美景的却只有他和张怀民而已。"闲人"乃全篇点睛之笔，苏轼谪居黄州，担任有名无实之官，与儒家"经世济民"的理想相去甚远，而"闲人"二字委婉地反映了苏轼宦途失意的苦闷之情；另外，月光至美，竹影至丽，却只有此二人有幸领略，岂非快事！

四、批注的内容与示例

批注是个性化的阅读方式，也可以师生合作进行。学生所批注的内容可以由老师提供现成清单，建议批注文本时可以包括标记一些关键字词句子，可以运用一些文学术语（如比喻，拟人，象征，押韵，转喻，借代等）；标记并阐释作家的修辞手法和风格要素（如情调、遣词、句法、叙述的节奏，形象化的语言等等）；批注出文本前后之间的联系或者行文线索，如脂砚斋点评《红楼梦》中"草蛇灰线，伏脉千里"之类。批注作者的主要思路，引导读者得出结论的支持性细节或证据。当然，批注还可以包括读者提出的问题，以及读者在阅读时联想到的其他文本的内容。

表 6-1 是题为《莎士比亚的哈姆雷特和悲剧的性质》的摘录。要求学生鉴别关于悲剧英雄或主角的基本要素。注意：用"电报方式"突出的阅读要点，应该对读者有意义；注意右侧栏呈现出的批注内容。

表 6-1 《莎士比亚的哈姆雷特和悲剧的性质》摘录

文本正文	读者批注
16 世纪末期，一种新的悲剧模式开始出现，它较之旧的悲剧模式丰富和深刻得多。它展示出的人类精神和心灵的深广度、人类道德行为的可能性以及人们命运之间的错综复杂都是前所未有的。 根据这种模式，一个理想的悲剧应该关注英雄的职业生涯，关注他权力和机会中显示出的魅力和伟大。他应该是一个社会地位高，影响大的角色。情节应该展现出他在重要或紧急事务面前，面临着的与其社会安全密切相关的重重威胁，他只有通过生死攸关的行动才能解决。他的英雄行为将导致他卷入一些至关重要，关乎人性善恶的矛盾抉择。从始至终，他就陷入自己未能预见的险恶处境，他又不能无所作为，否则，就会身败名裂。他的厄运是种种险恶处境和糟糕命运的产物。它们或出自于敌人发难，或出自于英雄自己的瑕疵或性格缺陷，会出自于一些超自然力量作祟。当这个悲剧人物逃出险恶境地意识到这一切时，往往为时已晚。一切不可避免地发生了，于是他在痛苦或绝望中走向最后的毁灭。	英雄/主角： ● 地位高 ● 影响大 原因： ● 面临与其社会安全密切相关的重重威胁 ● 险恶处境 ● 糟糕命运 ● 敌人发难 ● 性格缺陷 ● 超自然力量 结果： ● 为时已晚 ● 痛苦绝望 ● 最后毁灭

图6-1是美国语文课堂上对罗伯特·弗罗斯特的《未选择的路》进行的合作批注。小组内不同同学从主题、手法、口吻等不同角度进行解读,在一页纸上的边角空白处呈现出来。可用不同颜色的笔法批注。最后形成的批注本就是一个多元参与、交流、共享的学生成果。

图6-1 美国学生对《未选择的路》的批注

总之,"批注"是一个促进学生主动阅读和进行批判性阅读的有效策略。批注的方法很多,在对文本的解读中,可以根据文本具体情况选择应用。通过批注,形成读者与文本之间的互动态式,使得读者在解读文本时能更深层次进行理解,呈现出越来越有深度、越来越丰富、层层递进的特征。当然,批注式阅读具有极强的实践性,若以上方法无法运用于实践,则等于纸上谈兵,但掌握了该类方法却能使我们少走弯路,易于把握文本的深刻内涵,从而达到真正理解、了悟文本的境界。

第十节 互文参照：于群文中寻找意义坐标

一、"互文性"的要义

互文性是由20世纪60年代法国后结构主义批评家、符号学家茱莉亚·克里斯蒂娃在其著作《词、对话和小说》中首先提出的，是从苏联形式主义理论家巴赫金的"对话""复调"和"文学狂欢化"理论中衍生而来的。这一理论的倡导者们认为，由于语言是作为存在的基础，世界就作为一种无限的文本而出现，世界上的每一件事物都被文本化了。一切语境，无论政治的、经济的、社会的、心理的、历史的或神学的，都变成了互文本；这意味着外在的影响和力量都文本化了，文本的边界消除了，任何文本都向另一个文本打开，从而每一文本都与其他文本构成互文关系。

对于互文性这一概念的界定和阐释，不同的学者有着不同的认识。作为这一概念的提出者，克里斯蒂娃认为："任何作品的文本都像许多行文的镶嵌品那样构成的，任何文本都是其他文本的吸收和转化。"① 在《封闭的文本》和《符号学：语意分析研究》等著作中，克里斯蒂娃进一步提到互文性是语言工作的基本要素，文本研究应该考虑话语序列结合中的三个成分：写作主体、接受者和外来文本，并指出话语的地位可以从横、纵两个方向来确定：横向是文本中话语同时属于写作主体和接受者，纵向是文本中的语词和以前或共时的文学材料的相关，当横纵两项交叉时互文性便产生了。有学者认为，"这一术语，表示任何一部文学文本'应和'（echo）其他的文本，或不可避免地与其他文本互相关联的种种方法。这些方法可以是公开的或隐秘的引证和引喻，较晚的文本对较早的文本特征的同化，对文学代码和惯例的一种共同累积的参与等。"② 一般来说，互文性的界定有广义和狭义之分，以热奈为代表的狭义定义认为：互文性指一个文本与可以论证存在于此文本中的其他文本之间的关系。以巴尔特和克里斯蒂娃为代表的广义定义认为：互文性指任何文本与赋予该文本意义的知识、代码和表意实践之总和的关系，而这

---

① （法）茱莉亚·克里斯蒂娃.符号学：意义分析研究[M]//朱立元.现代西方美学史.上海：上海文艺出版社，1993：945.
② M. H.艾布拉姆斯.欧美文学学术语词典[M].朱金鹏，朱荔，译.北京：北京大学出版社，1990：373.

些知识、代码和表意实践形成了一个潜力无限的网络。①

在阅读过程中,读者可能有过这样的经验——相似的词语、意象、情感、场景等会重复出现在不同文本中,这其实就是互文性的现实体现,因此互文性也可以说是此在文本与前在文本之间所发生的这种关系。它可以是文本内语词、语句、语段间的互文关系,也可以是文本间意象与隐喻层面的语言联系,还可以是此在文本与前在文本间的文化关联。

二、互文性在文学作品中的体现

互文性理论作为一种诞生于结构主义和后结构主义的文本理论,以其对文学传统的包容性、对文学研究视野的可拓展性,在文学研究和文学写作中扮演着越来越重要的角色。根据互文理论和文学作品的实际情况,此处将互文性在文学作品中的体现做如下归纳:

1. 引用

引用,即直接引用前文本,把别人说过的话(书面材料)作为依据放入当前的文本之中,包括带引号的直接引用和不带引号的间接引用;引用的内容可以是经典著作,也可以是民间流传的俗语;引用的效果,当所引用语句与当前文本相互融合、印证时,被称为正引,与此相反,当所引用语句是用来推翻当前文本原意时,被称为反引。在中国古代文学中,存在一种引用的极端现象——集引,集引是中国古代文学创作中较为普遍的一种互文本现象,是指整首文学作品全部引用他人诗句加以连接起来,以表达一种新的意蕴。比如苏轼的《南乡子》:"怅望送金杯(杜牧),渐老逢春几能回?(杜甫)花满楚城愁远别(许浑),伤怀,何况清丝急管促(刘禹锡),吟断望乡台(李商隐),万里归心独上来(许浑)。景物登临闲始见(杜牧),徘徊,一寸相思一寸灰(李商隐)。"苏东坡集杜牧、杜甫、许浑、刘禹锡、李商隐五位诗人的诗句,并置联合,浑然一体,很好地表达了他的伤春情怀。②

2. 典故和原型

典故和原型,指在文本中出现圣经、神话、童话、民间传说、历史故事、宗教故事及其他经典作品中的典故和原型。例如中国著名的话剧《雷雨》,就是古希腊神话俄狄浦斯杀父娶母原型在现代中国的激活。《俄狄浦斯王》的核心事件是杀父

---
① 程锡麟.互文性理论概述[J].外国文学,1996(1).
② 李洪先.互文性视野中的语文解读[J].教育评论,2005(6).

娶母,在他出生之前就注定长大后要杀死自己的父亲,并娶生母为妻,生下可恶的子孙。在话剧《雷雨》中,周朴园因为家族意志抛弃了侍萍与刚出生的儿子鲁大海,而鲁大海长大后巧合地成了反对周朴园的工人首领,并拿手枪去周家拼命,此处他的杀父欲望是相当强烈的。而周萍引诱继母,无异于俄狄浦斯的娶母,虽未跟继母育有儿女,却使同母异父的四凤怀了孩子。虽然《雷雨》中的人物关系不能用简单的杀父娶母来概括,但却有其原型。

3. 嘲讽的模仿

嘲讽的模仿,又称戏拟,原意是指模仿别人的诗文而作的游戏文字或讽刺诗文,即将既成的、传统的东西打碎加以重新组合,赋予新的内涵。模仿本来是文学创作的一种手段,而戏拟的不同之处在于它是对被模仿者的戏弄,所以又被称为对严肃作品的滑稽模仿。作为一种创作手法,戏拟最早出现在诗歌小说之中,如鲁迅先生的诗《吊大学生》就是对崔颢《黄鹤楼》一诗的戏拟:"阔人已骑文化去,此地空余文化城。文化一去不复返,古城千载冷清清。"吴敬梓的《儒林外史》中也常用到这一手法。

4. 拼贴

拼贴是指对前文本加以改造甚至扭曲,再拼合融入新的文本之中。具体说来是指,在一个平面上把小说中的各种生活片断和当代文化景观中出现的各种文化碎片,诸如经典文本以及报刊、影视、广告、学术刊物等媒体中的片断,以一种杂七杂八的方式拼合、装配在一起,以显示出一种垃圾时代特有的文化景观。拼贴是后现代主义文本中特有的互文性现象,它是体现后现代文化特征的一个概念。当然这种整合不一定是各个片断的简单堆砌,较为精明的做法在于风格的拼贴,例如将表现主义、象征主义、魔幻现实主义完美融合的伟大巨著《百年孤独》便是这样一个文本。

除了上述列举的四种体现形式,还有一种形式被称为"无法追溯来源的代码",这是巴尔特等人的观点,它指无处不在的文化传统的影响,而不是某一具体文本的借用。

三、互文性与文本解读

互文性又称"文本间性",该理论以形式分析为切入点,最终让自己的视线扩展到整个文学传统和文化影响的视域之内,即一个从文本的互文性到主体的互文性再到文化的互文性的逻辑模式。将互文性理论应用于文本解读,既可用已经读过的文章来参照当下正在解读的文章,在联想比较中得到启发;也可以用从观看过的其他艺术作品中得到的感悟与要学习的本文结合,从而得到某种顿悟,建立互文性解读。

在教学过程中,教师为达到一定的教学目标,需要对文本进行整合或取舍,这种选择是有很强的目的性的,文本的选择要服务于教学目标的达成。而作为"互文解读"的"文"有着更苛刻的要求和不可替代性。有效的文本选择会使阅读变成一种辐射式的思维活动,读者在面对由原文本和互文共生的文本构成的立体网络时,不会形成孤立文本的观念,而是拓展了阅读活动的心理空间,深化阅读体验。互文性阅读的最终价值指向是促进原文本的领悟生成,所以在操作过程中,一定要找准互文文本之间的内容与情感表达上的平衡点,选择互文内容与学生认知、情感实际之间的链接点。

法国文学批评家、符号学家罗兰·巴尔特在《S/Z》(1970)一书中,把文本分为两类:可读文本和可写文本。可读文本是可以进行有限的多种解释的文本,是按照明确的规则和模式来阅读,是半封闭的;可写文本是以无限多的方式进行表意的文本,是开放的。计算机网络的技术的出现,使罗兰·巴尔特所提出的可写文本变为现实——超文本。超文本和书上的文本是一样的,但与传统的文本文件相比,它们之间的主要差别是,传统文本是以线性方式组织的,而超文本是以非线性的方式组织的。这里所谓的线性,是指阅读者必须按照制作者预先制作的顺序一段接一段或一页接一页有顺序的阅读;而非线性是指阅读者可以在任何一个关节点上停下来,进入另一重文本,然后再点击,进入又一重文本,理论上这个过程是无穷无尽的。将超文本与阅读联系起来时,我们有必要区分两个相关的概念:一是对于超文本的阅读,二是以超文本的方式来进行阅读,即对于非超文本在一定条件下也可以用超文本的方式加以阅读。例如打开印刷在纸上的散文时,即使其中没有现成的注解,也没有标明引文,但读者完全可以一边跳来跳去地读,一边查找手边的辞典、对照其他散文,试图找到文本之间的联系。从本质上讲,超文本更符合人的个性化,符合了人总是喜欢由此及彼地扩展性联想的思维习惯。

四、互文性文本解读策略

互文性解读就是运用互文性理论通过研究互文本来更准确、更科学地解读主文本,获取文本的意义和内蕴。这里的互文本可以是其他前人的文学作品,也可以是主文本作者的其他文学作品,还可以是其他文学遗产,甚至可以是具有文化意义的社会历史文本。① 由此可以将互文本理解为一个文本群,如果要对主文本进行互文性解读,最重要的一点是要找准主文本与互文本之间的链接点,这里的链接点堪比在旅途中指引方向的坐标点。具体来说,这些链接点包括主题、引言、结构、意象、语言、典故、原型等等。下文将以主题、原型、结构为例进行说明。

1. 以主题为坐标的互文性解读

面对需要解读的主文本,选择其他在主题思想上存在相似或同一关系的文本构建互文本,以期对主文本进行互文性解读。"先前文本中的主题可能以戏仿的方式出现在后续文本中,或者后续文本引用、转述了先前文本的语言和意象,这样,文本间便构成了一个无处不在的网络。"②为了更加深入、准确地把握文本主题,我们需要借助互文本进行对比参照,从中发现差异性或文本意义生长点,获得深刻的情感体验。

以《氓》这首弃妇诗为例,进行主题为坐标的互文性解读。首先从历时性阐释主体出发,以不同时代的学者对"桑女"的评价建构互文本,引导学生深入理解《氓》的人物形象。如宋代朱熹:"此淫妇为人所弃,而自叙其事以道其悔恨之意也。"钱钟书言:"盖以私许始,以被弃终。初不自重,卒被人轻,旁观其事,诚足齿冷。"当代鲍鹏山"在《诗经》中最完美的女性,我以为便是那位卫国女子"等评价性文本都可以作为互文本。其次从共识性阐释背景出发,以同时代同主题的诗歌建构互文本,引导学生全面理解《氓》的人物形象及主题。《诗经》中关于爱情主题的诗篇很多,既有表现爱情美好、热烈的篇章,也有表现婚姻悲剧的诗作。如《邶风·静女》,以男子的口吻写青年男女幽期密约的情景,"静女其姝,俟我于城隅。爱而不见,搔首踟蹰。"极传神地表现了一对恋人初会时的情趣。阅读《静女》可以帮助学生理解《氓》中女主人公恋爱时的单纯、痴迷,同时也可以理解"氓"最初求婚的真诚。再次从多元性阐释文本出发,以不同时代、相同主题的诗歌建构互文本,引导学生全面理解《氓》的人物形象及社会意义。可以通过当代诗歌《致橡树》的对比阅读,让学生进一步从前认知走向深入。诗人舒婷,以她的敏感、清醒和深刻吟唱出了女性对独立人格、健全心智、男女平等的向往和追求:"我必须是你近旁的一株木棉/作为树的形象和你站在一起。"这歌声是从几千年的妇女作为附属的

---

① 庄照岗.论语文教师文本解读能力的提高[D].东北师范大学,2011(5).
② 董希文.文学文本理论研究[M].北京:社会科学文献出版社,2006:96.

男权社会的枷锁中挣脱而出的,是《氓》唱了几千年之后、具有时代色彩的一种全新的女性爱情宣言。

2. 以原型为坐标的互文性解读

很多文本虽然在结构、语言、风格上不同,但却有着共同的原型,一般存在于叙事性文本当中。一方面,由于作者主观取向的不同,文本呈现不同的面目和版本,从而使故事丰富多彩寓意十足;另一方面,由于原型本身的限制,使得呈现的主题共性多元,解读的空间开放而稳定。以白居易的《长恨歌》为例,洪升的《长生殿》,白朴的《秋夜梧桐雨》,北宋时乐史的《杨太真外传》,陈鸿的《长恨歌传》等,都是以唐明皇与杨贵妃的故事为原型创作的,所以在解读《长恨歌》时就有必要结合这些互文本进行深入分析,比较异同,把握《长恨歌》的独特审美特性。首先从文体上比,《长恨歌》是叙事诗,其他则属于戏剧、传奇、散文等。其次,从作者的主观取向上讲,《杨太真外传》侧重于同情、赞誉李杨二人生死不渝的爱情,而白居易的《长恨歌》侧重于"长恨",叙述李杨的爱情悲剧。虽取自同一原型的文学创作,但各自有所侧重,因此需要将主文本与互文本进行比对,从中解读出主文本的独特之处。

3. 以结构为坐标的互文性解读

面对叙事类文本,通常会发现文本在结构上与其他文本存在一致的模式,这不仅体现在不同作者所创作的不同文本上,有时也发生在同一作者的不同文本上,通过比较分析,发现作者无意识地重复使用某一结构模式,蕴含了更深的寓意。在解读鲁迅小说《故乡》时,参照鲁迅其他有关故乡的作品,如《祝福》《在酒楼上》《孤独者》等,就会发现这些文本在结构上有一个相似的叙事模式,即"离去—归来—再离去"的返乡模式,可以说这种返乡模式在宏观上为我们呈现出了一个在病态社会里进行孤独抗争的"寻路者"知识分子形象。这种结构上的互文性让《故乡》在表层的表现中国社会愚昧落后、辛亥革命的不彻底性、渴望理想的人与人的关系等主题下,具有更丰富的意义。一方面,《故乡》中作为返乡主体的"我"为了追求进步离开了故乡,这实际上意味着对传统和落后的背叛。而返乡又让"我"回到残酷的现实中来,于是"我"开始了对记忆中故乡的眷恋。与其说是记忆中的故乡,不如说是理想的故乡,现实与理想的强烈反差,让"我"寻求精神故乡的梦想破灭,这种精神痛苦使我选择再度离开。这种返乡的结构模式,较多地体现了鲁迅对病态社会里知识分子的关注。

互文性理论为我们的文本解读提供了广阔的研究视野,为我们能更好地理解文本所要传达的思想与意义提供了方式方法。但互文性解读作为一种方法并不是放之四海而皆准的,因此一线教师在面对主文本时,要选择合适的解读方法对主文本进行解读。

第十一节 读写结合:原理阐释和实施样式

一、"读写结合":传统与科学的双重审视

"读写结合"在中外母语教育中都是行之有效的教学方法和策略。章熊认为所谓"读写结合",就是以范文为榜样,揣摩、模拟、体会写文章的要领。这种方法注重文章的结构模式,也研究立意、构思等写作的思维过程。与其说读写结合是一种重要的教材编辑和语文学习的方法,是一种教学原则,不如说是一种有效的教学策略。[①]"读写结合"其实包含"以读促写""以写促读"两端。本文侧重于将读物作为写作样本——仿效的对象,通过范文(课文)或资料的"阅读"来达到提高学生写作的目的这一端进行论述。我们探讨"读写结合、以读促写"的首要目的是探讨语文教学阅读和写作之间是否能够实现正迁移,达到同步发展的效果。

众所周知,我国语文教学的传统经验中关于"读写结合"的效果,多是从经验上来说的。"劳于读书,逸于作文""读书破万卷,下笔如有神""熟读唐诗三百首,不会作诗也会吟"都是说"读写结合"有效性的。巴金曾说:"写作不是靠技巧,而是靠背诵的二百多部作品。"认为诵读一定量的优秀作品,是进入写作的捷径。然而,近些年对于"读写结合"并不都是一片认同之声。章熊认为"读写结合""既挤走了精心指导学生阅读的时间和空间,又使相当一部分学生的写作思路褊狭,'读'与'写'两败俱伤";李杏保、陈钟梁认为不走"读写结合"之路也能取得"读""写"两提高的效果,而"读写结合"的效果缺乏数据说明等。[②]

正好与上述质性判断不同,近年来我国学者和国外学者对于"读写结合"的研究已经转向运用定量和实证研究的方法。这相比于"我认为"式的逻辑分析的研究,也许更可靠一些。

汪潮通过对阅读和写作之间的各相关变量进行统计学分析发现:① 阅读和写作之间6个对应变量之间的相关系数为0.3966。这说明"阅读和写作之间存在

---

① 章熊.高考作文与中学写作教学[J].语文建设,1989(1).
② 曹勇军.对"读写结合"的冷思考[J].语文教学通讯,1999(6).

内在联系"。② 从读写结合变量关联度看,阅读变量组大小依次是结构理解、快速理解、知识运用、语言理解、知识系统和知识记忆;写作变量组大小依次是语言基本功、修辞、质料、中心、详略和条理。其中阅读理解与写作的语言基本功、修辞存在稳定的正相关。①

据美国人 Stephen D. Krashen 1991 年出版的 *Writing Research, Theory And Appliction*(《写作研究:理论和应用》)②一书披露:乐读、多读有助于提高学生的作文能力,他们通过对大量的相关实验进行"元分析"研究发现:阅读和写作能力之间关系密切,乐读、多读有助于提高学生的作文能力。

综合上述观点和实证研究我们大致可以得出以下判断:阅读和写作之间的确存在着比较密切的关系。阅读的确可以提高学生的写作能力,只是其效果可能要靠结合的方式来定。这样说来,传统的经验是可以得到科学实验的证明的。既然如此,"读写结合"就不只是要不要的问题,而是怎样进行的问题。

二、读写结合的理论阐释

1. 读写是信息加工过程

阅读是一个吸收信息、积累素材、积学储存的输入性意义建构过程;而写作更多的是一种输出性意义建构行为。在信息量一定的情形下,单纯反复频繁的写作一般不会有多少新信息创生。可是,阅读,尤其是面向写作的阅读就不同:

第一,阅读可以有效地触发学生的各种想法和见解,提升他们认识生活的能力和水平,这就使得他们作文的主题、观点、立意不断有新的提升。

第二,阅读在限定的情况下,能极有效地改变学生的信息总量、信息结构和精神能量。阅读的过程不仅仅获得各种对于生活的间接信息,扩大学生的生活视野,还可以使得学生获得大量的间接的写作素材。这也就是 Flower 和 Hays 作文认知模型中所说的"写作内容知识"(或话题知识)。读书可以使学生在不能直接从生活中获取第一手话题知识的情形下,部分地解决"内容空洞"即"没东西可写"的问题。它是作文能力的一个非常重要的因素。

第三,阅读可以丰富他们的词汇量、表达技巧,提高他们的言语表达能力。这是写作中"语汇知识、构思知识、文体知识、写作技巧"的直接来源。通过阅读可以

---

① 汪潮.中国语文读写结合相关研究[J].杭州大学学报,1991(12).
② 荣维东,朱建军.国外作文教学实验结果综述[J].语文建设.2009(5).

习得语感(一种极有用的语言无意识)和文感(一种隐性的"文章图式"能力),形成潜在的写作能力。

一句话,面向写作的阅读直接或间接地解决了"写什么""怎么写"以及"为什么写""写得如何"等一系列的问题。

2. 读写"共享知识"(shared knowledge)

西方语言心理学者认为:阅读和写作是一个在不同语言水平上(语义、句法、段略、篇章)依赖于知识陈述的认知加工群。阅读和写作之间可能依赖于同样或相似的知识陈述、认知加工、上下文语境关系的约束。读写能力之间具有高度相关性,其发展是相当类似、彼此接近平行的。

Fitzgerald 提出过"读写共享知识"的假说。他认为"读写共享知识"有以下四个类型:① 元认知知识(Mate-knowledge),这是一种高级的(上位)知识,包括:读写的目的和功能,清楚读者和作者的相互影响,监控自己的意义构成,自我监控以及期待成功等动机因素。② 关于特定领域的知识,包括关于文本或话题的"领域知识"或"预先的知识",也包括读写相互作用产生的知识。这类似于"话题知识",即文章"内容知识"。③ 关于一般文体特征的知识,指的是关于词法、句法、文本格式的结构组织、段落、篇章知识。④ 通过读写获得的产生式知识和技能。

国外有人认为[1]读写结合有三种方式:① 读者和作者在使用相同的认知策略(如组织、调控、质疑、修改意义);② 阅读和写作的过程相似(都要激活先验的知识,然后设置一个目标);③ 阅读和写作使用许多相同的技能(比如解码、拼写以及意义和符号之间的转换)。阅读和写作技能完成读写任务的理论构念(Asencion,2004;Grabe,2003;Spivey,1990,1997),读写者需调用元认知和认知能力加工阅读材料和所写文章的信息。元认知技能包括规划(planning)和监控(monitoring)能力;认知能力包括选择(selecting)、组织(organizing)和整合(intergrating)能力。元认知技能控制和调节认知能力。这就是说,阅读和写作在所涉及的技能、策略和过程上都是相同和相似的,在信息加工和语言能力的深层次上基本上是一回事。

3. 学习迁移理论

读写结合符合学习迁移规律。[2]结合学习的迁移学说,我们可以做以下推测:

---

[1] Tompkins, Gail E. Literacy for the Twenty-First Century: A Balanced Approach. (2nd ed.) Upper Saddle River, N.J.: Merrill Education, 2001.
[2] 袁刚.阅读教学中的"读写结合"新探[J].广西教育学院学报,2001(6).

(1) 相同要素说

现代认知学派认为相同要素说也称共同成分说,是指当学习情境和迁移情境存在共同成分时,一种学习与方法才能影响即产生迁移到另一种学习与方法。而概括化迁移理论是指先期学习时获得的一般原理运用于新的背景问题之中从中可以看到前者是产生迁移的必要前提,后者是迁移的关键。这正是阅读教学与作文训练之所以能够紧密结合并取得实效的理论基础。因此,在阅读教学中,以课文为范例"举一",再通过作文训练来"反三",学习方法与运用巩固在相近时段内完成,以读促写,以写固读,读写紧密结合,从而达到事半功倍效果和改革阅读教学的目的。

(2) 读写对应说

义务教学大纲指出:"在作文教学中,要引导学生把从阅读中学到的基本功运用到自己的作文中去。"这说明尽管阅读和写作各有不同的目的,各有训练的序列和方法,但是两者却有着共同的核心点,即思维训练。两者也有着紧密的联系,即读写知识之间的对应规律。例如,解题与审题的对应,抓住中心与确立中心的对应,划分段落概括段意和编拟写作提纲的对应,捕捉重点段与突出表现中心的对应,理解文章的结构与布局谋篇的对应,内容的主次与详写略写的对应,理解欣赏词句与遣词造句的对应。

丁有宽曾提出下列7条"读写对应规律",为学生的读写紧密结合训练创造条件,使读写之间的"学习迁移"更具有稳定的性质:① 从读学解题——作文练审题和拟题;② 从读学概括中心——作文练怎样表现中心;③ 从读学分段、概括段意——作文练拟写作提纲;④ 从读学区分课文主次——作文练怎样安排详略;⑤ 从读学捕捉中心段——作文练怎样突出中心;⑥ 从读学品评词句——作文练怎样遣词造句;⑦ 从读学作者怎样观察事物——作文练观察的方法。

以上读写对应规律的提出,是符合认知心理学关于寻找"思维组块"以解决实际问题的学习迁移原理的。认知心理学认为,人在学习中会形成各种有效的认识结构,当他面临要解决的问题时,就利用相似联想在已有的认知结构中寻找与要解决的问题相关的"思维组块"(相似块),借以对照、分析、综合、推理,导致问题的解决,所以,知识的作用,主要不是知识量的作用,而是良好的知识结构的作用,即"思维组块"的作用。一个人的知识量虽大,但未将知识系统化,形成有效的知识结构,他顶多能解决记忆性的问题(如识字、组词等),对于需要分析、综合、归纳、推理以解决新的问题,就困难了。丁有宽的"7条读写对应规律",正是提供一种良好的"思维组块"。当学生面临有关的读写任务时,就会较顺利地利用这些"组块",达成知识的沟通和运用,形成迁移能力,促进读写能力的提高。

(3) 本性模仿说

心理学的有关研究表明,模仿是少年儿童的天性。学生在学习语言和各种技能的最初阶段,往往需要以模仿为阶梯。正如茅盾先生所言"模仿可以说是创作的第一步,模仿又是学习的最初形式"。成人学写作也不例外。就是作家在其创作中也难免有模仿的痕迹,只不过模仿中带有创作因素罢了。因此,阅读教学的一篇篇课文为学生学习布局谋篇的技巧、掌握带有规律性的章法知识及其观察思维方法等提供了模仿的"范例"。发挥"范例"的原形启发作用,有利于学生写作能力的快速提高。美国国家写作协会的研究也发现"揣摩范文"是一种有效的写作策略。即为学生提供针对每个特定类型写作的优秀范文,分析并理解范文所包含的优秀写作要素,然后要求学生模仿这些范文,写出与之相似的作品。这在我们有着悠久的传统,是一种有效的方法,但并不是一种特别高效的方法。

(4) 读写结合

模仿是读写结合的基础,也是写作的基本手段。模仿是加速人们的语言从理解过渡到应用。朱曼殊等人(1980)的研究证明,在儿童句法结构的掌握过程中,理解先于使用;为了使用,必须以理解为基础,模仿加速了从理解向使用的过程。在读写结合中,模仿使理解到表达的转化过程大大缩短。模仿不仅能增强学生的再造思维,而且为学生的创造性思维奠定基础,因此,模仿是训练学生写作的重要手段。在读写结合教学中,老师可以利用语文教材中的文章或其他范文供学生参考。学生看范文后,便会产生一种"内部轮廓",构思作文时,便会有更佳的准备模式,写作的材料亦会更丰富。

(5) 国外阅读与写作之间的关系的研究:基于"意义建构"的观点

虽然阅读和写作之间的教学分离可以追溯到至于中世纪(Huot,1988 年),但这两个领域随着建构主义的出现体现出越来越紧密联系的趋势。在过去的 15 到 20 年,读写研究人员都试图找出阅读和写作活动背后共同的核心东西,这就是这两个领域都涉及的意义建构。

建构性阅读和写作的理论的出现可以追溯到 50 多年前,路易斯·罗森布拉特(Louise Rosenblatt,1938)介绍了革命性的方法称为文学读者反应。罗森布拉特(1978)建议,理解涉及读者与作品以及读者对作品的理解,这种符合读物上下文语境的理解本身对于作者自己来说也是一个新的、合法的文本。这个主题,在

20世纪70年代被心理语言学家克印赤和范迪杰克(Kintsch and van Dijk,1978)重新提起,他建议读者采用微命题的循环过程,利用选择性记忆和先前的知识去创造一个新的心理文本。

在20世纪80年代和90年代初,一些研究人员描述了如何通过读写结合建设意义。皮尔逊和蒂尔尼(Pearson and Tierney,1984)提出了"阅读创作模式",认为读者为了建构意义,要保持一个持续的、针对文本的、有目的的对话,这与作家创作传达意义是一样的。

在阅读过程中,一些写作的主要活动,诸如构思、撰写、编辑、监控,不断地、反复地、循环往复地发生;同时这个过程类似于弗劳尔和海斯(Flower and Hayes,1981)描述的写作的认知理论模型。弗劳尔(Flower,1990年)强调"通过阅读去写(reading-to-write)"的概念,她认为,大学生批判性读写能力的成功关键在于质疑信息的来源并将它们转变为有新的用途新的思想。此外,她还研究阅读和写作之间信息发生的来源构成。斯皮维(1990年)发现,建构意义涉及创建一个心智计划,选择相关的并适应构思计划的内容,并用于先前的知识推理和拟定出新的想法。受斯皮维研究的影响,麦克金尼(McGinley,1992)研究了阅读、写作和推理过程中涉及的来源构成,得出的结论是个人的阅读和写作活动过程,是一个贯穿着完成多重任务目的的过程。

最后一个想法,由巴索罗米(Bartholomae)和佩特罗斯基(Bartholomae and Petrosky,1986)提出,为了尽量扩大读写之间的联系,学生们必须相信,他们有权力根据自己的目的产生新的想法,选择适合他们读写的策略。由于这些观点的产生,在传统的读写分离的课程语境下推崇读写结合很可能是一项艰巨的任务,巴索罗米和佩特罗斯基在匹兹堡大学开发了许多读写结合的课程,而不是在阅读和写作教学的不同的课程分别训练的课程。巴索罗米和佩特罗斯基次主张综合阅读写作的方法,鼓励学生有权去说,教师要帮助他们找到并决定什么才是他们的重要观点。[1]

由上可见,阅读更倾向于是一种信息输入行为,而写作相对来说更属信息输出行为。写作次数本身不会增加学生的信息总量。在一次次的写作过程中,学生对于已有的素材进行筛选、剪裁、组合等,其写作技巧和语言运用的熟练程度可能会有所提高,但是对于学生"总体的信息数量、信息结构和精神能量"影响不大(为

---

[1] http://www.nade.net/documents/SCP97/SCP97.12.pdf

写而去读,另当别论)。而阅读就不同了:它能够显著丰富学生的生活表象,改变一个人的信息量、信息结构、知识状况包括他们关于写作的语用知识、能力和技巧,还有关于读者、交流的知识,甚至人的精神或心智状况等等。一句话,写作所需要的各种知识、技能、策略等都有可能得到较大改观。

因而,"适当多读,适量去写""读写结合"应该成为作文教学的一个重要原则。既然多读比单纯频繁去写效果要好一些,那么就该"适当多读,适量去写",而不是盲目多写,使蛮力。这也是美国语文教材阅读量大的一个原因所在。在这里有必要区分语文课程中的两种阅读,一是"为了阅读的阅读",如美国加州阅读教材《读者的选择》,就是为了提高学生阅读能力,旨在掌握阅读的技能、方法和策略而阅读;二是"为了写作的阅读",如加州写作教材《作者的选择》,旨在丰富学生的信息量,弥补学生直接的生活信息贫乏的状况,为学生写作和思考提供素材以及范文、语言和技巧的资源和范例。传统经验中也有真正科学有效的写作策略,这是一笔宝贵的财富,应该汲取。

三、"读写结合"类型和方式

如果结合"图式"理论来理解,也就是说,读写两种能力之间,在大脑神经的生理结构上共享同一区域,尤其是在深层次的意识心理层面上可能拥有着大量的共通的"图式"。这些"图式"是一个人关于生活表象、语汇、文体、篇章等大量信息和知识的大大小小的集合,它们不断地处于同化、顺应、建构、变构之中。它们对于听说读写等显性能力"冰山"来说,是连成一体的共同的"汹涌起伏"的知识和技能的海洋。读的信息资源的进入,会改变海洋的容量、形态,它有可能会使得写作能力"水涨船高"。建构主义读写过程模型将读写关系描述为运用"读写结合"两个过程密不可分,前者是后者的基础,后者是前者的延伸。同样,写作中,心智活动也经历了双重转化。第一重是客观生活、客观事物向主体观念、情感转化,第二重是观念、情感向文字表述转化。阅读的第一过程与写作的第一重转化相似,都是为了获得某种认识;而阅读的第二过程则与写作的第二重转化相近,都致力于认识的语言外化。阅读和写作的这种心理上的"异质同构"是"读写结合"的客观基础[1]。

---

① 曹勇军.对"读写结合"的冷思考[J].语文教学通讯,1999(6).

案例1　【文学写作课】
　　　　　假如……——学写散文诗【片断】

　　教学目标：1. 了解诗歌的知识和特征；2. 学习用特定的句式写小诗，欣赏仿写和创作小诗。

　　教学准备：1. 让学生预习：什么是诗歌，举例或者说出至少一条特征。2. 用"假如"造一个句子。

　　教学步骤：

　　1. 温习交流：师生对话让学生七嘴八舌地说说诗歌的特征，也可以举个简单例子。（至少10个学生）如：分行排列；富有感情（一种情绪和想法）；优美的形象（形象思维）；音韵和谐；节奏韵律、兴寄；虚构；想象、联想；比喻拟人，发散思维……

　　诗歌一般应当具有三个要素：丰富的情感，精练的语言，优美的意境。譬如把一首诗比喻为一只鸟，情感便是鸟的身躯，而语言和意境便是鸟的两翼，鸟没有身躯就不成其为鸟，但是，鸟没有两翼也是不行的，缺少任何一翼都飞不起来。诗歌也是这样，没有丰富的情感就不成其为诗歌，没有精练的语言或优美的意境也不成其为诗歌。

　　2. 欣赏范例：

　　　　　《我爱这土地》
　　　　　　艾青
　　　　　　　　　　　　　　　一九三八年十一月十七日

　　　　假如我是一只鸟，
　　　　我也应该用嘶哑的喉咙歌唱：
　　　　这被暴风雨所打击着的土地，
　　　　这永远汹涌着我们的悲愤的河流，
　　　　这无止息地吹刮着的激怒的风，
　　　　和那来自林间的无比温柔的黎明……

　　　　——然后我死了，
　　　　连羽毛也腐烂在土地里面。

　　　　为什么我的眼里常含泪水？
　　　　因为我对这土地爱得深沉……

3. 仿写:"假如我是……(以美的形象),我要……(用一行动寄托某种情感愿望)"

头脑风暴:"假如我是某个东西"(某一动物、植物、事物,但不应该是人如市长、老师、孙悟空)、一棵树、一片云、一朵花、一捧土、一块砖、一片叶、一阵风、一叶舟、一座山、一条河、一盏灯、一棵行走的草、一粒走近泥土的种子、一轮圆满在青春梦乡的月亮、一根桅杆、波浪、航船、钟响、花开的声音、青草的梦乡、群星、音符、花瓣、弓箭、石头、鱼、甲骨文、荒原、……

正例:用"假如我是(以美的形象),我要……(用一行动寄托某种情感愿望)"……连续不停地写五分钟"

示例:如果我是一只蝶,一只刚刚咬破自己的壳,振翅学飞的蝴蝶,我要飞入你们的生活,叫醒慵懒的冬风,叫醒冰封的小河,叫醒沉睡的丛林,叫醒酣梦的花朵……于是,无数的缤纷随我翩飞,所到之处:树木吐绿,花儿绽放,河水喧哗,一个绚丽的风暴席卷了一切……

误例:假如我是市长、老师、孙悟空……——因为不是写建议类的议论文或者幻想

假如我是一头猪、一条狗、一个苍蝇、蚊子、臭虫……——因为不美,不符合一般审美、伦理原则,除非你追求反叛或者非要这样标新立异。

基于已有的实践,读写结合可以有以下 5 种类型和方式:

(1) 积累型读写结合。指的是那种以积累语言材料为主要目的的读写方式。在低年级运用得较多。阅读的目的的学习生字、生词,积累好词佳句,为写作提供语言表达的工具性知识。一些名段名篇往往需要背诵下来,作为"文章图式"对今后的写作鉴赏提供好的"范例"。这一类读写结合可以采用摘抄、组词、造句、片段仿写的方式进行。

(2) 反应型读写结合。传统的"熟读精思""与我为化"的读写方式就是属于这一类型。它要求读者对于文本的内容烂熟于心、充分而深入的理解,从社会背景、思想内容、人物性格、社会情景以及物态、景物、细节等等以及都有比较深入的理解,与自己的经验发生联系,建构并生成自己的独特感悟和文本新的意义。着眼于文本内容的鉴赏、阐发、感悟、联想等。这一类阅读应该着眼于内容,采用分析、鉴赏、品味、引申、生发、联系、联想等方式。阅读的材料是写作的引发,或者内容的来源,这是比较常见的教材编撰方式。尤其是在当今人文话题语境下的采用的

是"话题"编辑组元方式,主流教材多属于这种情形。这种类型下的读写结合旨在培养学生的鉴赏能力、审美情趣和书面表达能力。其目的是作者与文本内容发生互动,生成新的思想、体会、感悟等写作素材。这一类写作方式包括读后感、文学反应、鉴赏性评论等。

(3) 信息型读写结合。通过大量的阅读和浏览,搜集写作需要的资料、信息、事实、数据、材料、案例等。这种类型的阅读采用概括、归纳、提炼、搜寻、定位等方式,阅读的思维过程不必要采取品味、联想、感悟的方式。一般来说,这类读物多是科学性的、说明性的或者作为资料来用的。阅读的目的是为了写作寻找资料、信息。这一类的写作方式是文摘、提纲或者作文素材积累。

(4) 范例型读写结合。这一类阅读着眼于读物的外在结构形式和文体形式,主要是指文本的结构构成、格式文本以及语体风格等。比如一些应用文,像书信、报告、计划、通知、消息、通讯以及诗歌、小说、戏剧等等。这一类阅读多在形式的把握上,因而一般不需要牵扯进太多内容、材料、艺术手法的分析。其目的是为了揣摩范文格式,进行仿写训练。这一类的写作主要是一些应用文写作,也包括一些文艺文的试作。这种读写结合利用了儿童的心童具有模仿性,模仿是儿童学习之初的需要,是学习的必要途径,教师的责任是如何把儿童的这种模仿转变为模仿能力,并在此基础上逐步发展创造性。读写结合是通过模仿才能实现的。

(5) 主题型读写结合。这一类读写结合往往着眼于阅读内容、阅读形式以及思想熏陶等多种层面,尤其是有利于根据学生的生活实际和心理状况,有利于提高学生的学习兴趣。这是目前语文教材最流行的方式,我们常说的"文道统一""工具性和人文性统一"应该指的就是这种形式。这种形式的读写结合好处是利于学生整体素养的提高,缺点是教学目标和重点往往笼统、难以统一、发生漂移,让人难于把握。这是目前语文教材的最主要缺点所在。读写结合当然不仅是简单的写作方法上的模仿,更是一种多层次、全方位的创造性思维过程。那种既培养学生对范文的欣赏能力,又激发学生的写作欲望,还使学生学到基本的写作方法的全面的读写结合很可能是不存在的,只是一厢情愿。教学时不排除可以综合实施,但更应该有侧重地进行。比如,我们可以从"写了什么(内容)""怎么写的(表达和写作方法手段)"和"为什么这样写"多角度、分层次地进行几次阅读,每次着眼于不同的内容。这类的读写结合是将语文看作内容型的学科,不利于语文知识和技能的训练,比较低效。如果教材编制配合以较严密系统的内容理解、写法指导以及其他的训练体系,也许会改变这种读写结合的弱点。不过目前这种多线索、多层次序列的教材编撰面临较大的技术和学术研究的困难,难于一蹴而就,绝非一朝一夕可以完成。

第十二节　切己体察:建立文本与读者经验的链接

一、"切己体察"的含义

"切己体察"是中国一种传统的阅读方法,由南宋时期教育学家和阅读学家朱熹提出。他曾在《读书之要》中指出:"读书要切己体察,不可只作文字看,不可只就纸上求理义,须反来就自家身上推究。""切己体察"是朱子最具特色的一种读书法。之后,清代文学家曾国藩对朱熹读书论中的"切己体察"进行了继承和发展,他在家书中告诫诸子弟说:"切己体察,穷究其理即格物也。"曾国藩以《孟子·离娄》为例,连举两例具体阐发什么是切己体察:"即如《离娄》首章'上无道揆,下无法守',吾往年读之,亦无甚警惕;近岁在外办事,乃知上之人必揆诸道,下之人必守乎法,若人人以道揆自许,从心而不从法,则下凌上矣。此切己体察一端也。"[①]

《语类》中对如何"切己"作了简单的说明:比如《论语》《孟子》中讲"仁义礼智""切己"就要在自己身上体认出什么是仁,什么是义,什么是礼,什么是智。不应该把仁义礼智只是看成四个字,而与自己毫不相干。"切己体察"作为一种传统的阅读方法,"不因时光的流逝而失去它弥足珍贵的价值",其注重理解经典文本的深义,要求理解主体能够穿透语言文字,切于自身体会文本的意义,达到对经典表面之下的真理进行体会和把握。现今,从阅读和阅读教学层面加以审视,可作为有效解读文本的方法。到底,何谓切己体察?

切己,即切身,切合自身,要密切联系自己,贴近自己的实际。体察,即体验,观察,就是深入体会,有所理解和感悟。"切己体察"包含两层意思:一是要善于将文本中的语言、内容同自身的思想、生活经验联系起来,设身处地,潜心探求其深刻内蕴;二是将所学广泛应用于社会实践,在实践中进一步深入理解,将知识转化为能力,践履躬行,养成运用语文的良好习惯。所谓是"从容乎文义句读之间,而体验乎操存践履之实,然后心静理明,渐见意味"。

---

① 曾国藩.曾国藩全集[M].长沙:岳麓书社,1985:409

二、"切己体察"与文本解读

文本作为作者与读者的媒介以其文学性或思想性给读者带来审美感受和情感体悟,而主体性的阅读者的解读和再创造赋予文本以灵魂。文本凝聚着作者的文思和情结,贯穿着作者的生活体验和情感倾向。阅读文本的过程,就是学生、教师用自己的经验、情感、生活理念去解读文本的过程。潘纪平在《语文审美教育概论》中,对读者在解读文本时如何体现文本的创造美有这么一段论述:"在文学领域,接受美学认为,任何文学作品都具有未定性,作品意义的实现要靠读者通过阅读使之具体化,即以读者的感觉和知觉经验将作品中的空白处填充起来,使作品的未定性得以确定,最终实现作品的价值。""切己体察",就是要建立文本与读者经验的链接,读者通过自己的生活经验、阅读积淀对文本进行创造性的"填充"、想象,加深对文本的理解,从而实现文本的价值意义。

三、"切己体察"的方法与要领

1. 用实际经验理解文本

"文本解读是一种寻求理解和自我理解的活动,是建构文本和自我建构的过程。"读者感知、体验文本构筑的世界是在寻求理解的基础上,使自身体验与文本的意义同化,参与文本意义的建构,从而化文本的意义为自我的意义,化文本的世界为自我的世界,从"他人的世界"(文本)中发现"自己的世界",在"你"之中发现"我"。"读者群"中的每一个"个体",无论是学生还是教师都是文本解读的"主体",在对文本结构的不确定性、意义的多元性进行解读的过程,是基于文本本身及自己的实际经验和人生体会去理解作品的过程。经由自己的实际经验理解过的作品,才会更加深刻,才会内化成自己的东西。

(1) 调动生活经验理解文本

《语文新课程标准》指出:"阅读是学生的个性化行为,不应以教师的分析代替学生的阅读实践,应让学生在主动积极的思维和情感活动中,加深理解和体验,有所感悟和思考,受到情感熏陶,获得思想启迪,享受审美乐趣。要珍视学生独特的感受、体验和理解。阅读教学是学生、教师、文本之间对话的过程。"可见,学生对文本的理解、感悟和体验,离不开学生的生活经验。因此,语文阅读教学中,教师应注重对学生已有生活经验的挖掘、激发,让学生入情入境,产生共鸣,使学生理性阅读、生活化阅读。以人教版《语文》八年级上册杨绛先生的《老王》一文为例，文章最后，作者发出了感慨："这是一个幸运者对不幸者的愧怍。"很多学生理解不了这句话：作者一家对老王已经够好了，为什么还要愧怍？

有位老师没有直接针对这句话来进行分析讲解，而是针对课文内容——临终的老王来给我家送鸡蛋，设计了一个进行评价的环节。

问1：老王来给"我"送鸡蛋，接待他时，"我"有没有什么地方做得不够妥当？你认为应该怎么做比较好？

问题抛出来之后，学生纷纷根据自己的生活经验，谈了他们认为做得不对的地方：如应该请老王进屋坐坐；应该请他喝杯茶；如果他吸烟应该敬一支烟；考虑到老王的生活困难，要给他鸡蛋钱也可以，但不能这么直截了当地把钱给他，应该包在那块装鸡蛋的手帕里，或者第二天专程送到他家里去等。

在学生回答之后，抛出了另一个更深刻的问题：杨绛是有文化有知识的人，为什么反倒不如你们做得妥当？

经过学生讨论，大家终于明白，其实在杨绛心里，对老王更多的是同情，她想到的只是从经济上去帮助老王，而没有考虑到老王的心理需要。他来送鸡蛋更多的是把作者当成朋友来感谢她，而不是来乞求施舍的。他需要友谊，需要得到别人的尊重。但这一切，作者都没有注意到，没有给老王更多更深入的关怀。老王死后，作者才意识到这一点，所以才有了文章最后的感叹。这份愧疚不会破坏杨绛的形象，只能让我们更深入地认识到一个作家敢于反省自己的高尚情怀。

上述例子可以看出，重视引导学生调动自身的生活经验去理解课文，让学生学会评价人，正确地理解人生与人性，拉近了学生与文本的距离。如果没有这个环节，分析与讲解就只能是架空的干巴巴的说教了。

（2）运用阅读经验理解文本

阅读能力和欣赏水平是不断由低到高发展起来的。读者阅读文本的活动，是基于读者的阅读经验而开展的，"阅读经验一般可以分为两个前后相互关联的组成部分，一是指学生（读者）在阅读文本时经验的过程，二是指这个经验过程结束后获得的结果。"读者一旦具备了阅读的条件，他的经验世界的建构也就有了一个不同前经验世界的新的高度。由此可见，读者的每一次阅读活动都是其经验世界结构的重建，是新的同化和调节。阅读感受和理解总是在某种程度上与读者阅读经验世界联系在一起。

读者阅读文本，对文本的接受有四种类型：① 读者水平层次远高于文本，文本过于肤浅,信息期望为零,读解无所得;② 读者水平层次远低于文本,文本含义太深,信息无法破译;③ 读者水平层次与文本相当,文本输出的信息,与接受者的水平完全合拍,这是理想的交流;④ 读者水平层次略低于文本,接受者通过努力或他人的诱导,可以进入交流,这种情况最为常见。在阅读实践中,读者对经典文本的阅读,不但要看字面上已经写出来的,而且更要看没有写出来的,留在空白中的。空白只能从深层意脉去探索,很显然,一篇课文的"意义"主要体现在课文的"空白处"或"深层意脉"中。"深层意脉"显然不是在课文字面上找得到的,而只能出现在读者的阅读经验中,是读者的阅读经验使它具有了"意义"。

例如对中国古典诗歌意象"月"的理解,凭借读者的阅读经验,看到诗歌中的"月",都会将其与思念亲人家乡的亲情和温情联系在一起。有了这样的阅读经验,即使是读余光中先生的《月光光》,"月光光,月是冰过的砒霜。"诗人将"月光"比作"冰过的砒霜",虽与传统诗歌中月光带给人的温馨甜蜜的感觉背道而驰,但仍运用阅读经验能读出这位台湾诗人因思乡而不得回乡的心灵深处的隐痛。

2."设身处地"体验文本

"体验"是《语文课程标准》的核心关键词,在标准中达23处。体验是一种心灵的深入思考的过程。"体验在西方诠释学家狄尔泰那里是与经历联系在一起的,经历所表达的是主体与对象关联的直接性,表示在某一事件发生时,认知主体是当下在场的,因而经历必定是主体的亲身经历,在亲身经历中获得的经验就是认知主体的体验。"要建立文本与读者经验的链接,离不开"体验"。"我们读懂作品不能满足于字、词、句、段、篇的解释,因为阅读不光是为了文字,也是为了读懂作者和人物的生命,他们内在的精神和情感。这一切并不是抽象的,而是在非常具体、非常灵活的语言中的。"①所以要走进文本除了掌握必要的字词句篇之外,读者还需通过体验来获取情感上的共鸣。

(1) 激发情感积淀,有效体验文本

阅读活动具有深刻的文化价值和精神意蕴,它始终与人类生存状态密不可分。可以说激发了记忆深处的那份情感,就能抓住文本中所要表达的瞬间的感受。有了初步的也是最本质的体验,就能懂得生活本身,才能准确地把握作者所要表达的情感。例如《项脊轩志》简单地说就是围绕一个阁子,写了三位平凡而伟大的女子——祖母、母亲、妻子。它的内容很简单,但是要挖掘作者对三位女子的

---

① 孙绍振.名作细读[M].上海:上海教育出版社:2009.

不同感情并体会这些感情就不容易了。这就需要读者回忆自己最感动的祖母情，才能更好地理解朴实的字里行间渗透着归有光怎样刻骨的情感。读到庭中的枇杷树时，也可以想想自己身边珍惜的物品。体会东西犹存，长辈或朋友却天隔一方甚至生死相离，无限感伤之情。在解读文本蕴涵的感情时，读者一定要适时激发头脑记忆深处的那份情感。

（2）在角色移情中体验文本

要深刻理解文本，要把自己的心灵融进去，不能冷漠旁观，不能站在外面端详，而是要把自己融进去体验——移情。在《读论语孟子法》中写到："学者须将《论语》中诸弟子问处变作自己问，圣人答处变作今日耳闻，自然有得。虽孔孟复生，不过以此教人。"这段话形象地说明了如何能够让自己更加真切地体会经典文本。这种方法是让读者充分地发挥自己的想象力，将自身置于文本所描写的环境当中，自觉地把自我等同于课文中的一个甚至是几个人物，内心同文本中的人物一起来经历、体验文字所描写的人与事，并与课文中的人物一起高兴，一起伤心，也就是在角色体验中让"物我"与"自我"融为一体。

阅读莎士比亚的《哈姆莱特》一文，对于角色哈姆莱特的理解："一千个读者就会有一千个哈姆莱特。"文本涉及一些最根本的主题，或许正是我们所有人都在追问的：我们为什么在这儿？我们存在的意义是什么？所有这些终极追问，作为一个活生生的人，我们在某时某刻都不得不问自己，或者在某个时刻感受到的问题全在这部戏剧里面了。作为读者只有跟随角色哈姆莱特一起经历，将自身置于文本描写的环境中，才能真正理解哈姆莱特这个角色为什么从未因为时间的流逝而与我们疏远。

3. 在实践中关照文本

"切己体察"注重在实际情境中实践书本知识。所以阅读文本不仅是要获取知识、懂得道理，更重要的是能够将读书的体会真正落实到自身行动和思想境界的提高上，将知识转化为能力。"虽是学而知得，然须是着意去力行，则所学而知得者不为徒知也。"如孟子说："天将降大任于斯人也，必先苦其心志，劳其筋骨，饿其体肤，空乏其身，行拂乱其所为，所以动身忍胜，曾益其所不能。"读了这句话后，就要求读者结合自身的学习实际和生活实际，感受孟子这句话的真正内涵，更要把文本中的言语在自己身上推究。如读《论语》"学而时习之，不亦说乎。"其文本原义不难理解，但要体会到学习的快乐则必须落实到个人的心理体验上，只有一个废寝忘食地投入学习中的人才可能真正体会到此句的深意。经过生活的历练，产生了共鸣的那些文本对读者的生活有很大的引导启发作用。

阅读与生活紧密相连、息息相关，在阅读中可积累经验、提高阅历，但也要注意在实践中将所学经验、知识融入生活，创造生活。文学作品源自生活，作家在作品中用多变、细腻的写作手法和表述技巧向读者展现一些源于生活的人或事，表达他对人或事的认识与感悟，或是赞扬高尚的品格和情操，或批评生活中不良现象，或介绍现实中的知识、经验等。将阅读中领悟的道理应用到实际生活中去，可以形成对人和物独特的理解与认识，形成自己的人生观和价值观；反过来，自身积累的生活经验和知识又可以帮助我们深入品味文学作品的内涵，充分把握作者的思想感情和写作技巧，还可以领悟并形成对作品的独特见解，创造出新的体会。

思考与讨论

1. 每一种文本解读法的原理是什么？
2. 每一种文本解读法的提纲要领是什么？

扩展阅读推荐

1. 王荣生.语文科课程论基础[M].上海：上海教育出版社，2003.
2. 赖瑞云.文本解读与语文教学新论[M].北京：北京师范大学出版社，2013.
3. 陈家尧.语文文本解读方法论[M].重庆：重庆出版社，2013.

应用篇

文学类文本的解读与教学

◆ 内容导引

本章讨论文学类文本诗歌、散文、小说、戏剧的文本知识和教学策略。

◆ 学习目标

- 掌握诗歌散文小说戏剧的文本特征
- 掌握文学类文本各自的教学策略

第一节 诗歌的解读与教学

一、诗歌的文本特征

诗歌是文学家族的长子,在各种文学体式中,它的起源最早。《吕氏春秋·古乐篇》记载:"昔葛天氏之乐,三人操牛尾,投足以歌八阕。"上古时代的先民在进行宗教性质的娱神活动时,是多人手持道具(牛尾),投足起舞,同时唱歌,唱足八段。诗歌,即是来源于这种宗教性的娱神活动,它最初与舞蹈、音乐三位一体,包含着一种忘我的崇敬之情、虔诚之意。这些原初特征深远地影响着诗歌作为一种文学体式的基本规范。《礼记·乐记》载:"诗,言其志也;歌,咏其声也;舞,动其容也;三者本于心,然后乐器从之。"诗,是表达内心情意的语言(文字);歌,是用有韵律的声音唱出这语言;而舞蹈,则是在此基础上以咏唱者丰富的神态和动作更进一步地表达自己内心深处的情意。《诗·大序》曰:"诗者,志之所之也。在心为志,发言为诗,情动于中而形于言。言之不足,故嗟叹之。嗟叹之不足,故咏歌之。咏歌之不足,不知手之舞之足之蹈之也。"从这里,我们可以看到语言和情意的表里关系,看到表达情意的语言和意兴酣畅的咏叹、舞蹈之间层层深化的关系。

《淮南子·道应训》载:"今夫举大木者,前呼'邪许',后亦应之,此举重劝力之歌也。""邪许"是劳作者集体劳动(比如"举大木")时协调身体动作、提振劳动情绪的号子。劳作者以有规律、有节奏的呼喊,来达成上述目的。如果在号子中加进一些更具体的内容,那就是原始诗歌。鲁迅先生据此把这种"杭育杭育"的劳动号子称作最早的诗歌,给它命名为"杭育杭育"派。《吴越春秋》里记载了一首非常简短的诗歌:"断竹,续竹,飞土,逐宍。"它说明诗歌起源于劳动生活,亦表现劳动生活。这里需要指出的是,对劳动生活的表现,和劳动生活本身不是一回事。前者是一种包含着审美想象的艺术活动,含有非功利的创造愉悦和心灵自由;而后者则是纯粹的实用性活动,往往功利地注重活动结果,心灵被捆绑在对实用性的顾虑之中。东汉何休《春秋公羊传解诂》卷十六载:"男女有所怨恨,相从而歌。饥者歌其食,劳者歌其事。……"这是对诗歌劳动起源说的发展和补充,即诗歌起源于劳动人民现实的生活需求(劳作、饮食)和生活感受(怨恨)。

五四以降,改文言为白话,以白话文为语言工具的新诗也在探寻自身发展的道路上经历了一系列的曲折,取得了宝贵的艺术经验。从最初的怎么说话便怎么作诗,到打破格律束缚、实现强烈情感的自然流露的自由诗,新诗在表现内容上找到了自我;但是,作为一种文学体式,它的艺术形式是否可以拥有绝对的自由?这样的疑问也一直困扰着诗人们。闻一多在自己的诗歌创作基础上提出诗歌应该有"音乐的美(音节)、绘画的美(辞藻),并且还有建筑的美(节的匀称和均齐)"。同一时期,一批新诗诗人向西方学习,将浪漫主义、象征主义等诗歌流派的理论与创作方法引入中国新诗的创作,在艺术上积累了宝贵的经验。中国的新诗,正是在继承中国古典诗歌艺术传统与学习、借鉴西方诗歌流派的理论、方法的基础上一步步向前发展着……

根据上述对诗歌起源及流变的简略梳理,我们可以归纳出诗歌文本的六个基本特征。

(1) 简练

因为诗歌起源于先民智识初萌、文明草创之际,故而其言简练;上古文字初成之际,书写工具留迹不变,故记录诗歌之言的文字以力求简洁。因此,语言文字的简练,是诗歌文体的第一个基本特征。

（2）真挚

无论诗歌是向神灵表达虔诚、恭敬和祈祷，还是描绘、表现自己的劳动生活，抒发自己在生活中的种种感受，都是先民纯朴的心灵中真诚情感的自然流露，故深切真挚的内心情感，是诗歌文体的第二个基本特征。

（3）留白

把诗歌文体的第一、第二个特征结合起来，我们会发现诗歌文体的第三个基本特征：留白。诗歌语言的高度简练和情感的真切积淀，使得诗人在抒发情感时常常留下意味深长的空白，让欣赏者根据诗人的语言线索、情感脉络和自己的人生阅历去创造性地补充这空白中的思想情感内蕴，从而获得"言有尽而意无穷"的审美体验。比如唐代诗人贾岛的《寻隐者不遇》："松下问童子，言师采药去，只在此山中，云深不知处。"诗人在松树下问了童子什么问题，诗人没有说，只用童子的回答来间接暗示。诗人拜访的隐者为什么恰好在这个时候离开去采药？这是一个可以做多种假设的问题，每一种假设，都会帮助读者产生不同的审美体验。比如，隐者就是恰好离开去采药了，那么，我们由此可以产生一种世间因缘往往难以自主，人生际遇充满了种种偶然性的联想和喟叹；如果我们假设隐者是提前知道诗人要来拜访而事先离开，则会由此生出"同道乃相亲、异趣难为情"的生命感悟；如果隐者事实上没有离开，却叮嘱童子如此这般回复诗人的寻找和询问，那么，隐者自高崖岸的矜持和对世间俗人的不屑一顾的形象也就在我们的心灵中栩栩如生了。

（4）变异、重组和创造

由于诗歌的目的是为了表达创作者内心丰沛、深挚的思想感情，因此，诗歌对生活的描绘，对景物的撷取就不是纯粹客观的描摹，而是依循主观表达目的而对生活、景物加以变异，从而达到即事兴感、借景抒情的表达目的。故而，以内心的主观感受和认识为依据，对客观生活表象和自然物象进行变异、重组，以创造性地表达诗人的思想感情，是诗歌文体的第四个基本特征。例如闻一多《死水》一诗以"绝望"一词形容那沟"死水"，并且用"翡翠"形容铜绿，用"桃花"比喻铁罐，用"罗绮"描摹油腻在陈腐的水面铺开的彩色膜面，用"云霞"来形容霉菌将种种废弃物发酵后形成的斑斓——这种"以丑为美"的表达，就是诗人用强烈的内心感受强力变异了自己眼中所见的景象，使它们呈现出和客观上完全不同的特征，以此来表达自己内心的愤懑和对当时中国现实的否定和批判。

（5）旋律和节奏

由于诗歌最初是与音乐、舞蹈同源而生，故其独立成体之后，依然保有音乐和舞蹈的一些特征，比如诗歌语言一唱三叹的旋律特征、诗歌语言抑扬错落的节奏感，这些都是诗歌和音乐、舞蹈血脉混融所得到的珍贵留存。由此，我们得出诗歌文体的第五个基本特征：诗歌语言具有音乐的旋律感、舞蹈的节奏感。我国在唐代臻于成熟的近体诗，尤其是律诗将诗歌的这一特征发扬光大，形成了一种集对仗、平仄、音韵为一体稳定的形式规范。中国的新诗诗人（特别是新月派）在探求白话诗歌的格律规范、创造新诗的音韵、节奏美上做出了有益的探索，留下了宝贵的艺术经验。

（6）概括和凝练

与后起的几种文学体式相比较，我们还可以得到诗歌文体的第六个基本特征：诗歌意象的高度概括、意象内涵的高度凝练。诗歌意象的内涵远远小于散文、小说的同类意象，故而其概括度、凝练度远远大于散文、小说等文体中的同类意象；因此，诗歌意象的外延（范围）也就远远大于其他文学体式中的同类意象。例如，"月"这个意象，出现在诗歌中，它不必明言诗人是在哪一个具体的时间、地点看到的，月亮有什么样的具体的细腻特征，也不必说诗人是怀着什么样的心情在看月——诗歌中，诗人只需把"月"这个物象跟自己此刻要表达的"意"统一起来，就完成了对"月"这个意象的创造。而在散文、小说中，作者在描绘"月"这个意象时，则往往会说明自己是在什么时间、什么地点看到了月亮，进而会具体、明白地表达"月"的出现触动了他怎样的情思，引发了他怎样的联想，等等。

二、诗歌解读策略

基于诗歌的起源，诗歌的文体特征，我们在解读、欣赏诗歌作品时，可以从如下五个方面入手。

1. 用"因声求气"法，对诗歌语言进行反复涵咏和玩味

由于诗歌最初是先民在音乐伴奏、舞蹈动作中咏唱出来的敬神虔诚、深挚情意，故而其语言的生发，与音乐的旋律、音节的轻重、节奏的抑扬都有密切的联系。我们要想通过留存的诗歌文本回溯作者当时的内心状态，感受到"人同此心，心同此理"的审美共鸣，则出声的朗诵和玩味是一种必不可少的解读策略。"因声求气"的诗歌欣赏方法，古代文论家多有论及，至清代，桐城派作家刘大櫆对"因声求气"的阐发影响较大。他在《论文偶记》中说："行文之道，神为主，气辅之。……神

气者,文之最精处也;音节者,文之稍粗处也;字句者,文之最粗处也。……神气不可见,于音节见之;音节无可准,以字句准之。"这段话阐述了"神气"和"音节""字句"之间的关系。所谓"神气",是指作品所体现出来的神韵和情感脉络,是作家所要表现和传达的最精微的心灵发现和体验;"音节",是指诗歌语言参差错落、规律中有变化的句式和抑扬顿挫、高下缓急的声韵等形式特征;而"字句",则是形成诗歌"音节"特征、承载诗人"神气"的工具和载体。"神气"是内在的、精微的,是诗人要表现的情思本体;"音节"是由语言载体通向诗人内心情感现场生态的重要桥梁;"字句"是诗人借以隐喻和传递情思的语言工具,也是读者借以感知诗歌音韵、节奏,进而感悟诗人内心世界的出发点。要领会作品的"神气",需要读者通过对诗歌"字句"的反复诵读,仔细揣摩、精心体会诗歌的"音节"之美,进而打通诗文"字句"和诗人"神气"之间的壁垒——这就是"因声求气"的诗歌鉴赏方法。刘大櫆根据自己的诗歌诵读体会,强调对诗歌的文本,需要诵读至滚瓜烂熟,"烂熟后,我之神气即古人之神气,古人之音节都在我喉吻间"(《论文偶记》)。这时,读者的心灵,就和诗人创作这首诗歌时的心境相通了,诗人当时的情思体验,也就成了此时读者内心鲜活的发现和体验。

今人已经失去了古代诗词流行时期的文化环境和诵读氛围,诗歌已经成了一种"冷门"的事物,成了只有少数人创作、少数人欣赏的文学作品,我们如果想通过诗词进入诗人的情感世界,就必须养成诵读的习惯,只有通过反复诵读,才能够从语言形式触摸到古人的心绪脉流,达到和古人感应相契的境界。

2. 意象品析

在对典型意象的玩味、探究中,深入诗歌的情思脉络,从整体上贯通对诗歌意境的感悟。例如王维的诗歌《鸟鸣涧》:"人闲桂花落,夜静春山空,月出惊山鸟,时鸣春涧中。"首句第二个字"闲"初看似乎无甚道理——人"忙",难道桂花就不落了吗?但细细品究,我们会发现,"闲"与"桂花落"这个意象,是有着内在的因果关系的:正是因为生活的清闲、心境的安闲,诗人才能够敏锐地体察到山间桂花米粒大小的花朵从枝叶间的无声跌落。一句之内的因果自足,已经完整地烘托出了诗人此时宁静、圆满的心境。第二句"夜静春山空",则是诗人内心"移情"于物的结果——因为心境的安静,才深切地感觉到了"夜"的宁静;因为心境的空灵,才体会到了大自然("春山")的空寂和生机。到这里,诗人已经借"桂花落""夜静""春山空"三个意象把此心的安闲、宁静和广大写完了,如果再不寻求变化,诗歌的意脉在这里就凝滞和僵化了。第三句,诗人陡出妙笔,借"月出"引入了时光的流逝,让我们在动态中来感受诗人内心的宁静。诗人并未满足于此,他进一步勾勒了一组新的因果关系:月亮的升起,光线的突然增强,惊醒了在枝头酣眠的鸟儿;第四句,鸟儿于是在空旷的山间发出了清越的啼鸣。这样,诗歌意脉在意象的活泼变化中继续向前流淌,最终流入了空旷无限的天地,而诗人所要营造的空灵寂静的意境不仅没有被扰乱和破坏,反而因为几缕月光从枝头的流过、几声鸟鸣在山间的响起,使这样的意境氛围得以加深——这就是以有声写无声所取得的艺术效果。这首诗歌,将精心的艺术构思和自然造化的天趣完美地结合起来,在鲜明意象的组合、更替中,在活泼流转的意脉生息中,创造了一种生机盎然、与天合德的宁谧意境。

3. 语境还原

将诗歌中的心灵意象和生活中的实际物象作比较,从比照出的差异中探究诗人"移情于物"的要点所在,由此感受和深入诗人所要表达的思想感情。以对海子的《答复》的意象还原和比较为例进行说明:

麦地

别人看见你

觉得你温暖,美丽

我则站在你痛苦质问的中心

被你灼伤

我站在太阳痛苦的芒上

麦地

神秘的质问者啊

当我痛苦地站在你的面前

你不能说我一无所有

你不能说我两手空空

"麦地"是播种和生长麦苗的土地,也是将来人们要收获麦子、满足温饱之需的土地,从生活的实际来说,"麦地"是一个满足人们实用需求的一个劳动和收获场所。古来的诗歌对于麦田的描写,往往都在勾勒一幅宁静的田园画卷,传达一份恬然安适的美好心境。例如庾信的《小园赋》有"苔始绿而藏鱼,麦才青而覆雉"之句。又如骆宾王在《夏日游目聊作》中写道:"……浦夏荷香满,田秋麦气清。讵假沧浪上,将濯楚臣缨。"将夏季和荷花芳香、秋天的麦气清爽赞颂到极致,说有了这些美好事物的荡涤，"我"已经不必再借助沧浪之水来净除一身的红尘气息了。海子这首《答复》对"麦地"意象的变异，则既是对"麦地"实际物象的远离，也是对传统诗歌赋予"麦地"的诗情画意的"背叛"。第二人称的对话体表达方式，将诗人与麦地的距离一下子拉近，也让读者感觉到诗人心灵的"麦地"就在读者面前！诗人将"麦地"意象的传统内涵借"别人"的视觉感受来概括——"别人看见你/觉得你温暖，美丽"，进而在此基础上推出自己对"麦地"的独特感受，以和其传统的意象内涵形成强烈对比。"我则站在你痛苦质问的中心/被你灼伤"，诗人在这里传达出了一种形而上的哲学思考和质难——"麦地"的客观物象意义是给人的基本生存需求提供物质保障的事物，那么，这首诗中"麦地"对"我"的"质问"，是否正是"我"对生命的存在意义的"质问"？这种"质问"是"痛苦"的，是否表明了对存在的意义的追寻是"艰难"的？如果止笔于此，我们会发现诗歌走入了一种空洞、枯涩的思辨境地，那它就不再成其为诗歌，而变成了分行的哲学议论。诗人在第一节的最后一句将麦穗的芒和太阳的"芒"拈连起来，既在意象上保持了自然的相关联想（麦芒——太阳的芒），又让我们从太阳的灼热、刺眼的光芒中直观而切身地感觉到这种痛苦追问的况味！第二节诗人更将"麦地"具体地拟人化为"神秘的质问者"，"我"则明确地成为了被"麦地"拷问的对象。当"我"面对"麦地"严峻的拷问时，我感觉到的是"痛苦"，"我"的回答是艰难而又坚决的——"你不能说我一无所有/你不能说我两手空空"，诗人对这一拷问给出了两个双重否定句式的回答，以强烈的语气推出了自己面对这场拷问的最终结果。海子到底在这样的自我拷问中找到了什么样的意义？这恰是他未曾言及的。诗人在此处的留白，正如米洛斯断臂的维纳斯，给欣赏者提供了无穷想象和补白的空间。

4. 形成特征分析

"言外之意"的提法，肇始于《庄子·外物》中的一段话："荃者，所以在鱼，得鱼而忘荃；蹄者，所以在兔，得兔而忘蹄；言者，所以在意，得意而忘言。"庄子作为道者，立言寓道，严格区分了"言"和"意"的功能和作用，前者是手段，后者才是目的；只要目的达到了，手段就不再重要了。而在文学鉴赏、文本解读中，领略作者通过文本所传达的思想感情，触动自己的心扉，引发自己的兴趣和联想固然重要，而品味文学作品的语言形式的巧妙，也是文学鉴赏、文本解读的一大主要任务，只有如此，我们才算是完整地得到了文学文本的全面精要。因此，在诗歌文本的解读中，我们首先强调对诗歌语言本身的巧妙的品味、鉴赏，进而才是对诗歌思想感情的触摸和共鸣。而有的诗歌文本匠心独运，不仅在语言文字间注入了诗人的表层情思,更在字里行间的暗示中,寓托了诗人所要传递的深层妙意情怀。

以台湾诗人痖弦的作品《秋歌——给暖暖》为例对此进行说明:

落叶完成了最后的颤抖

荻花在湖沼的蓝睛里消失

七月的砧声远了

暖暖

雁子们也不在辽夐的秋空

写他们美丽的十四行了

暖暖

马蹄留下残踏的落花

在南国小小的山径

歌人留下破碎的琴韵

在北方幽幽的寺院

秋天,秋天什么也没留下

只留下一个暖暖

只留下一个暖暖

一切便都留下了

先从语言形式上对这首诗进行一个简要剖析。第一节前三行是三个古典诗歌的意象并列,三个意象有类似的意味(暗示秋天正在消逝),又各自相对独立,第四行以"暖暖"结束;第二节前两行是一个带有西方诗歌韵味的意象群(雁子、秋空、十四行)共同构成了一幅清静、优美的画面,同样暗示秋天正在无声地消逝,第三行以"暖暖"结束。将前两节合观,我们看到第一节三个同质而又相对独立的中国古典诗歌的意象与第二节一幅带有西方诗歌审美元素的意境图遥相呼应。而两节末尾的"暖暖"则构成间隔反复,逐渐深入和强化诗人内心对"暖暖"的呼告和渴求。一、二两节意象群的不对称结构,与诗歌第三节又形成一个对照:第三节一、二两行构成的画面与三、四行构成的画面南北相对,语言结构匀整对称,表达的情韵在爱情与友谊的暗示中交相辉映——这种对称互补的语言形式,与一、二两节分别去掉最后一行的语言的不对称结构又形成了一重对照。诗歌的四、五两节,在修辞上使用了顶真手法,将语脉在连贯强化的形式中完成了一次意义的顿挫与转折：第四节第一行"秋天，秋天什么也没有下"，表明诗人的内心世界仿佛一片虚无、死寂，而接下来的"只留下一个暖暖"则为虚无、死寂的诗人的内心世界燃起了一盏渺小的孤灯；这时，诗意已经有了质上的变化，但"一个暖暖"和"什么也没留下"之间的强烈反差在这里并没有取得量上的平衡，诗人情感的天平，依然是向虚无、死寂的方向沉沉地倾斜的；第五节第一行承接上一节的最后一句，用完全相同的"只留下一个暖暖"形成了语言的同义反复，为诗歌结尾情感的突转和上扬蓄势，然后，当最后一行"一切便都留下了"出来，我们看到，诗人在秋逝冬来之际所获得的"暖暖"之意，不仅在质上不同于诗人之前的虚无、死寂之感，在量上也与那种负面的生命感受取得了完全的平衡，从而使生命恢复了自足和完整。

在鉴赏这首诗歌的语言形式之后，我们还可以对它的"言内之情"和"言外之意"做一个简单分析。诗歌前三节关于秋天的所有意象，都让读者感觉到秋天正在逝去，在萧瑟秋景的触发下，读者自然会产生一种凄清之感。这就是诗人刻意营造的"言内之情"。那么，何为诗人要传达的"言外之意"呢？我们可以从"最后的""消失""远了""不在""踏残""破碎"这些词汇中得到提示。这些词汇，都在向读者暗示一种结局，当秋天逝去之后，诗人只会迎来严冬的酷寒，以及生命的一无所有！这，正是诗人要向我们传达的"言外之意"。

5. 比较鉴赏

文学创作实践，从宏观上看，是一个既有继承、又有创新的过程，因此，在鉴赏某一首诗歌时，我们也可以根据该文本的某方面的特点，运用类比鉴赏的方法，将之放入具备类似特征的文本序列当中去，感知其中的继承性和创造性。

例如，女子登高远望，这是古典诗词中常见的文学意象，从《诗经》时代的《氓》，我们就看到了这个意象的典型呈现："乘彼垝垣，以望复关，不见复关，泣涕涟涟，既见复关，载笑载言。"女主人公在与心上人约定了"秋以为期"之后，就常常登上那废弃的高墙，向心上人应该出现的方向远远眺望。约期将近，看不见心上人的身影时，她的不安和猜疑总是让她泪流满面；直到那个人终于出现在远方，终于来到她身边，她才涣释了心中的悲伤，把内心巨大的喜悦和满足毫不掩饰地表露出来。这里，主人公情感的特征是健康、直露的。

这一登高远望的意象，在魏晋时代的"古诗十九首"中是这样表现的："青青河畔草，郁郁园中柳。盈盈楼上女，皎皎当窗牖。娥娥红粉妆，纤纤出素手。昔为倡家女，今为荡子妇。荡子行不归，空床难独守。"诗人先用起兴手法，用河畔绵绵无际的青草来暗示主人公内心绵绵无尽的离愁与哀伤，用园中万条柔翠的柳枝来隐喻主人公内心万般的缠绵和相思。接着,诗人用正面描写的手法向读者隆重推出了女主人公,在高楼之上、窗扉之前,出现了一位身形窈窕、面如皎月的女子——她为什么会出现在这里?诗歌最后的文句告诉我们,正是因为"荡子"的不归,才让女主人公空闺冷寂,难以承受,故而怀着满心的思念与忧伤,登高远望。《氓》这首诗在叙述女主人公登上废弃的高墙之后,立即解释了她这样做的原因:以望复关。《青青河畔草》中,女主人公登上高楼,伫立窗前守望的原因,则是在后文对她的美貌有所刻画之后,才由暗示(今为荡子妇)到明说(空床难独守),阐明了她这样做的原因——这就是文学意象的继承与发展。

  至唐代温庭筠的《望江南》,登高远望的意象又有了进一步的发展:"梳洗罢,独倚望江楼。过尽千帆皆不是,斜晖脉脉水悠悠。肠断白蘋洲。"女主人公将自己打扮得干干净净、漂漂亮亮,登上高楼远眺江面——她在看什么?她在等谁人?诗歌对此没有正面叙述,而是用一句"过尽千帆皆不是"来暗示女主人所守望的事物以及她等待的归人到底是谁。"斜晖脉脉水悠悠"一句,既是对其内心缠绵不尽的离愁、相思的隐喻,同时也从侧面告诉读者,这个女人凝注江面的神情,是多么专注、痴迷啊,竟忘却了时间的流逝!当她从天光的黯淡中惊觉一天又已逝去,斯人还是未曾归来,心中的哀伤又是何其痛切!水中的小洲,是否也正是人生孤独、无依无靠的处境的隐喻?《诗经》时代女子登高远望的健康、直露的情感表达,经过了汉魏时期的继承、过渡,到温庭筠这里,已经变得含蓄蕴藉、曲折婉转了。

  对比鉴赏,可以是意境特征、艺术手法相反的两首作品的比较与欣赏,也可以用替换文本中的某个关键词进行表达效果的比照的方式来进行。例如,贾岛的《寻隐者不遇》中有"言师采药去"一句,"采药"这个意象对传达隐者的生命特征、神韵气质有着非常重要的作用,它可以让我们联想到对生命病苦的疗救,对生命杂质的剔除,乃至对生命境界的升华。我们如果把"采药"换成"采花",就会发现这当中的意味变得非常不协调,一位仙风道骨、以养生全真为志求的高士染上了裙钗的脂粉气或者盗匪的淫邪气,那是非常荒诞的;如果我们把"采药"换成"锄地",则乘风驾云的飘逸变成了面覆黄土的拙笨,这样的隐者,想必不是诗人所倾慕和寻访的对象!

  通过这种比较赏鉴的方法,我们可以丰富自己在诗歌文本解读中的审美体验,深化我们对文本精微处的感悟和认识。

三、诗歌教学内容选取

  语文教学流行一句话:教亦有法,教无定法。从文本解读这个角度来看这句话,我们可以说,不同诗歌文本的艺术特色不同,突出的优点不同,它在教材编写体系中所处的地位不同,教师对它的定位和剖析也就不同。当然,要确定一个文本最终教什么,首先必须判断这一文本可以教什么,这就是文本解读教学内容选取的基本前提。根据不同诗歌文本的不同特点,我们可以在教学内容上归纳出如下三方面的可选项:

1. 关注诗眼

诗眼是作品中的点睛传神之笔。它可以是诗句中最精炼传神的某个字,也可以是全篇诗歌中最精彩、最具概括度和表现力的诗句。由于有了这个字、这个句子,而使得诗句、诗歌形象鲜活,神情飞动,意味深长。诗眼的锤炼,要立足于全篇的表达意图,不可孤立地在字句上下功夫,否则便成了有字无句,或者有句无篇。

王国维《人间词话》第 46 条评宋祁的《木兰花》说:"红杏枝头春意闹,著一'闹'字而境界全出。"认为这一句中的"闹"字,烘托出了整首诗的神采和境界。我们可以从通感的修辞效果和相关联想这两方面来感受这个字的表达效果。红色的杏花热烈地绽放,这本是视觉感知,而"闹"字,则是听觉感知,诗人将杏花的红色与听觉的热烈、热闹沟通起来,既符合人的感知实际,也丰富了读者的审美感受;另外,花朵的绽放,很可能会吸引蜂蝶的到来,于是,一个"闹"字,又仿佛让我们看到了绿叶、红花间蜂蝶纷飞,流连不去的热闹场景……"闹"字的选用,既表现了杏花绽放的美丽情景,又唤醒了读者由红色引发的听觉感受,更让我们仿佛窥见了蜂蝶等有情生命对这烂漫花朵的痴缠和迷恋;所以,"著一'闹'字而境界全出"的评价,是恰如其分的。

痖弦的诗歌《秋歌——给暖暖》中的"暖暖"一词,也可以视为这首诗的诗眼,它既是全诗理解鉴赏的难点,也是完整把握这首诗的深层情思的关键所在。结合诗歌整体意境提炼出"暖暖"一词可能包含的人生体验,我们也就在诗人为我们所提供的诗句里逼近了诗人当时的心境,同时也因此而丰富了我们自己的情感领悟力和诗歌审美力。

2. 关注关键的表达技巧

有时候,一首诗的审美内涵,主要是由其中关键的表达技巧所传达的,因此,我们只要抓准、品透了这种表达技巧,也就从整体上、在关键处把握了这首诗的精髓。

我们以对波德莱尔的象征主义创作理念的宣言诗歌《应和》的分析来说明这一点:

  自然是一庙堂，那里活的柱石
  不时地传出模糊隐约的语音……
   人穿过象征的林从那里经行，
    树林望着他，投以熟稔的凝望。

  正如悠长的回声遥遥地合并，
  归入一个幽黑而渊深的和协——
  广大有如光明，浩漫有如黑夜——
  香味，颜色和声音都互相呼应。

  有的香味新鲜如儿童的肌肤，
  柔和有如洞箫，翠绿有如草场，
  ——别的香味呢，腐烂，轩昂而丰富，

  具有着无极限的品物底扩张，
  如琥珀香、麝香，安息香，篆烟香，
  那样歌唱性灵和官感的欢狂。

（戴望舒　译）

  这首诗歌大量使用通感的艺术手法，来表达诗人对自然界各种事物间关系的理解：光线、声音、气味在人的感官之间互相应和、互相渗透、交相共鸣，这就是万事万物水乳交融、息息相通的神秘特性。我们可以联想到古老东方的庄子在其作品中所说的"天地与我并生，而万物与我为一"。万事万物的表象与其深奥的含义表里如一地呈现在诗人的感官面前，于是诗人感受到了自然的庄严神性，感受到了万物有生、万物有灵的奥秘境界。在他的心目中，树林成了自然界"活的柱石"，这是隐喻嵌套隐喻：诗人先把自己对自然界整体的庄严神性感受比喻为一座"庙堂"，再把其中的树林比喻为"活的柱石"。随后诗人用拟人手法描述树林对路过的行人投以"熟稔"的凝望，表达了他对自然万物皆有生命、皆有灵性的艺术感觉。诗歌的最后两节，主要是将嗅觉的香味和视觉、听觉、触觉加以沟通，烘托出了一种极致、狂放的审美快感，诗人用这样一首诗，歌颂了"性灵和官感的狂欢"，为象征主义的艺术理念作了一次深刻而出色的表达！

  3. 关注鲜明的意象和深刻一贯的意脉，进而把握整首诗歌的意境

  比如李白在流放夜郎途中遇赦而写的《早发白帝城》："朝辞白帝彩云间，千里

江陵一日还,两岸猿声啼不住,轻舟已过万重山。"诗人本来是被流放夜郎,前往流放地的途中,心情不可能不沉重。可是,赦免的旨意一旦传来,满腔的沉重骤然变为欢欣轻快!请看——"朝辞白帝彩云间",诗人此刻的生命,如同清爽的早晨、喷薄的朝阳;诗人此刻的心情,恰如绚烂的朝霞,热烈而美好。正是在这样一种身心状态下,他开始了回返的旅途,"千里"的空间距离和"一日"的返程耗时,以极度的夸张构成了强烈的对比,也以这完全不符合生活实际的"妄语",暗示和传达了他此刻欣喜若狂的心情。接下来,诗人在"两岸猿声啼不住"一句中暗用了"巴东三峡巫峡长,猿鸣三声泪沾裳"的典故,把本来极易引发听者忧伤悲感的连续不断(啼不住)的"猿鸣"之声,写得令人听来浑然陶醉,忘时忘空,忘身忘物……这是用强大的主观情感同化和改造了传统的审美想象,实现了对传统意象审美内涵的继承和突破!最后,在这样一份强烈的喜悦和陶醉中,诗人写道:轻舟已过万重山。以舟之轻快,喻心之轻快;以一叶小舟与万重山的对比,暗示了归途的漫长;进而以"已过"来表达这漫长的归途,完成起来,竟是如此轻松自在,毫不费力!诗歌中的每一个意象,无论是即境取景,还是逆用典故,其中都贯穿着一条情感的脉流,那就是诗人骤然遇赦之后的狂喜和轻松。最终,诗人用"轻舟"这个意象将这条情感脉流从潜隐状态带出为显化状态,诗人也由此完成了一次内心情感由蓄藏到飞扬的潇洒变化!

第二节 散文的解读与教学

一、散文的文本特征

散文,其文体界定有广义、狭义之分。广义的散文,出自刘勰《文心雕龙·总术》:"今之常言,有文有笔,以为无韵者笔也,有韵者文也。"与有韵之"文"相对的无韵之"笔",就是广义散文的内涵。这个界定过于简单,并没有以文学性的标准,将散文和其他无韵的实用类文本区分开来;而且,古代散文家们也没有基于文学的本体性在文学家族给予散文以独立的地位,而是将它作为传达理念、表述思想的工具,例如唐代散文大家韩愈著名的"文以载道"的观点,就是对散文附庸地位的典型论断。直到明代,公安派散文家袁宏道在《叙小修诗》中提出"独抒性灵,不拘格套"的诗文革新观点,散文才开始强调个性情感的表现,散文也才逐渐由应用性、工具性的文体,变为具有文学自觉的抒情性文体。晚明学者借用佛教中"小品"一词命名篇幅短小的艺术性散文,他们不仅在小品文的创作上取得了杰出成就,将其发展为与汉赋、唐诗、宋词、元曲相提并论的明代文学成就的标志性文体,并总结出小品文与传统散文在写作动机上的区别(前者注重表现"一饷之欢",后者强调表达"千秋之志"),在创作宗旨上的不同(前者是为了"自娱娱人"而写作,后者是为了"明教载道"而写作),并指出其小中见大、寸瑜胜尺瑕的审美特点。在欧洲,16世纪的法国作家蒙田创立了一种新文体"essay",中文翻译为"随笔"。五四前后,"essay"被介绍到中国,中国的文学家、文论家们借此继续展开了对传统广义散文认识的变革。1917年,刘半农在《我之文学改良观》提出了"文学的散文"这一说法,极力倡言散文的文学性、独立性,以对抗传统的"文以载道"的散文观。周作人亦于1921年提出"美文"的概念,提倡"艺术的""记述的"抒情叙事散文,要"给新文学开辟出一块新土地"。这一时期的散文创作,也因此而取得了较大成就。散文从传统的广义的散文中放出来,从实用性、工具性逐渐向文学性、独立性方向转变,在文学家族中逐步确立了属于自身的"合法地位",成为了与诗歌、小说、戏剧并称的一种独立的文学体式。然而,至今为止,散文尚未发展出明晰稳定的、区别于其他文学体式的独特审美规范。在散文这个范畴之内,也有许多亚种类,其差异性之大,很难对其审美共性加以明确概括。而传统的关于散文"取材广泛,笔调灵活""形散而神不散"的特征描述,又只是部分散文的形式特征,而并未触及散文区别于其他文学体式的独立的审美规范。

由于散文的独立文体地位长期没有得到确定,故而在文学家族中,散文的内在审美规定性的积淀和明晰也远远不如它的兄长——诗歌、小说。基于这样一个现实,我们无法从目前的种类繁多、风格多样、特征各异的散文中抽象出具有普适性审美内涵的散文文本特征;因此,我们不妨换个思路,试着在与其他几种文体的比对、参照中提炼出散文自身的一些文本特征。如果我们把散文放到诗歌和小说中间来加以考察,我们会发现,散文跟这两种文体的关系是很密切的。可以这样说,散文是介于小说和诗歌之间的一种中间文体。郑桂华老师在《语文教学的反思与建构》中这样论述:"它(散文)抒情的一端与诗歌紧密相连,其代表形式是散文诗,如鲁迅的《野草》;散文的另一端与专事叙事的小说紧密相连,其代表形式是第一人称叙述的见闻类小说,如沈从文的《湘行散记》。"让我们在此基础上,试着对散文的文本特征作出一些基本归纳。

(1)如果说,诗歌是以对物象普遍特征的提炼,来寄寓和表达诗人内心瞬间的独特感受,那么,散文就是以对物象的特殊状态的摹写,来寄寓和表达散文家身当其时其境的个人感受——这是散文区别于诗歌的文本特征。

例如，对"乞丐"这一对象，在诗歌和散文中，它的呈现方式和特征，就是不一样的。艾青的诗歌《乞丐》是这样提炼乞丐的特征的：

在北方
乞丐徘徊在黄河的两岸
徘徊在铁道的两旁

在北方
乞丐用最使人厌烦的声音
呐喊着痛苦
说他们来自灾区
来自战地

饥饿是可怕的
它使年老的失去仁慈
年幼的学会憎恨

在北方
乞丐用固执的眼
凝视着你
看你在吃任何食物
和你用指甲剔牙齿的样子

在北方
乞丐伸着永不缩回的手
乌黑的手
要求施舍一个铜子
向任何人
甚至那掏不出一个铜子的兵士

在诗中，没有明确的时间和地点，乞丐甚至连明确的性别、年龄都没有，诗人使用这种高度概括的意象，为读者注入自己的审美想象、融入自己的人生体验留下了巨大的空间。

而散文家聂华苓在《人，又少了一个》中，则写了"三年前"的冬天和"三年后"

的今天见到了同一个女人行乞。三年前她"骨瘦如柴",来到"我家门前",带着羞愧,流着眼泪向"我"讲述她的不幸遭遇,并对"我"的帮助表达了由衷而谦卑的感激,表现出了一个知识女性、一个对生活还怀有希望的女人的尊严;三年后,同样是这个女人,"我"看见她正站在"巷口一家人家门前",她的脸上已经全然没有了羞愧的神情,她在乞讨时"咧着一嘴黄牙,阴森森地笑着","用一种熟练的讨乞声调高声"行乞。乞讨完毕,那女人"回过头来,冷笑了一声,然后漠然地望了我一眼"。此时的她,已经丧失了三年前的羞愧和自尊,完全沦为了就食于他人的职业乞丐。

在散文中,我们看到了明确的时间(三年前的冬天、三年后的今天)、地点(我家门前、一家人门前),也看到了这个乞丐的性别和大致年龄。散文家是在自己切身的生活经历和人生体验中提炼素材,进行写作和抒情表意的。

孙绍振先生在《文学性讲演录》中是这样概括诗歌和散文的这个差异的:"散文家的才能,就是把诗人在概括、想象中作为累赘、渣滓而无情地舍弃掉,重新拣拾起来,纳入审美情趣之中,释放情感。诗人要有强大的概括力,散文家就不能太概括。"

(2) 和以叙事为能事的小说相比,散文的叙事具有片段性和非虚构性这两个特点。这是散文区别于小说的文本特征。

小说的叙事往往是宏大的、复杂的、相对完整的;散文则相当于撷取了小说叙事系统当中的一个片段来作为自己的表达空间。小说的叙事,多有想象和虚构;散文则重在从散文家自己的生活体验和生活阅历出发,提炼并表达自己其时其境的独特思想感情。

(3) 就散文介于诗歌和小说之间的广阔区间作总体考察,我们发现,传统的散文观仍然是可以成立的,在满足了上述区别于诗歌、小说的文本特征的基础上,我们可以进一步概括出散文的又一文本特征:表达方式的丰富性以及立意类型的多元化。

表达方式的丰富性是指散文可将叙述、议论、抒情、描写融为一体,可以像诗歌那样运用象征等艺术手法,创设一定的艺术意境,可以像小说那样对典型的生活(片段)作细节描写、心理刻画、环境渲染、气氛烘托等,表达散文家此时丰富复杂的内心感受。立意类型的多元化是指一篇散文的主旨可以是某种独特情感的提炼和抒发,可以是某种深邃思想的梳理和表达,可以是对某种自我缺点或社会现实的嘲弄和批判,等等。

二、散文解读策略

（1）对散文文本的解读，我们可以从中国古典文论中汲取养料，提炼出第一个具有指导意义的文本解读策略：披文入情，感悟文气。

披文入情，语出刘勰《文心雕龙·知音》："夫缀文者情动而辞发，观文者披文以入情，沿波讨源，虽幽必显。"这告诉我们，散文写作，是作家把内心蕴积、触发的真情寄托在语言文字中的过程；而散文解读就是这一写作过程的逆向运作，读者是要通过对散文文本的语言文字的反复、深入品味，触摸到作家当时的写作心境，从而接通自身情感，达到以散文文本为中介的作家、读者内心情感产生共鸣的审美效应。在这里，特别要强调对自身阅读初感的尊重！因为不少教师在解读散文文本时，过于倚重教参、名家对该文本的解读观点，从而只是对这一文本进行局外人式的理性解剖和分析，用这种方式来向学生证明教师所持的观点（实际上也就是教参或者名家的观点）是没有问题的。但这样的解读策略，容易把本来应该充满感性和心灵共振的审美阅读和鉴赏变成了枯燥乏味的理性分析与论证，这就大大背离了文学文本解读的宗旨。这样进行散文文本解读的教师实际上也就在自己的课堂上失去了"自己"，而仅仅成为教参或名家观点的传声筒。因此，我们应该首先撇开一切既成的观点和结论，让自己的双眼和心灵直接面对文本，让该文本的语言文字和我们的心灵感知反复相遇和交融，直到这一过程唤醒了我们生命的某种稳定而真切的阅读体验。本着这份阅读初感，我们再来广泛参考名家解读，则此时对散文文本的解读就有了一个内在的核心，它既可以帮助我们进一步形成稳定而丰富的文本解读认识，又可以帮助我们排除一些与我们的阅读直感格格不入的理论观点。通过这样的一番搜检、扬弃与整合，我们对这一文本的解读就在感性方面丰厚起来了，在理性方面也逐渐系统和明晰起来了。有了这样的以自己的阅读感知为内核的丰富的文本解读观点的融会，我们在课堂上才会发出属于自己的声音，我们的教学流程才有可能得心应手！

"文气"说最初是由曹丕从中国古典哲学领域引入文学批评领域的，他在《典论·论文》中说："文以气为主，气之清浊有体，不可力强而致。譬诸音乐，曲度虽均，节奏同检，至于引气不齐，巧拙有素，虽在父兄，不能以移子弟。"他强调了"气"是一篇文章的主脑与核心，而一篇文章的"文气"如何，与写作这篇文章的作者的生命气质是息息相关的——"文气"与生命气质一样，是具有极其鲜明的个人特征的。宋代苏辙在《上枢密韩太尉书》中这样论述他的文气观点："……文者气之所形,然文不可以学而能,气可以养而致。孟子曰:'吾善养吾浩然之气。'今观其文章,宽厚宏博,充乎天地之间,称其气之小大。太史公行天下,周览四海名山大川,与燕、赵间豪俊交游,故其文疏荡,颇有奇气。此二子者,岂尝执笔学为如此之文哉?其气充乎其中而溢乎其貌,动乎其言而见乎其文,而不自知也。"我们从曹丕、苏辙的"文气"观点中,可以看到他们都强调有了内在的生命气韵的积淀,有了内在的审美素养的提升,一个人才可能写出具备独一无二的审美特质的好文章。道家认为:人的生命是形、气、神三位一体的合体,形、气、神这三方面的要素既相对独立,又可以互相转化(形化气,气化神;神驭气,气驭形)。将之移用到散文的创作过程中,我们可以这样类比描述:散文家对生命最深刻的感悟、对生活最本质的感受,就是"神";这种感悟和感受往往会在作家的身心中激起巨大的情感波涛,甚至发酵为持久的内心感动和创作冲动,这就是"气";而作家在这种内心感动和创作冲动的驱使下,终于为自己的这份内在感悟和感受找到了妥帖的表现形式,将之写成了一篇能够恰如其分地传达其"神"的散文,这篇散文,就是具体的"形"。因此,当我们面对一篇包含着形、气、神三位一体的好文章,就应该敞开心扉,本着"人同此心,心同此理"的共情能力,从具体的语言文字入手,去触摸作家寄寓在其中的内心感动,进而去印证作家在写作此文时独特的生命状态,气质神韵,从而实现以散文文本为桥梁的读者、作者跨越时空的生命共振,让散文文本的内在意蕴,在当下读者的心灵中开出最美的解读之花。

以"文气"说为指导的散文文本解读,在"披文入情"的基础上更进一步,可以帮助我们从整体上感受并把握文章的内在情思脉络,达到对散文文本洞彻表里的整体把握。这有助于我们把散文文本的宏观感知与微观解读结合起来,形成一个既有整体感受,又有精微认识的文本解读成果。

(2)散文文本解读的第二个可供选择的策略,是发现并确认作家在这一篇文本中所释放的独特的审美个性。

高尔基说:"每个人都是艺术家,条件是找到自己。"我们在论述散文的文本特征时发现,它与诗歌文本的差异就在于,诗歌对意象的提炼是高度概括的,而散文对意象的表现则是相对具体的,尽管两类文本所要表达的作家情感都是真挚而独特的。我们从这里可以得到启发,既然散文文本的选材与立意都强调了相对的特殊性,那也就表示散文文本的审美内涵是具有鲜明的个人特性的。这就是我们在进行散文文本解读时需要加以注意并能有所发现的地方。

朱光潜先生在《咬文嚼字》一文中提出了一种人们在用语言文字表达内心情

思时常常陷入的困境,就是心中的感觉明明是真切鲜活的,可是一旦形之于文,就变成了千人一面、千篇一律的套话、陈言,完全不能把自己内心独特的感受准确地表达出来。(这种困境在学生的语言表达和文字表达中也很有代表性。)朱光潜先生把这种困境称作使用语言文字时的"套版反应"。朱先生这样论述这个问题:"联想起于习惯,习惯老是喜欢走熟路,熟路抵抗力最低引诱性最大,一人走过人人就都跟着走,越走就越平滑俗滥,没有一点新奇的意味。字被人用得太滥也是如此。从前作诗文的人都依《文料触机》《幼学琼林》《事类统编》之类书籍。要找辞藻典故,都到那里去乞灵。美人都是'柳腰桃面''王嫱西施',才子都是'学富五车,才高八斗',谈风景必是'春花秋月',叙离别不外'柳岸灞桥',做买卖都有'端木遗风',到现在用铅字排印书籍还是'付梓''杀青'。像这样例子举不胜举。它们是从前人所谓'套语',我们所谓'滥调'。一件事物发生时立即使你联想到一些套语滥调,而你也就安于套语滥调,毫不斟酌地使用它们,并且自鸣得意。这就是近代文艺心理学家所说的'套版反应'(stock response)。一个人的心理习惯如果老是倾向于套版反应,他就根本与文艺无缘。因为就作者说,'套版反应'和创造的动机是仇敌;就读者说,它引不起新鲜而真切的情趣。"就散文创作来说,如何让创作者内心鲜活独特的主体感觉不被陈旧的表达习惯所淹没、窒息,而能够用新颖、独特的言说方式流畅地吞吐其生机,创造出一种唯有此人才能为之的语言风格和文章特质,这就是散文写作者能否取得成功的关键!而对一个优秀散文文本的解读来说,能否从这一个文本的语言文字中发现它独异的特点,发现它不与同类之文相混淆的审美特质,这就是文本解读能否抓住其要害,揭示其精髓的关键!因此,朱先生的这一段论述,既可以指导散文爱好者的写作实践,也可以给从事文本解读与教学的老师们提供启示:我们在进行散文文本解读之时,可以重点关注这一篇文章所表现的主题与同题材的其他文章有何不同?这一篇文章所使用的语言材料在风格上与其他文章有何差异?这一篇文章在总体上与同类型的其他文章有何不同,它的精髓、特异之处何在?

这里以朱自清先生的散文名篇《春》为例,来对散文文本的独特审美个性的发现作分析。

这篇散文,传统的介绍与评价是:"1932 年 8 月,朱自清漫游欧洲归来,不久便与陈竹隐女士结为夫妻,同年 9 月出任清华大学中国文学系主任;1933 年 4 月又喜得贵子,心境愉悦,所以,《春》这篇文章体现出了他乐观向上的情绪。""细读朱自清的《春》,这是一个大病初愈的文化人,面对春意盎然的原野,他又重新找回了一种自信和自尊,编织着自己的理想之梦。这是一个经历了'心灵炼狱'的知识分子,在大自然温暖的怀抱中,他沉醉其间,诗情联翩,感受到了一种'天人合一'的美妙境界和'天行健,君子以自强不息'的心灵冲动。他从时代的'十字街头'撤退下来,又在这里找到了自己的'安身立命'之所。"这样的评价,过分拘泥创作者本人的生活经历,把"知人论世"的文艺观点运用得笨拙无比,因此才会出现了明显与这篇散文的情感特征、风格气质不相符合的观点。实际上,这篇文章不是从一个成年人的视角来对春进行摹写和表现的,它的语言风格中,处处透露出一颗孩子般单纯明净的心灵。例如,文章一开篇,就是两个"盼望着",紧接着是拟人手法的运用:"东风来了,春天的脚步近了。"字里行间,我们感觉到在严寒的冬季即将过去时,对美好的春天的迫切期待的心情;当春天终于如期而至,孩童的心情是何等的欢喜雀跃!我们看:"一切都像刚睡醒的样子,欣欣然张开了眼。山朗润起来了,水涨起来了,太阳的脸红起来了。"这当中的拟人手法的运用,传达的都是一种儿童眼中的世界的特点。再如:"小草偷偷地从土里钻出来,嫩嫩的,绿绿的。园子里,田野里,瞧去,一大片一大片满是的。坐着,躺着,打两个滚,踢几脚球,赛几趟跑,捉几回迷藏。风轻悄悄的,草软绵绵的。"这里,"偷偷地"一词,不仅表现了小草仿佛突然从地下钻出来的情境,这当中还寄寓着一种发现了春天的美好终于到来的惊喜!拟人的修辞、叠词的运用,儿童的游戏(打两个滚,踢几脚球,赛几趟跑,捉几回迷藏),这些行文特点和活动特征都让我们强烈而亲切地感觉到孩童纯真的情趣。而且,这种审美特质是贯穿于这篇散文的全体的。这,就是《春》这篇散文不同于其他以"春"为题材的诗文的独特的审美个性和特质。

朱自清先生为什么会用这样的方式写"春"?他为什么要在这篇散文中表现一个孩子般的纯真情趣和发现的惊喜?我们考察这篇文章的出处,在1937年中华书局出版的《新编初中国文课本》第四册中,即选录了《春》这篇散文。这应是这篇文章最早的出处了。由此,我们可以推测,朱自清先生的这篇文章,就是为了写给当时的中小学生看的,因此,他充分调动了自己曾经的孩童记忆和生命体验,用一种清新、轻松的笔调,写出了这样一篇脍炙人口的经典。而这,反过来更加佐证了我们对这篇散文的审美个性的基本判断。由此,我们在进行这篇文章的解读和教学时,就可以避免定位错误的尴尬及失衡:既然这就是一篇表现孩童眼中的春天之美的散文,我们就完全没有必要去板着脸孔对学生们说教什么朱自清先生作为一个知识分子的忧患,更不必引经据典地强调说这篇散文表达了朱自清先生的"天行健,君子以自强不息"的精神理念——我们只要紧紧抓住这篇文章的独特的审美个性,充分调动学生们的生命感觉,去对他们曾经经历过的和正在经历的春天的美好进行感受和描述,同时品味这篇文章的语言情味,从中归纳和提炼出朱自清先生能够成功地完成这种审美情趣营造的关键所在。这样一次成功的文本解读,不仅具有阅读上的示范意义,对学生来说,同时还具有写作上的指导价值。

(3) 散文文本解读的第三个策略,是可以尝试在突破文本表层语意的基础上,发掘该文本深层的审美意蕴。

有的散文作品具有比较含蓄深广的象征意蕴,因此,教师在对文本进行解读时,不能仅满足于对其表层意义的归纳与概括,更要由表及里地挖掘、提炼出其中所蕴藏的深层的象征意义。

例如,朱自清先生的散文名篇《背影》,历来被认为是表现质朴而深厚的父爱的经典之作。这样的解读对初中生来讲,已经足够了。但对一个经典的散文文本来说,对其中所蕴含的巨大阐释空间来说,这样的解读还可以更进一步地开掘和提炼。韩军老师在他的《生之背,死之影:不能承受的生命之轻》一文中这样解读这篇文章:

……

若问读过《背影》的人,文章写了几个人物?十之八九的人脱口道,两个人物嘛,"我"与"父亲"。

错了,写了四个人物,祖母、朱自清的父亲(简称"朱父")、朱自清、朱自清的儿子(简称"朱子")。

……

而祖母、朱子,这两个人物,断不可忽略!

写祖母,只在第二自然段有两句话,"那年冬天,祖母死了","看见满院狼藉的东西,又想起祖母,不禁簌簌地流下眼泪。"——"祖母亡故"似乎仅是全文的"背景",是下文情节发展的逻辑起点,仅是为渲染"家庭祸不单行,父亲命运蹇劣"的一个远景而已,似乎最终还是为实现一个目的,突出"父爱"这个主题——父亲在那种多重困境下,仍送子并无微不至照地关爱,更令人动容。

写朱子,更少,在结尾只半句话。父亲"他终于忘却我的不好,只是惦记着我,惦记着我的儿子。"朱子,在文章中似乎只是一个道具,一个被父亲惦记的道具而已,是为衬托父亲的"爱意无限",即父亲不但爱我,也爱我的儿,他的孙子。于是,读者觉得,这是一个中国化的、儒家人格的老人,既疼子又念孙。

以上理解,不为错,但粗浅。86载了,应把忽略的重视起来,把粗浅的予以细化、深化。

祖母、朱父、朱自清、朱子,四个人物,串起一根完整的链条,这根链条名叫"生命"。这条"生命链",血脉流通,既坚韧,又脆弱!

……

"祖母"向读者暗示什么?死亡。

"朱子"向读者暗示什么?新生。

4条生命向读者展示什么?生命链。

"祖母亡故"在开首,"朱子被惦记"在文后,向读者展示,这条生命链不是"闭合"的,是"开放"的。

……

但在文章中,我们恍然发现,这四个人物,四条生命,俨然组成了一个四世同堂的家庭。

……

文章中的"儿子"朱自清,不仅为父亲"洒泪",还为祖母"洒泪"。文章四写"洒泪",第一次、第三次、第四次皆为父亲而洒,第二次是为祖母而洒。

洒泪(而不言),是最典型、最深刻、最刻骨铭心、最中国化的"感情表白"。如果纯粹的按照现代观念想开去,社会中每个人,是完整个体,是独立的生命,躯体皆独立,所谓"我血供我心脏",为何因"他人"的生命亡故而"洒泪"?"那个人"与"我"有何关系?中国传统却有截然不同的回答:他命非他命,我命非我命;他命乃我命,我命乃他命;"没有他哪有我?"具有亲人伦理的个体生命之间血脉相连、心灵感应,这是一条没有断线的生命之河流!

……

由此,我们说,这不是一个简单的"父子情深"故事,这是一个"祖、父、子、孙,又祖、父、子、孙的生命之水不息流淌、不断传递的故事"!

这样的对文本的深度挖掘,便是突破文本的表层语意,发现了文本的深广意蕴的一次成功的尝试。这当中许多感受和观点对于一个初中生来讲固然显得过于深奥,我们不必苛求也实无必要对一个初涉人世的孩子讲到这么深刻的程度,但是,作为一个以文学文本解读为自己本行、专长的语文教师,如果不能在面对一篇经典文本时,实现从表层语意到深层意蕴的突破和发现,我们也就很难自信地说我们是在接通了像江河一样奔涌不息的审美资源后来和学生共享涓滴之美,引发他们对审美世界的向往,诱导他们走进文学文本解读的美妙殿堂、丰富他们的精神生命的领路人了!

(4)散文文本解读的第四个策略,是注意审美想象对实际物象的变异与改造,这正是散文文本审美内涵得以创造的关键所在!

我们以苏雪林先生的散文《溪水》(节选)为例来对此作简要说明:

我们携着手走进林子,溪水漾着笑涡,似乎欢迎我们的双影。这道溪流,本来温柔得像少女般可爱,但不知何时流入深林,她的身体便被囚禁在重叠的浓翠中间。

早晨时她不能更向玫瑰色的朝阳微笑,夜深时不能和娟娟的月儿谈心,她的明澈莹晶的眼波,渐渐变成忧郁的深蓝色,时时凄咽着幽伤的调子,她是如何的沉闷呵!在夏天的时候。

几番秋雨之后,溪水涨了几篙;早凋的梧楸,飞尽了翠叶;黄金色的晓霞,从权丫树隙里,深入溪中;泼靛的波面,便泛出彩虹似的光。

现在,水恢复从前活泼和快乐了,一面疾忙的向前走着,一面还要和沿途遇见的落叶、枯枝……淘气。

我们可以注意到这篇散文贯穿始终的拟人修辞的运用——拟人会带来什么样的审美效果?它可以很方便地把我们内心独特的主观感受赋予我们所见闻、所描绘的客观物象上,形成气质独特、风格鲜明的审美意象,并由内在意脉的贯通而形成一种整体的审美境界。我们可以归结说,苏雪林先生的这篇散文,正是成功地运用了拟人的修辞,将自己内心强烈深切的主观感受引出,为自己要描绘的物象(主要是"溪水")渲染着色、改造变形,从而实现了由无情无意的实际物象到有意有味的审美境界的蜕变和升华。这也正是散文家在观察外部世界和审视内心世界时找到了内心深处那个独一无二的"自我",找到了自己独异于人的审美感受,从而取得散文创作成功的鲜明例证!

三、散文教学内容选取

1. 内容选取之一:借"散"之"形",悟"不散"之"神"

落实于教学,传统的关于散文的"形散而神不散"的观点还是可以取用的,由这一观点,我们可以得出散文教学的第一方面的内容:借"散"之"形",悟"不散"之"神"——通过对散文丰富多样的素材的品味和剖析,触摸和发现作家使用这些素材时的内心情绪,将其融注于这篇文章中的情思特征完整地提炼出来。

我们可以从对郁达夫的散文名篇《故都的秋》的赏析，了解选择这样的教学内容对揭示这篇文章的精髓，带领学生深入品味郁达夫心中独特的秋之况味具有怎样的意义。

第一段，作者先写无论什么地方的秋天，都是好的，然后紧接着强调北国的秋，"却特别地来得清，来得静，来得悲凉"，接着交代自己不远千里，北上北平，就是为了要饱尝这"故都的秋味"。按照行文常理，接下来，作家应该写故都的秋是怎样的"清""静"和"悲凉"了，可是不，郁达夫还要用江南古典的秋意，和南方都市的秋味来跟北国的秋作对比，为烘托"故都的秋"的独特韵味作铺垫。作者到此还不满足，第三自然段写到北国之秋了，还要用北京典型的秋季景点（陶然亭的芦花、钓鱼台的柳影、西山的虫唱、玉泉的夜月、潭柘寺的钟声）来作正面的陪衬，吊足了读者的胃口，然后才徐徐缓缓、从从容容地向我们讲述故都的秋天在郁达夫心目中的独特况味。这一反一正的铺垫陪衬，真如"千呼万唤始出来"，把烘云托月的艺术手法运用得不动声色、不露痕迹。接下来，我们看到了郁达夫笔下具有平民风格的独特的秋之况味："就是在皇城人海之中，租人家一椽破屋来住着，早晨起来，泡一碗浓茶，向院子一坐，你也能看得到，听得到青天下驯鸽的飞声。从槐树叶底，朝东细数着，或在破壁腰中，静对着像喇叭似的牵牛花（朝荣）的蓝朵，自然而然地也能够感觉到十分的秋意。"一椽破屋，一碗浓茶，一敞小院，这是故都北平寻常人家都能享有的生活空间，可"很高很高的碧绿的天色""青天下驯鸽的飞声"、槐树叶底下"一丝一丝漏下来的日光"等等景物，却不是每个寻常百姓都能够懂得去欣赏的——这得有安闲的心境、敏锐的观察力和细腻的感受力，才能够在这些寻常生活的细微处，发现并欣赏它们的美。接下来，作者写了槐花的落蕊，脚踩在上面有"极细微、极柔软的触觉"，"扫街的在树影下一阵扫后，灰土上留下来的一条条扫帚的丝纹"让他"既觉得细腻，又觉得清闲，潜意识下并且还觉得有点儿落寞"，这就创造性地改写了"一叶知秋"的古典散文意境，将之发展为了独属于自己的、郁达夫式的秋之况味了！优秀的散文家，就是在对自然与社会、宇宙与人生、外境与内心的感知与探察中发现了独一无二的自我特征之后，才写出了独一无二的审美意境的！

文章从视觉、触觉，写故都之秋的"清"；从听觉，写故都之秋的"静"；从视觉、触觉与听觉综合描写秋雨降临之时的情景，写老北平都市闲人对秋雨的喟叹和议论，以此来写故都之秋的"悲凉"。整篇文章，以故都的秋的况味为其内核（"神"），以"清""静""悲凉"作为具体展现秋之况味的三个侧面，为我们营造了一种复合、立体的秋之况味。而他所使用的素材,既有直接以多种感官所捕获的北平寻常生活的种种细节,又有北平秋天的代表性景点,还有江南秋意的和缓、润泽、南方都市秋味的稀薄、残缺……我们可以由此鲜明地体会出散文文本"形散而神不散"的所以然。

2. 内容选取之二：关注散文文本独特的意蕴脉络

比如,朱自清先生的《荷塘月色》就是以"颇不宁静"的心绪作为文章的意脉起点的,而在月夜走向荷塘的煤屑路上,在淡淡的月光的照拂下,他却觉得"一个人在这苍茫的月下,什么都可以想,什么都可以不想,便觉是个自由的人。白天里一定要做的事,一定要说的话,现在都可不理。这是独处的妙处",于是,他便"超出了平常的自己",在精神上从日常功利、实用的境界,走向了超功利、审美的境界。于是,他发现(创造)了荷塘的美,并用细腻的修辞(比喻、通感、叠词)和华美的语言,向我们展现了一幅月色与荷塘交融互映的美好图景！这是这篇散文的审美创造的高潮,也是朱自清先生对"超出了平常的自己"的生命境界的直观展示。等到审美的余绪渐平,关于采莲与相爱的联想也开始消逝,作家"猛一抬头,不觉已是自己的门前"——他又回到了功利、实用的境界,他又成为了"平常的自己"。我们由此清晰地看到了这个文本的意脉：平常—超常—审美高潮—审美余韵—回归平常。

有了这样的对散文文本的内在意脉的清晰把握,我们的散文阅读教学应该可以摆脱没有感受或者感受散乱的困境,带领学生一步步追踪作家的心灵踪迹,去跟他一起进行审美世界的探幽觅胜的冒险之旅,发现之旅！

3. 内容选取之三：注意区别散文文本不同的美学风格,抓准"这一篇"的独特美学风格进行教学

孙绍振先生将散文的美学风格归纳为三个大类：审美散文、亚审丑(幽默)散文和审智散文。这样的分类方法,有利于帮助我们区分散文文本的不同美学风格,而且避免了文本分类时的标准多元、归类混乱的尴尬局面。我们说,散文的抒情,要抒发的不是我与人人皆同的感情,那样的话,会造成写出来的文章千人一面、千篇一律,因此,散文要抒发的感情,应该是散文家独异于人的情感。在体验的共性上,它可以和任何一个人的心灵产生共鸣,只要他具有足够的审美感受力;但同时,在体验的个性上,它的品质却是独一无二的,是非常醒目地宣告着自己的存在的。而抒情要走向独特,走向原创,走向个性风格的彰明较著,就需要打破诗化抒情一家独大的创作局面,开辟散文写作幽默化和智性化的广阔天地。散文的

幽默化,可以将人类自身的丑恶(包括作家自身的某些缺陷)加以含蓄或者尖刻的嘲弄,在这样的嘲弄中显示出作家独特深刻的见识、宽广超越的胸襟以及诙谐机智的生命气质——这方面,以鲁迅、钱钟书、王小波的散文作品为代表;散文的智性化,则可以将真挚的情感和颖透的智慧结合起来,在常规的抒情领域之外另辟天地,创造出一种崭新的审美特质,一种情智中和、枯润相济、意境深远的美学内涵——这方面,以余秋雨的文化散文为代表。

中学语文教材当中编选的散文篇目,以审美散文居多,幽默化的亚审丑散文和智性化的审智散文略有涉及。我们在教学不同风格的散文时,应该根据其内在不同的审美规定性,探寻、提炼出最适合"这篇"文章的教学点,围绕这一核心来展开教学设计,推进教学流程。

例如,鲁迅先生的散文《阿长与山海经》中有这样一段关于"长妈妈"的描写:

然而我有一时也对她发生过空前的敬意。她常常对我讲"长毛"。她之所谓"长毛"者,不但洪秀全军,似乎连后来一切土匪强盗都在内,但除却革命党,因为那时还没有。她说得长毛非常可怕,他们的话就听不懂。她说先前长毛进城的时候,我家全都逃到海边去了,只留一个门房和年老的煮饭老妈子看家。后来长毛果然进门来了,那老妈子便叫他们"大王"——据说对长毛就应该这样叫——诉说自己的饥饿。长毛笑道:"那么,这东西就给你吃了罢!"将一个圆圆的东西掷了过来,还带着一条小辫子,正是那门房的头。煮饭老妈子从此就骇破了胆,后来一提起,还是立刻面如土色,自己轻轻地拍着胸脯道:"阿呀,骇死我了,骇死我了……"

我那时似乎倒并不怕,因为我觉得这些事和我毫不相干的,我不是一个门房。但她大概也即觉到了,说道:"像你似的小孩子,长毛也要掳的,掳去做小长毛。还有好看的姑娘,也要掳。"

"那么,你是不要紧的。"我以为她一定最安全了,既不做门房,又不是小孩子,也生得不好看,况且颈子上还有许多炙疮疤。

"那里的话?!"她严肃地说。"我们就没有用么?我们也要被掳去。城外有兵来攻的时候,长毛就叫我们脱下裤子,一排一排地站在城墙上,外面的大炮就放不出来;再要放,就炸了!"

这实在是出于我意想之外的,不能不惊异。我一向只以为她满肚子是麻烦的礼节罢了,却不料她还有这样伟大的神力。从此对于她就有了特别的敬意,似乎实在深不可测;夜间的伸开手脚,占领全床,那当然是情有可原的了,倒应该我退让。

当"长妈妈"跟我说到长毛会把女人也掳去,"城外有兵来攻的时候,长毛就叫我们脱下裤子,一排一排地站在城墙上,外面的大炮就放不出来;再要放,就炸了!"鲁迅写到自己因意外发现她"还有这样伟大的神力",于是对她"就有了特别的敬意"。这样一段内容,可以有两个角度的解读,一个角度是鲁迅还是个孩子时,对事物的因果联系缺乏深刻的理解,对超越常识的"神话",不能明确地辨析其真伪,因而,"长妈妈"的一席胡言乱语居然让他产生了一种敬意,这从侧面表现出了鲁迅的幼稚和可爱。另一个角度,立足于成年人的视角,我们看到"长妈妈"的说法明明是荒诞不经的,根本经不起推敲,可是她一本正经、严肃郑重地把它说出来,可见她对此是信以为真的,于是,我们看到了一个愚昧加迷信的女性形象;而鲁迅在叙述这段对话时,已经是一个理智健全、思想深刻的成年人了,然而他并没有在叙述过程中对此加以评论和揭穿,只是非常平静地让这个叙述完整地展示其荒谬的逻辑——让荒谬走向它的极致,从而充分显示出它自身的虚妄和可笑。这让我们对"长妈妈"的这份愚昧和迷信发出一种会心的微笑,而并不怀有尖刻的否定,这就是一种心怀宽容的幽默精神所营造出来的文章趣味!

第三节 小说的解读与教学

一、小说的文本特征

"小说"一词最早出现于《庄子·外物》:"饰小说以干县令,其于大达亦远矣。"庄子所谓的"小说",是指琐碎的言论,与今日小说观念相差甚远。东汉桓谭《新论》:"小说家合残丛小语,近取譬喻,以作短书,治身理家,有可观之辞。"这里的"小说"虽有"可观之辞",但仍然是"治身理家"的短书,而不是为政化民的"大道",它的地位,仍然不登大雅之堂。班固在《汉书·艺文志》中将"小说家"列于十家之后。述其为:"小说家者流,盖出于稗官,街谈巷语,道听途说之所造也。"这样的理解,略近于今日小说的含义,但是其价值定位仍然很低。小说地位的真正提升,得等到新文化运动重新确认了小说的文体价值之后。

1. 文言小说和白话小说

中国古典小说可以分为文言小说和白话小说两类。文言小说从最初的上古神话,发展到魏晋南北朝的志怪、志人作品以及《世说新语》等作品的人物笔记,进而于隋唐时期形成"传奇",至此,无论题材选择还是人物描写,都有了显著进步,形成了"笔记"与"传奇"两种小说类型。到清代,蒲松龄《聊斋志异》的问世,标志着文言小说顶峰的到来。白话小说则起源于唐宋时期说书人的话本,故事的素材来自民间,主要表现了底层百姓的生活状况及情感生态。明清时期,小说开始走上了文人独立创作的道路,作品中作家的主体意识逐渐凸显。这一时期,涌现了一大批出色的代表作品,如明代四大奇书(《西游记》《水浒传》《三国演义》《金瓶梅》)。而《红楼梦》的出现,则标志着中国古代小说的发展迎来了它的巅峰,取得了前所未有的成就!

新文化运动以来,中国的小说以白话文作为自己的书写语言,在继承中国古典小说的优秀艺术传统基础上,吸收欧洲小说作品创作思潮的营养,探索着中国小说发展的道路。现代文学时期,小说创作成就最高者当推鲁迅先生。

2. 小说创作和欣赏的三要素

小说的通行定义是:以刻画人物形象为中心,通过完整的故事情节和环境描写来反映社会生活的文学体裁。由这个定义,人们归纳出了小说创作和欣赏的三要素:人物、情节、环境。事实上,我们发现,这个"小说"的定义是不能概括所有小说文本的主要特征的。首先,我们来看"反映社会生活"这个说法,它只道出了一部分小说(主要是现实主义小说)的表现功能;其实,小说还肩负着另一个同样重要的功能:在各种环境和条件下,探索人性发展的可能性。米兰·昆德拉在《不能承受的生命之轻》中写道:"小说不是作者的忏悔,而是对于陷入尘世陷阱的人生的探索。"他在《小说的艺术》中,曾以卡夫卡为例,这样评价小说的价值:"事实上,必须理解什么是小说……小说审视的不是现实,而是存在。而存在并非已经发生,存在属于人类可能性的领域,所有人类可能成为的,所有人类做得出来的。小说家画出存在地图,从而发现这样或那样一种人类的可能性。但还是要强调一遍:存在,意味着:'世界中的存在。'"在同一部作品中,他这样归结小说家的工作本质:"小说家既非历史学家,又非预言家,他是存在的探究者。"从上述话语中,我们可以看到米兰·昆德拉将小说的职能从伦理道德的范畴中解放出来,让它单纯地从事对人性发展的各种可能性的探索和表现。同时,我们还可以看到,他把既成事实的"世界"和人性发展的可能性的渊薮——"存在"做了明确的界定和区别。在他的创作理念中,小说的功能不是表现已经成为事实的社会生活,而是要以现存的世界为逻辑起点,探索人性尚未表现、但可能发生的种种情形,以及我们因此可能会经历的生活图景。小说创作的这种探索并非意图对未来做出准确的预见,而仅仅是满足于对人性的未来图景作种种合乎逻辑的勾勒。这充分显示了小说作为一种超功利的审美艺术形式的基本特性。我们从这里可以窥见存在主义哲学思想对米兰·昆德拉的影响。纵观 20 世纪西方小说的发展轨迹，我们发现欧美现代小说已经历了一次革命性的嬗变，它不再致力于反映现实世界，而是力图通过作家的内省和沉思去创造一个可能存在的世界；它不再试图提供拯救世界于苦难迷惘的答案，而是竭力提出问题，用怀疑和质询，探讨人类自身面临的精神危机和思想困境。因此，我们可以从他的小说中感受到非常浓郁的哲学气息。

另外，关于小说情节的完整性的界定，也不是放之四海而皆准的真理。小说创作发展到后来，已经不再强调生活形态的首尾完整了，它更加强调的是人性逻辑的完满自足。例如，莫泊桑的小说《项链》，女主人公马蒂尔德为了参加一次舞会，向好友弗莱思节夫人借了一串项链。这串项链让马蒂尔德在那场舞会上出尽了风头，而它的丢失也让马蒂尔德付出了十年辛苦劳作的代价去加以偿还。小说的最后，已经由一朵温室里的娇花变为了一个五大三粗的劳动妇女的主人公偶遇当年借给她项链的挚友，简短的攀谈后她才获悉：原来当初所借的项链根本就是廉价的假货！按照小说情节完整性的标准，我们可以说这篇小说的结构是残缺的，因为马蒂尔德在知道了当年所借的项链"顶多值 500 法郎"后将会做些什么，小说并未予以交代。但是，如果我们换个角度，从这篇小说的表现意图来看的话，就会发现，这篇小说的内在的逻辑，其实已经完整了。莫泊桑的这篇小说至少完成了两个意蕴的传达：第一，它把一个柔弱、虚荣的女人从其生活常轨推出，让她跌入命运残酷的漩涡，在这一过程中检验出了她的内心深层潜在的品质（"她一下子显出了英雄气概"），小说对探索和揭示女主人公的人性发展的可能性这个课题作了完整的呈现——从柔弱、虚荣，到勇敢地承担人生的重担。第二，小说通过一个令人极其意外的结尾，让读者深刻地感觉到了命运对主人公无情的嘲弄，由此表达了一种丰富难言的人生况味。由此可见，这个看起来尚未完成的结尾，既包笼了一个人性逻辑完整的嬗变过程，又以戛然而止的方式给读者留下了品不尽的余味。

3. 小说的文本特征

我们看到了小说的创作实践是一个生生不息的进程，而小说形式规范的理论概括则显得捉襟见肘。因此，我们对小说文本特征的归纳也就是一种勉力为之的不得已。

(1) 相对于诗歌和散文而言，小说文本具有更加庞大的信息容量

这里所说的"信息容量"，包括思想感情的多元错杂和人物事件的多维交织。

诗歌所表现的情感往往是比较单纯的,是同一意脉的流转变化所构成的同质意境的营造;而小说由于人物众多,因此,小说文本所表现的情感也就多元错杂,异质纷呈。散文所表现的事件往往是生活中的一个片段,通过这个片段,作家提炼出自己独特的思想感情,将之表现为一种不与他人重复的审美内涵;小说所表现的事件,则是在较长的时间跨度上,在较广的空间范围内,展现众多人物错综复杂的关系,通过这些人物之间的关系的演变、突转,以及人物与所处时代环境的互相影响,展示出作家丰富而复杂的人生感受。

(2) 相对于诗歌发挥想象,将所见的物象改造为能够充分表达自己内心主观感受的意象,形成独具个性的意境的技巧,小说更加注重把人物从其生活的常态中推出,让其在猝然而来的意外中表现出与平常不同的心理状态

这种技巧的使用,正好可以帮助作家实现立足于世界现实的逻辑起点,揭示人性深藏的奥秘、探索人性发展的各种可能的美学追求。《水浒传》中林冲的塑造,就是对小说的这一文本特征、文学技巧最典型的例证。林冲原本是八十万禁军教头,有体面的生活,有幸福的家庭,有美满的爱情,他对此非常满足,因此,他的心理状态表现为安于现状、心平气和。当高衙内垂涎林冲妻子的美色,并意图对之加以侵犯时,林冲已经开始离开他的生活常态了。这个时候,他的心理状态表现为忍辱退让、委曲求全。这种心态一直持续到他被陷害、遭流放,依然未曾改变。直到林冲的好友陆谦也成为高俅和高衙内的帮凶,要彻底置林冲于死地时,才让林冲重返原来的生活的希望彻底破灭。此时,林冲的内心终于不再隐忍,一转而为快意恩仇、坚决果敢!当他被一步步推离生活的常态,一步步退让至人生的绝境时,我们终于一层深似一层地看见了这个人物内心潜藏的种种奥秘。由此,我们实现了对一个人的丰富而深刻的理解!

(3) 小说文本内部的人物之间,往往会形成一种情感生态的"错位"状态

在这种错位状态中,我们更容易看到人物内心世界的复杂层次,也更容易悟到作者寄寓其中的人生感受。鲁迅先生的小说《孔乙己》,是他自我评价最高的作品。他曾对孙伏园说:"能于寥寥数页之中,将社会对于苦人的冷淡,不慌不忙地描写出来,讽刺又不很显露,有大家作风。"这篇小说,除了行文的平静从容,刻画人物于不露声色之中,还有一个非常显著的特点,那就是小说主人公和其他人物之间的心理错位。孔乙己最想做的,是捍卫作为一个读书人的尊严和地位,因此,尽管经常缺钱,他还是会在买酒喝时做出一副阔绰的"排场"。小说写他到店喝酒时,特意描写了他支付酒钱的动作:"排出九文大钱"。我们从中可以感受到他努

力捍卫自己内心尊严感的艰辛与自得。可是,他的这种主观愿求和他的实际处境之间发生了尖锐的冲突,他是"站着喝酒而穿长衫的唯一的人",这样的"唯一",已经道出了他处境的尴尬:有钱有势的知识阶层那里,是没有他的一席之地的;而短衣帮的平民地位,又为他所不屑。他就像《伊索寓言》中既不归属于鸟类、也不归属于兽类的蝙蝠,在不上不下的尴尬处境中勉力撑持,捉襟见肘。而周围的人们并不体谅他的这份愿求和艰辛。每当他到酒店,便会有人取笑他,笑他脸上新添的伤疤,笑他偷了书又竭力掩饰偷书的事实,笑他被揭穿了掩饰之后的尴尬和窘迫……这里,我们看见了孔乙己捍卫尊严的需求和短衣帮获取笑料的需求之间的冲突。同样的错位还发生在孔乙己和"我"之间。孔乙己想要通过向"我"传授"茴"字的四种写法来获取知识分子的优越感,而"我"则对此并不领情,冷漠地拒绝了孔乙己的热心教授。这样,孔乙己不是遇到热闹的调侃和嘲笑,就是受到冷漠的拒绝与疏离,他的愿望,注定落空;他的命运,注定无人关注……鲁迅先生通过这种人物之间情感生态的错位,充分揭示了人与人之间人情冷淡、人情凉薄的人生感受。

二、小说文本的解读策略

1. 策略之一:关注叙述的视角,以及由此带来的表达效果、阅读感受

叙述视角是叙述语言中对故事内容进行观察和讲述的特定角度。小说的叙述视角,并不等同于人称。有时,小说语言的人称不变,但叙述视角已经悄然变化了。例如《水浒传》第八回末尾至第九回开头"鲁智深大闹野猪林"有一段描写:

话说当时薛霸双手举起棍来,往林冲脑袋上便劈下来。说时迟,那时快,薛霸的棍恰举起来,只见松树背后雷鸣也似的一声,那条铁禅杖飞将起来,把这水火棍一隔,丢去九霄云外,跳出一个胖大和尚来。喝道:"洒家在林子里听你多时。"两个公人看那和尚时,穿一领皂布直裰、跨一口戒刀,提禅杖,抢起来打两个公人。

这段描写中,叙述人称并没有改变,始终是第三人称,但叙述视角却发生了变化——鲁智深的突然出现,完全是从两个公人的视角叙述:先是听见"雷鸣也似的一声",紧接着看见一条铁禅杖飞过来,然后自己手中的水火棍被隔脱手了,这时才看见了禅杖的主人——一个胖大和尚,再定睛细看时,才看清了这和尚的装束、打扮和行头。这种写法,在保持人称不变的同时,添加了叙述角度的变化,读者的阅读感觉因此而变得丰富生动。

同样的事件，从不同的角度去看就可能呈现出不同的面貌，由不同的人去看也会有不同的意义，因此，叙述视角的变换，会造就不同的故事风貌，给读者带来不同的阅读感受。法国的兹韦坦·托多洛夫把叙述视角分为三种形态：全知视角、内视角、外视角。

（1）全知视角，也可称"上帝视角"。在这种叙述视角中，叙述者比任何人物知道的都多，他全知全能，而且不必向读者解释这一切他是如何知道的。历史、现在、未来全在他的视野之内，任何地方发生的任何事，他全都知晓。这种视角之下，小说中所有人物的心理动态，甚至连无人知晓的人物的内心隐秘，叙述者也了如指掌。这种叙述视角最大的优势在于视野无限开阔，适合表现时空延展度大、矛盾复杂、人物众多的题材，因此颇受鸿篇巨制的作者的青睐。它的第二个优势是便于全方位、灵活多变地描述人物和事件，使叙事形态显出恢弘大气而又变化多端的特点。这种叙述视角如果运用不当，其缺陷也是相当明显——它容易导致作者与读者之间的隔阂，使读者觉得叙述内容与自己有一定距离、没太大关系；而叙述者过多地撇开故事进程跳出来突兀地进行说教，也容易让读者感到厌烦。

（2）内视角。指叙述者借助某个人物的感觉和意识，从他的视觉、听觉及感觉的角度进行叙述。在这一视角中，叙述者不能像上帝那样，超越人物自身的知觉和感受，也不能撇开人物跳出来说三道四。此时，叙述者就等于这个人物，他置身故事发展流程，经历自己的人生，同时讲述亲身经历或转述见闻所得，其叙述语言的可信度、亲切感自然胜过了全知视角的叙述语言。内视角包括主人公视角和见证人视角两种类型，前者容易让读者有代入感，而后者则让人有一种身在局内却又冷眼旁观的省思感。例如英国小说家丹尼尔·笛福的《鲁滨逊漂流记》就是用主人公视角，以第一人称来进行叙述的。读者读到意兴酣畅处，会觉得自己仿佛就是那个流落荒岛的鲁滨逊，仿佛正是自己在那了无一人的荒岛上开创着自己伟大的业绩！鲁迅先生的小说《孔乙己》则采取的是见证人视角，以第一人称进行叙述。小说中的"我"，在总体上是一个对孔乙己命运的旁观者，因此，读者会感觉到这个"我"对孔乙己这个人物的疏离和冷淡。而这种感觉，与鲁迅在这篇小说中所要表现的人情凉薄的人生感受，又是非常一致的。这就是这篇小说具有动人的艺术魅力的原因之一。

（3）外视角。指叙述者置身于事件进程之外，对所叙述的事件知之甚少，他仅仅在事件的外围向读者叙述人物的行为和语言，他无法解释和说明人物言行背后的原因。这种叙述视角最为突出的优点是叙述语言极富戏剧性。它的"不知性"

又带来一个优点：使叙事富有悬念，令读者欲罢不能；使事件本身愈发耐人寻味。在这方面，海明威的《杀人者》就是人们交口称赞的代表：酒店的两位"顾客"的真实身份和他们来酒店的目的，在小说开篇除了他们本人外谁也不知道，这给读者造成悬念并激活了他们"解谜"的期待，杀人计划的内幕只有那个将被谋杀的人知晓，可他又闭口不言。直至终篇，读者所期待的"解谜"也未实现，然而这却使他们开始思索比事件本身更深刻的问题。叙述者在小说结尾处让读者看到尼克因觉得"太可怕"并决定离开此地，这会唤醒敏锐的读者的"共情"体验——我们生活在一个多么荒谬、多么可怕的世界里啊！这种叙述视角的第三个优点是让读者面临许多空白和未定点，因而阅读时不得不多动脑筋，故而他们的期待视野、参与意识和审美想象会得到充分的调动。这种叙述视角的缺点是很难进入人物内心，不利于深度、全面地刻画人物。

2. 策略之二：关注典型意象的丰富内涵，对我们领会小说的神韵起到"画龙点睛"的作用

小说文本中随着情节的推进，有的时候会出现某个特别有典型意义的意象，它所具有的内涵相当丰富，在帮助我们理解小说文本的精髓时所起到的作用也是多方面的。例如《水浒传》第十一回"杨志卖刀"的故事中，杨志所卖的刀，就是一个非常有意味的典型意象。杨志本是"三代将门之后，五侯杨令公之孙"，这口宝刀，也是他祖上留下之物。这口宝刀有什么特点呢？杨志说："第一件，砍铜剁铁，刀口不卷；第二件，吹毛得过；第三件，杀人刀上没血。"与宝刀的三大优点相对应的，是杨志本人的三大不得意：宝刀砍铜剁铁刀口不卷，杨志空有绝世武艺，不遇明主，只好处处委曲求全；宝刀吹毛得过，杨志一心"光宗耀祖""封妻荫子"，过不了"名缰利锁"这一关，难展大丈夫气概；宝刀杀人不染血，杨志不得已杀死一个泼皮无赖，却因此惹得官司缠身，令人慨叹"好汉蒙尘"！这口刀的优点，象征着杨志理想的人格高度，而小说处处用相反的情节来强化杨志生命的现实与这理想的背道而驰。最有意思的是，当杨志最后被判从轻发落，他的这口祖上留下的宝刀却被"没官入库"——这也预示着杨志对自己的人生期待，最终是要被官府彻底否决和埋没的，他的落草为寇，在此已经用这口宝刀的际遇做了巧妙的暗示。

3. 策略之三：关注作者的创作意图，结合文本的实际内涵，加以比照与融合，丰富从文本中获得的审美感受

小说家创作的主观动机，和小说文本在实际上给读者带来的阅读感受，往往是有一定出入的。文本一旦被创造出来，便脱离了创造者的庇护，而具有了自己

独立的命运轨迹。这时候,一方面需要尊重作者的主观表达意图,探察作者在文本中所注入的内心情感和思想;另一方面,也要懂得"作者未必然,读者未必不然"的解读理念,立足于自己的时代环境和主体感觉,把该文本读出具有时代特征的崭新内涵来!这样,我们才会在以文本为核心的作者、世界(时代环境)、读者相交织的四个维度上把文本解读出立体、丰富的审美内涵来!我们以曹雪芹的《红楼梦》的创作动机和该小说文本被后世读者所解读出来的主旨界说的比照来说明这一问题。《红楼梦》的主旨界说,最有代表性的观点是"末世预言说"——该观点认为小说是以对四大家族腐朽败落的揭露和描绘,隐喻了封建王朝的没落并预言了封建社会的终将灭亡的命运。这样的观点可以在小说文本中找到一些依据,但曹雪芹不是一位思想家和理论家,而是一位才华横溢的文学家,因此,他创作出来的这个文本也并不是一篇社会政治论文,不是要通过严密的事实、逻辑论证来证明他所生活的王朝必然灭亡这样一个结论。关于《红楼梦》主旨,还有一种说法,我们可以称之为"禅道说",即通过一个庞大的象征、寓言结构,来抒写作家历尽繁华,见证其终成枯落之后勘破世情的大彻大悟的意境。这种观点在小说中也能找到不少依据,比如"太虚幻境"的设定、"警幻仙姑"的命名、《好了歌》及其注解词的咏唱,"风月宝鉴"的正反两面,等等。但这也只是小说思想感情的一个侧面,不能完全涵盖小说文本的思想内容。《红楼梦》主旨的第三种观点,是"悼红说"——为那些在作者生命中出现过、又消逝了的美丽的女子们,献上一曲情意真挚、哀婉动人的挽歌。这个观点,在小说中也能找到比较多的根据,比如小说前五回中贾宝玉梦游"太虚幻境"时,所造访的一个地方名叫"薄命司",警幻仙姑设宴招待他时请他喝的酒叫做"千红一窟(谐音'哭')""万艳同杯(谐音'悲')",曹雪芹自述他删改这个石头所记的故事的地点就叫"悼红轩"!与"悼红说"一时轩轾的,则是"女性赞美说"。这一主旨的归纳主要来自小说中这样的自述:"今风尘碌碌,一事无成,忽念及当日所有之女子,一一细考较去,觉其行止见识,皆出于我之上。何我堂堂须眉,诚不若彼裙钗哉?实愧则有余,悔又无益之大无可如何之日也!当此,则自欲将已往所赖天恩祖德,锦衣纨绔之时,饫甘餍肥之日,背父兄教育之恩,负师友规谈之德,以至今日一技无成,半生潦倒之罪,编述一集,以告天下人:我之罪固不免,然闺阁中本自历历有人,万不可因我之不肖,自护己短,一并使其泯灭也。"小说中作家借冷子兴这个人物之口转述贾宝玉对"女儿"的高度推尊:"这女儿两个字,极尊贵,极清净的,比那阿弥陀佛、元始天尊的这两个宝号还更尊荣无对的呢!你们这浊口臭舌,万不可唐突了这两个字,要紧!但凡要说时,必须先用清水香茶漱了口才可,设若失错,便要凿牙穿腮等事。"他这样表示自己对女性的尊崇:"女儿是水做的骨肉,男人是泥做的骨肉。我见了女儿,便清爽;见了男子,便觉浊臭逼人。"我们可以看到,同一部小说,从作者的创作意图出发,从读者的自身立场出发,从小说文本的信息出发,我们可以分别提炼出不同的主旨,而这些主旨,都是有所依据的。于是,我们体会到一个事实:一部伟大的小说,它的主题如同交响乐,往往是多声部组合而成的复调,而不是一种单一的思想呈现。这样的阅读体会,可以帮助我们首先从宏观上感受到小说文本的庞杂丰富的审美内涵。

4. 策略之四:运用"原型理论"来把握小说的内在结构,并见出它在文学文本序列当中的互文性、承递性和创造性,从而获得文学审美的纵向顿悟

"原型理论"由瑞士心理学家荣格提出,他发展了弗洛伊德关于潜意识的理论,进一步提出了在个体的潜意识层面之下,还有一个更为深刻和广泛的层面,那不是个体单独持有的意识特征,而是这个民族的每一个成员共同享有的源自其祖先生活记忆沉淀的深层心灵共同体,这个心灵共同体,就是他所说的"集体无意识"。而艺术家在从事艺术创造时,积淀在其心灵深处的集体无意识的原始记忆就可能出现,赋予艺术家的创造以一种特定的形式,这种形式被他称为"原始意象",也就是他所说的"原型"。荣格在《集体无意识的概念》一文中这样表述"集体无意识"与"原型"的关系:"除了我们的直接意识——这是一种完全个人性的,而且我们确信是唯一的心理经验(即使我们再附加上个体无意识),还存在着一种集体的、普遍的、对所有个人来说都是相同的非个体性的第二心理系统。这种集体无意识并不依赖个人而得到发展,而是遗传的。它由各种预先存在的形式即原型所组成,这些原型只能次生性地变为意识,给某些心理内容以确定的形式。"他在《论分析心理学与诗的关系》一文中,这样阐发集体无意识:"个体无意识是潜藏在意识层次之下的一个相对很薄的层次,集体无意识与此不同,它在正常情况下不会变成意识,也不能靠任何一种精神分析技术把它追忆和再造出来,因为它既非被压抑的又非被遗忘的。不应把集体无意识设想为一种独立自存的实体,它不过是一种以记忆的意象所特有的形式——也就是附着于大脑的组织结构而从原始时代流传下来的潜能。不存在天生的思想,但存在着天生的思想潜能,它给无边的幻想设定疆界,是我们的幻想活动保持在某些范畴以内:一种前思想(a priori ideas),其存在似乎只能从其效果方面来认识。它们只出现在成型的艺术素材中,作为构成艺术作品的支配原则。这也就是说,只有依据已完成的作品进行推断,我们才能重构原始意象的本来面目。"根据荣格的这一观点,我们可以这样描述:

只有德国人,才能创造出浮士德这个形象;只有英国人,才能创造出哈姆雷特这个形象;只有西班牙人,才能创造出堂·吉诃德这个形象——因为它们是分别从这三个民族的"集体无意识"中生长出来的"原始意象"(原型),代表的是这三个民族从远古到现在共同的精神积淀。

荣格对"集体无意识"和"原型"这两个概念与艺术创造关系的阐发,可以给我们解读小说文本提供一种借鉴:某些小说的文本也可能源自小说家所属民族的群体心理积淀,而其形式也可能是这个民族群体心理中共有的"原型"。如果能够在不同小说文本中发现相同的原型,也就意味着我们发现了这些小说文本的亲缘关系,这可以帮助我们更深入地体会文本的美学内涵,并在纵向比照的过程中更具体地感悟同一原型在不同的小说家那里呈现出来的不同特征。

例如,郭初阳老师在解读莫泊桑的小说《项链》时,就诱导学生关注它的叙事元素和结构模型,最后和学生一起得出了《项链》的叙事间架是直接沿用了童话故事《灰姑娘》的叙事模型而略有变化这一结论。师生在课堂上探究这个问题时,发现了两个作品在叙事元素的结构模型上的惊人相似:女主人公都生不逢时、处境痛苦;她们都得到机会一展自身的美丽、绽放生命的光彩;她们得到的机会都是参加舞会;为了参加舞会,她们都得到了一位女性的帮助;在往返舞会的路上,她们都乘坐了马车;在舞会上她们都光彩照人,成为众人瞩目的焦点;舞会结束后,她们都丢失了一件非常重要的东西……从这些元素的提炼和归纳中,学生发现,原来莫泊桑的《项链》几乎是原封不动地照搬了《灰姑娘》的叙事模式!但是,这两个故事呈现出来的美学风格仍然是有着巨大差异的。童话故事表达了"善有善报,恶有恶报"的朴素思想,并且最终是王子和灰姑娘幸福地生活在一起的美满结局;而莫泊桑的《项链》则在小说中寄寓了对人的命运的偶然性的深深喟叹,并且通过将人物推出常轨的手段揭示了女主人公内心深处的精神特质,显示了莫泊桑作为一位小说家敏锐、深刻的生命感觉!

三、小说文本教学内容的选取

1. 第一个可以选取的内容是人物形象的鉴赏

小说家创作小说的一个核心使命,就是塑造鲜活、独特的人物形象,以此来展现自己对人性深度的理解和探索,表达自己对社会人生的独特感受。人物塑造的成功,是小说写作成功的基本保障。因此,在小说阅读的教学中,教师首先要带领学生关注人物形象的特征,发掘和提炼出作者附着在人物形象上的鲜活、独特的生命感受。

沈从文先生的代表作《边城》讲述了一个唯美而感伤的爱情故事,用他自己的话来说:"我要表达的本是一种'人生的形式',一种'优美,健康,自然,而又不悖乎人性的人生形式'。我主意不在领导读者去桃源旅行,却想借重桃源上行七百里路酉水流域一个小城小市中几个愚夫俗子,被一件人事牵连在一处时,各人应有的一分哀乐,为人类'爱'字作一度恰如其分的说明。"出于这样的动机,作者在小说中塑造了一个纯真动人的少女形象,那就是翠翠。

要读懂这部小说,把翠翠这个人物形象理解透彻是十分关键的。

首先,我们从作家笔下看到翠翠是纯粹的"自然之子":

翠翠在风日里长养着,故把皮肤变得黑黑的,触目为青山绿水,故眸子清明如水晶。自然既长养她且教育她,为人天真活泼,处处俨然如一只小兽物。人又那么乖,如山头黄麂一样,从不想到残忍事情,从不发愁,从不动气。平时在渡船上遇陌生人对她有所注意时,便把光光的眼睛瞅着那陌生人,作成随时皆可举步逃入深山的神气,但明白了面前的人无心机后,就又从从容容的在水边玩耍了。

她的身世令人怜悯:刚出生便已父母双亡,与(外)祖父相依为命,独门独院地居住在城外碧溪岨白塔下。情窦初开的她没有母亲的关怀与指引,没有同龄女伴的交流与触发,没有丰富的社会资讯(书籍、影视)来给她爱情观念的灌输与启蒙,因此,她在猝然遭遇爱的初体验时,是懵懂蒙昧、不知所措的。对此,作家这样叙述:

翠翠一天比一天大了,无意中提到什么时,会红脸了。时间在成长她,似乎正催促她,使她在另外一件事情上负点儿责。她欢喜看扑粉满脸的新嫁娘,欢喜述说关于新嫁娘的故事,欢喜把野花戴到头上去,还欢喜听人唱歌。茶峒人的歌声,缠绵处她已领略得出。她有时仿佛孤独了一点,爱坐在岩石上去,向天空一片云一颗星凝眸。祖父若问:"翠翠,想什么?"她便带着点儿害羞情绪,轻轻的说:"翠翠不想什么。"但在心里却同时又自问:"翠翠,你想什么?"同时自己也就在心里答着:"我想得很远,很多。可是我不知想些什么。"她的确在想,又的确连自己也不知在想些什么。

正是因为这样的懵懂蒙昧,才让她在体验爱情之时无法产生理性的自觉,让她面对心爱的人时不知该如何表达自己,这造成了她和傩送情感沟通上的错位和误解。最后,她只能日日守候在白塔之下、山崖之上,无望地等待着那个人的归来……

我们懂得了这个人物,也就懂得了萌芽在她纯美的心灵之中、发生在她与傩送之间那份爱是何等的浑朴与珍贵了!

2. 第二个可以选取的内容是小说环境描写的艺术功能

好的环境描写,不仅可以为人物的活动提供一个坚实可靠的舞台,而且对情感氛围的烘托、对故事情节的推进、对人物命运的突转都可以起到积极的作用。

《林教头风雪山神庙》一文中对风雪的描写,可以非常典型地说明这个问题。这篇文章对风雪的描写总计有四处:①"正是严冬天气,彤云密布,朔风渐起,却早纷纷扬扬卷下一天大雪来";②"雪地里踏着碎琼乱玉,迤逦背着北风而行。那雪正下得紧";③"依旧迎着朔风回来。看那雪到晚越下的紧了";④"提着枪,只顾走。那雪越下的猛"。

小说前文写到林冲刺配沧州,得到了他曾经帮助过的李小二的报答和照顾。李小二在自家开的酒店中见到了"东京来的尴尬人",其可疑的行迹引起了他的注意,于是把这件事告诉林冲。林冲询问了那个人的长相,得知正是出卖了他的陆虞侯,心下大怒,专门上街买了把解腕尖刀随身带着,以备见到仇人时将之手刃!结果没有见到仇人,却反而被调到了大军草场去做看守,境遇变得比从前更好了,这令林冲迷惑不解……小说对雪的描写,就是从这里开始的。仇人已至而图谋未明,天下虽大,留给林冲行走的道路却愈发的狭窄、逼仄,因此,当我们读到前三则对风雪的描绘时,会直觉到林冲的人生再次陷入了重大的危机——这就是环境描写渲染气氛的典型例证。因为风雪骤至,林冲在新的居所感到无法保暖,于是用老军留给他的葫芦外出打酒,由此便引出了下面的情节发展——这就是环境描写推动情节发展的典型例证。等林冲打酒回来,才发现因为风雪太大,他所住的两间草厅已经被雪压塌了;无处栖身的林冲,无奈之下只好走进打酒途中经过的山神庙里,打算暂住一宿。正是在山神庙里,他看见了草料场起火,听到了陆虞侯等人在庙门外说着谋害他林冲的阴谋!这个时候的林冲,一反之前的隐忍退让、委曲求全,快意恩仇,手起刀落,痛快而残忍地杀掉了他的几个阴魂不散的仇敌。这时,人物的性格逻辑和命运轨迹都顺理成章地完成了一次突转——这就是环境描写造成人物命运突转的典型例证。当林冲已经报得大仇,决定落草为寇时,小说中对"雪"的描写不再用"紧"字形容,而换成用"猛"字描绘。一字之易,我们仿佛真切地感觉到了林冲此时内在心境的急剧变化,由之前的畏缩懦弱,变为现在的果决豪迈!一个"猛"字,不仅写出了雪势的无以复加,更对林冲此时的生命气质作出了最传神的点睛!

3. 第三个可以选取的内容是对情节变化的梳理

对情节变化进行梳理,以此见出人物是怎样从他的生活常态被推入超乎常态的困境,从而击破其表层的心理状态,逼使其深层的心理特质显现出来,实现对人性多层次奥秘的探索,表达对人生命运变迁的慨叹。

这一点,在"小说的文本特征"中"探索人性发展的可能性"以及"把人物从其生活的常态中推出,让其在猝然而来的意外中表现出与平常不同的心理状态"部分中已经说得比较具体,兹不赘述。

第四节 戏剧的解读与教学

一、戏剧的文本特征

戏剧文本的阅读鉴赏向来是语文教育的内容之一。在中学语文课本中,大量地选入中外戏剧。初中语文中有《白毛女》(贺敬之、丁毅)、《陈毅市长》(沙叶新)和京剧《打渔杀家》。高中语文篇目,选有《雷雨》(曹禺)、《茶馆》(老舍)、《罗密欧与朱丽叶》(莎士比亚)、《窦娥冤》(关汉卿)、《长亭送别》(王实甫)、《哀江南》(孔尚任)等篇。

戏剧是一种晚熟的艺术形式,芬兰美学家希尔恩认为:"戏剧,在这个词的现代意义上它必然是相当晚近的事情,甚至是最晚才出现的。它是艺术发展的一种结果,这可能是文化高度进步的产物,因此它被许多美学家看做是所有艺术形式中最后的形式。"当然,戏剧的起源并不"晚近",对此,希尔恩补充说:"就'戏剧'这个词最广泛意义上而言,它是所有模仿艺术中最早出现的。它在书写发明之前就有了,甚至比语言本身还要古老。因为作为思想的一种外在符号,原始的戏剧性行为远比词语更直接。"据此,余秋雨先生认为:戏剧美的最初因素,出现在原始歌舞之中。先民们在歌舞中用符号化的动作,模拟劳动生活的状态,模拟动物的情态,在这种拟态表演中注入了自己的想象,寄寓着心中的愉悦、崇拜、恐惧、好奇等复杂的情感。通过这种表演,先民们舒张了自己的心灵,短暂地超越了实际生活的困境,赢得了精神上有限的自由。戏剧艺术从源头上就与其他多种艺术门类保持着亲密的联系,这种联系最初表现为混然同质,在戏剧艺术走向成熟后,则体现为综合而丰富。

德国戏剧理论家史雷格尔曾对戏剧表演的广场做过这样的描述:"剧场是多种艺术结合起来以产生奇妙效果的地方,是最崇高、最深奥的诗不时借着千锤百炼的演技来解释的地方,这些演技同时表现滔滔的辩才和活生生的圈景;在剧场里,建筑师贡献出最壮丽的装饰,绘画家贡献出按照透视法配制的幻景,音乐的帮助来配合心境,曲调用来加强已经使心境激动的情绪。最后,剧场是这样一种场所,它把一个民族所拥有的全部社会和艺术的文明、千百年不断努力而获得的成就,在几小时的演出中表现出来,它对不同年龄、不同性别、不同地位的人都有一种非常的吸引力,它一向是富于聪明才智的民族所喜爱的娱乐。"由此,我们看到,戏剧是一种综合的舞台艺术,它借助文学、音乐、舞蹈、美术、雕塑、建筑等艺术手段塑造舞台艺术形象,揭示社会矛盾,表现现实生活,探索心灵奥秘。

1. 戏剧艺术的基本特点

戏剧艺术的综合性,决定了它具有较大的抒情空间。但是,从戏剧艺术的规定性来考查,我们发现,它的主要质地仍是叙事功能,而这种叙事功能,是以戏剧角色的直观表演来呈现的。戏剧艺术与其他叙事艺术的区别,意大利文艺理论家卡斯特尔维特洛这样归纳:"戏剧体是原来有事物的地方就用事物来表现,原来说话的地方就直接用说话来表现。它和叙事体有如下的不同:① 戏剧体用事物和语言来代替原来的事物和语言;叙事体则只用语言来代替事物,对于说话也是用转述来代替直述。② 在地点上,戏剧体不能像叙事体一样绰有余裕,因为它不能同时表现出几个相距很远的地方,叙事体则可以将海角天涯连在一起。③ 戏剧体的时间局限也比较大,因为叙事体可以把不同时间串联起来,戏剧体就做不到这点。④ 戏剧体只能处理可见、可闻的事物,而叙事体能处理可见和不可见的、可闻和不可闻的事物。⑤ 叙事体在有关情感方面不能像戏剧体那样强烈地"打动"听者。⑥ 叙事体对许多事物、甚至于和情感有关的事物,讲述起来,也比戏剧方法的表现更好、更充分。"

由此,我们可以归纳出戏剧艺术的三个基本特点:① 表演时空集中化;② 矛盾冲突尖锐化;③ 人物语言直观化、个性化。这些特点会对戏剧文本的基本特性有深刻的、决定性的影响。

2. 戏剧的三大要素

戏剧的三大要素分别是舞台说明、戏剧冲突以及人物台词。这三大要素构成戏剧的基本框架,是戏剧之所以称为"戏剧"的主要构成部分。其中舞台说明,又叫舞台提示,是剧本语言不可缺少的一部分,是剧本里的一些说明性文字。舞台说明包括剧中人物表,剧情发生的时间、地点、服装、道具、布景以及人物的表情、动作、上下场等。这些说明对刻画人物性格和推动、展开戏剧情节发展有一定的作用。这部分语言要求写得简练、扼要、明确,一般出现在每一幕(场)的开端。结尾和对话中间,一般用括号(方括号或圆括号)括起来。

戏剧冲突比生活矛盾更强烈、更典型、更集中,更富于戏剧性,戏剧冲突主要表现为剧中人物性格冲突。人物台词,是剧中人物的语言。它是性格化的,是富有动作性的,即人物的语言是同他的行动联系在一起的。台词的表现形式有:对话、独白、旁白(登场人物离开其他人物而向观众说话)、内白(在后台说话)、潜台词(即是言中有言,意中有意,弦外有音,它实际上是语言的多意现象)等。

戏剧语言也是戏剧的表现形式。它包括人物语言和舞台说明。戏剧文学中最重要的就是人物语言。在戏剧中情节的进展、人物性格的展示和剧作者对人物事件的评论,一般都得依靠人物语言来完成。戏剧中人物语言的特性有四点:第一,富有动作性,能推动剧情发展;第二,戏剧语言个性化;第三,丰富的潜台词;第四,易懂、上口。戏剧语言是塑造人物性格的手段、是表现人物思想感情方式。

文学上的"戏剧"概念是指为戏剧表演所创作的脚本,即戏剧文本,简称"剧本"。剧本主要由舞台指示和台词组成。

舞台指示是以剧作者的口气来写的叙述性的说明文字,包括对剧情发生的时间、地点的交代,对剧中人物的形象特征、形体动作及内心活动的描述,对场景、气氛的说明以及对布景、灯光、音响效果等方面的要求。这些说明对刻画人物性格和展开、推动戏剧情节有一定的作用。舞台指示要求写得简练、扼要。这部分内容一般出现在每一幕(场)的开端、结尾和对话中间,一般用括号括起来。

台词是戏剧表演中角色所说的话语,一般包括对白、独白、旁白,都采用代言体(指剧作家"代"人物立"言"的叙述方式。剧作家通过叙述口吻的转移和替代,用人物语言推动情节、情感的发展,完成故事的叙述)写成。对白,是剧本中角色间相互的对话,也是戏剧台词的主要形式。独白,是角色在舞台上独自说出的话语,是把人物的内心感情和思想直接倾诉给观众的一种艺术手段,往往用于人物内心活动最剧烈最复杂的场面。旁白,是角色背着台上其他剧中人对观众说的话,也指影视片中的解说词。说话者不出现在画面上,但直接以语言来介绍影片内容、交代剧情或发表议论。台词是剧作者用以展示剧情,刻画人物,体现主题的主要手段。没有台词,就没有剧本,没有人物的冲突,更没有剧情的发生、发展、高

243

潮和结局。可见台词在剧本中的重要性。

3. 戏剧文本的冲突性、虚构性和综合性

（1）冲突性——戏剧区别于其他叙事艺术的表演性要求剧情在有限的时间和空间里集中、尖锐地反映矛盾冲突，紧紧抓住观众的注意力，以确保演出成功。

对此，黑格尔有非常精要的论述："充满冲突的情境特别适宜于用作剧艺的对象，剧本是可以把美的最完满最深刻的发展表现出来的。""对在具体情境下的个别人物的内心世界的描绘和表达还不算尽了戏剧的能事，戏剧应该突出不同的目的冲突自己挣扎着向前发展。""在史诗里人物性格的广度和多方面性以及环境，偶然事故和遭遇都可以尽量描绘出来，而戏剧却应尽量集中在具体冲突和斗争上。"

于是，戏剧文本的主要特点也就是集中地反映人与环境、人与人、人与己的矛盾冲突。可以这样说：无冲突，不戏剧。

（2）虚构性——在合理虚构的前提下表现人性的真实，探察人性的奥秘。明代李渔《闲情偶寄》卷三《语求肖似》款指出，戏剧的长处和难点，是制造幻境、设身处地、代人立言。他从自己从事戏剧创作时的主观体验谈起，说戏剧可以把他拉进一个个假而似真的幻境：未有真境之为所欲为，能出幻境纵横之上者：我欲做官，则顷刻之间便臻荣贵；我欲致仕，则转盼之际又入山林；我欲作人间才子，即为杜甫、李白之后身；我欲娶绝代佳人，即作王嫱、西施之元配；我欲成仙作佛，则西天、蓬岛即在砚池笔架之前；我欲尽孝输忠，则君治亲年，可跻尧、舜、彭篯之上。非若他种文字，欲作寓言，必须远引曲譬，酝藉包含。

当然，这种出于想象的虚构不是真的毫无限制、为所欲为。法国剧作家高乃依指出："我们的虚构，需要最可能的严密的可能性，为了使人相信。"如何在虚构时实现这种使"严密的可能性"，从而使观众信服呢？李渔的办法是设身处地，触摸角色的内心，深刻理解其独一无二的个性，并加以准确表现。

戏剧文本中的虚构，其价值何在？想象的假定——虚构，可以给剧作者以巨大的自由，使其能够创设种种虽非实有之常态、却又符合情理的情境，并将角色推入这非常态的情境之中，借助激烈的冲突——特别是角色内心的冲突，探究和表现人心灵丰富的层次，以及其中隐藏的、尚未为大众所体认明晰的心理奥秘。

例如，关汉卿根据"东海孝妇"故事改编的著名悲剧《窦娥冤》，就以民间传说为素材，虚构了一个又一个情境，在其中揭示出主人公窦娥感天动地的精神力量。

她年幼时父亲窦天章为了进京赶考,把她卖给了蔡家当儿媳妇(即童养媳)。我们可以想象,一个离开了家人,成为一个陌生家庭一员的幼童,会是怎样无助与悲伤……婚后不到两年,窦娥丈夫去世;窦娥与蔡婆相依为命。蔡婆向赛卢医讨债,不成功之余反而差点被勒死,恰好获张驴儿父子俩所救。不料张驴儿是个流氓,趁机搬进蔡家后,威迫婆媳与他们父子成亲,窦娥严词拒绝。当窦娥在拒绝流氓的逼迫时,内心又是怎样的激动与愤慨!当她被张驴儿诬告,申诉无门,最终被判斩刑时,内心深处潜藏的巨大力量展现出来了——她临行前立下三桩毒誓,结果一一应验。关汉卿用这种超现实、超自然的情节,充分地展现了一个柔弱女子在被逼入绝境时所迸发出来的绝望、怨恨的强大精神力量!

(3)综合性——基于戏剧艺术的综合特点,戏剧文本也在表演性的基础上广泛容纳了各种文学文本的审美内涵,进而形成了自身独特的美学品格。对此,雨果曾做过一个非常形象的比喻:原始的抒情诗可比喻为一泓平静的湖水,照映着天上的云彩和星星;史诗是一条从湖里流出去的江流,反照出两岸的景致——森林、田野和城市,最后奔流到海,这海就是戏剧。总起来说,戏剧既像是湖泊,照映着天空,又像是江流,反照出两岸。但只有戏剧才具有无底的深渊和凶猛的风暴。(《〈克伦威尔〉序》)他解释说:"戏剧是完备的诗。短歌和史诗中只具有戏剧的萌芽,而戏剧中却具有充分发展了的短歌和史诗,它概括了它们,包括了它们。"他指出戏剧文本中所蕴含的多种美学元素——短歌的抒情性、史诗的叙事性和虚构性、戏剧本身独有的集中冲突性、语言动作性,等等——并将它们完美地融为一体。

二、戏剧的解读策略

1. 把握情节和冲突

这里的戏剧情节指的并不是教材选段部分的情节,而是整部戏剧的情节,包括课文选段的前情节和后续发展。入选教材的戏剧作品大多是情节较跌宕起伏、一波三折的大部头,不能将节选部分和整部剧作割裂对待,如果学生对前情和后续茫然无知的话,将无法主动地参与课堂,接受新信息获得新感受。所以第一阶段,应以预习作业形式提前布置学生收集剧情资料,课堂上花半节课时间,由学生个别展示收集成果,简述戏剧情节梗概,播放学生自己收集影视资料,让所有学生参与过程。这一步骤不仅有助于培养学生收集资料、化繁为简的能力,还能锻炼学生的语言表达能力,同时切实把握情节脉络,对整部戏剧的情节以及节选部分在全剧中的地位有个总体、系统的把握。以曹禺的《雷雨》为例,《雷雨》是一部四幕话剧,这四幕戏被安排在夏日某一天的二十四小时之内,按从早到晚的时间顺序发生,戏剧时间和场景都高度集中,但剧情的时间跨度却达三十年。三十年前剧中主人周朴园和鲁侍萍曾是一对恋人,并生有两个男孩;当时的周朴园是富家公子,鲁侍萍是周家侍女,二人地位悬殊,鲁侍萍在大年夜带着刚生下两天的小儿子被赶出周家。课文教材部分是《雷雨》的第二幕,发生在午饭过后;三十年后的"今天"周、鲁在经历了人世沧桑后意外重逢,剧情发展突转。如果学生没能了解三十年前恩怨,势必不能顺利解读课文节选内容。

戏剧情节的最重要表现是冲突。戏剧冲突分为三种类型:人与环境的冲突、人与人的冲突、人与自己的冲突。在对冲突的探究、剖析中,可以完成对剧情的梳理,对角色的理解。把握"矛盾冲突"是把握戏剧情节发展的关键。下面以鉴赏实例分别说明。

(1) 人与环境的冲突

我们可以从汤显祖《牡丹亭》一文中杜丽娘"游园惊梦"的情节中得以感知:出身官宦、藏于深闺中的小姐杜丽娘在丫鬟春香的陪伴下,来到自家的后花园中游园遣心。而眼前的景象引发了她这样的喟叹:原来姹紫嫣红开遍,似这般都付与断井颓垣。良辰美景奈何天,便赏心乐事谁家院?朝飞暮卷,云霞翠轩,雨丝风片,烟波画船。锦屏人忒看的这韶光贱!一个青春正好,渴望爱情的生命,只能恪守名教,幽禁深闺,无法让内心深处的美好情感尽情地涌现——这与眼前被围困在"断井颓垣"之中的姹紫嫣红的鲜花是何等相似啊!当生命的美好无人欣赏,良辰美景怎么可能是在我的家呢?!社会环境、文化氛围与生命诉求的剧烈冲突,深深蕴藏在这样一种婉转流丽、唯美动人的唱词当中。美丽的春光,引发了那个美丽的梦境;而那个美丽的梦与她生活的现实反差太过强烈,最后导致了杜丽娘的死亡,使得剧情的冲突达到了顶点。

(2) 人与人的冲突

我们可以把曹禺的《雷雨》作为案例:剧中的繁漪是一个"果敢而阴鸷的女人""在那静静的长的睫毛下面,有时为心中的郁积的火燃烧着,她的眼光会充满了一个年轻妇人失望后的痛苦与怨望"。她的"痛苦与怨望",源自于心中的情热、对爱的渴求没有得到满足。丈夫周朴园以婚姻的名义囚禁着她的生命,以母亲的责任为由要求她给孩子做好榜样,却唯独没有给予繁漪所渴盼的爱情的浇灌——这是繁漪与周朴园的冲突。繁漪与周萍暗中建立了不伦的恋爱关系,周萍为此深感内疚、自责,想要逃离这个家庭,想要通过与四凤的爱情来拯救自己的灵魂,而繁漪需要的是周萍继续给她爱情,不要离开她,更不能移情别恋——于是,繁漪与周萍之间也产生了剧烈的冲突。四凤是周家的仆人,同时也是周萍的情人,于是她也便成为了繁漪的情敌——这是繁漪与四凤的矛盾冲突。仅从繁漪这一个角色身上,我们便看到了剧本中人与人的冲突无处不在,而且,它们是立体、多维的,像一张网一样,把人物的心灵紧紧地包裹、捆绑起来,令人在雷雨将临的郁热中更感到生命的沉闷和躁动,从而产生心灵上的郁热与怨毒——这份郁热和怨毒,推动着繁漪努力挽留她的爱人,使得她为达目的不择手段,并最终酿成毁灭性的悲剧。

(3) 人与自己的冲突

我们可以莎士比亚的《哈姆雷特》为例来感受:王子在城头与父亲的幽魂相见,得知父亲的死不是正常寿终,而是遭到了叔父的谋害。父亲的突然死亡、母亲的迅速改嫁、叔父的监国掌权——这一系列的意外不断震撼着哈姆雷特的心灵,使他一时陷入了不知所措的境地。此刻,突然闻知父亲的死竟然另有隐情,这更令王子寝食难安。一个接一个的震惊叠加于他心灵,使他原本敏感纤弱的心灵已经艰于承受了——在这样一种情态下,到底要不要报仇,就成了他内心纠结的漩涡中心……整个剧情,正是基于这种内心的纠结和行动的犹豫而逐渐推进的。

2. 品味语言和台词

戏剧语言包括:舞台说明和人物台词,两者是一个有机整体,舞台说明戏剧发展过中起到渲染气氛、推动情节发展、补充人物对话时的动作神态三个作用,人物台词又是戏剧冲突的外化,因此揣摩戏剧语言应该和把握戏剧冲突有机结合。

戏剧文本主要是由台词构成的,戏剧文本的台词,至少需要具备如下两个重要的特质。

(1) 台词必须具备动作性功能

日本古典戏剧理论家世阿弥在他的《风姿花传》(又名《花传书》)中这样写道:"表现一个剧目的情节的,就是念、唱的词章。所以在'能'(即能乐,日本古典戏剧类型的一种——引者注)里边,音曲(此处不指音乐而指演员念、唱——引者注)是它的'本体',而动作是它的'现象'。既然如此,由音曲中产生动作,是合乎顺序的,如以动作为根据来进行念、唱,是违背顺序的。一切事物都应按其自然顺序而不应违背自然顺序。因此,最好以念、唱为准绳,然后使动作随之丰富起来。"这段话说明了戏剧台词的动作性与角色舞台实际动作的主从关系,在戏剧表演中,应该是具有动作性的台词,在暗示或表现人物内心隐秘的欲望、意念,以及表现人物之间的矛盾冲突时,自然地带出人物的外部动作,进而推动剧情的发展。人物丰富复杂的内心活动的揭示一般有两种方式,一种是直抒胸臆,一种是潜台词。直抒胸臆的台词有时通过独白来进行;潜台词则主要通过对话展开,对话双方的语言含有复杂隐秘的未尽之言与言外之意,它可以具体表现为一语双关、欲言又止、意在言外等多种形式。剧本中有关戏剧情境的设置、戏剧冲突的展开、戏剧情节的推进等,都是依靠人物的台词以及在此基础上的舞台动作完成的。只有具有充分动作性因而能够推动剧情发展的台词,才是优秀的戏剧语言。

(2)台词必须能够充分展示人物个性

贺拉斯在《诗艺》中说:"如果剧中人物的词句听来和他的遭遇(或身份)不合,罗马的观众不分贵贱都将大声哄笑。神说话,英雄说话,经验丰富的老人说话,青春、热情的少年说话,贵族妇女说话,好管闲事的乳媪说话,走四方的商人说话,在碧绿的田垄里耕地的农夫说话,科尔启斯人说话,亚述人说话,生长在底比斯的人、生长在亚哥斯的人说话,其间都大不相同。"由此我们可知,要使人物语言个性化,需使人物语言符合其所处的阶层,符合人物的具体身份,符合人物说话时的具体情境和具体针对性。贺拉斯在同一文中还就戏剧角色的塑造说过如下一段话:"你想在舞台上再现阿喀琉斯受尊崇的故事,你必须把他写得急躁、暴戾、无情、尖刻,写他拒绝受法律的约束,写他处处要诉诸武力。写美狄亚要写得凶狠、剽悍;写伊诺要写她哭哭啼啼;写伊克西翁要写他不守信义;写伊俄要写她流浪;写奥瑞斯特斯要写他悲哀。假如你把新的题材搬上舞台,假如你敢于创造新的人物,那么必须注意要保持从头到尾的一致,不可自相矛盾。"这里,他既强调了角色塑造的个性化原则,同时还提出一个重要的观点,人物形象的塑造"要保持从头到尾的一致,不可自相矛盾",也就是说,戏剧角色的性格特点要有前后的一致性,要在心理发展的逻辑上经得起推敲,说服得了观众。这就要求剧作者设计剧中人物的台词时,需准确把握人物在戏剧情节推进中性格的发展逻辑,把握戏剧情境的冲突变化,写出此时此地、此情此景中人物唯一可能说出的话。

在把握戏剧语言的基础上,结合人物行为以及舞台说明交代的人物动作才能从整体上把握人物的形象特征。一个人的一个微小的动作,往往能生动地表现人物的某些性格特点。如《雷雨》中,周朴园逼繁漪喝药,繁漪不肯喝。周朴园就让儿子周冲劝母亲喝,最后竟让大儿子周萍跪下求继母喝,并声色俱厉地要繁漪在孩子面前做一个服从的榜样。他的这一行动充分表现出他专制、冷酷、一心维持家长权威的个性,同时也造成夫妻之间、父子之间的矛盾冲突。

这里以曹禺《雷雨》的部分台词为例具体说明:

……朴园点着一支吕宋烟,看见桌上的雨衣。

朴:(向鲁妈)这是太太找出来的雨衣吗?

鲁:(看着他)大概是的。

朴:(拿起看看)不对,不对,这都是新的。我要我的旧雨衣,你回头跟太太说。

鲁:嗯。

朴:(看她不走)你不知道这间房子底下人不准随便进来么?

鲁:(看着他)不知道,老爷。

朴:你是新来的下人?

鲁:不是的,我找我的女儿来的。

朴:你的女儿?

鲁:四凤是我的女儿。

朴:那你走错屋子了。

鲁:哦。——老爷没有事了?

(《雷雨》第二幕)

从这段对白中,我们可以读出周朴园作为一个叱咤风云的资本家的生命气质、性格特点。同时,我们还可以看到曹禺通过潜台词对人物内心隐秘的精准揭示。当周朴园对鲁侍萍说"那你走错屋子了"时,意在让鲁侍萍离开,而此时的鲁侍萍在应承一声"哦"表示领会了这个意思后,却又问了一句"老爷没事了?"曹禺是用一个破折号把这两句话连接起来的。这个破折号既表示了说话人语意的转折,也表示了此中有语意的省略。那么,这里省略了什么样的语意呢?阔别了三十年的一对老情人,在这样的意外巧合下重逢了。周朴园此时并不知道对面的这个人就是当年的旧爱,所以他是以资本家对仆人的方式来跟鲁侍萍谈话的,神态语气中都充满着居高临下的意味;而鲁侍萍此时已经知道了对方就是三十年前将她始乱终弃的恋人——三十年埋藏心底的恩和怨、爱和恨——她是多么希望周朴园能够对此有所交代啊!至于交代什么,怎么交代,这是连鲁侍萍自己也不知道的。一句"老爷没事了?"隐藏了这个委屈了三十年的女人心中难以平复的复杂心绪。也就是在这种复杂心绪的驱使下，才让她忍不住多次暗示周朴园，并最终让他认出了她，推动着剧情继续发展：

鲁：（大哭起来）哦，这真是一群强盗！（走至萍前，抽咽）你是萍，——凭，——凭什么打我的儿子？

萍：你是谁？

鲁：我是你的——你打的这个人的妈。

大妈，别理这东西，您小心吃了他们的亏。

鲁：（呆呆地看着萍的脸，忽而又大哭起来）大海，走吧，我们走吧。（抱着大海受伤的头哭。）

（《雷雨》第二幕）

当鲁大海被周萍及周家仆人殴打时，鲁侍萍悲愤无已！作为一个长期生活在社会底层的女人，她对这种不平等的欺压、凌虐是司空见惯而又无可奈何的！所以，她除了大哭，除了咒骂，也别无他法。而此时情境的特殊性，更让她的心中多了一份柔肠百转的痛苦！——这是她的两个亲生儿子在手足相残啊！周萍殴打鲁大海，鲁侍萍出来阻止，这让周萍感到意外，于是他问："你是谁？"之前鲁侍萍向周朴园请求见一见自己的儿子"萍儿"，没想到竟是在这样的惨境中实现了愿望！一方面，两个素不相识的兄弟手足相残，令这位母亲心痛难言；一方面，母子身份、地位的悬殊，又让她不能与周萍相认。于是，面对周萍的询问，她生生咽回了"我是你的妈！"这句话的后半句，把它改成了"你打的这个人的妈"，又是一个破折号的连接，表示了语意的转折与省略，把一个母亲心中的悲苦表现得痛彻心扉、意味深长……而此中鲁大海说话的语气，活脱脱就是一个心怀愤恨、五大三粗的工人——"妈，别理这些东西，您小心吃了他们的亏。"

3. 分析人物关系和性格

人物台词由人物的身份、性格制约，不同人物台词反映了人物的不同态度、不同的心理，表达了人物不同的思想感情，展现了人物不同的性格侧面，因此必须仔细揣摩人物的台词，探究台词背后的言外之意（即潜台词）等，进而分析人物形象。在对台词的品味中，读出角色独特的个性，以及他身处其时其境中丰富的内心活动。

大凡优秀的戏剧作品必然登场人物较多，关系错综复杂。同时，人物之间的关系也是导致戏剧矛盾冲突的最根本因素，所以，理清人物关系也是至关重要的一步。这一步骤也可以布置成预习作业,课堂上由学生派代表收集资料自主讲述,其他学生补充修正,最后以图表形式归纳总结,亦可以由教师设计图表,让学生在查找资料基础上完成图表,用多媒体或板书形式呈现,发挥学生主动性的同时给他们直观、明晰的感受。例如:《雷雨》中丫头四凤和少爷周萍的特殊关系、周萍和他年轻的继母繁漪的关系、老爷周朴园和妻子繁漪的关系以及他和侍萍的关系、周朴园和他矿上的矿工鲁大海(实际是他的亲儿子)的关系,这些都是研读课文选段前必须把握的。

4. 了解戏剧的结构特点

戏剧结构分为点线型、横截型、展示型三种。

(1) 点线型,亦称"开放型"

点,指剧中各段的中心事件;线,指贯穿全剧的主线。这种戏剧结构一般顺时性展开,由起—承—转—合四部分构成,如《窦娥冤》全剧除去开头的楔子共四折,由剧中人物蔡婆婆的独白开始,四折内容分别是故事情节的开端、发展、高潮和结局,这一过程中窦娥和张驴儿父子的矛盾、窦娥与官府之间的矛盾这两对主要矛盾冲突是推动剧情起承转合的重要因素。这种结构容受力较强,能把完整的剧情按时间顺序依次加以表现。中国古代戏曲较多采用这种类型。

(2) 横截型,亦称"锁闭式"

这种戏剧不按时间顺序建构剧情,而是截取生活的某个横断面,把冲突都集中在这个断面上,断面之外的信息则用回顾叙述的方式在人物对话中逐步透露出来。例如《雷雨》,作者把整个剧情浓缩在不到一天的时间里,把地点凝聚在周家客厅和鲁家两个场景中,把主要人物过去的恩怨牵缠都通过角色间的对话慢慢叙出。

(3) 卷轴式,亦称"人物展览型"

这种戏剧结构介于点线型和横截型之间,以展示人物形象和社会风貌为主要目的。其特点是角色众多,情节简单,全剧没有一贯到底的事件。例如《茶馆》,出场人物达70多个,剧本没有贯穿首尾的主线。剧作家用三幕戏分别写表现三个历史时期,展示各种人物形象和不同时期的社会风貌,表达自己对不同历史阶段的褒贬态度。

三、戏剧文本的教学策略

1. 策略之一：关注冲突，在冲突中把握剧情，探究、发现人物内心的奥秘

戏剧是在舞台上表演的综合性艺术，它要求剧情发生在相对集中的时间和空间之中，要求剧情涉及的人物数量不能太多，要求剧情必须要能持续地吸引观众的注意，赢得观众的喜爱。因此，戏剧文本的叙事便具有直观性、代言性和矛盾冲突的集中性等几个特点。冲突是戏剧文本的核心要素，辨识冲突，领会它对剧情推进的作用，对吸引观众注意力的作用，在冲突中窥见剧中角色在非常态的情境中内心丰富的层次和潜藏的奥秘，就是一个戏剧文本欣赏者首先要做的事。

2. 策略之二：识别戏剧技巧，如悬念、吃惊、激变等等，体会剧作家推进剧情、调适叙事节奏、营造喜剧效果的巧妙艺术

悬念是根据观众看戏时情绪需要得到伸展的心理特点，剧作家对剧情作悬而未决和结局难料的安排，以引起观众急欲知其结果的迫切期待心理。它是戏剧创作中使情节引人入胜，维持并不断增强观众兴趣的一种主要手法。剧作家借助悬念的设置，可以逗引读者（观众）的好奇心，使其对剧情更加专注。在辅以延宕手法来调剂其紧张，可以形成张弛有度的戏剧节奏，成功带领读者（观众）走向终局的艺术机制。以果戈理的《钦差大臣》中对悬念的运用为例来对此进行说明。剧本开篇，县长安东的开场白便引起读者的阅读兴趣："刚刚得到一个可靠的但令人很不愉快的消息：一位钦差大臣将从彼得堡来做微服察访，并且带着密令。"于是，第一波悬念在读者心中产生了：这位钦差大臣是谁？他要察访的对象又是谁？为什么钦差大臣要来微服察访对安东来说是一件"令人很不愉快的"事情？此时，读者心中已经有所猜测，由此对情节的发展有了隐隐的期待。随着县长与慈善医院院长阿尔捷米、法官阿莫斯、医官赫利斯季阳、督学鲁卡、邮政局长伊凡的对话，我们发现：原来这是一群贪官污吏，平时作恶多端，此刻听说有钦差大臣要来察访，他们的心情当然愉快不起来，而且一个个胆战心惊……这印证了读者之前的猜测和期待。接着陀布钦斯基和鲍布钦斯基两人出场并告诉大家，他们发现在旅馆里住着的一个名叫赫列斯塔科夫的年轻人很可能就是钦差大臣。听过他们的分析后，别人都赞同他俩的看法。于是，又一个悬念出现了：这个叫赫列斯塔科夫的年轻人是否就是钦差大臣？剧中的人物还在为此疑惑时，旅馆仆人奥西普的表现却使观众了解到：赫列斯塔科夫并不是钦差大臣——这就是"延宕"的巧妙运用。随后，安东和赫列斯塔科夫见面——安东以为赫列斯塔科夫是钦差大臣，而赫列斯

塔科夫则视为有利可图,打算将错就错、顺水推舟。至此,读者又会产生一个悬念:赫列斯托科夫的身份会不会被揭穿?当安东县长与众多要员得知被骗,纷纷破口大骂时,一名宪兵出场,面无表情地大声宣布说:"奉圣旨从彼得堡来到的长官要你们立即去参见,行辕就设在旅馆里。"宪兵的话像一阵闷雷滚过,大厅里的每一个人都僵直地立在那儿,没有半点反应。通过不断推出悬念,持续吸引读者的注意,又在不断的设疑和解疑中缓和读者的紧张,自然地推动剧情的发展,这正是《钦差大臣》这部讽刺剧取得成功的一个重要因素!

"吃惊"是指观众在毫无思想准备的情况下,受到出乎意料的震动。这是一种典型的戏剧效果,可以提振观众的精神,使其更加专注于接下来的剧情发展。例如《西厢记》第五本中张生正待与莺莺成亲之际,一向没出现的郑恒却突然出来阻挠。这在令观众意外的同时,也使观众产生好奇与期待:郑恒会用一些什么办法来达到自己的目的、破坏张生与崔莺莺的爱情呢?张生与崔莺莺能够有情人终成眷属吗?

激变是指剧情突然发生急剧变化,角色突然由逆境转入顺境,或由顺境转入逆境。这可以造成一波三折的戏剧效果,使观众欲罢不能。例如《西厢记》第二本中,孙飞虎兵围普救寺,指名索要莺莺,这时由顺境转入逆境。后来张生自告奋勇,突围请"白马将军"杜确解了孙飞虎普救寺之围,这时由逆境转入顺境。而崔母变卦赖婚,让崔莺莺认张生做哥哥,这时,角色再次由顺境转入逆境。

戏剧技巧还表现在对于情节冲突、人物设计、场景营造、人物台词以及其他舞台手段的创造性运用。

3. 策略之三:通过分角色朗读、表演、实作等方式尽可能还原剧情和语境,锻炼学生的综合素养

单纯靠默然无声的阅读无法展现戏剧的艺术魅力,也不利于学生直观、深入体会人物的心情和性情。所以应该采用个别学生分角色朗读的方式,由教师选取矛盾冲突产生、发展、激发、转化过程的几个关键片段。学生朗读一开始必然不可能尽如人意,可能出现无法拿捏人物语气、语调等现象,这时,教师就可以鼓励没有参与朗读的学生一起提出朗读意见或者引导朗读者留意此时人物的动作神态、思考人物的潜台词的含义,体会人物的心理状态,接着反问学生应该用什么样的语气、语调来读。在进行朗读指导的时候,不要直接指出问题所在,而是引导学生反思自己的问题所在,反复尝试,揣摩出人物的语气语调的同时,学会水到渠成地把握住人物心理动态。当然这一过程,必要的时候,教师应发挥示范作用,亲身朗

读,给学生以最贴近、最真实的指导,这就要求教师有扎实的朗读能力和技巧了,也可以应用多媒体教具播放精彩的戏剧片段,让学生对比差距,修正朗读,进而体会人物心理。分角色朗读、反复朗读是品味人物语言的有效方法,也能使学生积极参与课堂,易于实施。课内文本教学完成以后,可鼓励、组织学生参与戏剧实践活动,进行课本的编演,在理解课文的基础上,以自己的方式再现剧情,或许存在这样那样的不足,但这比学生课堂朗读的感染性大,有利于创设情境,锻炼学生对本文进行再创作的能力。如处理《罗密欧与朱丽叶》时,可以将全班学生分成导演、演员、舞台设计、评议员四个组,让学生各自发挥所长,互相配合。导演组可以精心指导策划,编排剧情;演员组则认真研读文艺复兴时期要求个性解放的文学思潮下,人物华丽直接的自白式台词,全情投入演绎;舞台设计则自制道具、准备服装;评议组成员则收集戏剧相关知识,力求专业客观的对戏剧表演的环节提出指教,这种方式是对戏剧的二次创作,使学生在寓教于乐的状态下学到知识、培养能力、得到启示。当然这环节实施起来有一点难度,也必须在吃透文本的情况下实施,不能好高骛远、抛弃文本、率性而行。

案例与实施

(一) 李海林《雷雨》(节选)教学设计

【准备与预习】
1. 你喜欢戏剧吗?向同学们介绍一部你曾看过的戏剧作品。
2. 说说你对"话剧""戏剧""悲剧""喜剧"的理解。
3. 查阅资料,了解《雷雨》的故事情节。

【整合与建构】
(一)复述故事,初步了解人物
1. 以"周朴园与鲁侍萍的重逢"为题讲述他们的故事。
(1) 先讲三十多年前发生的事情,然后再讲重逢的经过。
(2) 在你的讲述中,哪些是复述课文,哪些是你的推测和想象。
(3) 说说你这样推测和猜想的理由。
2. 说说你对周朴园与鲁侍萍的初步印象。
(1) 你觉得周朴园是个钟情的人还是一个冷酷的人?你觉得这个人物可信吗?

(2) 在你的印象中，鲁侍萍是一个脆弱的人还是一个坚强的人？你为什么有这种看法？

(3) 将你把回答这两个问题的要点记录下来。

(二) 分析人物语言，揣摩潜台词。

1. 阅读下列台词，分析人物的心理活动。

周朴园：你好像有点无锡口音。

鲁侍萍：我自小就在无锡长大的。

周朴园：(沉思)无锡？嗯，无锡，(忽而)你在无锡是什么时候？

鲁侍萍：光绪二十年，离现有三十年了。

周朴园：哦，三十年前你在无锡？

鲁侍萍：是的，三十多年前呢，那时候我记得我们还没有用洋火呢。

周朴园：(沉思)三十多年前，是的，很远啦，我想想，我大概是二十岁的时候。那时我还在无锡呢。

鲁侍萍：老爷是那个地方的人？

周朴园：嗯，(沉吟)无锡是个好地方。

鲁侍萍：哦，好地方。

(1) 周朴园在这一段对话中有两次"沉思"、一次"沉吟"，他在想些什么呢？他的心理活动与她说出来的话有什么关系？

(2) 周朴园并不知道眼前这位"四凤的妈就是侍萍"，但鲁侍萍知道眼前这个人就是周朴园，因此他们对话时的心理活动是不相同的。仔细揣摩人物台词，逐句说说他们各自的心理活动。

(3) 如果你是演员，你准备用什么语气念出这一段台词？试念给同学们听听。

2. 在周朴园不知道对方就是鲁侍萍的时候，鲁侍萍以第三者的身份说起自己：

可是她不是小姐，她也不贤惠，并且听说是不大规矩的。

这个梅姑娘倒是有一天晚上跳的河，可是不是一个，她手里抱着一个刚生下三天的男孩。听人说她生前是不规矩的。

她是个下等人，不很守本分的。听说她跟那时周公馆的少爷有点不清白，生了两个儿子。生了第二个，才过三天，忽然周少爷不要她了，大孩子就放在周公馆，刚生的孩子她抱在怀里，在年三十夜里投河死的。

(1)鲁侍萍反复说到自己不是小姐,而且"不大规矩"。鲁侍萍说这番话时是一种什么样的心理?

(2)演员在表演这些台词的时候,应该用一种什么样的语气?

(3)这时候,周朴园并不知道说话的人就是鲁侍萍,那么,他听这番话的时候,他的心情又是怎么样的?

3. 选择感动你的台词,模仿下面的方式,为演员提示表演要求。

鲁侍萍:她不是小姐,她是无锡周公馆梅妈的女儿,她叫侍萍。

(克制不住自己的悲愤,但又不想让周朴园认出自己,所以语气有些"狠",但又在尽量控制着。)

(三)分析人物动作,理解人物性格。

1. 阅读下列片段,回答问题。

周朴园:(点着一只吕宋烟,看见桌上的雨衣,向侍萍)这是太太找出来的雨衣么?

鲁侍萍:(看着他)大概是。

周朴园:不对,不对,这都是新的。我要我的旧雨衣,你回头跟太太说。

鲁侍萍:嗯。

周朴园:(看她不走)你不知道这间房子底下人不准随便进来吗?

鲁侍萍:不知道,老爷。

周朴园:你是新来的下人?

鲁侍萍:不是的,我找我女儿来的。

周朴园:你的女儿?

鲁侍萍:四凤是我的女儿。

周朴园:那你走错屋子了。

鲁侍萍:哦。——老爷没有事了?

周朴园:(指窗)窗户谁叫打开的?

鲁侍萍:哦。(很自然的走到窗前,关上窗户,慢慢地走向中门)

周朴园:(看她关好窗户,忽然觉得她很奇怪)你站一站。(侍萍停)

周朴园:你——你贵姓?

鲁侍萍:我姓鲁。

(1) 鲁侍萍在回答周朴园的问话时"看着他",说说她当时应该是什么样的表情?

(2) 在听到周朴园吩咐"你回头跟太太说"后,鲁侍萍本可以走了,但她为什么"不走"?在听到周朴园说"那你走错屋子了"后,鲁侍萍再一次有了走的机会,但她为什么没话找话地问"老爷没有事了"?

(3) 周朴园并没有要鲁侍萍关窗户,鲁侍萍也没有去关窗户的职责,她为什么会"很自然的走到窗前,关上窗户,慢慢地走向中门"?周朴园对鲁侍萍关窗户为什么会"觉得她很奇怪"?

2. 分析周朴园的戏剧动作。

(1) 找出课文中描写周朴园的戏剧动作的词语,逐个解说周朴园戏剧动作的心理内涵。

(2) 将周朴园的戏剧动作以知道鲁侍萍的真实身份为界分列出来,说说它们有什么变化。你觉得课文描写周朴园的动作和语言的"突变"合乎周朴园的性格吗?

(四) 重读课文,反思自己的阅读初感

1. 再一次阅读课文,重新回答下列问题。

(1) 周朴园是个钟情的人还是一个冷酷的人?你觉得这个人物可信吗?

(2) 鲁侍萍是一个脆弱的人还是一个坚强的人?你为什么有这种看法?

2. 说说你与第一次回答这些问题时有什么不同。

应用与拓展

1. 如果你是导演,你会挑选什么样的演员来扮演鲁侍萍和周朴园?请写一段话,分别描述他们的肖像和气质。

2. 自拟题目,将课文改编成小说。注意人物的心理描写。

3. 在课文中,"吕宋烟""雨衣""窗户""旧衬衣""支票"都是道具,说说这些道具在戏剧情节中的作用。

(二) 对《雷雨》教学设计的评析以及综述

首先是"准备与预习部分",李海林让学生介绍一部戏剧,讨论对话剧、戏曲、悲剧、喜剧的理解以及了解《雷雨》的故事情节。这一设计让学生从自己的涉猎范围之内提取对戏剧这一知识的有效信息,对戏剧分类的几个部分的了解,以及对将要学习的《雷雨》故事情节的了解,平淡而实际的设计,不仅让学生稳学稳扎,更能够引领学生以适合的步骤进入戏剧学习。然后是"整合与建构部分",一是复述故事,初步了解人物;二是分析人物语言,揣摩潜台词;三是分析人物动作,理解人物性格;四是重读课文,反思自己的阅读初感。这四个步骤构成这个设计的主干部分,从戏剧教学的重点方面入手,在熟知人物框架的基础之上步步深入对戏剧文本的学习。戏剧的语言、人物性格以及台词是戏剧教学重点分析与学习的对象,李海林就是根据这样的几个方面对《雷雨》做以教学的知识建构,不仅抓住了戏剧教学的要害,更让学生有层次、有深度地对《雷雨》进行了完整的学习。详细的教学步骤在设计里面都展示了出来,不仅有序,更有理。

最后就是"应用与拓展"部分,让学生用一段话描述鲁侍萍和周朴园的形象和气质,把课文改编成小说,以及说说道具的戏剧中的作用。这些部分真正属于拓展训练的内容,学生可以把所学与实践联系起来,亲自动手操作,获得身心的真实体验。

戏剧在整个语文教学中有着很重要的地位,戏剧教学的好坏不仅影响到语文这一科目本身的成败,也在不同程度上影响着戏剧这一文化在现代社会中的传承和发扬。新时代的语文老师更是要把戏剧教学当成一回事,认真研读戏剧文本,设计戏剧教学过程和步骤,以及创新戏剧教学,让学生在学习戏剧时有被吸引的感觉,或者说是感兴趣。当然,在一段相当长时间内这还是需要广大师生和教育工作者共同努力的,我们期待其进步和突破。

思考与讨论

1. 诗歌散文小说戏剧各具什么文本特征?
2. 联系具体文本说说基于什么文本特征你采取这样的教学策略?

扩展阅读推荐

1. 王荣生.依据文本体式确定教学内容[J].语文学习,2009(10).
2. 玛乔丽·博尔顿.英美小说剖析[M].重庆:重庆出版社,1988.
3. 郑桂华.散文教学内容开发的路径与原则[J].语文学习,2008(5).
4. 李乾明.散文教学的逻辑起点与方法论[J].重庆三峡学院学报,2002(3).
5. 蒋成瑀.语文课读解学[M].杭州:浙江大学出版社,2000.

6. 布斯.小说修辞学[M].北京：北京大学出版社,1986.

7. 卡勒.结构主义诗学[M].北京：中国社会科学出版社,1991.

8. 范培松.中国散文史(20世纪)[M].南京：凤凰出版社,2003.

9. 周红莉.中国现代散文理论经典[M].苏州：苏州大学出版社,2008.

10. 贵志浩.话语的灵性——现代散文语体风格论[M].杭州：浙江大学出版社,2010.

11. 王荣生.中小学散文教学的问题及改善努力[J].课程·教材·教法.2011(9).

12. (美)布鲁克斯,沃伦.小说鉴赏[M].主万,冯亦代,译.北京：世界图书出版社,2008.

13. 刘恪.现代小说技巧讲堂[M].天津：百花文艺出版社,2006.

14. 朱光潜.诗论[M].合肥：安徽教育出版社,1997.

15. 倪文尖.新课标语文学本·现代诗歌阅读[M].上海：华东师范大学出版社,2004.

16. 李翠瑛.细读新诗的掌纹[M].台北：台湾万卷楼图书公司,2006年.

17. 洪子诚.在北大课堂读诗[M].武汉：长江文艺出版社,2002.

18. 廖可兑.西欧戏剧史[M].北京：中国戏剧出版社,2002.

19. 余秋雨.戏剧理论史稿[M].上海：上海文艺出版社,1983.

20. 董建,马俊山.戏剧艺术十五讲[M].北京：北京大学出版社,2004.

21. 王虹.戏剧文体分析——话语分析方法[M].上海：上海外语教育出版社,2006.

22. 王家辉.文学文本解读[M].武汉：华中师范大学出版社,1999.

23. 余虹.文学精品解读与教学[M].北京：高等教育出版社,2011.

第八章
实用类文本的解读与教学

◆ 内容导引

本章我们将讨论媒体类、叙述类、阐释类、劝说类文本以及非连续文本的特征、类型、解读策略与教学策略。

◆ 学习目标

- 掌握媒体类文本的特征、类型、解读策略和教学策略
- 掌握叙述类文本的特征、类型、解读策略和教学策略
- 掌握阐释类文本的特征、类型、解读策略和教学策略
- 掌握劝说类文本的特征、类型、解读策略和教学策略
- 掌握非连续文本的特征、类型、解读策略和教学策略

实用类文本,简称实用文。宽泛地说,所有诗歌、小说、戏剧等文学类文本以外的文本都可以称之为实用类文本;换言之,以情感宣泄、休闲愉悦等审美因素为目的文本就是文学类文本,以提供信息、指导实践等实用因素为目的的文本就是实用类文本。

实用类文本是一个普通人日常生活中接触最多的文本类型,是国民阅读能力的重要组成部分。在国外,一般将阅读分为文学阅读和信息性阅读,二者处于同等重要的位置;在我国,传统上也将文本分为文学作品与普通文章,分别加以研究。文学类文本着眼于审美,其解读和教学强调言语的品味与鉴赏;实用类文本着眼于应用,其解读和教学强调信息的理解和辨别。然而由于种种原因,我国中小学语文教学中实用类文本数量少、选文范围狭窄,实用类文本的教学不被重视,很多教师照搬文学类文本的解读与教学模式,这对于提高

第八章 实用类文本的解读与教学

我国学生阅读能力相当不利。我们有必要高度重视并改进我们的实用类文本解读与教学。

实用类文本亚文体的划分,标准繁多,莫衷一是。我们可以按照实用文所采用的主要表达方式,将其划分为叙述文、阐释文、劝说文,这大致对应小学和初中阶段常用的"记叙文、说明文、议论文"等概念;我们也可以按照实用文所归属的学科或生活领域,将其划分为自然科学类、社会科学类、大众传媒类、日常应用类,这大致对应高中常用的"科普文、社科文、文艺随笔、新闻、传记、序言、演讲词"等概念;我们还可根据实用文的内部构成和载体,将实用文分为连续文本/非连续文本、线性文本/超文本、纸质文本/数字化文本,等等。

按表达方式划分的实用文类型与按所属领域划分的实用文类型有一定联系:新闻、传记以叙述为主,可称为"专业记叙文";科普文以阐释为主,可称为"专业说明文";社科文、文艺随笔、序言、书评、演讲词等,以劝说为主,可称为"专业议论文"。① 在本章中,我们以表达方式分类为主线,结合其他分类方式,将语文教学领域常见的实用文分为媒体类、叙述类、阐释类、劝说类和非连续性文本,探讨它们的特征、类型、解读策略与教学策略。

第一节　媒体类文本的解读与教学

媒体类文本,简称媒体文,是由大众传媒制作或传播的文本。传统媒体包括报纸、杂志、广播、电视等,新兴媒体包括依托电脑、手机和网络发展起来的网站、论坛、博客、微博、QQ、微信等网络媒体,在这些传统媒体和新兴媒体上传播的文本都可以称之为媒体文。

在传统媒体独霸天下的时代,媒体文主要由媒体自己制作、加工,需要遵循严格的文本规范,这类文本的解读也遵循一定的程序。新媒体兴起之后,任何一个普通人都可以借由网络创造、发布并传播自己的文本,这些文本不一定有严格的文本规范,为媒体文的解读带来挑战。当然,目前中小学语文教学中常见的媒体文还是较正规的新闻报道,下面我们也主要是以新闻为例,探讨媒体类文本的解读与教学。

---

① 曾祥芹,甘其勋,刘真福.新专题教程·初中语文5·文章知识新视点[M].上海:华东师范大学出版社,2004:107—156.

一、媒体类文本的特征与类型

1. 媒体文的一般分类及其特征

根据载体的不同,我们可以将媒体文划分为传统媒体文(包括平面媒体文、电波媒体文)和新兴媒体文(或称网络媒体文)。根据媒体文自身的特点,可以把媒体文分为新闻、报告文学、帖子、日志、推送消息等等。

传统媒体文的共同特征是真实、客观、规范。网络媒体文中,由正规新闻机构制作发布的媒体文也应该遵循真实、客观、规范等特征,然而由网民个人或非正规机构制作发布的媒体文则具有更多的不确定性,例如,内容的可信度可能不高、主观色彩可能过于浓厚、零碎散漫不遵循固有格式,等等。

2. 新闻的特点与类型

中小学语文教学中常见的媒体文是新闻。新闻是对公众关注的新近发生事实的报道,由此可见,真实性、时效性、价值性是新闻的基本特点。真实性强调新闻要尽可能客观全面地反映事实,时效性强调新闻要反应迅速,价值性强调新闻要能满足受众某一方面的需求。

常见的新闻文体包括消息、通讯、特写、新闻评论和新闻访谈。

(1) 消息

消息是用简明扼要的文字迅速及时地报道新鲜事实的新闻文体。消息的基本要素是标题、导语、主体和结语。消息的结构模式有很多,最常见的是"倒金字塔"结构,即按新闻事实的重要性由大到小排列,把最重要的事实写在最前,把最不重要的事实写在最后;除此之外,消息还有时间顺序式、场面转换式、总分式、对比式、提要式等结构模式。

(2) 通讯

通讯是详细而形象化了的消息,是具体详细、生动形象地反映新闻事件或典型人物的新闻报道形式。通讯区别于消息的最大特点是形象性,消息重在概述事件,通讯重在详述事件发生的前因后果或者新闻人物的人生经历。通讯包括人物通讯、事件通讯、工作通讯等。

(3) 特写

特写是对新闻事件某个片段或新闻人物某一方面的详细叙述。特写的最大特点是生动而集中地捕捉新闻场面或新闻人物的闪光点,从而感染读者。特写包括人物特写、事件特写、场面特写、景物特写和工作特写等。

(4) 新闻评论

新闻评论是对新闻事件和人物发表的见解,有的仅代表作者个人的意见,有的则反映了媒体自身的倾向。新闻评论可细分为社论、评论员文章、新闻点评、短论、编者按等,其中,社论是媒体最高规格的评论,主要评论影响广泛的国内外大事。

(5) 新闻访谈

新闻访谈是向新闻事件的当事人、知情者、专家学者提出问题或开展对话,以增进对新闻事件或人物了解的一种新闻形式。新闻访谈包括采访、人物对话、人物专访等。

二、媒体类文本的解读策略

实用文的解读要符合实用文阅读的常态,避免语文教师所特有的备课式阅读取向。所谓"常态",就是我们日常生活中是怎么读实用文(包括为什么读、读出了什么、用了什么方法读),在教学解读时就应该怎么解读实用文。概而言之,就是要把实用文当做实用文来读。

具体到媒体类文本特别是新闻的阅读,我们要考虑的是,日常生活中人们是如何阅读新闻的呢?这是一个由浅入深的过程,总体上可以分为阅读准备、理解性阅读、批判性阅读、鉴赏性阅读等阶段。

阅读准备阶段要明确阅读目的,回忆文体知识和背景知识储备,为阅读做好准备。理解性阅读阶段,要寻找和整合信息、进行推论,理解文本内容;对于阐释文,这一阶段还包括操作性阅读,即根据阐释的步骤或方法进行操作。批判性阅读阶段,要评价文本内容的可信度;如果在评价的基础上收集资料形成自己的见解,则可称为研究性阅读。鉴赏性阅读阶段,要评价或鉴赏文本本身的撰写质量和写作技巧。[1][2]当然,把这四个阶段划分清楚是为了研究和教学的方便,真实的阅读过程中,四个阶段的区分可能不甚明显,有的时候读到某个阶段就打住,有的时候会跳跃或颠倒。

1. 阅读准备

(1) 阅读目的

为什么要读新闻?是为了获取新近发生的国内外大事以履行国家公民的责

---

[1] 王荣生.阅读设计的要诀:王荣生给语文教师的建议[M].北京:中国轻工业出版社,2014:55—58.
[2] 王荣生,陈隆升.实用文教学教什么[M].上海:华东师范大学出版社,2014:17—19.

任,或是为了了解与自己切身相关的政策、生活提示以满足自身需要,亦或是打发时间？阅读目的不同,所要阅读的内容和所采用的方法是不同的。了解自己的阅读目的,主要依靠自省。

(2) 文体知识储备

是否具备新闻文体知识是能否顺利阅读新闻的基础之一,如是否了解新闻的基本特点、类型、不同新闻的结构特点,是否了解新闻的作者和发布者、作者和发布者的权威性如何,等等。例如,王荣生教授设计的教材样本《新闻二篇》(选入与香港回归有关的两篇新闻)第一部分"准备与预习"是这样设计的[①]:

① 查阅历史教科书,了解清政府签订的不平等条约。
② 浏览一份近日的报纸,了解报纸的排版形式及各版面的内容。
③ 说说新闻"倒金字塔"结构的含义。

这三项预习活动中的后两项就是要调动学生对新闻文体知识的基本储备。检验或积累文体知识储备,主要采用回忆和查阅资料等方法。

(3) 背景知识储备

是否具备与新闻有关的背景知识是能否顺利阅读新闻的基础之二。例如,王荣生教授执笔的教材样本《新闻二篇》第二部分"整合与建构"有这样的设计[②]:

> 一、新闻重读：历史时刻的再现
> 1. 新闻报道最新消息,也真实地记载着历史。通过下列活动,重温香港回归这一时刻。
> (1) 听教师扼要讲述中国近代的屈辱历史。
> (2) 参阅链接材料,回顾中英两国政府香港政权交接仪式。有条件的话,观看中英两国政府交接仪式实况转播的录像片。
> ……

这样的设计,一方面是加强新闻的时效感、亲近感,但另一方面也是要给学生提供关于香港回归来龙去脉的背景知识。要检验或积累背景知识储备,主要采用回忆和查阅资料等方法。

[①] 王荣生."新闻报道和言论文章阅读"单元样章[J].语文学习,2006(9):20—26.
[②] 王荣生."新闻报道和言论文章阅读"单元样章[J].语文学习,2006(9):20—26.

2. 理解性阅读

新闻的理解,其核心就是提取新闻所描述的主要事实。而要捕捉到新闻的主要事实,有两种方法:一种是全文浏览,逐句逐段地提取;另一种是根据新闻的结构,快速跳读来提取。

(1) 浏览全文,逐段捕捉事实

新闻阅读最基础的方法就是浏览全文,概括段落大意,提取主要事实。例如,王荣生教授执笔的教材样本《新闻二篇》有这样的设计①:

> 2. 两篇课文对香港回归进行了不同角度的报道。分析课文,完成下列任务:
> (1) 在下图中填写《中国政府恢复对香港行使主权》报道的事实。
> (图略)
> (2) 逐一划出《别了,"不列颠尼亚"》报道的事实并依次标上序号。
> (3) 想一想,记者是如何采访到上述事实的。

这里采用摘录、勾划等方法,浏览全文以捕捉新闻中的事实。

(2) 根据新闻结构,跳读捕捉事实

新闻的各部分有不同的功能,结构模式也有很多种类型。根据新闻各部分的功能和结构模式来跳读,是新闻阅读更有效的方法。

首先,可以根据新闻各部分功能的不同来跳读。导语是新闻开头的第一段或第一句话,它扼要地揭示新闻的核心内容;主体是新闻的躯干,它用充足的事实表现主题,是对导语内容的进一步扩展和阐释;这种划分提示我们,阅读新闻应首先抓住导语。

其次,可以根据新闻不同结构模式来跳读。对于倒金字塔结构的新闻,应抓住前几段的重要信息仔细阅读,对于后几段的次要信息则可快速扫读。对于其他结构的新闻,这种方法就可能不适合了。例如,王荣生教授执笔的教材样本《新闻二篇》有这样的设计②:

---

① 王荣生."新闻报道和言论文章阅读"单元样章[J].语文学习,2006(9):20—26.
② 王荣生."新闻报道和言论文章阅读"单元样章[J].语文学习,2006(9):20—26.

2. 假设你是报纸的编辑,由于所用版面逐渐缩减,不得不一再对《中国政府恢复对香港行使主权》加以删略。你将:

(1) 从前面开始删,还是从后面开始?为什么?

(2) 是按次序逐段删除,还是在各段中分别删略一些语句?为什么?

(3) 如果只能保留一段,应该是哪一段?为什么?

3. 如果要对《别了,"不列颠尼亚"》加以删略的话,你的做法会不会跟刚才不太一样?参考下图,比较两篇新闻的结构异同。

《中国政府恢复对香港行使主权》(倒金字塔型)《别了,"不列颠尼亚"》(漏斗型)

(图略)

……

5. 下面是研究者得出的三个结论,请用你的阅读经验予以验证,并试着概括新闻的阅读方式。

(1) 很多新闻报道都只是其中的一部分被阅读过。

(2) 阅读标题和导语所产生的回忆性效用和阅读整篇报道所得到的回忆性效用一样。

(3) 人们一般只能记住新闻报道的主要事实,只有在特定情况下读者才注意重要细节。

这里采用删改的方法,要求学生体会并研究不同新闻的结构,从而归纳出结论——新闻阅读可以根据其结构,抓住标题、导语、重要句段,提取出主要事实,实现快速阅读。

3. 批判性阅读

新闻传播不是传播者对受众单向的灌输,而是传播者与受众之间的双向互动。受众在理解性阅读的基础上,也应主动参与新闻意义的建构,参与的方法就是对新闻文本展开质疑、反思和探究。特别是现在,各路媒体鱼龙混杂,虚假新闻、带强烈主观偏见的新闻层出不穷,具备对新闻的批判性阅读能力显得尤为重要。

新闻批判性阅读的要点有哪些呢?第一步,判断新闻事实是否真实存在。第二步,区分新闻中的客观事实和主观态度,揣摩新闻制作者和发布者对新闻事实的价值取向。第三步,审视新闻制作者和发布者对新闻客观事实的处理,分析所提供事实是否经过主观过滤,比如是否没有提供全部的事实而故意忽略了部分事实,是否只提供支持自己主观态度的事实而排除了不符合自己价值取向的事实,等等。第四步,对新闻作出定性——虚假新闻、客观的新闻、带主观色彩的新闻、带主观偏见的新闻。第五步,根据对新闻的定性采取回应措施,例如对虚假新闻、带主观偏见的新闻采取无视、投诉或反驳等行动。

新闻批判性阅读的方法是什么呢?一方面是对从文本本身进行分析,根据常识推测新闻中事实的可信程度、观察新闻中那些描述主观判断的词句是否偏激。另一方面,是进行外部检验,如搜集其他媒体发布的类似新闻进行比较分析。

4. 鉴赏性阅读

新闻的理解性阅读,着眼于新闻传递的事实;新闻的批判性阅读,着眼于新闻传递事实的可信度和主观性;新闻的鉴赏性阅读,则着眼新闻是如何传递事实并打动读者,要求对新闻本身的写作技巧、审美价值进行鉴赏。这种鉴赏性阅读,特别适宜于凝固为经典的新闻名篇。王荣生教授执笔的教材样本《新闻二篇》有这样的设计①:

> 选择下面一个角度,与新闻写作的一般规则相对照,赏析新闻经典名篇。
>
> 1. 关于作者:新闻报道是新闻事实的非个人化表达,新闻的作者署名只是显示其作为新闻机构一员的识别特征,而不是用于表明其个人经历。
>
> (1)感受《诺曼底登陆现场报道》中"我"的形象,并描述给别人听。
>
> (2)《奥斯维辛没有什么新闻》被称为"印象性报道",似乎像一篇散文。试从"非个人化"角度,与你学过的游记相比较。
>
> 2. 关于客观:新闻恪守客观原则,它报道事实,而避免在报道中做判断和推论。
>
> (1)用自己的话解释"报道"的含义,并以《诺曼底登陆现场报道》为例来说明。
>
> (2)画出《奥斯维辛没有什么新闻》中判断和推论的语句,结合实例分析"印象性报道"的特点。
>
> 3. 关于语句:新闻重视语句的易读性,国外有人甚至提出"不带一个让五岁智力的人感到迷惑的句子"。新闻语言,如有可能,每句话应该只传达一个意思。

---

① 王荣生."新闻报道和言论文章阅读"单元样章[J].语文学习,2006(9):20—26.

> （1）再次朗读《诺曼底登陆现场报道》。然后参阅链接材料，谈谈你对广播电视现场报道语言的认识。
> （2）《奥斯维辛没有什么新闻》采用了一些文学手法，写得耐人寻味。朗读课文，至少说出三处有文学意味的语句。

这里的设计，以普通新闻应注意的三个要点来观照经典新闻，揭示出经典新闻之所以成为经典是因为它在满足客观、通俗等新闻的一般特征之外，还具有一些艺术因素，例如叙述视角、场景描写、文学性语言等，这样一些因素潜伏于战争报道之中，让读者感受到了生命的脆弱与伟大。

三、媒体类文本教学内容的选取

1. 媒体文教学内容的选择

（1）以"实用性"为教学内容选择的方向

实用文阅读的常态也应该是实用文教学的常态，我们日常生活中是怎么读实用文（包括为什么读、读出了什么、用了什么方法读），在教学中就应该怎么教实用文（教学生要为什么读、要读出些什么、要用什么方法读），概而言之，就是要把实用文当做实用文来教，把"实用性"当做教学内容选择的方向。

具体到媒体文，特别是新闻，我们的教学内容主要就是围绕三个要点展开：

① 教学生明确为什么要读新闻。这主要是在阅读准备阶段，引导学生明确阅读目的，检查自己是否具备足够的文本知识和背景知识储备。

② 教学生要从新闻中读出些什么。在理解性阅读阶段，要引导学生根据新闻文体特点捕捉新闻事实；在批判性阅读阶段，要引导学生区分事实与观点、检验新闻事实与观点的可信度；在鉴赏性阅读阶段，要引导学生对新闻的写作技巧进行评价赏析。

③ 教学生要用什么方法读新闻。在阅读准备阶段，指导学生如何查阅文体知识与背景知识资料；在理解性阅读阶段，指导学生在文本上圈点勾画，通过画图、列表体会新闻结构；在批判性阅读阶段，指导学生从其他媒体收集不同观点；在鉴赏性阅读阶段，指导学生撰写新闻赏析小论文。

（2）根据具体文章的特点选择教学内容

在"为什么读新闻""从新闻中读出什么""用什么方法读新闻"这样一个广泛

的教学内容范围中,我们要根据教材所选具体文章的特点选择教学点。

例如,《中国政府恢复对香港行使主权》和《别了,"不列颠尼亚"》两篇新闻,由于它们新闻结构有差异,因此可以将教学内容设定在理解性阅读层面,训练不同结构新闻的阅读技巧,如将教学内容定为"根据不同新闻结构模式迅速跳读捕捉主要事实";又由于两篇新闻在主观色彩浓淡上有所差异,也可以用来训练批判性阅读和鉴赏性阅读能力,将教学内容设定为"区分客观句与主观句从而推测写作者的主观态度"或"赏析新闻中采用的文学手法,体会艺术加工对新闻传播效果的影响"。总之,我们可以根据教材所选新闻的特点找出适宜的教学要点。

(3)根据学情确定教学内容

在根据具体文章的特点圈定了某篇新闻适宜的教学内容范围后,我们还要根据不同学段学生的身心情况和所教学生的具体学情,选择一两个合适的教学点展开教学,争取"一课一得"。

教师可以参考义务教育课程标准和高中课程标准对不同学段学生新闻阅读能力的目标要求,结合自己的教学经验以及所教学生的具体学情,来估计教学内容的适当性,保证所确定的教学内容略高于学生现有水平。再举《中国政府恢复对香港行使主权》和《别了,"不列颠尼亚"》两篇新闻的教学为例。初中阶段适宜培养理解性阅读能力,若以"体会艺术加工对新闻传播效果的影响"为教学内容,可能超出初中生的能力范围;同样的道理,如果高中阶段还以"迅速跳读捕捉主要事实"为教学内容,可能就过于简单而导致教学无效。

2. 媒体文教学内容选择应注意的问题

(1)警惕教学内容"非语文"

媒体文教学的重点,不是教学生新闻中传播的那些事实,不是要针对新闻事件展开讨论、进行拓展,而是教学生如何运用阅读策略更好地获取事实。要警惕媒体文教学内容"非语文"的现象,比如教《中国政府恢复对香港行使主权》就大谈特谈祖国统一的重要意义,教《人民解放军百万大军横渡长江》就大讲特讲人民军队的英勇善战、视死如归。

(2)拓宽教学内容,避免教学无效和无趣

首先,要注意拓宽媒体文文本的选择范围,传统教学中只注重经典新闻的阅读,已经远远不能适应学生阅读的需要。现在学生所接触的媒体类文本特别是网络媒体文本大大超出我们的想象,如果在教学中死守年代久远的经典新闻,学生必然要感到枯燥乏味。我们应该在教学中引进长篇通讯、访谈和新闻评论等其他类型的传统媒体文；另外，也要尝试引进网络媒体文，如博文、微信推送消息等文本。

其次，要注意拓宽媒体文可教的知识。新闻教学不能只停留在新闻的基本类型、基本结构的介绍上，永远重复"导语、主体、倒金字塔"等令人生厌的概念，仅仅掌握这些概念并不能读好新闻，只教这些概念就会导致教学无效。要从理解性阅读、批判性阅读、鉴赏性阅读等各个层面淘汰旧的知识、引进新的知识，加强对传媒学研究界成果的了解，实现教学内容的除旧纳新。

第二节 叙述类文本的解读与教学

"叙述"这种表达方式源于英文中的"narrate"或"convey experience"，有"讲述、表达经历"的意思。叙述类文本，简称叙述文，或称记叙文，是以记录人物或事件的变化发展过程为主要内容的文本。目前中小学语文教学中常见的叙述文主要是写人叙事类散文以及人物传记，大部分新闻也可归为叙述文。

一、叙述类文本的特征与类型

小说是讲述虚构的故事，叙述文则是讲述真实的经历，当然叙述文会利用一定的写作技巧对真实经历进行处理加工，并在叙述中融入作者的情感或观念。由此可见，真实性和主观性是叙述类文本两个看似矛盾实则统一的特征。

所谓真实性，就是叙述文要来源于现实，要具有真实时间、真实地点、真实人物、真实事件（真实的起因、发展和结果）等要素。

所谓主观性，一是指叙述文所陈述的事实都是经过作者处理的，可能有遗漏，可能有筛选，可能为了某些原因有所隐晦；二是指叙述文要运用一些写作技巧，如人称和视角（第一人称、第二人称、全知视角、内视角、外视角等）、叙述顺序（顺叙、倒叙、插叙、平叙等）和多种表达方式结合（记叙议论、记叙抒情等）。

按不同的标准，可见将叙述文分成不同的类型。按文本特征，可以将叙述文分为回忆性散文、传记和新闻等。按叙述视角，可以将叙述文分为自叙文和他叙文，自叙文叙述自我经历，重在表现自我感受和凸现自我情感，他叙文则是叙述他人经历。按照内容轻重，可以将叙述文分为侧重写人的记叙文，侧重记事的记叙文，侧重绘景的记叙文，侧重状物的记叙文。

二、叙述类文本的解读策略

与媒体类文本的阅读类似,叙述文阅读的常态,也是一个由浅入深的过程,从阅读准备、理解性阅读、批判性阅读到鉴赏性阅读,层层递升。

1. 阅读准备

(1) 阅读目的

为什么要读叙述文?是为了通过自叙文加深对他人的了解?为了通过传记学习榜样、提升自我?还是为了打发时间?阅读目的不同,所要阅读的内容和所采用的方法也是不同的。了解自己的阅读目的,主要采用自省的方法。

(2) 文体知识储备

是否具备叙述类文体的基本知识是能否顺利阅读叙述文的基础之一,如是否了解叙述文的基本特点、主要类型、不同类型叙述文的文体规范,是否了解叙述文的作者和发布者,作者和发布者的权威性如何,等等。检验自己的文体知识储备,主要采用回忆和查阅资料等方法。

(3) 背景知识储备

是否具备与叙述文有关的背景知识是能否顺利阅读叙述文的基础之二。叙述文大多表现作者的自我经历与感受,内容较为真实,仅凭文本所呈现的信息材料还不够。除此之外,还需要借助其他材料来丰富学生对作者的了解,从而更深入地走进作者,触摸作者的生命。比如阅读《我的信念》,要真正地触碰居里夫人这个伟大女性的内心,解读到信念的源泉,就要走进她的人生去理解,可以借助于相关材料来对应文本相关内容。这有助于能让我们更为全面、立体地解读居里夫人,有助于我们深入把握人物的精神、情感。检验自己的背景知识储备,主要采用回忆和查阅资料等方法。

2. 理解性阅读

叙述文的理解性阅读,着眼于筛选和整合文本中的信息、概括中心意思并推断作者的情感态度。筛选信息、概括大意主要关注叙述文的基本要素"人、事、物";推断作者情感态度主要关注叙述背后隐藏的"情"(情感)和"意"(意旨、观点、态度)。

(1) 关注人、事、物,提取和整合文本信息[①]

首先,要抓住叙述文中的"人"。叙述文中人首先是真实的"我"(作者),以我的视角看人、看事、看物,展示我的情感与思想,其他人都处于与我的某种关系中存在,或者是基于我的某种表达的需要而存在的。基于此,在把握叙述文中的人物时,一定要在我与文中人物的关系中来把握人物。比如牛汉的《我的第一本书》:

父亲把我喊醒,我见他用手翻着金黄的麦粒,回过头问我:"你考的第几名?"我说:"第二名。"父亲摸摸我额头上的"马鬃",欣慰地夸奖了我一句:"不错。"祖母在房子里听着我们说话,大声说:"他们班一共才三个学生。"父亲问:"第三名是谁?"我低头不语,祖母替我回答:"第三名是二黄毛。"二黄毛一只手几个指头都说不上来,村里人谁都知道。父亲板起了面孔,对我说:"把书本拿来,我考考你。"他就地坐下,我磨磨蹭蹭,不想去拿,背书认字倒难不住我,我是怕他看见那本凄惨的课本生气。父亲是一个十分温厚的人,我以为可以赖过去。他觉出其中有什么奥秘,逼我立即拿来,我只好进屋把书拿了出来。父亲看着我拿来的所谓小学一年级国语第一册,愣了半天,翻来覆去地看。我垂着头立在他的面前。

从"人"的关系角度来解读:父亲关心"我"的学习,当"我说:'第二名。'"时父亲非常高兴,又是抚摸,又是夸奖。作者眼中的父亲,确是一个知书识礼的人,那深深的叹息,既包含着对儿子做法的默许,也对儿子同学家的生活贫困深表同情。晚上,父亲在昏黄的油灯下,"把我们两个的半本书修修补补,装订成了两本完完整整的书"。新的学期开始,父亲便带"我"到条件相对好一些的外村上学去了。作者对人的描绘中,是围绕"我"与"父亲"之间的关系来展开的。父亲于我,温和、善良、理解,尊重孩子的友情、对孩子负责;我于父亲,一种深深的感激与敬意。

其次,要抓住叙述文中的真人真事。作者描述一个事件,意在表达自己的情感或某种思想。关注事背后的情思,也就成了事件解读的"抓手"。仍以牛汉的《我的第一本书》为例:

我们那里管"上学"叫"上书房"。每天上书房,我家的两条狗(一大一小)跟着我。课本上的第一个字就是"狗",我有意把狗带上。两条狗像小学生一般规规矩矩地在教室的窗户外面等我。我早已把狗调教好了,我说"大狗叫",大狗就汪汪

[①] 荣维东.语文教学原理与策略[M].重庆:西南师范大学出版社,2014:187—188.

叫几声;我说"小狗叫",小狗也立即叫几声。"弄不成"在教室里朗读课文时,我的狗却不叫,它们听不惯"弄不成"的声调,拖得很长,而且沙哑。我提醒我的狗,轻轻喊一声"大狗",它就在窗外叫了起来。我们是四个年级十几个学生在同一教室上课,引得哄堂大笑。

从"事"的角度解读:狗叫的事件里带笑的情趣总让人捧腹。文中这出人狗合演的"双簧戏",应是最好的情境教学吧。确实,当我们读到此处,忍俊不禁,深深被作者儿童时代那一份童趣所感动,何况,这是在学习条件多么恶劣、生活处境多么窘迫的情形下获得的一点乐趣啊!这也就是作者"以荒寒的大自然感应到一点生命最初的快乐和梦幻"吧。当然,"生命最初的快乐和梦幻"也来自人间的温暖和友情。

最后,要关注叙述文中的"物"。"物"在叙述文中往往起一种联系与纽带作用,把诸多的要素联系在一起。比如《风筝》中的"风筝",《我的第一本书》中的"书",都是如此。《我的第一本书》,从物的角度解读:文中的"物"——那本破旧的半本书藏着醇美的友情。因为同学乔元贞家太穷,买不起书,"我"便把这唯一的一本书分为两半,一人半本。当父亲得知孩子把半本书分给别人的时候,便深深地叹气,叹气之后便修补成两本书。父亲对孩子之间友情的理解,也许来自自己少年时代与朋友相处的那一份友谊的体验,况且,父亲和乔元贞的父亲恰恰"自小是好朋友"。尽管家家都非常贫困,但贫困生活境遇中淳厚的友情却弥足珍贵,温暖人心。这物把乔元贞、我、父亲拴在了一起,在围绕"书"的事件中,人的品质、我的情思都充分展示出来了。

(2)关注情和意,推断作者观点态度和写作意图

叙述文的表层是"人、事、物",但其背后却隐藏着作者的观点态度和写作意图。自叙文表达的是作者对自己人生经历的体悟,他叙文表达的是作者对他人人生价值的评判。可见,在通过分析"人、事、物"提取出文本的主要信息之后,还要推断作者的观点态度和写作意图,才能到达理解的目的。

3. 批判性阅读

叙述文的批判性阅读着眼于评价文本的主要观点和基本倾向、评价文本产生的社会价值和影响、挖掘文本所反映的人生价值和时代精神,并对文本中的某些问题提出自己的见解。

(1)对文本事实和作者观点的评价

这是对文本记载事实的可靠性进行分析,并对作者所发表的感想或议论进行

评价。例如,2014年普通高等学校招生全国统一考试(新课标卷Ⅰ)的实用类文本阅读部分选用了一篇传记《科学巨人玻尔》,第三小题问的是:

文中说:"玻尔领导的哥本哈根学派具备了一个科学学派应有的优秀特质。"请结合材料,具体分析哥本哈根学派有哪些"优秀特质"。(6分)

这一题是对作者态度进行评估,作者认为波尔领导的哥本哈根学派是优秀的,读者应该从传记中找出作者记叙的若干事件,看看能否证实作者的观点态度。

(2) 对文本价值的挖掘

这是探究文本的意义和价值,通俗地说,就是我们通过读这篇叙述文能学到什么,能获得什么启示。仍以《科学巨人玻尔》一文的阅读题为例,第四小题是:

玻尔"特有的人格魅力"表现在哪些方面?请结合材料谈谈你的看法。(8分)

这一题就是要求读者具体谈谈这篇传记所具有的一个价值点——"学习玻尔特有的人格魅力"。

(3) 对与文本内容有关问题的探究

对文本事实和作者观点的评价、对文本价值的挖掘都属于围绕文本本身的批判性阅读,而探究与文本内容有关的若干问题则是超出文本本身的拓展。例如,阅读《科学巨人玻尔》之后,如果还有兴趣,可以继续阅读关于玻尔的其他传记或参考资料,针对"玻尔的人格魅力""玻尔的科学成就"等话题,进行专题探究。

4. 鉴赏性阅读

叙述文的鉴赏性阅读,着眼于评价并鉴赏文本的文本特征和艺术特色。比如有教师比较了胡适所写叙述文与鲁迅所写叙述文的文本风格[①]:

比照胡适的《我的母亲》与鲁迅的《风筝》,我们可以清楚地感受到胡适的温和与鲁迅的犀利。当然,也有例外,如鲁迅的《从百草园到三味书屋》《阿长与山海经》就是另一种风格。但这种文章在鲁迅的作品中不能代表其风格。而胡适的《我的母亲》却代表了其一贯的风格,语言平实而畅达,抖落了一树的繁华,留下的是一目了然的清爽。文章的语言就犹如在不同场合的着装一样,讲究适合。标题为"我的母亲",如果满纸艳丽浮华,那恐怕就与一位农村小户人家的女子不相符了。平实的语言塑造一位平实的母亲,文与人和谐统一,相得益彰。

---

① 荣维东主编.语文教学原理与策略[M].重庆:西南师范大学出版社,2014:189.

三、叙述类文本教学内容的选取

1. 以"实用性"为教学内容选择的方向

实用文阅读的常态也应该是实用文教学的常态,具体到叙述文,我们的教学内容主要就是围绕三个要点展开:

第一,教学生明确要为什么要读叙述文。这主要是在阅读准备阶段,引导学生明确阅读目的,检查自己是否具备足够的文本知识和背景知识储备。

第二,教学生要从叙述中读出些什么。在理解性阅读阶段,要引导学生获取"人、事、物",推测"情"和"意";在批判性阅读阶段,要引导学生评价和批判;在鉴赏性阅读阶段,要引导学生对叙述文的写作手法进行评价。

第三,教学生要用什么方法读叙述文。在阅读准备阶段,指导学生查资料;在理解性阅读阶段,引导学生圈点、勾画;在批判和研究性阅读阶段,指导学生收集比较不同传记的特点和对人的不同评价;在鉴赏性阅读阶段,指导学生撰写评论。

2. 根据不同文本的特点选择教学内容

在"为什么读叙述文""从叙述文中读出什么""用什么方法读叙述文"这样一个广泛的教学内容范围中,我们要根据教材所选具体文章的特点选择教学点。回忆性散文注意在写人记事中抒情,可以将教学内容设定在理解性阅读层面,重点通过归纳人事物等基本信息推测作者情感;人物传记注重在写人记事中传输人生哲理,可以将教学内容设定在批判性阅读层面,重点通过归纳人物生平和主要事迹评价伟人的精神力量和社会价值。

3. 根据学情确定教学内容

根据具体文章的特点圈定了某篇叙述文适宜的教学内容范围后,我们还要根据不同学段学生的身心情况和所教学生的具体学情,选择一两个合适的教学点展开教学,争取"一课一得"。教师可以参考义务教育课程标准和高中课程标准对不同学段学生记叙文阅读能力的目标要求,结合自己的教学经验以及所教学生的具体学情,来估计教学内容的适当性,保证所确定的教学内容略高于学生现有水平。

第三节 阐释类文本的解读与教学

"阐释"这种表达方式源于英文中的"expose"或"explain",有"显露、解释、说明"的意思。阐释类文本,简称阐释文,或称说明文,是以解释说明某一事物现象或概念原理为主要内容的文本。目前中小学语文教学中常见的阐释文主要是科普文。除此之外,说明书、解说词、行政公文、教科书等也属于阐释类文本。

一、阐释类文本的特征与类型

根据阐释类文本内容的侧重点,我们可以把阐释文分成事物说明文和事理说明文。事物说明文主要是描述事物的特征和本质、解释事物的变化过程及其原因,如景点简介、器物工艺说明、产品说明书等。事理说明文主要是阐述事物道理,如阐释科学原理的科普文。

根据阐释类文本的文学色彩,可以分为一般性说明文和文艺性说明文。一般性说明文,以平实的笔调解说事物,比较客观;文艺性说明文,如科学童话、科普小说等,运用文艺性的笔调增强文章的形象性,寓知识于形象之中,生动活泼,富有情趣,具有较多的文学色彩。

合格的阐释类文本必须符合两个条件:一是要对事物现象或概念原理有准确的把握,进行正确的描述或解释;二是将自己对事物现象或概念原理的阐释用读者听得懂的语言传达出来。既要解释得对,又要解释得清楚,这就是阐释类文本的基本特征。

第一,要解释得对,或者说要具有知识性和科学性。知识性是指说明文的主要内容和目的就是介绍知识,给读者以科学的知识和科学的认识事物的方法。科学性是指说明文要科学、客观地介绍知识,如实地反映人类已经认识到的客观事物的实际及其规律性,做到概念准确、判断正确、推理严密,符合逻辑。

第二,要解释得清楚,或者说要具有实用性。意思就是说明必须通俗易懂,能被作者所设定的目标读者看懂,特别是说明书等阐释文,不仅要求能看得懂,还要求能一看就会用。

二、阐释类文本的解读策略

阐释文阅读的常态,我们也可以从阅读准备、理解和操作性阅读、批判性阅读、鉴赏性阅读等四个阶段来分析。与其他文本不同的是,阐释文的理解性阅读后面还加了"操作性阅读"这个概念,这是因为阐释文不仅要求读者看懂,更要求读者会运用阐释的程序或方法。

1. 阅读准备

（1）阅读目的

为什么要读阐释文？是为了掌握某一事物的使用方法？了解某个地方的风土人情？了解某个保健道理以养生？阅读目的不同，所要阅读的内容和所采用的方法也是不同的。要了解自己的阅读目的，主要采用自省的方法。

（2）文体知识储备

是否具备阐释类文体的基本知识是能否顺利阅读阐释文的基础之一，如是否了解阐释文的基本特点、主要类型、不同类型阐释文的文体规范，是否了解阐释文的作者和发布者，作者和发布者的权威性如何，等等。要检验自己的文体知识储备，主要采用回忆和查阅资料等方法。

（3）背景知识储备

是否具备与阐释文有关的背景知识是能否顺利阅读阐释文的基础之二，如对所阐释事物或理论是否先期有一定了解，对所阐释事理中的术语是否了解，等等。要检验自己的背景知识储备，主要采用回忆和查阅资料等方法。例如，王荣生教授执笔的教材样本《黑洞旅行》有这样的设计[①]：

本文是英国理论物理学家霍金在加利福尼亚大学的一次科普演讲。听演讲前，你应该做好以下准备工作。

① 参阅链接材料，了解理论物理学、宇宙学（宇宙论）、广义相对论、量子力学等概念。

② 大致了解科学史：哥白尼、伽利略、牛顿、爱因斯坦。

③ 了解霍金，他的经历、主要研究领域与成果、主要著作。

④ 浏览链接中的专业词汇表。

这就是在引导读者了解物理学和宇宙学、了解有关术语。

2. 理解和操作性阅读

（1）抓住关键术语，理清文本思路

阐释文理解性阅读的第一步，是抓住关键术语并加以理解。例如，王荣生教授执笔的教材样本《活性氧与疾病》有这样的设计[②]：

[①] 王荣生."科普文章阅读"单元样章[J].语文学习,2006(10)：25—30.
[②] 王荣生."科普文章阅读"单元样章[J].语文学习,2006(10)：25—30.

① 列出课文重点讲述的 4 个概念：第一篇 _____，_____；第二篇 _____，_____。

② 在课文中划出解说这个概念的语句。

③ 整合材料，用自己的话解释上述个概念。

（2）归纳段落大意，理清文本思路

阐释文理解性阅读的第二步，是归纳段落大意、理清文本思路，搞清楚作者说明了哪几个问题，针对每个问题做出了怎么样的回答。例如，针对《活性氧与疾病》一文有这样的设计①：

二、用自己的话重新组织原文的信息

1. 阅读第一篇课文，填写下表。

	作者想要解答的问题	请你用提纲式的短语来解答
1	什么是"活性氧"	
2	什么是"SOD"	
3	活性氧的存在有哪两大理由？	
4	活性氧增多的原因是什么？	污染的环境 不良习惯 疾病 年龄
5	活性氧增多是怎样引起疾病的？	
6	如何抑制活性取的酸化？	

2. 阅读第二篇课文，填写下表。

	作者想要解答的问题	文章内容
1		解释"自由基"
2		解释"酸化"
3		解释"活性氧"的种类

这里使用填写表格的方法，理清了两篇科普文的文本层次和主要内容。

（3）使用实物再现、情景模拟等操作性阅读方法

操作性阅读，即根据文本中阐释的步骤或方法进行操作和行动。采用实物再现、情景模拟等操作性阅读方法，只要能根据原文再现某种实物或在模拟情景中执行好某种操作，就说明读者理解了说明文，达到了阅读目的。

例如，学习《景泰蓝》一文应能在脑海中再现出景泰蓝的形象，即表示理解了原文；学习《故宫》一文时能画出故宫平面图，即表示理解了原文；学习《看云识天

---

① 王荣生."科普文章阅读"单元样章[J].语文学习,2006(10)：25—30.

气》一文时能识别不同种类"云"的图片,即表示理解了原文;学习《统筹方法》时,满足以下两点,即表示理解了原文:① 能举出生活或生产中应用统筹方法提高效率的实例;② 能用统筹方法安排自己的作息时间,列出图表,并用文字做简要说明。

日常生活中常见的说明书更是用操作性阅读方法来读的典型文本,只是这类文本还未选入中小学课文中,王荣生教授执笔的教材样本《平地踏步》有这样的设计①:

二、真正读懂操作说明

1. 阅读操作说明类文章,重点在于读懂动作的分解示意图。按下列顺序阅读课文中的示意图。

① 说明课文中三组示意图之间的关系。

② 阅读单幅示意图,并向同学证明你读懂了这一幅图。

③ 将一组示意图连贯起来阅读,并尝试做连贯的动作。

2. 读懂操作说明类文章的标志,是能按操作说明去做。反复对照示意图及解说词,分小组操练"平地踏步"。

这就是用实际操作的方法来阅读关于平地踏步运动的说明书。

3. 批判性阅读

阐释类文本的批判性阅读,主要着眼于阐释文内容或文本特征的应用拓展。

第一,对阐释文内容的拓展,是着眼于阐释文所阐释的事物、道理进行拓展。例如,王荣生教授执笔的教材样本《黑洞旅行》有这样的设计②:

2. 选择下列话题之一,在小组讨论中发言。

(1)科学的问题始终在于尽可能精确地描述现象,并探索不同现象之间的相互联系。结合课文的学习,谈谈你对"科学事业"的认识。

(2)联系科学史——哥白尼、伽利略、牛顿、爱因斯坦、霍金,谈谈你对"科学知识"的认识。

(3)霍金患有严重的肌萎缩性脊髓侧索硬化症,行动困难,却在物理学上作出突出贡献,因此备受尊重。结合课文的学习,谈谈你对"科学精神"的认识。

阅读下列著作中的一本:

---

① 王荣生."操作性阅读"单元样章[J].语文学习,2007(12):32—36,46.

② 王荣生."科普文章阅读"单元样章[J].语文学习,2006(10):25—30.

……

第二,对阐释文文本特征的拓展,是着眼于阐释文所体现出的一些文本特性,进行深入思考。例如,王荣生教授执笔的教材样本《活性氧与疾病》有这样的设计[1]:

1. 联系阅读经验,反思阅读方法和习惯。

(1) 辨析说明性文章与记叙性文章,说出 5 个以上不同点。

(2) 反思说明性文章的阅读与记叙性文章的阅读,说出 5 个以上不同点。

(3) 说明性文章的阅读,是获取知识而不是追求乐趣。你怎么理解这句话?

4. 鉴赏性阅读

鉴赏性阅读主要是评价阐释文的写作质量,鉴赏阐释文的写作技巧,特别是阐释文语言的准确、周密、简洁和通俗,从而了解优秀说明文的艺术魅力。

钱梦龙老师所上《中国石拱桥》一课是对阐释类文本进行鉴赏性阅读的经典案例,请看如下片断[2]:

师:现在,你们都知道要学什么课文了吧?但请你们不要看书。[手指着挂图]这上面画的是什么?

生:(齐)石拱桥。

师:"拱"是什么意思?查查字典看。

[学生查字典,解决"拱"的音义]

师:[手指挂图]这是一个什么?[生:大拱]这四个是什么?[生:小拱]好,现在就请你们来说明一下这个大拱和四个小拱的位置关系,看你们越说越明白呢,还是越说越糊涂。谁先来说?

---

[1] 王荣生."科普文章阅读"单元样章[J].语文学习,2006(10):25—30.
[2] 钱梦龙.语文讲读课基本式浅探——钱梦龙教学经验选[M].上海教育学院,1982:88—91.

生：大拱的两边各有两个小拱。

师：我来照你的说明画画看。[画图]你说的桥跟挂图上的桥不太像吧？小拱的位置不对。

生：大拱两边的顶都有四个小拱。

师：究竟是两边，还是顶部？如果顶部有四个小拱，应该画成这样。[画图]好像也不对吧？

生：桥身的左右两边有两个小拱。

师：那就是这个样子了。[画图]你这样说，一共只有两个小拱了。

……

生：大拱两端的上方各有两个小拱。

师：那得画成这样。[画图]看来要说明一件东西，实在不容易啊！谁还想试一试？

生：在大拱的上面，桥面的下面，各有……（被学生的笑声打断）

生：在大拱的两端依次向内的桥身上各有两个小拱。（有的学生议论：这太啰嗦）

［又有几名学生自告奋勇地起来说明，但都被大家的笑声否定了。］

师：好了，我们不要再说了。还是让我们看看书上是怎么说的吧！

……

生："在大拱的两肩上各有两个小拱。"

师：你们看，这个"肩"字用得多准！不是顶上，也不是两端，而是"两肩"。还有一个字非常重要，是哪个字啊？

生：（齐）"各"字

师：为什么这个字重要？

生：因为大拱的每个肩上都有两个小拱。

师：对，"各有"，不是只有一肩有。可见说明事物要说得人家明白，有一点十分重要，你们说是哪一点？

生：用词准确。

钱梦龙老师巧妙运用画图的方法，帮助学生体会《中国石拱桥》语言的精巧，收到了很好的效果。

三、阐释类文本教学内容的选取

1. 阐释文教学内容的选择

（1）以"实用性"为教学内容选择的方向

实用文阅读的常态应该是实用文教学的常态，具体到阐释文，我们的教学内容主要围绕三个要点展开：

第一，教学生明确要为什么要读阐释文。这主要是在阅读准备阶段，引导学生明确阅读目的，检查自己是否具备足够的文本知识和背景知识储备。

第二，教学生要从阐释文中读出些什么。在理解和操作性阅读阶段，要引导学生了解和获取阐释文的关键概念、理清思路，进行实际操作；在批判性阅读阶段，要引导学生检验阐释文是否符合"解释得对"和"解释得清楚"两条规则；在鉴赏性阅读阶段，要引导学生对阐释文的写作手法进行评价和赏析。

第三，教学生要用什么方法读阐释文。在阅读准备阶段，指导学生查资料；在理解和操作性阅读阶段，引导学生根据说明文的内容进行模拟操作；在批判性阅读阶段，指导学生收集不同材料佐证阐释文、深化对阐释内容的理解或反驳阐释文的不当之处；在鉴赏性阅读阶段，指导学生撰写赏析文章。

（2）根据不同文本的特点选择教学内容

在"为什么读阐释文""从阐释文中读出什么""用什么方法读阐释文"这样一个广泛的教学内容范围中,我们要根据教材所选具体文章的特点选择教学点。

例如,《苏州园林》一文类似于导游词,可以将教学内容设定在操作性阅读层面,要求"学习用情景模拟的方法理解原文(比如模拟自己是苏州导游)"。《事物的正确答案不止一个》一文的文本特征兼具阐释文与劝说文的特色,可以将教学要点设定在批判性阅读层面,探讨该文的文本特征,评价其解释力和说服力。《南州六月荔枝丹》一文是一篇富于文学色彩的科学小品,可以将教学要点设定在鉴赏性阅读层面,讨论该文如何将严谨客观的生物学知识与艺术语言结合起来。

2. 根据学情确定教学内容

根据具体文章的特点圈定了某篇阐释文适宜的教学内容范围后,我们还要根据不同学段学生的身心情况和所教学生的具体学情,选择一两个合适的教学点展开教学。教师可以参考义务教育课程标准和高中课程标准对不同学段学生说明文阅读能力的目标要求,结合自己的教学经验以及所教学生的具体学情,来估计教学内容的适当性,保证所确定的教学内容略高于学生现有水平。特别是因为说明文、科普文专业性较强,一定要注意与学生所学其他课程的联系与衔接,多向其他学科教师请教,避免阐释文中的背景知识超出学生理解水平。

3. 阐释文教学内容选择应注意的问题

(1) 警惕教学内容"非语文"

阐释文的内容可以千姿百态、涉猎百科,但阐释文的教学却必须是"语文"的教学。有的老师为了激起学生对阐释文的兴趣,努力拓展课程,例如讲《太阳》一文,从黑子讲到日食,从夸父逐日讲到后羿射日等等;讲《冬眠》一文,教师搜集大量动物冬眠的知识给学生阅读。这样的教学课堂,学生或许能增长不少课外知识,但对课文本身的学习削弱了,语言文字训练不扎实、不到位,把语文课上成了"百科知识"学习课,这是不合理的。

(2) 拓宽教学内容,避免教学无效和无趣

阐释文教学,似乎除了说明对象、说明顺序、说明方法外,就没有什么可教的了。一篇阐释文就这样被肢解地解读了,肢解得只留下知识的简单堆砌,文本缺乏了趣味,科学没有了生命,文字缺失了魅力,情感游离了文本。对文体知识的了解和把握是解读阐释文的基础,但若是整篇文章都着眼于阐释文文体知识,那么解读就会陷入这些条条框框的束缚中了,也让阐释文解读越发地枯燥乏味。所以我们有必要拓宽阐释文的教学内容,特别是引入操作性阅读、批判性阅读等新理

念,提升学习乐趣,加强教学有效性。

第四节 劝说类文本的解读与教学

"劝说"这种表达方式源自英文中的"argue"或"persuade",前者有"争论、论证、说服"的意思,后者有"说服、劝说、使相信"的意思。劝说类文本,简称劝说文,或称论辩文、议论文,是以提出、证明或反驳某一观点、理论为主要内容的文本。最典型的劝说类文本是专业论文和专著。目前中小学语文教学中常见的劝说文有杂文、社科文、文艺随笔,以议论为主要内容的序言、书评、演说词、书信等。

一、劝说类文本的特征与类型

劝说类文本的核心,就是所提出的观点要能够成立并能说服持不同意见者,而要使观点具有说服力,就必须要有证据以及用证据支撑观点的论证过程,由此可见,有说服力、有逻辑性是劝说文的基本特征。所谓有说服力,就是要有明确的观点,有支持观点的理由,有支撑理由的事实材料,有一定的论证技巧和感染力;所谓有逻辑性,就是推论要按逻辑逐步推进,文章条理要清晰。

按照劝说文的正式程度,我们可以把劝说文分为一般性劝说文和专业劝说文。在具备有说服力、有逻辑性的基本特征基础之上,两类议论文各有特点。

一般性劝说文是面向普通读者通俗地提出或反驳某一观点、理论的劝说文,包括议论性散文、杂文、书评、演说词和书信等。这类劝说文主观色彩较浓,融入多种文学表达方式和修辞技巧,生动易读,但文本内容的说服力不一定充足,逻辑不一定严密,比如论点不一定鲜明、论据不一定充分、论证不一定合理,等等。

专业劝说文是面向专业读者严谨地提出或反驳某一观点、理论的劝说文,包括论文、论著、评论、实验或研究报告等种类。专业议论文除了强调说服力和逻辑性,还要具有观点新颖独特、符合特定文本规范等特征。所谓新颖性,就是专业议论文不能像一般议论文那样重复一些人尽皆知的观点,必须要有原创性,要有观点的创新或研究方法的创新。所谓规范性,就是要符合一定的论文格式,如一般论文要分为标题、摘要、关键词、引论、本论、结论、参考文献等几个部分,调查报告要分为标题、调查背景、调查目的和方法、调查结果、调查结论与讨论、参考文献、附录等几个部分。

当然,一般性议论文与专业议论文并非泾渭分明,有的议论文就介于通俗与严谨之间。

二、劝说类文本的解读策略

劝说文阅读的常态,也可以分为阅读准备、理解性阅读、批判和研究性阅读、鉴赏性阅读等。与其他文本不同的是,劝说文的批判性阅读后面还加了"研究性阅读"这个概念,这是因为在评价和批判劝说类文本所宣传观点的时候,往往需要读者自己或多或少做一些拓展性研究。

1. 阅读准备

(1) 阅读目的

为什么要读劝说文?是为了接受劝告或规劝他人?为了提高自己的思想水平?还是为了研究某一领域的问题?阅读目的不同,所要阅读的内容和所采用的方法也是不同的。要了解自己的阅读目的,主要采用自省的方法。

(2) 文体知识储备

是否具备劝说类文体的基本知识是能否顺利阅读劝说文的基础之一,如是否了解劝说文的基本特点、主要类型、不同类型劝说文的文体规范,是否了解劝说文的作者和发布者,作者和发布者的权威性如何,等等。要检验自己的文体知识储备,主要采用回忆和查阅资料等方法。

(3) 背景知识储备

是否具备与劝说文有关的背景知识是能否顺利阅读劝说文的基础之二。劝说文大多与自然科学、社会科学、人物学科、生活哲理等内容有关,需要读者具有这些方面知识的储备。

2. 理解性阅读

劝说文是一种讲究理性和逻辑的文体,往往内容枯燥、字数繁多、论证繁琐,读者没有一定的逻辑思维能力,不借助一定的逻辑思维工具,很难读懂,甚至根本读不下去。我们应该调低对劝说文理解性阅读的要求,找到并理解劝说文中的关键术语与核心观点,就达到理解劝说文的目的了;至于理解和评判劝说文的论据和论证过程,那是一个更高层面的要求,应该归入批判性阅读中。所以在这里,我们只是有针对性地介绍对理解劝说文最有用的两种策略:一是概括,二是使用思维工具。

(1) 概括

概括是以自己的话语概述文本的主要内容,在传统读书方法里叫做"由厚读

薄"。良好的读者总能在阅读后,简要概括所把握的内容。具体而言,概括有三种方法[①]:

第一,删除不必要的信息,即去除细节。在理解性阅读阶段,劝说文中的论据、论证都是不必要的信息,对于这些信息,我们可以快速浏览,一笔带过,即使没有完全理解论据的内涵、论证的因果联系,也不要紧。

第二,抽取重要信息,即抓重点。劝说文的重点语句都藏在哪些地方呢？一是关注开头末尾,如文章前几段、文章最后几段、每一段的开头或末尾；二是关注"提示词",如小标题、"第一、第二、第三"、"首先、然后、其次"等等。在快速浏览时,要舍弃繁琐的论据论证,另一方面又要关注开头末尾和关键词,找到重要信心,进行圈点勾画。

第三,提炼主题。抓住重点语句后还要进行归纳。一是用一项上位概念代替篇章中一系列内容,如把"桌上有苹果、香蕉、西瓜、橙"概括为"桌上有水果"；二是用一项抽象的事件代替篇章中一系列具体处境及行动,如"他走进餐厅,坐下,看了一会儿菜谱,向侍应点了菜,把菜吃了,付过账后离开餐厅"简化为"他到餐厅用餐"。

去除细节、抓重点、提炼主题是劝说文概括的主要方法,以林庚《说"木叶"》一文为例,快速浏览全文,首先可以发现全文前面都是铺陈,最后一段收束,因此先要抓住最后一段总结段:

"木叶"之与"树叶",不过是一字之差,"木"与"树"在概念上原是相去无几的,然而到了艺术形象的领域,这里的差别就几乎是一字千里。

由一段可以推测,全文讨论的应该是"木叶/树叶"或"木/树"在古典诗歌中艺术形象的差别。接着我们再次浏览全文,寻找究竟这种"艺术形象"的差别体现在哪些方面,通过寻找提示词"第一、第二",我们找到了两个句子：

"木"在这里要比"树"更显得单纯,所谓"枯桑知天风"这样的树,似乎才更近于"木"；它仿佛本身就含有一个落叶的因素,这正是"木"的第一个艺术特征。（第四段）

这里又还需要说到"木"在形象上的第二个艺术特征。（第五段）

再结合上下文,我们可以提炼出"树"与"木"在艺术形象上差别是：饱满/干枯,湿润/干燥。由此,我们已经把握住《说"木叶"》一文的主要观点,已达到理解性的目的。

[①] 谢锡金,林伟业.提升儿童阅读能力到世界前列[M].北京：北京师范大学出版社,2013：29—30.

(2) 使用组织图等思维工具

概括可以在大脑中进行,也可以利用纸和笔等工具把大脑中的思维过程写下来、画下来,从而使思维更加清晰,提高阅读速度,加深理解程度。使用思维工具,就是把大脑中的思维过程用可以看见的形式固定下来,从而辅助阅读。用通俗的话说,使用思维工具略等于"圈点勾画和做笔记",只是这种笔记不再仅仅是文字的线性排列,而有了更多的形式。

最简单的办法就是直接在文本上进行圈点勾画和批注。例如,对文本中的关键词可以划圈或者涂颜色;对文本中的关键句可以画线,并标上序号;在段落后面写上段意总结,等等。

然而对于复杂一点的劝说文,仅仅在文本上圈点勾画是远远不够的。既然文本是由上下联系的语句组成的一种结构,我们就可以运用画图的方式,把文本结构整理出来,提高阅读效率,这种方法叫做画组织图。

文章常见的组织结构有五种:一是论述,按逻辑一步步推进;二是比较,对两个事物进行对比;三是序列,按时间或程序推进;四是因果,强调因果联系,五是解决问题,即从情景到问题到解决方法再到结果。不同组织结构适用于不同的图示类型,如表 8-1[①]:

表 8-1 适用于不同组织结构的组织图

篇章结构	组织图
论述	概念图、树形图
比较	表格、维恩图
序列	时序线、循环图
因果	时序线、鱼骨图
解决问题	无特定组织图,一般按因果组织处理,但强调情景—问题—解决方法—结果等四者的因果关系

仍举《说"木叶"》一文为例,如果我们要加强对"木""树"两字差异的理解,可以一边阅读一边在两个有交叉的圆圈中填写"木"与"树"的异同,最后得到一个维恩图(图 8-1):

图 8-1

---

① 谢锡金,林伟业.提升儿童阅读能力到世界前列[M].北京:北京师范大学出版社,2013:29—30.

如果我们要梳理《说"木叶"》一文的行文思路,把握其主要观点,可以一边阅读一边圈出关键概念,并分析概念之间的关系,最后得到一个概念图(图 8-2):

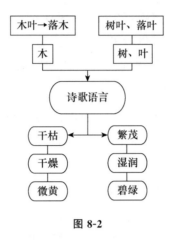

图 8-2

实践表明,在对劝说文进行理解性阅读时,直接在大脑中进行概括,难度往往较大,如若使用画组织图等能将思维显现出来的辅助工具,可以起到事半功倍的效果。

3. 批判和研究性阅读

劝说文的批判性阅读,也就是判断劝说文是否具有足够的说服力,从而决定我们是全部接受、部分接受、还是完全不接受劝说文所提观点。劝说文的研究性阅读,是在批判原文的基础上,确定与原文有关的论题,收集资料,自主探究,得出自己的研究结论,劝说文特别是论文,是比较适合开展研究性学习的。

判断一般性劝说文的可信度,由于其仅仅是通俗地陈述某些道理,并不追求完全的证明能力,我们可以借助自己的感受和思考,或找出作者的漏洞,或举出与之论点相反的文章来反驳。例如王君老师在教授《敬畏自然》一文的第二环节,强调"争鸣:反思作者的观点",给出《我们都是幸存者》(强调"顺应自然")和《驳"人要敬畏大自然"》(强调"征服自然")等两篇与原文观点不同的文章,启发学生思考质疑。[1]

判断专业劝说文的可信度,我们需要更严谨的方法,一是考察劝说文内部的可靠程度,二是借用外部知识来检验作者的结论和依据[2]。

---

[1] 王君.青春课堂:王君与语文教学情境创设艺术[M].北京:北京师范大学出版社,2012:153—168.
[2] 郑桂华.试论文艺随笔阅读教学内容的确定——以《说"木叶"》为例[J].语文学习,2013(10):40—44.

(1) 内部考察

首先,我们可以考察劝说文中的论点、论据有无自相矛盾的地方,即劝说文逻辑能否自洽。例如,《说"木叶"》一文中有这样几句话:

可是问题却在于我们在古代的诗歌中为什么很少看见用"树叶"呢?(第二段)

可是为什么单单"树叶"就不常见了呢?(第二段)

可见简练并不能作为"叶"字独用的理由,那么"树叶"为什么从来就无人过问呢?(第二段)

在习惯用单词的古典诗歌中,因此也就从来很少见"树叶"这个词汇了。(第五段)

我们可以发现,这些句子的表述不够严谨,对"树叶"在古典诗歌中出现的频率前后矛盾。

其次,我们可以推断劝说文的论据是否可信、可信度有多高。"我以为、我知道、据我所知"等依赖于作者自身直觉和经验的证据不可靠,除非有其他证据证明作者的直觉建立在广博的个人经验和知识基础之上;"有人说"等他人证词不可靠,除非有证据证明提供证词的人可信度高;比喻、类比、信念等证据不可靠;权威的看法、众所周知的常识等证据也不一定可靠。"我看到"等个人观察到的证据较可靠,但需要提供目击者或其他观察者的证词相互验证;"有案例表明"等举例证据较可靠,但要评估案例是否典型、是否经过筛选过滤;统计数据、符合规范的实验、调查等科学研究成果最为可靠,但也需要评估其信度。通过对劝说文论据类型的分析,我们可以大致判断劝说文的可信度,然后再根据情况寻找外部证据来验证或反驳其观点。

(2) 外部判断

所谓外部知识,是指除作者在文章中介绍、认定以外的知识,包括与该话题有关的事实、理论以及生活经验。以《说"木叶"》一文为例,以作者的视野来看,某些说法可能是有合理依据的,但是若放在其他知识面前,就显得证据不足甚至武断。一旦进入外部判断阶段,一旦开始收集有关资料,这样的阅读实际上已经是一种研究性阅读。

例如《说"木叶"》一文第二段称:"可是为什么单单'树叶'就不常见了呢?一般的情况,大概遇见'树叶'的时候就都简称之为'叶'……"有学者就指出:"在《全唐诗》中用'落木'24次,用'落叶'204次;在《全宋词》中用'落木'10次,用'落叶'47次。……在《元曲选》中用'木叶'82次,'落木'50次,'落叶'93次。"这里是用数据来质疑原文观点的可靠性。

又如《说"木叶"》一文第四段:"而自屈原开始把它准确地用在一个秋风叶落的季节之中,此后的诗人们无论谢庄、陆厥、柳恽、王褒、沈佺期、杜甫、黄庭坚,都以此在秋天的情景中取得鲜明的形象,这就不是偶然的了。"原文中的"它"指"木"字,有学者就质疑:"杜甫《春望》中'国破山河在,城春草木深'、常建《题破山寺后禅院》中'竹径通幽处,禅房花木深'、欧阳修《醉翁亭记》中'野芳发而幽香,佳木秀而繁阴'的'木'就明显用在春季。"这里是用反例来质疑原文观点的可靠性。

批判性阅读中的内部考察,可以运用圈点勾画和思辨的方法;批判性阅读的外部判断,则需要掌握文献检索方法,在内部考察对原文可信度做出推断后,广泛收集有关文献资料对比分析、综合判断。

4. 鉴赏性阅读

劝说文的鉴赏性阅读,就是在理解和批判劝说文文本内容的基础之上,对劝说文自身的写作水平作出评价,对其富于写作技巧的部分进行赏析。因为一篇优秀的劝说文,不仅仅是用严谨的证据来说服人,也会注意用富于感染力的语言打动人。例如马丁·路德·金的《我有一个梦想》一文,其说服力并不在于严谨论证了"人人生而平等"的观点,而在于鼓动性的语言风格。又如,对于《说"木叶"》这样一篇文艺随笔的艺术特性,郑桂华老师有如下鉴赏[①]:

如前所说,文艺随笔本来就是对某一文艺话题谈个人的感受和发现的,其意在与别人交流而不在于要人接受。如果联系林庚先生的治学背景,我们会更容易领会这篇文艺随笔的特点。林庚以"诗人学者"为人称道,他先后出版过《夜》《北平情歌》《冬眠曲及其他》《春野与窗》《问路集》等6本诗集。"作为一名学者,林庚先生的研究主要涉及唐诗、楚辞、文学史等方面,他将创作新诗和研究唐诗统一起来,显示出诗人学者的独有特色。"不同于以"持之有故"为研究原则的学者,林先生的不少文章更多以诗人的艺术敏感发现问题、用丰富想象力为人们打开进入艺术世界的大门,他对"木叶"这一诗词意象的阐发,无疑就具有这样的价值。

郑桂华老师敏锐地分辨了需要遵循严格论证规则的文艺论文与文艺随笔的细微差别,结合林庚先生作为一位诗人的思维特质,为本文白玉微瑕的论证做出了解释,并体味到《说"木叶"》那种空灵自由的艺术之美,这就是一种对劝说文的

---

① 郑桂华.试论文艺随笔阅读教学内容的确定——以《说"木叶"》为例[J].语文学习,2013(10):40—44.

鉴赏性阅读。

三、劝说类文本教学内容的选取

1. 劝说文教学内容的选择

（1）以"实用性"为教学内容选择的方向

劝说文的教学内容也是围绕三个要点展开：

第一，教学生明确要为什么要读劝说文。这主要是在阅读准备阶段，引导学生明确阅读目的，检查自己是否具备足够的文本知识和背景知识储备。

第二，教学生要从劝说文中读出些什么。在理解性阅读阶段，要引导学生了解和获取关键概念和主要观点；在批判性阅读阶段，要引导学生从内部和外部分析评判论点是否偏颇、论据是否可信、论证是否符合逻辑；在鉴赏性阅读阶段，要引导学生对劝说文的写作质量和写作技巧进行鉴赏。

第三，教学生要用什么方法读劝说文。在阅读准备阶段，指导学生查资料；在理解性阅读阶段，引导学生记笔记、画组织图；在批判性阅读阶段，指导学生进行文献检索；在鉴赏性阅读阶段，指导学生撰写文本评论。

（2）根据不同文本的特点选择教学内容

在"为什么读劝说文""从劝说文中读出什么""用什么方法读劝说文"这样一个广泛的教学内容范围中，我们要根据教材所选具体文章的特点选择教学点。

例如，朱光潜《咬文嚼字》一文内容通俗易懂，用来训练理解性阅读能力可能难度过低，应将教学要点设定在批判性阅读层面，要求"分析文中所举案例的说服力"。林庚的《说"木叶"》和钱钟书的《谈中国诗》内容艰深，与学生距离较远，可以用来训练理解性阅读能力，要求"运用概念图梳理文章的线索，把握文章大意"；当然，也可以将教学要点设定在鉴赏性阅读层面，用《说"木叶"》一文讨论"学者论文与议论性随笔的文风差异"，用《谈中国诗》一文讨论"不同受众对劝说文风格的影响"。

（3）根据学情确定教学内容

在根据具体文章的特点圈定了某篇劝说文适宜的教学内容范围后，我们还要根据不同学段学生的身心情况和所教学生的具体学情，选择一两个合适的教学点展开教学，争取"一课一得"。教师可以参考义务教育课程标准和高中课程标准对不同学段学生议论文阅读能力的目标要求，结合自己的教学经验以及所教学生的具体学情，来估计教学内容的适当性，保证所确定的教学内容略高于学生现有水平。例如《咬文嚼字》一文难度较低,初中生可以接受,高中生可以安排自学、专题拓展或研究性学习;《说"木叶"》和《谈中国诗》等文章难度高,即使是高中生也应定位于理解性阅读,并提供足够的背景知识,进行充分的阅读技能指导。

2. 劝说文教学内容选择应注意的问题

(1) 警惕教学内容"非语文"

劝说类文本的教学内容要着眼于教学生"用什么方法读出什么",即阅读技能和阅读策略的训练,不能把教学重点放在文本内容本身。譬如,教《敬畏自然》不能把重点放在向学生灌输"人与自然和谐相处"的德育知识上,应将重点放在训练学生对这类劝说文说服力是否充分的批判性阅读技能上,学生在批判辨别时,自然会加深对"人与自然和谐相处"的理解。

对于文艺随笔、文艺论文,我们更应警惕。因为这类劝说文本身就是在传播语言文学知识,语文教师很容易把教学重点放在这些文本所传布的语文知识上而忽视训练阅读能力。建议教师在处理文艺类劝说文时兼顾文本内容和阅读技能,比如《说"木叶"》的第一课时可以进行"用概念图整理文章大意"的阅读技能训练,第二课时可以进行"古诗词中的意象"这样的拓展。

(2) 拓宽深化教学内容,避免教学无效和无趣

相对于文学类文本而言,劝说类文本偏于理性,有的劝说文过于简单,说些人尽皆知的道理;有的劝说文繁琐无聊,艰涩难读,学生要么觉得文章简单一读就懂没啥可学,要么觉得文章云里雾里不知所云,无从读起。而相当多的老师在教学这类文章时,头脑中就只有"论点、论据、论证"老三样,不知道除此之外还有什么可教。最后,课堂气氛沉闷乏味、令人生厌。

要解决这一问题,当然可以从教学方法入手,组织活动激发兴趣,但这只能是治标不治本,解铃还须系铃人,根本之道是拓宽和深化教学内容,突破论点、论据、论证的简单思路。比如,要引入有效的阅读策略,如画图、写提纲等组织图工具,降低阅读难度,消除畏难情绪;又比如,引入批判性阅读,开展自主研究,把文本阅读的主动权交还学生,唤醒学生的乐趣;再比如,引入鉴赏性阅读,引领学生领略劝说文的逻辑之美,改变劝说文无聊的刻板印象。

第五节 非连续性文本的阅读

《义务教育语文课程标准(2011年版)》首次提到"非连续性文本"的阅读并做

出要求。如第三学段(5—6年级)"阅读简单的非连续性的文本,能从图文等组合材料中找出有价值的信息";第四学段(7—9年级)的阅读中提到"阅读由多种材料组合、较为复杂的非连续性文本,能领会文本的意思,得出有意义的结论。"这带给语文教育新的挑战。

一、"非连续性文本"在我国的缘起

我国语文阅读教学中对于非连续文本阅读的关注发端于 OECD(经济合作与发展组织)的 PISA 测试(Programme for International Student Assessment)。早在 2000 年,第一轮 PISA(Programme for International Student Assessment)测试已正式开始。在对"阅读素养"的测试中,引用了非连续性文本这一概念,在 2000 年的 PISA 测试中将文本分成连续性文本(continuous text)和非连续性文本(non-continuous text)两种格式。在 2009 年的 PISA 测试中文本的类型得到了进一步的丰富,在原有的连续性文本与非连续性文本的基础上增加了混合文本和多重文本两种格式(如表 8-2 所示),将既包含有连续性文本的元素和非连续性文本的元素称为混合文本,出现在纸质的材料中(如报告、参考书、报纸等)与数字媒体中(如电子邮件、论坛、网页等)。多重文本所涉及的内容则更多。

表 8-2 混合文本和多重文本

文本 学生必读有哪几种文本?	媒介 用什么样的媒介来呈现文本?	纸质 数字
	环境 读者能否改变数字文本?	著作类文本(读者是接受者) 基于信息类文本(读者能改变信息)
	文本格式 文本怎样呈现?	连续性文本(句群) 非连续性文本(清单、如:本列表) 混合文本(由以上两者合成) 多重文本(多种材料来源的集合)
文本 学生必读有哪几种文本?	文本类型 文本采用怎样的修辞结构	描述(典型的问题有"什么") 叙述(典型的有"何时") 说明("以怎样的方式") 论证("为什么") 说明书(提供指导) 事务交流(信息交流)

{原表摘引于:OECD (2010), PISA 2009 Results: What Students Know and Can Do – Student Performance in Reading, Mathematics and Science(Volume I)[R/OL]: P38}

2009 年第四次国际学生评估项目(PISA)测试中,上海 152 所学校 5115 名学生的平均阅读素养得分为556分,高出排在第二位的韩国学生17分,与数学、科学两门学科一样名列全球第一。PISA的阅读材料非常丰富,有私人信件、小说、传记,也有政府文件、公告,报纸招工广告等,而上海学生在阅读图表、表格、清单等非连续文本上相对薄弱。

我国传统的语文教育由于受"文学文本取向"影响,有一种"泛文学"的选文倾向,语文教材和教学中,实用类文本向来匮乏,这与社会发展和国际上通行做法是不相符的。这次课程标准修订中,我国引进这样一种文本类型,这有助于改善我国学生在非连续文本阅读上与其他国家相比相对落后的状况,提高学生实用阅读的能力。

二、非连续性文本的界定和特征

1. 界定

非连续文本指的是基本由数据表格、图表和曲线图、图解文字、凭证单、使用说明书、广告、地图、清单、时刻表、目录、索引等组成的文本类型。这是我们在工作、学习中运用极其广泛的文本形式,如日常的说明书、研究报告、物品清单、财务报表、报刊杂志以及网络上大量的资料等大都是以非连续文本或者混合文本的形式呈现的。随着信息与多媒体技术的飞速发展,非连续文本运用有增长趋势。这类文本是传统的实用文本的延伸发展。

2. 特征

这类文本具有以下三个主要特征:

(1)材料多样,图文结合。非连续文本由多种材料(如图表、清单、文字材料等)组成,图片、表格、文字相结合。

(2)材料呈非线性连接,跳跃转换较大,但材料之间能相互印证。

(3)简捷、醒目、直观地呈现信息,概括性强,便于直观地传递信息。

三、非连续性文本阅读教学策略

在非连续性文本中,各类图表的呈现和各类相互独立的文字文本是对整体文本意流上的一种阻断,阅读中需要停下来去图表中搜寻所需的信息,这种搜寻方式可能是非线性的、非连续的。这种"意流"阻断缺口的大小和时长取决于文本的呈现形式和读者搜寻文本的方式。这与我国传统语文学科中的纯文字文本的阅读方式和思路有很大不同。在非连续性文本阅读的教学中,应注意如下策略和方法。

1. 带着问题去读

与传统的文学类文本相比,非连续文本多以一种较为严谨科学、直观实用的方式呈现信息。它没有文学类文本幽美的文化韵味、诱人的故事情节,尤其是纯文字文本阅读的连贯性,如果没有探究习惯和问题意识,很难引起学生直接的阅读动机与兴趣。阅读非连续文本一般要有一种目的意识、问题意识和探究意识,从文本呈现的图文表格中发现问题所在,有所悟、有所得、有所发现。

在非连续性文本阅读中,我们可以先预览题目,对整个文本作出一个预期的判断,然后再带着问题去深读文本,带着问题去图表中搜寻有价值的信息。因为在非连续性文本阅读训练中,"问题"的设置必定是建立在对文本的准确的把握之上的,所以从文本后的"问题"中我们自然能找到辅助非连续性文本阅读的相关材料。非连续性文本的阅读需要其他相关学科的知识参与配合。这就要求我们加强学科知识的综合,提高学生综合运用知识来分析和解决实际问题的能力。

2. 抓住规律,整合信息

非连续文本,材料看似没有"连续",其实内部是有密切联系的,图表文本的呈现有其特有的规律与规范。如图表的标题、项目类别、数据排列、表格形状、文字说明、标注以及数据的趋势变化等都是有章可循的。图表、文字等分别从不同的角度呈现信息的内容,可以相互补充印证。解读时需要有不同于文字的文本读图知识、阅读技能与策略。比如:

(1) 通过其标题确定图表信息的大致内容、范围。

(2) 通过整体浏览,把握图表信息的呈现方式以及图表信息的内在联系。

(3) 从文本中寻找或重新检索自己所需要的信息。

(4) 从各类图表中发现或推测事物的发展变化规律,并作出概括、判断与推论。

这就要求我们加强学科知识的综合,提高学生综合运用知识来分析和解决问题的能力。加强非连续性文本的阅读和训练的关键是培养学生的图表识读、判断及各类信息整合能力。

3. 相互印证,图文转换

非连续性文本信息的内涵一般不像纯文字文本有直接概括的语句。其文本意义往往隐含在信息的呈现和组织方式之中。阅读重点是图表的识读、判断、分析、理解、意义整合、图文信息的转换生成。"文"往往是对"图"的引入和限定，"图"又是对"文"的直观、精细的表达，使"文"更准确地表现意义。所以在平时的教学和训练中一定要把"图"和"文"当做整体来看待。如果忽略"文"，那么对整个文本的理解往往容易走偏方向；如果不重视"图"，那么对整个文本就达不到精当的理解和直观的记述。

4. 融会贯通，跨学科学习

非连续性文本在其他学科，比如数学、物理、化学、历史、地理等学科教材中出现的比较多。非连续性文本的阅读对于学好其他学科、提高学生学习能力具有重要作用。而非连续性文本的教学也要和其他学科联合起来培养，加强学科之间的综合。当然，非连续文本存在于我们日常生活中，要把生活、工作、学习、科学研究领域的多样化文本作为阅读材料和课程资源，才能真正培养好学生非连续性文本的阅读能力。

【案例】
　　图表一显示了乍得湖的水平面变化情况。乍得湖位于北非撒哈拉地带，于公元前（BC）2万年左右（冰川时期）完全消失，而在公元前11000年左右重新出现。今天，乍得湖的湖面水平线和公元（AD）1000年的一样高。

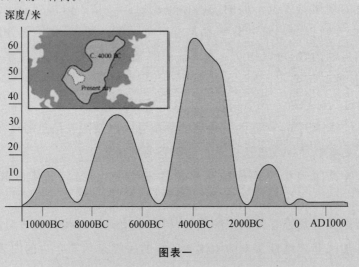

图表一

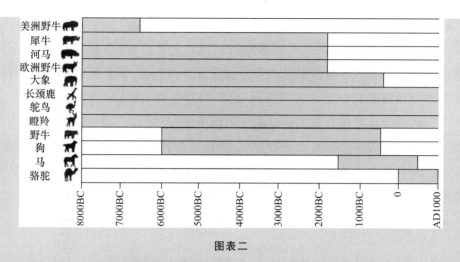

图表二

图表二显示了撒哈拉的岩石艺术(发现于岩洞墙壁上的古老的绘画和壁画)和生物的演化模式。(参考资料：过去的世界——阿特拉斯时代的考古学，时代限刊1988)

参考以上关于乍得湖的信息回答以下问题：

1. 现在乍得湖有多深？（　　）

　　A. 大概 2 米　　　　　B. 大概 15 米　　　　C. 大概 50 米

　　D. 已经完全消失　　　E. 未提供此信息

2. 图表一中的数据大约是从哪年开始的？

　　答：

3. 为什么作者的图表选择从这一年开始记录？

　　答：

4. 图表二的信息是基于哪个假设之上的？（　　）

　　A. 岩石艺术品中呈现的动物在被画之前就已存在了

　　B. 绘画那些动物的艺术家们有很高的艺术技巧

　　C. 绘画那些动物的艺术家们都能够四处旅游

　　D. 绘画中的动物没有被驯养过

5. 结合图表一和图表二回答下列问题：犀牛，河马，野牛自（　　）时就没有出现在撒哈拉岩石艺术品上了。

　　A. 现代冰川时代的开端

　　B. 乍得湖水平面最高时的中期

　　C. 乍得湖水平面下降了一千多年以后

　　D. 绵绵无期的干涸时期开端

〔案例选自 OECD（2009），Take the Test：sample questions from OECD's PISA Assessments [G/OL]：17. http://www.oecd.org/pisa/pisaproducts/pisa2006/41943106.pdf　张年东译〕

这道题选自PISA2009中的非连续性文本阅读测试题。在各图表的文字说明中并未给出详细的信息，而只对图表进行了限定和大致解说，其主要内容还是在图表中。如果不看题目而直接进入非连续性文本的阅读，那么读者将会没有搜寻问题的意识而在图表中无目的地游荡，这既耗费时间，读者又不能完全体会到图表所蕴含内容的丰富性。如果不是题5中把图表一和图表二放在一起对比，一般读者很难想到图表一和图表二会有关联，很难主动将图表一和图表二中的信息进行整合。所以在非连续性文本的阅读中，不仅要注意文本本身是一个整体，而且也要把问题当成文本的一部分来看待，以帮助文本的理解和信息整合。

思考与讨论

1. 媒体类文本、叙述类文本、阐释类文本、劝说类文本和非连续性文本分别有哪些类型和特征？
2. 媒体类文本、叙述类文本、阐释类文本、劝说类文本和非连续性文本的解读与教学策略有哪些共同点和不同点？
3. 运用实用文的阅读流程和方法，阅读拓展阅读中提供的书目，积累实用文的阅读经验。
4. 整理归纳某个版本中小学语文教材中的媒体类文本、叙述类文本、阐释类文本、劝说类文本，根据本章和拓展阅读中所学到的知识，在每类文本中各选一篇拟订一份教学设计，并请同学或老师评价。

扩展阅读推荐

1. ［美］莫提默·J.艾德勒，查尔斯·范多伦.如何阅读一本书［M］.郝明义，朱衣，译.北京：商务印书馆，2004.
2. 曾祥芹，甘其勋，刘真福.新专题教程·初中语文5·文章知识新视点［M］.上海：华东师范大学出版社，2004.
3. 王荣生，陈隆升.实用文教学教什么［M］.上海：华东师范大学出版社，2014.
4. 曾祥芹.文章学术语文教育［M］.上海：上海教育出版社，2001年.

第九章 古诗文的解读与教学

> **本章提示**
>
> 本章主要对文言文的文本特征、教学功能、教学策略做阐释

> **学习目标**
>
> - 掌握文言文的文本特征和作为文化传承的功能
> - 掌握文言文的解读方法和教学策略

第一节 认识文言文及其教学

一、文言文的基本知识

文言文既指中国古代的一种书面语言,又指采用古汉语呈现的诗词、散文、戏剧等文本。一般意义上讲,文言文与现代白话文相对应,指 1919 年五四运动之前的古代诗歌、散文等各类文章。

文言文主要包括以先秦时期的口语为基础形成的书面语,它是相对白话文而言的,其特征是以文字为基础来写作,注重典故、骈骊对仗、音律工整且不使用标点,包含策、诗、词、曲、八股、骈文古文等多种文体。

文言文是中华民族母语的一部分,是华夏民族特有的语言形式,是中华古代圣贤先人留给子孙后代的宝贵财富,是传承中国古代优秀文化与文明的重要载体。但现在的文言文教学成为了一大难题——教师不愿教,学生没兴趣学,究其主要原因，还是古今语言文字的差异。

由于文言文距离我们比较遥远，我们没有真实或者类似的生活情境去体验它们所传达的深刻内涵，这就好像伫立在江河的下游遥想上中游的情景一样，难免会有巨大的时空阻隔，使得我们的理解面临厚厚的高墙。文言文教学必须攀过这道高墙才能够了解墙里面事物的样子，在这个过程中难免会加上我们的想象和推理，甚至在无意识当中融入了一些现代的元素，因此要真正做好文言文教学是非常不容易的。

中华民族源远流长，一脉相承未曾中断，我国古诗文千百年来也形成了自足的系统，具有一定的稳定性和公因子。具体而言，古诗文所共有的思想情感与我们今人的思想情感具有"共通性"和"连续性"。这样共同的情感和图式承载着丰富的思想文化基因，通过文本一代又一代地留存于我们的头脑中，并在流传中不断强化着这样的思维方式和语言习惯。这给我们做"形式解读"提供了基本条件，我们可以在读古诗文的过程中传承祖先的文化。一个民族若不知道祖先怎样思考和理解，就会导致自身文化认同的危机。从这个意义上讲，不懂古诗文，很难说是真正的文化意义上的中国人。

文言文主要包括古代的诗词和散文。古诗文从类别上划分，无疑"诗"要比"文"地位高，其实世界上不论哪一个民族的文学，诗歌总是最早产生的体裁。中国是一个诗的国度，诗歌文学源远流长，历史上涌现过大量的诗人，为我们留下了数量浩瀚的瑰丽篇章，成为中华民族优秀文学遗产的重要部分，把握了诗歌的发展脉络，就基本上把握到了中国文学的发展脉络。但我们也不可忽视古代各种散文的文学成就，尤其是人物传记类散文、诸子论说类散文、山水游记类散文，在我国文学史上留下了不少珠圆玉润的篇章。乃至一些实用类的篇章，如《出师表》这样的奏折和《陈情表》这样的祭文，都是给后人留下的宝贵的文学财富。这些古代不同的文体，具有不同的篇章图式、思维模式、思想情感的表达方式以及不同的艺术表现手段，因而，解读古诗文具有不同的阅读策略和教学策略。

1. 文言文知识

学科知识是指学科的基本逻辑、知识论意义上的一般概念。语文学科对本学科的知识范畴问题缺少应有的研究，更缺少明确的定论。不同的人有不同的理解，简单地可以概括为狭义理解和广义理解。绝大多数一线教师持一种比较狭义的理解，也就是认为知识都是静态的、固化的、显性的，比如语言知识、文体知识、文学文化常识等。课程专家们则基本持一种广义的理解，即认为知识既指静态的、固化的知识,也指动态的、程序性的知识;既指显性的知识,也指隐性的知识。尽管前一种理解比后一种稍微明确一些,但无论是狭义理解还是广义理解都没有明确的范畴。至今还没有一个文件(包括新课标)对语文课程的知识范畴做出明确的规定。

就文言文的学科知识而言,目前比较公认的还是狭义的理解,即是静态的、显性的知识,但是即使是这样,对于文言文的学科知识仍没有明确的界说,更没有权威的、法定的标准。通常我们所说的文言文知识,主要包括文言语音、字词、句式、内容与文化。

古代文化常识是古诗文作者的言说语境,对于当时的作者来说是不言自明的,因此一般情况下是不予交代的。可是,当我们阅读这个诗文时,大背景已经大不一样,或者说是时过境迁。因此,如果对于当时的背景(语境)没有最基本的了解,只凭读者今天的语境条件试图"我注六经",就像刻舟求剑,荒谬而易走偏。今天的语文教材已经不再把古文化常识作为一个体系来认识,"语境还原"缺乏条件,在此必须做一个提醒。

(1) 文言文的语音

文言文的语音部分除了多音字辨析之外,还包括异读字,其中异读字又有三种情况:破音异读、通假异读和古音异读。

① 破音异读。指改变字或词的通常读音来表示这个字(词)词性和意义的改变。例如:"黎民不饥不寒,然而不王者,未之有也。"(《孟子》之"寡人之于国也")在这一句中,"不"字修饰"王",可以很清楚地明白这里的"王"已经不是名词了,而是名词活用为动词,所以这里应该读四声 wàng,意思是"为王、称王"。

② 通假异读。指在通假现象中,通假字要按照本来的字的读音去读。例如:"河曲智叟亡以应。"(《列子》),这里的"亡"通"无",就是"没有"的意思,所以这里的"亡"应该读作"wú"而不是它本来的读音"wáng",这种现象非常普遍。

③ 古音异读。指古代的一些专有名词,如人名、地名、官职名、器物名以及姓氏等,因为拥有固定性,所以要保留它的原来读音。例如"可汗大点兵"(《木兰诗》)中的"可汗"是古时对我国北方部族首领的称呼,应该读为"kè hán"。这些都是我们需要注意的,但是随着语言的发展,有些古音在流传中已经逐渐被废除了,若根据现代的读音去读,也被大家所认可,但这毕竟只是少部分的字词,具体的要参照《普通话异读审音表》的规定。

上述三种异读不同于我们通常意义上说的多音字。多音字的读音和意义是早已经固定下来的,被大家多认可和接受,而异读是需要具体的文言情境才会发生的。

(2) 文言文的字词

文言文的字词包含范围比较广泛,没有一个十分明确的界定,我们通常意义上所说的文言字词指的是通假字、实词、虚词等,其中尤以虚词、实词最为常见。文言文属于古人的官方文字,古代老百姓并不是采用这样的方式说话,而这些文言书面文字都是由虚词、实词、句式等构成,所以,这几个要素非常之重要,要想学懂文言文,这些内容是必须掌握的。

① 文言虚词。常见的文言虚词主要有18个:而、何、乎、乃、其、且、若、所、为、焉、也、以、因、于、与、则、者、之。最主要的是要掌握虚词在不同语境中的不同用法,每一个虚词的用法都有好几种,而且十分灵活,以其中的"之"为例。"之"从大的方面有两种用法,一是用作代词,另一种是用作助词。当它作代词的时候可以代人、代物、代事,还可以用作指示代词,表示"这";当它用作助词的时候,情况就比较多了,用作结构助词有四种情况,分别是定语的标志、补语的标志、宾语前置的标志、取消句子独立性,还可以作为音节助词。从这个例子可以看出文言虚词的用法是非常灵活的,必须根据具体的语言环境判断是哪一种用法,才能准确地理解文章的含义。

② 实词。所谓实词,指的是有实在的意义,能够单独充当句子成分的字词。实词一般包括名词、动词、形容词、数词、量词和代词六大类,学习文言实词主要学习的是一词多义、古今异义和词性活用,所有的这些用法都是在具体的语境中发生的,中学要求掌握的实词上百个,都是慢慢积累而成的。一词多义和古今异义主要参考的是工具书以及平常的积累。词性活用则是灵活多变的,具体情况具体分析。一般情况下的词性活用有名词动用、形容词动用、名词作状语、形容词作名词、动词作名词以及意动用法,基本上每一篇文言文里面都会出现词性活用的情况,只是多少与难易不同。

(3) 文言文的句式

文言句式是每年高考的必考点,因此也是语文学习很重要的板块。文言句式总分两大类:固定句式与特殊句式。特殊句式有可以分为倒装句、被动句、省略句和判断句四类,另外倒装句又可以分为宾语前置句、状语后置句、定语后置句以及主谓倒装句四类。

文言文中的句式发挥着非常重大的作用,很多句式与现代汉语中的句式有很大的差别,尤其是省略句,在文言文中使用非常频繁。翻译的时候要把省略的内容补充出来,才能理解文句的含义。而且各种句式一定要置其于具体的语言环境中去理解,离开了上下文,孤立的句式没有意义。

(4) 文言文的内容

文言文的内容有广义和狭义之分。广义的内容指的是整个文言文所涉及的写作范围,比如游记类、政说类、写景类、历史类等等;狭义的内容指的是具体某一篇文言文写的什么,例如《愚公移山》讲述的就是一位年近九十的老翁决意与全家人"毕力平险",搬掉家门前的高山的故事;《得道多助,失道寡助》讲述的是孟子的治国理想等。在实际的教学中,教师和学生关注的基本上是狭义的内容,弄明白一篇文章讲的是什么内容、怎么讲的,是学习的主要任务。

(5) 文言文的文化

阅读任何文章都离不开文章产生的时代的、社会的、语言的环境。阅读古诗文同样涉及文本的外在语境(或曰"文化语境",或曰"宏观语境"),文本所对应的时代思想、审美趣味、价值取向、社会历史变迁以及政治经济文化等。因此,读解者(无论老师还是学生),需要具备基本的中国古代文化常识,对古代的天文、地理、职官、建筑、称谓、习俗、风物、文体等应有起码的了解,否则,就缺乏读懂古诗文的基础条件。

文言文中蕴涵了大量的古代文化信息,包罗了天文地理、星象历法、宗法礼俗、衣食住行、生老病死等等,这些知识都是分散在各个文章当中,弥漫在每一个文字之间、每一个具体的细节之中,这些字词和细节承载着古代丰厚的文化养分。同时,从文言文当中我们可以了解到古代人们的生活与情致,所以学习文言文必须要了解其中的文化含义。

二、文言文的教学方法

文言文在中高考的语文试卷中所占的比例是很大的,因此文言文教学一直以来都是一线教师和专家们讨论的话题。很多教师也在实际的教学实践中不断研究文言文教学的有效方法,但是绝大多数还是跳不出传统的教学方法。

1. 诵读法

前文说到,文言文距今遥远,很多字音、字形与语法都与现代汉语有很大的区别,要想了解并理解文言文文本所写的内容,第一关当然是要疏通文字,诵读法是很关键的。古语云:"书读百遍,其义自现。"多诵读,既可以培养学生的语感,也可以让学生体会到文章的艺术魅力。但可惜的是，很多老师在使用诵读法的时候并没有真正地落实，而只是简单地"泛读"，即通读，这个层次是比较简单浅显的，主要为了扫除文字障碍，也可以说是停留在认字的阶段。例如，一教师在教《赤壁赋》的时候，首先要求学生诵读一遍，没有提任何的任务和要求，学生就开始读，读完了老师就讲解。这种诵读达不到培养语感与体会文章艺术魅力的效果，只停留在表面。当然也有一些教师在诵读教学上下了功夫，提出了很多关于诵读的层次与方法，比如，广东的张永月老师在他的文章《文言文教学诵读四法》中说到诵读要有四个层次，即读通、读懂、读活、读透（读通、意读、情读、美读）；另外，诵读还有一些具体的方法，比如听录音，教师泛读，学生模仿，组织诵读比赛，划分停顿，注意语音语调等，而且要以课堂、学生、个人为主，以课外、老师、集体为辅。一般认为，诵读是文言文的第一关，是文言文教学的大树之根。

2. 串讲法

串讲法，就是以教师讲解为主导，以板书为纲，以逐词逐段讲解为主，以少量提问为辅的传统教学方法。串讲法在近几年有很大的争议，争议大都围绕着"要不要废除串讲法"展开，有人把它等同于"满堂灌"，认为这种教学方法是死板、老套的，是以教师为本位的做法，忽略学生的感受与体验，应该把权利交还给学生。当然也有人反对这种说法，认为串讲法并不是只讲不问，不是只讲不练，关键是要掌握合适的方法和节奏。其实串讲法是文言文教学的一个很重要的方法，因为文言文在文字层面和白话文毕竟还是有差距的，所以不能完全用白话文的教学方法来往文言文上套，字词串讲和句子翻译是非常重要的环节。简单的文言文姑且不说，若是难度较大的文言文，完全依靠学生的主动性是远远不够的，教师必须要进行讲解与板书；另外，对于文言初学者来说，串讲法也是很适用的。当然这里的串讲绝对不等同于"满堂灌"，串讲是把提问、练习以及适当的语言训练有机结合在一起的，强调以教师讲解为主而不是霸占课堂，更不是教师一个人的独角戏。

3. 自主合作式

自主合作方式是新课改以来大家都提倡与实践的教学方式之一，在实际中也收到了很好的效果。具体在文言文教学中，主要表现在教师与学生的教学关系上，这种方式强调的不再是以教师讲解与板书为主，学生也不只是接受者，教师和学生的关系是合作的关系。学生自主学习，这里的自主指的是学生可以根据课标以及文本的要求，自己选择要学习的内容，教师在适当的时候提供帮助，学生之间也可以合作，共同完成学习任务。这样的方式就避免了学习方式的枯燥，也可以开发出很多课堂资源,拓展学生的视野,训练学生的能力。

自主合作的教学方式能够让学生深入挖掘文本本身内涵以及文本背后的深远意义,师生的思维不会仅仅局限于文章表面。这种生成性资源的价值和学生在这个过程中获得的能力是非常可贵的。

三、新课改下文言文教学的趋势

从新课标来看,《普通高中语文课程标准(实验)》中关于对文言文词句教学的要求有所降低,由以前《大纲》的"掌握"变成了"了解并梳理",但又增加了一些新的目标,比如"体会民族精神""了解文化常识""丰富文化积累"等。由此我们可以看出,新课标对文言文的教学提出了更高的要求,难度加大了不少。为此,教师的教学方法和学生的学习方式也要随着新课标的变化而变化,其中最为重要的是教师的教学方法,因为教师是主要的引导者。

1. 文言文的文化性

文言文是古代的书面语,不是我们当今社会语言交流的工具。学习文言文可以让学生了解我们的祖先,了解中华民族悠久的历史,弘扬优秀的传统文化。因此,文言文不仅是一种语言,更是一种文化的载体,甚至就是一种文化,正所谓"文以载道"。这种文化对人的影响是无形的,但力量却是非常巨大的。钱梦龙先生曾说:"文言文首先是文而不是文言词句的任意堆砌……"文言文包涵着浓厚的传统文化,比如《游褒禅山记》等游记类文章传达的是古代的游历文化,《寡人之于国也》表达的是古代的政论文化,《论语》《孟子》等所承载的是为人处世、修身养性以及忠心为国的思想文化,《劝学》《师说》等则是关于个人学习与发展的见解……从而我们可以看出,几乎所有的文言文都有文化传递的功能,只有理解了它们背后的文化性才能真正以古明今,真正提高自身的修养。

文言文的文化性决定了教师在文言文教学的时候不能仅仅停留在词句的翻译理解上,而是要透过文本理解文章所蕴含的文化成分。虽然这有一定的难度,但却是必须做到的事情,否则文言文的精髓将从我们的指间流失。

2. 文言文的文学性

史忠义在《中国比较文学》上"'文学性'的定义之我见"一文中说,西方学者对"文学性"至今尚未找到令人满意的定义。史忠义认为:文学性存在于话语从表达、叙述、描写、意象、象征、结构、功能以及审美处理等方面的普遍升华之中,存在于形象思维之中。形象思维和文学幻想、多义性和暧昧性是文学性最基本的特征。从这里可以看出,虽然对"文学性"没有完整的定义,但是它应该包含的要素却是很明显的,具有文学性的作品必须要有结构、表达、叙述、描写、意象、构思等方面的特征,而文言文是具有这些特征的,所以其文学性是不容忽视的。长期以来,我们对文言文的认识只停留在字词句上,少部分师生会关注它的文化性,为了应付考试,我们没有时间和精力停下来好好欣赏文言文的文学之美。

我们常常会以文学的眼光去欣赏一篇散文或者一首诗歌,对文言文却很少这样。《阿房宫赋》精彩的描写,《赤壁赋》恢宏的排比,《狼》引人入胜的故事情节,《爱莲说》美妙的象征,《晏子使楚》鲜明的人物形象等,这些文章的写作手法非常独到,历来为后人所称道。学习这些文章的时候,我们要把它们当做文学作品来学习,不仅要学习文章写了什么,还要学习是怎么写的,为什么这样写,有什么样的文化背景,要告诉我们什么。

3. 兼容并包

是不是我们注重文言文的文化性和文学性就要抛弃文言字词的学习呢?答案是否定的。文言文的字词是文言文学习的根本,没有了文意的疏通,就无从理解文章的内容,更谈不上体会它背后的文化意义,欣赏它的文学之美。所以这三者需要兼容并包。

我们对文言字词的学习不能"死于章句,废于清议",要适度地放手,字词的学习可以让学生自己动手,通过自主、合作的方式疏通文意,结合老师对文化背景的讲解,师生一起欣赏文章的文学美,这样的教学能丰富学生的知识,让文言文的内容丰满起来。在具体的操作过程中可以采用互文、增减、图示、声音、视频、竞赛、文白对译、写作、讨论等方法。

【案例分析】

一位教师在教学《阿房宫赋》的时候设计了三个步骤,分别是积累、整合;感受、鉴赏;思考、领悟。下面就对这三个方面进行分析。

积累、整合阶段。这个阶段教师主要是带领学生诵读,扫除文字障碍,文意基本疏通的情况下,让学生自主质疑,提出疑问,教师适时补充,同时,为了巩固学生的学习,还有随堂练习。这个步骤属于字词的学习,这是文言文学习的第一道关卡,这位教师抓得很好,而且打破传统的字词学习方式,运用了学生自主质疑的方式,充分调动了学生的学习积极性;还有课堂练习,对学生的学习效果进行检测,把字词学习真正落到实处,看起来很简单的一个环节,设计却很用心,让学生对所学的字词进行积累,为后面的学习奠定基础。

感受、鉴赏阶段。在这个阶段教师用"古来之赋,此为第一"这句话来开头,对"赋"这一种文体进行介绍和解读,并让学生选取精彩语句赏析。教师引用了文学评论的知识,引起学生的兴趣和重视:既然有人评论说《阿房宫赋》是所有古代赋中最好的文章,那它到底好在哪里?这就是一个主问题,教学活动围绕着这个问题展开,学生从修辞、语言、构思等方面对文章的语句进行了分析,老师做适当补充。同时在这个环节,教师对"赋"这种文体进行了详细的介绍,这点很重要,因为这个知识点涉及古代的文化。"赋"这种文体在现代社会已经不常使用了,在古代,它曾经盛行一时,代表了一个时代的文学风气和流派,这是非常重要的文化知识,学生需要了解,这也就体现了文言文的文化性。

思考、领悟阶段。经过前两个环节的铺垫,学生已经基本上掌握了文章的背景知识和内容,但教学到这里还没有停止,需要进入升华、领悟阶段。在此时,教师补充了杜牧的诗《过清华宫绝句》《泊秦淮》等,结合本文的学习,体会出作者杜牧当时所处的历史环境与自己的心情,并印发相关的文学评论资料让学生自己阅读,引导学生思考。这个阶段的设计非常好。首先,教师采用了互文的方式,用作者的其他相关作品进行比较阅读,体会出不同的作品所传达的类似的感情以及共同的主题,这样学生就容易理解作者写作的意图与要表达的心意。其次,给学生印发文学评论一方面可以拓展学生的视野,从课文中暂时跳出来,另一方面,也给学生提供了多种思考方式,培养学生的理解能力。最后,通过这个环节的学习,学生对杜牧的认识将会更加深刻,这种认识是可以迁移的,对理解他的其他作品有很多的帮助,与此同时,学生也对当时的历史环境有了比较清楚的认识,这是对历史文化的认识,具有实用性与迁移性。

因此,这堂课教师的设计很丰满,也很合理,符合学生的认知规律,条理清晰,层层递进,真正做到了字词、文化与文学的融合。

新课标对文言文教学提出了新的要求,因此,教师在教学过程中也应该有新的思路,对字词教学不能抛弃,但也不能唯此为宗,我们要将文言文的字词、文化与文学统一起来,给文言文教学插上丰满的羽翼,使其焕发出闪耀的光彩。

第二节 古代诗词的解读与教学

由于"五四"新文化对传统文化的革命,尤其是建国以后,"破四旧"以来,古诗文地位江河日下,使得今天教书的语文教师自身在这方面的功力捉襟见肘。给一首没读过的古诗词,不给任何注解和说明,我们的绝大多数语文老师能不能读懂还真是个问题,其实这就是高考学生面临的问题。老师功力不够,学生功力从何而来?以其昏昏焉能使人昭昭?故而古诗词鉴赏这道坎普遍过不去,到目前为止,诸多机构对高中毕业生古诗词鉴赏能的调查结果均让人担忧。

为了应付考试,不少一线教师发明了回答古诗词问答题的"公式"(例如:"手法"+"使用证明"+"效果"),让考生以此展开叙述,期望蒙混过关。殊不知所有的"公式"其实都是无效的,学生最大的问题与老师一样:诗词没读懂。因此,解读古诗词的"硬功夫"才是主要的,只有具备了真功夫,才会熟练使用答题"公式"。

一、古代诗歌的解读与教学

诗有别裁,可不能像读散文那样来读,尤其不能与实用文体读法相混淆。

杜甫在《戏为六绝句》之六中写到:"别裁伪体亲风雅,转益多师是汝师。"钱谦益笺注:"别者,区别之谓;裁者,裁而去之也。"意思就是区别取舍,鉴别裁定。下面一一道来。

1. 古诗标题解读法

唐代以前的诗歌,准确说叫"歌",而不是诗,因为绝大部分来自民间,是用于歌唱的歌词,后来乐谱失传,曲调亡佚,这些作品才成了字面上的"诗"。因为是民歌歌词,这些作品本来是没有标题的。

在课文上,我们可以看到"氓""关雎""采薇""孔雀东南飞"等字样的标题,其实是《诗经》《乐府》等结集时为便于编排,编者取首句中的字或首句为标题给加上的。标题既然是这样取来的,也就意味着一般不是诗的中心思想所在。有的甚至是以曲调为题,如"子夜歌",据说当初是一个叫"子夜"的女子唱的歌,以后按这种曲调写的歌词也都冠以"子夜歌"的标题。再如,"采莲曲"为乐府旧题,内容多为描绘江南水乡秀丽的风光、采莲女的纯洁活泼及她们真挚甜美的爱情生活,后世王昌龄、李白等都曾以它作为诗歌的标题,但意思已经有了变化。当代电视剧《后宫甄嬛传》中由刘欢谱曲、姚贝娜演唱的插曲《采莲诗赠友看朱成碧》是网络诗人南华帝子创作的，歌词虽然直接参考了汉乐府的《江南可采莲》，但意蕴又发生了巨大变化。这种以曲调的曲题为标题的诗，标题与内容的联系就更远了。

但唐之前另一重要作品集《楚辞》中的大多数作品是个例外，标题不再是取首句为题，而是根据诗的中心思想而选取，如"离骚""国殇""桔颂""天问"等标题都与文章中心思想有紧密的联系。当然，在唐以前的有些诗题虽然是取自首句，但也能切中内容或要旨，如《古诗十九首》之《涉江采芙蓉》，所以也要辩证地看待这个问题。

到了唐朝，尽管也有一部分诗歌沿用了乐府古题，后来甚至出现了所谓的"新乐府"，其实都已经脱离了"依声"的古老传统而成为纯乎文字的诗了。按理说此时应该讲究诗歌的标题艺术了，但事实上在中国文学史上诗写得最好的唐朝人在诗歌的标题上却并不很下功夫。绝大多数唐诗的标题主要是说明性质的文字，并不注意标题点化主题、吸引读者的意义。如最讲究含蓄的王维诗题有《送元二使安西》，直白无趣不说，甚至还直接以友人元常在兄弟中排行的"老二"入诗题，口水话乱溅，但诗歌主体每句话却那么脍炙人口。再如王勃的《送杜少府之任蜀州》、李白的《宣州谢朓楼饯别校书叔云》也是一样的像记叙文一般的标题。更有甚者，白居易用《自河南经乱，关内阻饥，兄弟离散，各在一处，因望月有感，聊书所怀。寄上浮梁大兄、於潜七兄、乌江十五兄，兼示符离及下邽弟妹》为标题，简直就是序言。

诗人们在标题问题上还有一种懒办法，就是写组诗，全是一个大标题，具体的诗等于是无题。陶渊明的《饮酒》有20首，就一个标题，具体的就以"其一""其二""其三"等为题，等于没有标题。后世唐朝诗人也承袭了这一传统，如杜甫的《秦州杂诗》也有20首，具体的每一首也都是无标题的。到了李商隐，干脆写起了无题诗，不给诗歌拟标题。李商隐的诗本来就朦胧，加之缺少标题，就更不好读了，所以解读李商隐的无题诗是最难的，这成了中学语文师生的拦路虎。

现代人是高度注重作品的标题的，"题好文一半"，靠标题来画龙点睛，希望用标题把作品的魂给拎起来，所以在读古诗文的时候，对古人不重视诗歌的标题就难以理解了。为此，我们建议，在教学中尽力试着"给古诗加标题"或"给古诗改标题"，这对理解和记忆古典诗歌定会有所帮助。如杜甫的《咏怀古迹（其三）》（群山万壑赴荆门）就可以加上"感慨昭君出塞"作为标题。为了便于理解李商隐的《锦瑟》，就可以在标题上加上"年华"二字，这就可以找到一种读解路径，"锦瑟年华"

即意味着将"锦瑟"与"思年华"连接起来,实写锦瑟的演奏意境,虚写人生感悟。

2. 古诗的停顿法

古诗原本没有标点,今天我们看见的出版物上的标点全是今人加上去的。但诗歌的整齐排版习惯遮蔽了句子内部的标点符号问题。

最精彩的一个例子是,有一次,乾隆皇帝和和绅一块来到纪晓岚家里,走进他的阅微堂,看到纪晓岚正在练习书法,乾隆便顺手把自己拿着的一把纸扇交给纪晓岚,让他在上面题上一首诗。纪晓岚接过纸扇,只见上面有远山、近城、杨柳春风。他略加思索,便龙飞凤舞写下了王之涣的《凉州词》:"黄河远上白云一片孤城万仞山羌笛何须怨杨柳春风不度玉门关。"和绅仔细一看,中间缺少了一个"间"字,便说给万岁写诗少一个'间'字是故意漏字,犯了欺君之罪,罪该当死。纪晓岚却立即镇定下来说:"万岁,我写的不是王之涣的《凉州词》,而是根据他的词,重新写的一首词。"并拿起纸扇,按照词的方式朗诵起来:"黄河远上,白云一片,孤城万仞山。羌笛何须怨,杨柳春风,不度玉门关。"这虽然是一个民间传说,但告诉我们一个道理,古诗的停顿大有讲究,训诂不同,意义迥异。

如曹操的《短歌行》头两句人教社的教材是这样标点的:"对酒当歌,人生几何!譬如朝露,去日苦多。"根据后文,最好还是将感叹号改为问号,而将句号改为感叹号。下片首句也该这样标点才对:"明明如月,何时可掇?忧从中来,不可断绝!"

有时候标点改变意思就更接近作者本旨了。李绅的《悯农》一般是这样标点的:"春种一粒粟,秋收万颗子。四海无闲田,农夫犹饿死。"这就成了客观的表述,从对比手法看也成立,且也能揭示一定的社会意义。但这是一首问题诗,诗中应该有一个"为什么",这首诗是说:"春种一粒粟,秋收万颗子。四海无闲田,(为什么)农夫犹饿死?"这个充满激愤,表示出强烈质问的问号是万万不能少的!同样的一首诗是梅尧臣的《陶者》:"陶尽门前土,屋上无片瓦。十指不沾泥,鳞鳞居大厦。"这首诗更为尖锐犀利,两个句号都改为问号:"陶尽门前土,(为什么)屋上无片瓦?十指不沾泥,(为什么)鳞鳞居大厦?"像这样的诗,如果不改为问号,诗意丧失是不可估量的。

这是值得改的标点符号,有一些就必须自己悄悄加了。如王之涣的《凉州词》中"杨柳"二字是必须加书名号的,否则就无法读懂,但惯常的出版物上不可能加书名号,只有我们阅读时自己悄悄加上。杜牧的《泊秦淮》中有"隔江犹唱后庭花","后庭花"系歌曲《玉树后庭花》的简称,阅读时也得加上书名号。

3. 古诗的关联词

现代汉语盛行的关联词能帮助人们精准地表达前后文的逻辑关系,但这样的关联词不可能入诗,不少关联词古代就还没有用起来。但是,思维方式是相通的,古人的前后文逻辑关系靠的是"意会",而在语言符号上往往没有标识。这就需要我们在教学的时候将这些缄默的关联词给凸显出来,在因果、假设、条件等关系上加以重点留意。

第一种情况是古人原本有关联词的,但与现代汉语的关联词意同而字异。李白《秋浦歌》中的"白发三千丈,缘愁似个长",就是"(之所以)白发三千丈,(是因为)愁似个长","缘"表示因果关系,即现在的"因为",今天我们一般不怎么用了。再如王昌龄《出塞》中的"但使龙城飞将在,不教胡马度阴山",是"(如果)龙城飞将在,(就)不教胡马度阴山"。"但"在现代汉语表示转折关系,在古诗文中一般表示假设关系。

第二种情况就是古诗中有关联关系但是关联词没有出现。故需要我们在阅读时补充出来。如王维《送元二使安西》中的两句诗:"劝君更进一杯酒,西出阳关无故人",其实是"(之所以)劝君更进一杯酒,(是因为)(如果)西出阳关(就)无故人"。杜甫的《春望》:"国破山河在,城春草木深。感时花溅泪,恨别鸟惊心。烽火连三月,家书抵万金。白头搔更短,浑欲不胜簪。"其实是"(虽然)国破(可是)山河在,(虽然)城(只是)春(可是)草木(却)深。(只有,或因为)感时(才,或所以)花溅泪,(只有,或因为)恨别(才,或所以)鸟惊心。(因为)烽火连三月,(所以)家书抵万金。(之所以)白头搔更短,(是因为)浑欲不胜簪。"字面没有出现关联词,而是隐含在诗内,要靠读者自己联系上下文补出。如果不能正确补出这些关联词,自然也就谈不上对诗的正确理解了;如果能够正确地发现并补上这些关联词,那么就疏通了文句的逻辑关系,拿到了解读古诗的钥匙。

4. 古诗的逻辑重心

上文谈到的是从语言形式上改善阅读方式,要准确把握一首古诗的主旨和基本手法,还得学会找它的逻辑重心。所谓逻辑重心,指的是一首诗歌中诗人着力打造的词句,众星托月般,它成了读者高度聚焦的部分,自然对表现全诗的主旨情怀有巨大帮助。逻辑重心是诗人必须要着力打造的,唐代诗人卢延让的《苦吟》中所言的"吟安一个字,捻断数茎须",说的就是这种情状。我们在解读古诗的时候,能准确捕捉到逻辑重心就是一种了不起的能力,那是需要"熟读唐诗三百首"才能做到的;捕捉住逻辑重心后,若能条分缕析,道出甲乙丙丁子丑寅卯,那就能一通百通,深窥古诗的堂奥了。

例如,"春风又绿江南岸"的"绿"字为什么是全诗的逻辑重心?前两句,"京口瓜洲一水间"与"钟山只隔数重山",都是从空间上强调家乡的山山水水离此时旅次江北瓜洲的诗人,距离是如此之近。此时诗人"泊船瓜洲",回首南望,那熟悉而亲切的"京口"仅一水相间,"钟山"也只隔数重山,真是近在咫尺呀。空间距离如此之近,诗人的心理距离却是如此之远。冬去了春又来,"春风又"把"江南岸"吹绿了,年复一年,不知何时才能再见到家乡的山山水水!甚至他可能还会更为悲观地想到,将来还能不能再回到自己的家乡,已经成为了一个巨大问题。诗人在这里运用了以近写远、相反相成的艺术手法,委婉含蓄地表现了诗人忧惋深切、无可奈何的伤感心情,展现了诗人心灵深处巨大的失落感和孤独感。"绿"在诗人心中造成了巨大反差,这种心理反差在结句中道出了原因——"明月何时照我还"。值得提醒的是,逻辑重心不一定是揭示主旨的词句,最后一句虽然是表明主旨的句子,但它直白浅易,不是全诗的逻辑重心,"绿"字才是全诗的逻辑重心。正因为如此,诗人王安石在作《泊船瓜洲》时,第三句最初写作"春风又到江南岸",觉得不好,后来改为"过"字,读了几遍,又嫌不好;又改为"入"字,然后又改为"满"字,换了十多个字,最后才确定为"绿"字的。我们读古诗的时候,对这样的逻辑重心处务必严加注意。

5. 古诗的意象

读中国古诗,在一定程度上讲,就是读一个个意象,翻开中国古诗,我们可看到文人的情感在诗中一次次被客观的物象替代。这些物象可以是日月星辰,也可以是山水花草,抑或是诗人身边物事种种。诗人立象以求尽意,天人合一,每一个意象都比现实生活之象更典型,更真实,内涵更丰富,充溢着语言艺术的美感。我们在读古诗的时候,务必在每一个可能成为意象的词语面逗留一下,一旦确定它是承载诗人情愫的意象,就要发挥想象,去感受一下其中的情味,而且还得对该意象在传统文化中的一般性含义有所积累。望明月寄乡思,执弱柳伤离别,登高楼而感怀,观沧海以叹人生。这些意象代代承袭,被人们默认,在人们心中定格,成为引发某种情感的特定媒介。代代文人在这些公共意象上乐此不疲,咏吟不辍。

首先,我们可别误认为诗人们喜欢拾人牙慧。创意不同,同一意象的意蕴又有所不同,正如绘画的同一原色,能调制出不同的色彩。因此,我们在解读具体意象的时候,还得注意语境为意象赋予的特殊含义,不可草莽从事。比如"明月",自古为思亲、思故、思乡之意象。李白"床前明月光"通俗平实的诗句成为天下游子的通感。而李白的"杨花落尽子规啼,闻道龙标过五溪。我寄愁心与明月,随君直到夜郎西"中的"明月"以奇崛的想象,表达了对友人真挚的情义。王昌龄的《从军行》中"撩乱边愁听不尽,高高秋月照长城"的"明月"则将戍边将士悲凉沉郁的心理刻画得细致深刻。"花间一壶酒,独酌无相亲。举杯邀明月,对影成三人。"月下举杯以寄相思,成为了千古同一的诗境。"滟滟随波千万里,何处春江无月明",悠悠岁月,发幽古之思。

其次,意象往往附着在词或词组上,一句诗可以有两个或两个以上的意象,如"孤舟—蓑笠翁""云破—月来—花弄影""风急—天高—猿啸哀""楼船—夜雪—瓜洲渡,铁马—秋风—大散关"等。也有一句诗中只包含一个意象的,如"一枝红杏出墙来""一道斜阳铺水中"等。

再者,一组意象往往构成一个意蕴深厚的意境,有时候一个被聚焦的意象也能表现出一种意境,这需要阅读者采用聚合思维,浸蕴抽绎出一个整体性的上位概念出来。最简单的办法就是挖掘作者的心境,因为相由心生,一种意境也就是一种心境。"停杯投箸不能食,拔剑四顾心茫然"是愤懑郁结的心境;"采菊东篱下,悠然见南山"是闲适平和的心境;"欲穷千里目,更上一层楼"是畅达乐观的心境;"仰天大笑出门去,我辈岂是蓬蒿人"是自负自得的心境。诗人的举手投足,无一不是诗人内心世界的表白。诗人的气质、品格,诗人的身世、遭际,诗人的艺术风格和艺术追求的不同,使他们在浩瀚诗国中各个别树一帜,性格迥异的他们在塑造着各不同的自我形象。"象"之所在,即"情"之所在,教学生读诗,其实就是教学生与一个个不同的诗人对话。至于有些"象"还承载了某种道理,那就是"道"之所在了。

二、词的解读与教学

词,作为诗歌体裁之一,最大的特点是突破每句话字数整齐划一的限制,但还是没有走出音律的限制,且每句话的字数和整首词的总字数也还是被限制得死死的。但它毕竟向散文化迈出了一大步。词与狭义的诗歌体裁还是有区别的,解读时候需注意以下三点。

1. 读人,知人论世

词往往没有题目,就一个词牌,就等于千万人共用一个题目。当然,词牌后署明了题目当然是再好不过,比如辛弃疾的《永遇乐·京口北固亭怀古》,就摆明了是一首怀古诗。词牌的初衷只是谱曲,只是规定唱法,具体的歌词还是需要作词人自行填写的,虽然每一个词牌的感情基调和表意类别大体是规划好了,但词人完全可以有自己的个性化表达。所以,了解词人写作时的境况就显得尤为重要。

苏轼在一首《水调歌头》的前面就以小序表明了写作背景:"丙辰中秋,欢饮达旦,大醉,作此篇,兼怀子由。"文学家苏轼公元在1076年(宋神宗熙宁九年)的中秋,自己待在密州,与弟苏辙已经七年未见,于是作者写了这首诗赠予弟弟。至于苏轼为啥与他弟弟感情这么好,就得追诉到"乌台诗案"了,就需要教师做必要的补充了。这首词围绕中秋明月展开想象和思考,把人世间的悲欢离合之情纳入对宇宙人生的哲理性追寻之中,以此与其弟弟苏辙对话,反映了作者复杂而又矛盾的思想感情,又表现出作者热爱生活与积极向上的乐观精神。要是不重视这个背景,偏偏要从末句"但愿人长久,千里共婵娟"出发,把这首词读成爱情主题,那就是不顾原旨的断章取义了。

苏东坡深谙此道,所以在他的不少词作中都加上序言,在《前赤壁赋》中,序言达到了124字,就是要告诉读者他是在何种情境下写出来的。

学生在高考的时候遭遇的词,往往没有背景介绍,这就要想办法知人论世了。课本上学过的词人,对其生平应该有大致的了解。比如考李清照的这首词:

忆秦娥·咏桐

李清照

临高阁,乱山平野烟光薄。烟光薄,栖鸦归后,暮天闻角。

断香残酒情怀恶,西风吹衬梧桐落。梧桐落,又还秋色,又还寂寞。

(注:本词作于南渡之后。)

命题人加注了本首词的写作背景,但什么叫"南渡",李清照的一生分为三个阶段,她南渡以后的情况有何变化,这些都是在平时学习中需要积累的。

2014年全国新课标卷Ⅰ的古诗词鉴赏题是一首宋词《阮郎归》,作者竟然是"无名氏",命题人加注"作者一作秦观",但没有确定。这就暗示考生,从"秦观"的角度是读得通的。秦观是"苏门四学士"之一,被尊为婉约派一代词宗,官至太学博士、国史馆编修,所以,从婉约派词的路径去读,是必须遵从的大方向。如果没有关于作者的背景知识,就要学会从词作中倒推出作者的信息了。

春风吹雨绕残枝,落花无可飞。小池寒绿欲生漪,雨晴还日西。

帘半卷,燕双归。讳愁无奈眉。翻身整顿着残棋,沉吟应劫迟。

词中女主人公思念心上人,渗透着悲伤情绪。这种愁绪实在难以排遣,满心想加以掩饰,无奈却在紧蹙的双眉中显露出来。于是只好强打精神,翻身起来,继续下那盘没有下完的棋。岂料应劫之际,她竟然举棋不定,沉吟半晌,难以落子。全词的逻辑重心在最后两句,借续下残棋的动作来表达自己难以排遣的愁情。据此我们可以推测,词人若是女性,这就是她心迹的表露;若是男性,这就是他对面着笔,借心上人思念自己来表达自己思念对方的情愫。无论如何,将这首词定位为爱情词是正确的,就没有必要再上升为政治、仕途等大主题了。

2. 读文,图式对应

词又叫"长短句",与整齐划一的诗歌格式比较而言,语意跳跃没那么剧烈,需要补白的地方相对少些,但仍然较少使用关联词,也不像继后的元曲那样有口语进入,因此,读词仍需要清理作者的思路。可以将词切成较为细小的片段,虽然不少的词都分出了上下片。每个小片其实就是一个图式。当然,所有的小图式整合起来又是一个大的图式。图式(schema),原是心理学中的一个概念,指人们在理解新事物的时候,需要将新事物与过去已知的知识联系起来。如果说包含着各种知识的大脑是一部巨大的百科全书,那么图式则是百科全书中的各个词条。据图式理论,语篇只为听者或读者从他们所具备的知识中提取或建构意义提供了方向。所具备的原有知识被称做读者的背景知识,原有的结构被称做图式。读词,可以被看做是读者与作者进行图式的对接,在这个对接过程中,读者的思维图式不断得到修正,于是文本解读能力得以逐节提升。

(1) 情景图式对接

语篇是交际的产物,而交际是在一定的语境中进行的,所以在分析语篇时就必须具有语篇产生的情境知识图式。情境知识包括事件、场景、角色等语篇发生的情景语境知识,也可以说是语篇的背景知识,可以从时间、空间等向度再作细分。柳永的《雨霖铃》上片就交代了具体情境:"寒蝉凄切,对长亭晚,骤雨初歇。都门帐饮无绪,留恋处,兰舟催发。"这里有节令、气候、时间、地点、事件、事件进程,整个构织了一个主人公即将天各一方的急迫情景。读词的时候,就要调动起不舍分别的种种知识,来加以补充解读,无论是时间方面的知识,还是空间方面的知识,都要能一下子调集起来。

(2) 逻辑图式对接

同样是柳永的《雨霖铃》,先从眼前写起,然后直接描述行动——"执手相看泪眼,竟无语凝噎。"这是整个演出唯一定格的动作。还没有离开,就悲从中来,空间上想到了别后"念去去,千里烟波,暮霭沉沉楚天阔",时间上则想到当天晚上——

"今宵酒醒何处？杨柳岸，晓风残月"，再想远一点——"此去经年，应是良辰好景虚设。便纵有千种风情，更与何人说！"这样一个由近及远、由现在到未来的顺序就是逻辑顺序之一。找到了这样的逻辑顺序，词的思路也就被拎住了。

（3）文化图式对接

不少词语是包涵中国古文化元素的。所谓中国古文化元素，意即放到异域让人难懂的元素，或今天的中国人难以懂得的文化元素。"遥想公瑾当年，小乔初嫁了，雄姿英发。羽扇纶巾，谈笑间，樯橹灰飞烟灭。"大乔小乔是三国时期著名的美女，分别嫁给了孙策（孙权之兄）和周瑜；"羽扇纶巾"为古代成语，在三国故事中是诸葛亮的特定装束，用以表现一个态度从容的智者形象；"樯橹"代指战船，曹操当时率军80万（实际只有20多万）与周瑜的4万和刘备的1万军对垒于赤壁；"灰飞烟灭"代指周瑜用诸葛亮的火烧赤壁战术以少胜多打败了曹军。没有这些文化知识对接，读这几句确实是困难重重。

一些大量用典的词作更是需要文化图式对接，辛弃疾的《永遇乐·京口北固亭怀古》几乎句句用典，要不就是传统文化符号，不知出处和不懂传统文化简直难以读懂。"千古江山，英雄无觅孙仲谋处。舞榭歌台，风流总被雨打风吹去。斜阳草树，寻常巷陌，人道寄奴曾住。想当年，金戈铁马，气吞万里如虎。/元嘉草草，封狼居胥，赢得仓皇北顾。四十三年，望中犹记，烽火扬州路。可堪回首，佛狸祠下，一片神鸦社鼓！凭谁问：廉颇老矣，尚能饭否？"

3. 读心，豪放婉约

词分豪放、婉约两派，各有代表人物，但对每一个词人而言不可一概而论，豪放的苏轼也可以有婉约词，经典的就是他写给亡妻的《江城子》（十年生死两茫茫），再如他的《蝶恋花》：

花褪残红青杏小，燕子飞时，绿水人家绕。枝上柳绵吹又少，天涯何处无芳草。墙里秋千墙外道。墙外行人，墙里佳人笑。笑渐不闻声渐消，多情却被无情恼。

格调清新，细腻为妙，很难能看出出自男性诗人之手。

豪放与婉约的划分与性别也没有必然的联系，我们一般都是根据词作的风格来划分的。如果跳过语言的限制，深入到语言后面的词作者心理层面来看，就很容易跟人的心理类型挂起钩来。因此，我们在读词的时候，应该注意仔细辨析，切不可用豪放和婉约两大工具去粗暴衡量诗歌。比如，一辈子以写婉约词为己任的李清照，在不同的时期，其心理活动是复杂多变的。

在少女时期的李清照,见有年轻男子来家,"和羞走,倚门回首,却把青梅嗅。"情窦初开又天真烂漫,含蓄地表达了词人对爱情的渴望。中年时期的李清照,婚后爱人远在他乡,"玉枕纱橱,半夜凉初透",一个"凉"字双关语,不仅仅是秋风的凉爽,更是词人面对佳节美景盼望与丈夫共枕眠的露骨表达,凄凉之情自然而生。南渡以后的李清照,国破家亡,人老珠黄,"满地黄花堆积。憔悴损,如今有谁堪摘?守着窗儿,独自怎生得黑?梧桐更兼细雨,到黄昏,点点滴滴。这次第,怎一个愁字了得!"其中凄苦难以与外人道,只能说一个"愁"字是涵盖不完的。读词要读懂词人的心思,与词人的心灵直接面对面对话,否则就只能停留在字面上。若再习惯于用"豪放""婉约"等粗放的流行语滑行于作品的表面进行解读,就更难以深入到词的内核了。

第三节 古代散文的解读与教学

古代的散文概念与今天不同,凡是与"韵文""骈文"相对的文体都可以叫"散文",范围是很大的,凡不押韵、不重排偶的散体文章,包括经、传、章,一律称之为散文。根据散文的内容和性质可分为以下几类:(1)叙事散文,以写人记事为主的散文,纪传体是其代表;(2)抒情散文,注重表现作者的思想感受的散文;(3)写景散文,以描绘景物为主的散文;(4)哲理散文,表达感悟参透的散文,表现为思想的火花、理念的凝聚、睿智的结晶。

我们主要谈谈这三类古代散文的解读方式:人物传记散文,诸子及论说类散文,游记山水等抒情类散文。

一、人物传记散文

古代传记,也可以单称"传",主要记述人物的生平事迹。古代传记一般由他人记述,亦有自述生平者,称"自传"。古代传记散文大体上包括两类,一类是历史传记文学(即史传文学),一类是杂体传记文学(即杂传文学)。司马迁是第一位史传作家,其《史记》中的"本纪""世家""列传",几乎都是优秀的传记文学作品,一些历史人物传记具有强大的艺术魅力。司马迁开创的以人物描写为中心的"纪传体",成为之后历代正史的标准文体。班固的《汉书》、陈寿的《三国志》、范晔的《后汉书》、沈约的《宋书》、李延寿的《南史》《北史》、欧阳修的《新唐书》等,都包含一些较出色的史传文学篇章。杂体传记文学包括史传之外的一切具有传记性质的作品,如碑诔、传状、自传等。秦汉时期即已出现这类作品,但它的发达兴盛,主要在唐代以后,至明清尤盛。杂传作家有韩愈、柳宗元、欧阳修、王安石、宋濂、顾炎武、黄宗羲、戴名世、全祖望等。杂传作品往往能道正史所不能道,作家的感情和倾向也更鲜明强烈,有许多优秀篇章。专门成集的有《列女传》《圣贤高士传》《高僧传》《明儒学案》《国寿录》等,更多的作品则编入各家的文集中。

选入中学语文课本的《荆轲刺秦王》和《鸿门宴》等篇章,都具有较高的文学性而被一代又一代学子喜欢。因为传记体散文的故事性强,逻辑链条易于梳理,读通的难度相对较小,所以人物传记散文也是高考文言文阅读题的保留节目,必须教会学生解读的办法。

首先,得在高度注重古今异义的情况下解决语言障碍,在此不表。

其次,要根据人物传记散文"以事记人,以人录事"的特点,将"时间""地点""事件"三个基本元素梳理出来。

1. 时间,注意与人物的行动对应

梳理时间,最好用表格呈现。《鸿门宴》是高中语文课本上的一篇人物传记,时间梳理示例如表 9-1。

表 9-1 《鸿门宴》时间梳理示例

时 间	语言标志	事 件
晚上前半场	项伯乃夜驰之沛公军。	项伯乃夜驰之沛公军,私见张良。
晚上后半场	项伯复夜去。	项伯入见沛公,约为婚姻
第二天上午	沛公旦日从百余骑来见项王	亲自来谢项王
第二天中午	项王即日因留沛公与饮	项羽与刘邦共饮,项庄舞剑意在沛公
中午席间	于是张良至军门见樊哙	樊哙闯帐
中午席间	坐须臾,沛公起如厕	刘邦溜跑
中午席间	度我至军中,公乃入	张良入谢,范增破璧
第二天下午	沛公至军,立诛杀曹无伤	沛公诛杀曹无伤

传记是时间的线性推移,阅读时建立起清晰的时间维度是很重要的。时间的线性推移与事件的逻辑展现往往是相得益彰的,比如,项伯为何要"复夜去",那么匆匆忙忙是为了啥?那是他在做背叛项羽的事情,自然不敢曝光,所以只得趁着天没亮连夜赶回去。为什么第二天的事件读起来感觉是那么漫长,一顿饭久久不能结束?因为在这顿饭上充满了刀光剑影,刘邦的脑袋随时都可能被砍掉,双方

斗智斗勇较劲不止,所以心理时间被放大,久久不能结束。而刘邦回到军中为什么又"立即"杀掉曹无伤呢?那既是立即斩断敌人的间谍,也是杀鸡给猴看,使自己的人不再敢叛变。

时间本身是一个客观的量度,但在文学中,时间历来被打上了人们感觉的烙印。"余音绕梁,三日不绝"虽属夸张,但它是符合文艺心理学原理的。人物传记虽然要守住真实性的底线,但作者叙述的时候对时间的裁剪是有权力的,我们在阅读的时候要加以注意。

2. 地点,避免张冠李戴

地点变换,事情自然也有区别,人物传记中地点的转换要注意与具体的人相对应,切不可张冠李戴。古代人物传记中的人物经历都比较复杂,尤其是官僚们,大都在异地做官的用人制度下辗转迁徙多地,空间变换较为频繁。苏东坡一生中走过眉州、东京、凤翔、杭州、密州、徐州、黄州、惠州、儋州,可以说走遍了大半个中国,最后死在回家的路上,葬在中原大地的嵩山。我们在读人物传记的时候就要梳理一下,不要把苏东坡在其他地方做的事写的作品都归于黄州了。

我们在读《苏武传》的时候,就一定要分清楚事情发生的地点。苏武历尽艰辛,留居匈奴十九年持节不屈,地理位置一个比一个条件恶劣。苏武最初的生活地点是比较惬意的汉朝京城,年轻时就凭着父亲的职位,兄弟三人都做了皇帝的侍从,可以说既有优厚的物质条件,又和家人待在一起,其乐融融。公元前100年,以中郎将的身份出使匈奴,后因为匈奴失信被扣在了匈奴的京城。继后又被迁移到北海边没人居住的地方,让他放牧公羊,说除非公羊生了小羊才得回归汉朝。到了一毛不拔的荒莽之地,苏武只能掘取野鼠所储藏的野生果实来吃以维持生命。在这样的地理条件下,苏武从当初的壮年出使,到十九年后须发全白,其爱国情怀是如此的感人!

还要注意的就是,有的传记同时涉及几个人,就更要加以区别,千万不要把不同空间位置发生的事情与人物搞混了。至于有关联的事件在空间上往往采用"花开两朵,各表一枝"的手法,就更要细心分辨了。

3. 事件,注意与人物品质对应

古代人物传记基本上都采用了多个事件记同一个人的手法,这些不同事件之间的逻辑关联常常是较为松散的。我们在阅读传记的时候就要一个个梳理,将事件中人物的言行拎出来仔细分析其效果,从而把人物的精神风貌给勾勒出来。人物的形象是在具体的事件中丰满起来的,人物的性格是由一个个事件给体现出来的。这要与小说的读法结合起来。

以《鸿门宴》为例,刘邦的性格在此刻画得较为丰满。当项伯到了军营私会张良,准备动员张良背叛刘邦的时候,刘邦马上一句"君为我呼入,吾得兄事之",既尊下属张良为"君",又要拜敌方的臣子为"兄",而且还约为儿女亲家,这一环节足可以看出刘邦善于见风使舵、敢于示弱、放得下面子的性格。就凭这点,就比耿直有余的项羽要高出一筹了,胜负已现端倪。第二天,刘邦冒着被杀头的危险亲自到项羽面前谢罪,这可以看出刘邦不是怯弱之辈。在项羽面前装憨卖傻、厚黑无比,且成功脱逃,这样的敌手是可怕的,所以范增才为错失杀刘邦的机会发怒,甚至犯上骂起项羽"竖子不足与谋"来了。在逃脱的过程中,刘邦先是上厕所的动作,刘邦是注意了安全保护的,他叫樊哙保驾——"沛公起如厕,因招樊哙出",然后是为了回去思谋计策,此时他又把问题抛给了谋臣张良。聪明的领导就是善于借脑,让下属帮你思考,而不是自己思考好了再让下属执行。刘邦已经为自己建立了一个死心塌地卖命的团队,不成功才怪。回到自己的营地,"立诛杀曹无伤",又可以看出刘邦有毫不手软的一面。一个性格丰满的刘邦就这么被刻画出来了,相比之下,项羽的笔墨要少一些,作者司马迁有意在刘邦的形象下比较项羽的性格,委婉地道出楚汉之争胜败的原委——最高领导的性格较量决定了双方比拼的结果。

传记的事件不允许像小说那样虚构,但夸张变形是难免的,写作永远不可能像照相机那样刻板。所有变形处理的目的都在于更好地凸现人物的品质,阅读者将一个个事件所呈现的人物品质叠加起来,就是人物的精神全貌。

二、诸子及论说类散文

古代论说类散文是我国古代散文中最为发达的文体之一。先秦诸子的滔滔雄辩为论述体散文之滥觞,汉代政论文名篇叠出,到了唐宋时期,八大家贡献了许多词锋犀利、胸怀天下的论辩文,在思想表述和艺术技巧方面拓展了崭新的境界。进入中学课本的论说类散文有《寡人之于国也》《劝学》《过秦论》《师说》《六国论》《阿房宫赋》等,我们在解读这些文章的时候,"义理""考据"和"辞章"都得注意。

1. 习得论说类散文的"义理"

语文教学历来是得"筌"(言语技巧)忘"鱼"(言语内容),那为什么论说类散文要注重学习其"义理"?

"文言文教学有传承文化的作用"(北京大学林焘),学习文言文"是对我国古代优秀传统文化的学习和借鉴"(南京大学鲁国尧),新的语文课程标准关于古代散文的教学,特别强调"学习中国古代优秀作品,体会其中蕴涵的中华民族精神,为形成一定的传统文化底蕴奠定基础"。"学习从历史发展的角度理解古代文学的内容价值,从中汲取民族智慧。"尤其是在倡导"文化自信"的今天,吸纳论述类散文的"义理"被摆到了更重要的位置。

有些定篇所讲述的道理已经被一代又一代中国人刻进了思维的硬盘,成为了我们立身处世的准则和思考的工具。《师说》所倡导的尊师重教传统,《过秦论》里"仁义不施而攻守之势异也"的警告,《六国论》里"六国破灭,非兵不利,战不善,弊在赂秦"的外交战略,早已成为我们智慧的组成部分。改革开放后新进教材的《国人之于国也》之富民仁政思想,也得到了人们的赞同,古代论说类散文在进一步得到展示魅力的机会。

有些论说类散文所述的道理满含哲理,如庄子的《逍遥游》,用"扶摇而上者九万里"的大鹏、"决起而飞"的蜩与鸴鸠、"不知晦朔"的朝菌、"不知春秋"的蟪蛄、"以五百岁为春,五百岁为秋"的冥灵、"八千岁为春,八千岁为秋"的大椿以及"举世而誉之而不加劝,举世而非之而不加沮"的宋荣子和"御风而行"的列子等形象来比况说理,其追求的超然物外、任性而游、无待无己境界,至今让人们难以企及。

在论说类散文中,先秦诸子散文自成一派。有人在考察了先秦诸子的论说文之后得出一个结论:诸子们往往具有类似于宗教文化意义上的先知品格,即诚实、洞察力、使命感和善意。而这些,恰恰是今天和未来的中国文化建设所需要的美好品质。春秋战国时代的这些中国先知们,比如,孔、孟关于"仁"与"义",墨子关于"兼爱""非攻"的言说,都可通往犹太先知所言上帝诫命中的人道主义理念。钱穆先生认为,像孔子那样的人,他思考问题并不抱有狭义的民族观念,也不抱狭义的国家观,更没有狭义的社会阶级观念,他只想行道于天下,着眼于人的发展及自身的完善,着眼于社会的良性进步,洞悉人类获得自由与幸福的必要条件,在无爱的荒原中呼唤爱,在血雨腥风中呼唤良知和正义,在陷入疯狂的人群中呼唤理性,这就如在茫茫的戈壁沙漠中独步跋涉去寻找甘泉。其实不仅孔子如此,其他先知亦然。比如老、庄关于"道"的言说,他们对"道"的神秘性的理解,还有老子的刚柔之辩、智愚之辩、祸福之辩,都无不显出了异乎寻常的洞察力。再有那个倡言"尊天"的墨子,胡适曾说他"具有高度的宗教气质""也许是中国出现过的最伟大人物"。墨子的洞见在于他看到了"信仰"对于社会、人生的意义,儒学中那些具有普适意义的美好信念和伦理要求,如果不建筑在信仰的基石上,终将会落空。

所以有人说,读古文(尤其是论说类散文),其实就是"回家",回我们的精神之家,有没有这一次"寻根"行动,将决定一个人能走多远。

2. 关注论说类散文的"考据"

古代散文注释,不少地方有失误,我们应该鼓励学生有校勘精神和推断的习惯。

诸葛亮的《出师表》:"宫中府中,俱为一体,陟罚臧否,不宜异同。"人民教育出版社初中语文课本(九年级上册)的注:"[府中]指朝廷中。"若把"府"释为"朝廷",这就是错的。首先说这里不是互文,"宫中"与"府中"是两个地方,如果府和宫都是帝王的地方,诸葛亮就没有必要强调"俱为一体"和"不宜异同"了。朝廷指帝王接受朝见和处理政事的地方。《出师表》中"府"是与"宫"相对而言的,秦汉以后宫指帝王的住所。《周礼·天官·大宰》:"以八法治官府。"郑玄注:"百官所居曰府。"依郑注,"府"是官署,即官吏办公的地方。这里指相府,是丞相办公的地方。就像今天中国的国务院不能说成中共中央一样,这里的"府"也不能讲成"朝廷"。

贾谊《过秦论》:"百越之君,俯首系颈,委命下吏。"人民教育出版社高中语文课本(必修3)注:"[委命下吏](百越之君)把自己的生命交付司法官吏(审讯)。"这样注解就大错特错了。"命"有"生命"义,但这里不是。生命指生物体所具有的活动能力。《现代汉语词典》说,"审讯"指司法部门向民事案件中的当事人或刑事案件中的自诉人、被告人查问有关案件的事实。被审讯的是人,不是生命;生命不能审讯。《论语·雍也》:"亡之!命矣夫!"此指命运。"命运"指生死、贫富和一切遭遇(迷信的人认为是生来注定的)。"委命下吏",指付托命运于下吏,等于说把自己的命运交在秦的卑下官吏的手上,有听天由命的意思。

这样的训诂错误,一般学生是没能力勘误的,但可以引进市面上专门收集中学文言文失误的书籍进课堂,培养学生发现和探究的能力。集中注解的比较,也可以让学生读解文言文的能力倍增。

3. 论说类散文的"辞章"

清朝桐城派文学家们主张"义理""考据""辞章"三位一体,其"辞章"的含义也不局限于修辞和写作技巧,其实还涵盖了文章的逻辑机构。像《六国论》这样的文章结构是颇具代表意义的,其论点鲜明、论据典型、论证有力的特点,值得今天的学生学习。

《六国论》一开始,首先提出了六国破灭的原因,劈头四句话斩钉截铁地给六国之所以灭亡定下结论。作者接着申述说:"赂秦而力亏,破灭之道也。"然而事实上又并不是所有六国都向秦国奉献土地,而那些没有"赂秦"的国家也破灭了的原因是何,或曰:"六国互丧,率赂秦耶?"苏洵故意这样设问,然后又作了回答:"不赂者以赂者丧。盖失强援,不能独完。"因此,归根结底,"赂秦"是莫大的致命伤。接着苏洵再从"赂秦"的两个方面来论述这种做法的后果。在接下来的两段文章里,作者又分别就"赂秦"的国家和不"赂秦"的国家,论述了它们各自灭亡的具体原因。文章的第四段是作者就以上的论述发表感慨,第五段作者继续发表意犹未尽的感慨,第四段的感慨针对的是历史,第五段的感慨针对的是现实。第五段文章只有六句,作者用笔相当精练,内容高度概括,而且在议论中包含着极大的感情分量。话说得十分含蓄婉转,同时问题又揭示得十分明确尖锐。从全文的布局来看,也收结得沉着有力。这样,文章就显得分外有条理、有层次,畅达透辟、严密完整,使别人对自己的论点无可怀疑、无可驳斥。这是它论证上的特点。今天的学生作文易流于软、散、慢,从这篇文章的逻辑结构中可以学到改进的策略。

当然,《六国论》在辞章方面还有其他特点。比如本文从历史与现实结合的角度,抓住六国破灭"弊在赂秦"这一点来立论,针砭时弊,切中要害,这种借古讽今的手法有助于鲜明地表明了作者明达而深湛的政治见解。再比如,在语言方面,本文除了具有一般论说文的用词准确、言简意赅之外,还有语言生动形象的特点。在论证中穿插"思厥先祖父……而秦兵又至矣"的描述,引古人之言来形象地说明道理,用"食之不得下咽"形容"秦人"的惶恐不安,大大增强了文章的表达效果。文章的字里行间饱含着作者的感情。不仅有"呜呼""悲夫"等感情强烈的嗟叹,就是在夹叙夹议的文字中,也流溢着作者的情感,如对以地事秦的憎恶,对"义不赂秦"的赞赏,对"用武而不终"的惋惜,对为国者"为积威之所劫"的痛惜、激愤,都溢于言表,有着强烈的感染力,使文章不仅以理服人,而且以情感人。再加上对偶、对比、比喻、引用、设问等修辞方式的运用,使文章"博辨以昭"(欧阳修语),不仅章法严谨,而且富于变化,承转灵活、纵横恣肆、起伏跌宕、雄奇遒劲,具有雄辩的力量和充沛的气势。

学习论说类散文,不能只是抽取"义理"的干条条,还得在"辞章"上认真学习古人的措词设语技巧,尤其是一些政论雄文,值得我们认真学习。

三、游记山水等抒情类散文

祖国山河秀丽壮美,千百年来为人们所喜爱和歌咏,于是在源远流长的历史文化长河中,产生了大量记游山水的文章。但是在我国古代散文的发展过程中,先秦两汉时期并没有游记散文,独立完整的游记散文出现得较晚。寄情山水、托物言志,这种言说方式在今天渐行渐远,那是因为科技和人们的思想已经发展到了较高的水平;在古代,游记类散文其实就是人们思考世界的方式。

在思想上、精神上,人们认为大自然山水是神祇的化身、君子的寄托,是思想统治、道德教化的象征物,具有超经济的约束作用,于是就产生了《山海经》这样神怪荒诞的山川记述,也留下了《封禅仪记》这种登山探路的工作记录。春秋战国时期,由于百家争鸣思想的影响,自然山水渐渐人化,变成了仁人君子品德的寄托,但它还保持着神秘的色彩,具有崇高威严的品格特征,令人敬畏爱慕,还没被视为游乐的对象,也就不描摹山水的自然形态。因而当时不仅散文中没有山水游记,就连《诗经》中也只有用作比兴的山水诗句,而没有山水诗。从汉末建安时期开始,到魏晋南北朝,相当完整的骈文游记出现了,但独立完整的散文游记仍未出现。虽然魏晋以后的地理著述除记载山水物产外,还多述人物古迹、风土习俗,其中颇多文笔优美的生动描述。如《水经注》中的《江水注》《浙江水注》等,都用优美的文字描绘了自然山水。以我们现在的标准来看它们都已是游记散文了,但在当时那只是应用文字。可见,独立完整的游记散文作品的产生,还在于文学观念、文学语言的转变,就是以散文取代骈文的文风改革。而这一改革直到唐朝中期的元结才正式开始,他用古文即散文写作了许多山水主题的铭文题记,实际上已开游记散文的先河。因而元结在文学史上既是"古文运动"的先驱者,又是游记散文的始作者。虽然他的作品还明显带有过渡的痕迹,但毕竟是以独立完整的散文形式记游山水。随着古文运动的蓬勃兴起,游记散文大量涌现,唐宋出现了一大批散文名家,唐宋八大家便是其中的代表。

通过回顾山水类散文的发展史,我们可以找到解读的有效途径。

1. 悟情志

作者将感情与思想寄托在山水上,我们就得将赋予山水上的情志解析出来。课文中离不开的定篇《小石潭记》是柳宗元写的一篇清新隽永、优美动人的游记散文。在本文中,作者运用情景交融的艺术手法,把"览物之情"寓于景色的描写之中。在引导学生学习本文时,就要抓住文中写得最为绝妙的游鱼之景,品味作者此时心灵深处的"乐"的真谛。"潭中鱼可百许头,皆若空游无所依",游鱼悠然自得。接着是描写日光透过水底时游鱼的情景——"日光下彻,影布石上,怡然不动",写出了鱼停歇时呆痴闲适之貌;"俶尔远逝,往来翕忽",写鱼游动时迅疾活泼之态。静动结合,绘影、绘形、绘神,把游鱼的姿态描摹得活灵活现、栩栩如生,看似写游鱼悠闲和乐之情,实乃柳宗元爱慕游鱼生存状态的感情呈现,在美学中谓之"移情"。在阅读的时候,我们就不能只关注客观景物,因为这类文章作者一般通过"泛灵"手法使外物的形象人格化了,物之性情与人的性灵达到了混合无迹的契合,我们在阅读时就要越过景物触摸到作者的心灵。

宋代诗文长于议论,山水诗也打上了议论的烙印,大都在山水游记中写出了自己的体验,文章的思想性就比较明显了。苏轼的《石钟山记》、王安石的《游褒禅山记》、曾巩的《墨池记》就是这种借景说理式的游记散文。这类文章通篇像是议论文,记游的内容犹如论据,写作的根本目的不在记游,而是通过记游阐发从景物中悟出的哲理。因此,我们在阅读此类本文时,应从结构入手,紧扣全文议论的中心,搞清楚议论与叙游的关系。如苏轼的《石钟山记》就是要阐明"事必目见耳闻"的道理,反对臆断,主张对事物的认识务必通过调查去明辨其真伪。全文三段,都是围绕这一中心来布局谋篇的。第一段,紧扣探索石钟山得名的由来,提出前人的两种说法——郦道元"水石相搏,声如洪钟"之说和渤扣石得音之说。接着提出自己的意见:郦道元说得太简,李渤根据失真,摆出所要反驳的对象,为下文亲临石钟山探究其由造成悬念。第二段,分承上文提出的两个疑问,亲临石钟山考察,一一予以验证,达到破疑的目的,既澄清了旧说的错误,又从所听之声中,考证出石钟山得名的缘由。第三段,总承上文,写出探访后的感受,用一个反问句"事不目见耳闻,而臆断其有无,可乎?"强调要了解事物的真相,必须亲身经历,深入调查研究。浅尝辄止不行,主观臆断更为可笑。这既是对上两段的总的归结,又阐明了全文的主旨。全文承接紧凑,环环相扣,照应自然,结构周严,卒章显志,主旨明确,是一篇托物明理的优美的游记散文。我们读这样的散文,是绝不能停留在字面意义的理解的。

2. 赏美质

自然之物本是客观存在,无所谓好坏美丑,但一旦移入了作者的独特情志,就变得富有情趣,且具有因人而彰的艺术美。所以,我们在阅读山水类散文的时候,还得学会欣赏其中各式各样的美。柳宗元的《小石潭记》中游鱼的和乐自由,其美实乃人的心境投射。

要能欣赏这种美,先得把这个美感机制弄清楚。首先,山水类散文写自然景物,不是像镜子照物像式的简单直接的反映,而是通过作者感情的作用对山水景物进行复杂的审美反映。其次,作者的思想感情,又总是受社会生活环境制约,不同的社会条件和生活遭遇,就会引起不同的心境,产生不同的情绪和情感,因而在观赏自然对象时,也就会产生不同的联想和想象,赋予对象不同的感情、性格和情调,也就会产生各式各样的美,美之自然是丰富多彩的。对于柳宗元来说,由于政治上的失意,心境是忧郁的、凄苦的,他的游乐山水,只是寻求暂时的慰藉,是排遣心中郁结之气的一种手段。因此,因鱼乐而乐的情感是微妙的,其间既表达了作者片刻间参悟物我时暂得的乐趣,又有羡慕游鱼悠然自得而自己却抑郁难耐的底色,这即是柳宗元式的"乐"的真谛。"以其境过清",怆然而去,美在一瞬间。其婉转含蓄的艺术效果,只有在欣赏美的眼睛中才能发现。

柳宗元的《小石潭记》在美学范畴中属于优美,而桐城派姚鼐的《登泰山记》则属于壮美范畴。其风雪初霁后的山巅奇景,作者以俯瞰的视角写来,将气象雄浑、明丽开阔的泰山夕照图的神韵写得新颖脱俗,赋予了苍山强大的生命力。那如画的城郭、汶水、徂徕的远景,半山萦绕如带的云雾近景,不仅使景色显示出层次美、斑斓美,而且烘托出了泰山独有的壮丽美、崇高美。第三段写日观亭观日出,最为壮丽,写得奇丽多彩,极有气势。对这段文字的教学,我们可以采用研读的方式,遵循作者行文的顺序,与学生一道逐层加以剖析。一写日将出——"云一线异色";二写日正出——"须臾成五彩";三写日已出——"日上,正赤如丹,下有红光动摇承之"。这不仅从正面描写出了旭日冉冉升起时的动人情状和云霞瞬息变幻的灿烂景象,而且通过远天、云彩、大海的烘托,把日出的场面描绘得异常神奇、壮观。作者还将笔锋转到日观峰以西的山峰上来,对泰山的日出做进一步的渲染:"绛皓驳色,而皆若偻",写出了阳光的效果和日出的影响。一方面再一次表现了朝暾的绚烂多彩,另一方面给人以"会当凌绝顶,一览众山小"的体验,突现出泰山巍峨高大的形象,从而使这一壮丽雄伟的艺术境界得到了进一步的开拓和深化。

这类富含审美特质的散文,若只是被教成了认字辨句技能训练的材料,而它的文化和审美功能被忽视,就与语文素养的培育相去太远了。

◆ 思 考 与 讨 论

1. 文言文有哪些基本的知识和特征?
2. 古代诗歌散文与现代诗歌散文在文本特征和教学功能上有哪些不同?
3. 文言文有哪些独特的教学方法和策略?

◆ 扩 展 阅 读 推 荐

1. 葛兆光.汉字的魔方:中国古典诗歌语言学札记[M].上海:复旦大学出版社,2008.
2. 张志公.传统语文教育初探[M].上海:上海教育出版社,1962.

3. 张隆华,曾仲珊.中国古代语文教育史[M].成都:四川教育出版社,1995.
4. 张寿康等.古代文章学概论[M].武汉:武汉大学出版社,1983.
5. 鲍善淳.怎样阅读古文[M].上海:上海古籍出版社,1982.
6. 陈少松.古诗词文吟诵[M].3版.北京:社会科学文献出版社,2002.
7. 吴小如.古文精读举隅[M].天津:天津古籍出版社,2002.
8. 叶嘉莹.叶嘉莹说诗讲稿[M].北京:中华书局,2008.

后　　记

　　文本是意义的迷宫。文本解读是语文教学的基本功,而文本解读理论和方法是语文教师核心教学技能的重要构成。

　　传统语文教育不太重视文本解读理论和方法,因为钦定的教参已经基本解读好了,教师只要照本宣科就行了。近十多年来,"文本解读"在语文教育领域几乎成为一种热潮。在大学语文学科教育专业课程教学中,文本解读想来是语文教师教育的重要内容之一。在我执教的本科课程"语文课程与教学论"、研究生课程"语文教育前沿热点"以及历年各种语文教师培训中,总会涉及关于"文本解读原理与策略"方面的内容。这些年来,我也一直在关注文本解读,先从一个语文教师的职业需要,后从准语文教师能力和素养的培养,再到在职教师的教学知识和能力更新。文本解读一直是我感兴趣的一个领域,边学边研边教。所以,当武玉鹏教授辗转问我有没有兴趣做这样一本书时,我便欣然应承了下来。因为在这些年的教学工作中,我已经积累了较多的文本解读的书籍和资料,也讲过相关课程内容,且正在带领研究生探讨这方面的问题。又正值去美国访学一年,恰好有相对充裕的时间。

　　真正着手编写这样一本书,才知道没有那么简单。要弄清每一种理论的来龙去脉,基于语文教育实践进行理论的筛选、改造,殊非易事。好在我们共同努力、迎难而上、博采众长、边学边研,艰难困苦,玉汝于成。

　　这本书是我们共同合作的成果。著名的文艺理论家和语文教育专家曹明海先生,为本书提供了有关当代文本解读观的变革的章节,在此郑重地向他表示感谢!朱建军是我读博时的师兄,他为本书提供了国外文本细读的深刻新颖的研究。重庆市教研员陈家尧老师,负责了中外解读理论发展和文本教学解读基本依据部分的编写。敖长喜、姜恒权、段潇潇等分别负责了文学类文本、文言类文本、实用类文本的解读和教学编写。我主要负责第一至四章的撰写,以及全书的统稿修改工作。我的研究生杜娟、陈其凤、王海芳、谢俏静、李宗元、龙禅、王敏、李珊珊参与了部分章节的撰写和资料搜集工作。

后　记

　　本书主要面向语文教育工作的师范生、一线语文教师和语文教研人士。因而，理论上基本"着眼应用""点到为止"，不做过深铺展；实践上着眼于方法策略和教学实际，尽量依托案例，便于一线教师使用。

　　本书初稿在回国的飞机上电脑被无端锁定，遍请电脑高手才失而复得，这使得我们对书稿格外珍惜。在此向提供指导的电脑专家表示感谢，也向山东济南Surface经销店和我的外甥郭亚中表示感谢。

　　在编写过程中，我们尽量吸收学术界最新研究成果，致力于学术创新、理论发展和教学应用。本书如存在一些错误和瑕疵，请读者朋友不吝指教。邮箱：rwdx-ndx@163.com。

荣维东

2015/8/24 于美国堪萨斯大学